21世纪高等院校规划教材

税 法 学

（第六版）

王曙光　李　兰　张小锋　主编

东北财经大学出版社
Dongbei University of Finance & Economics Press
大　连

图书在版编目（CIP）数据

税法学 / 王曙光，李兰，张小锋主编. —6版.—大连：东北财经大学出版社，2016.8（2018.1重印）

（21世纪高等院校规划教材）

ISBN 978-7-5654-2427-4

Ⅰ.税…　Ⅱ.①王…②李…③张…　Ⅲ.税法-法的理论-中国-高等学校-教材　Ⅳ.D922.220.1

中国版本图书馆CIP数据核字（2016）第185129号

东北财经大学出版社出版

（大连市黑石礁尖山街217号　邮政编码　116025）

网　　址：http：//www.dufep.cn

读者信箱：dufep@dufe.edu.cn

大连力佳印务有限公司印刷　　东北财经大学出版社发行

幅面尺寸：148mm×210mm　　字数：505千字　　印张：16.5

2016年8月第6版　　2018年1月第17次印刷

责任编辑：孙晓梅　　责任校对：贺　蕊

封面设计：冀贵收　　版式设计：钟福建

定价：36.00元

教学支持　售后服务　联系电话：（0411）84710309

第六版修订说明

在经济新常态和供给侧改革的背景下，为适应经济发展和完善财税体制，我国近年来以结构性减税为核心，加快了税制改革的步伐，主要包括全面推开营业税改征增值税试点、扩大消费税征税范围、完善所得税相关制度、全面推行资源税改革、调整其他小税种相关制度、修订税收征收管理和税务行政管理等法律制度。为此，有必要再次修订《税法学》一书，以适应新形势下教学的需要。

本次修订保持了原教材的体例与顺序，主要修订内容包括：一是根据全面推开营业税改征增值税试点等规定，在增值税法中增加了最新的“营改增”内容，同时删除了营业税法的全部内容；二是根据有关消费税和关税最新的法律制度，对消费税的税目税率和关税的税率等进行了相应修改；三是根据资源税及其他小税种相关法律制度，修改了资源税的征税范围、税率等内容，对其他小税种也做了相应调整；四是根据所得税、税收征收管理和税务行政管理等法律制度，进一步完善了相关内容；五是调整和更新了一部分例题、小资料、小思考和小案例，修订或增加了有关税种的收入及比重等内容。

本书所引用的税收法律制度截止到2016年5月末，具体税收法律制度，以实际运行时的新规定为准。

本版教材由哈尔滨商业大学王曙光、李兰、张小锋任主编，蔡德发、王巍、周丽俭任副主编，哈尔滨商业大学财政与公共管理学院、税务学院和哈尔滨金融学院刘西涛、金瑛、金向鑫、魏传立、苏之涛、王威、高微和孙懿参加了具体的修订工作。研究生刘明吉、樊迪、王鑫、章力丹和李金耀参加了部分章节的修订、资料收集与校对等工作，最后由王曙光教授总纂定稿。

本书配有电子课件和章后训练参考答案，详情请登录东北财经大学出版社网站（www.dufep.cn）查询。

限于作者水平，难免有不足或错漏之处，敬请批评指正。

编　者

目录

第1章

税法学总论

学习目标

☆**知识目标**

——了解税法学的基本性质和研究对象。

——熟悉税收的产生过程及职能作用。

——掌握税法的含义，了解税法的分类、地位和作用。

——理解和掌握税收法律关系。

——充分认识税法在社会主义市场经济中的地位和作用。

——明确税收立法的原则和程序，以及我国现行的税法体系。

☆**技能目标**

——分析税法构成要素及各要素之间的关系。

——解释全累与超累、起征点与免征额的原理。

☆**能力目标**

——掌握速算扣除数的计算方法。

——把握税制的演变规律及发展趋势。

对中国税法学研究的思考

税收是对私有财产的一种侵犯，税法是税收的基本法律保障。税法职责究竟是为征税权力的运作提供法律依据，还是为防范权力滥用及保证纳税人权益的实质公平？这是税法学的定位问题。中国税法学经过数十年的研究，基本定位是确保国家财政收入和经济高效运行，并兼及纳税人权益的保护。因此，中国税法学应设计科学的理论与规范，以缩小税收执法的弹性与纳税人的自由空间。为实现这一目标，当代的中国税法学必须明确以纳税人权益保护为中心的定位，这样才有可能在研究中注重税法规范的宪法效力和税法基本原则的运用，推行税收债权债务关系理论，完善税收征管的程序约束，税法学也才有机会获得突飞猛进的发展。为此，应该加强以下几方面的工作：

1. 加强合作研究。面对中国税法学研究的落后状况，迫切需要协同创新，发挥规模效应和避免重复研究；同时要发挥中国财税法学研究会等团体的功能，通过年会、小型研讨会、项目论证会及创办刊物、支持出版等工作，将其建设成中国税法学研究的保障组织。

2. 培养税法人才。在各大院校有限的课时内，很难对税法进行深入透彻的讲授。本科阶段应侧重税法理论与原理的学习，培养学生自觉的思考习惯和解决具体问题的能力；对研究人员的培养，则主要通过研究生教育，储备税法研究的后继人才。

3. 重视理论研究。对税法理论研究，应特别重视研究法理学，将税法理论及其研究条理化、体系化和规范化。随着税收法定主义思想在各国的普及，宪法对税法的要求越来越具体和规范，因而税收活动的每一个环节都要认真、细致地考虑是否符合宪法等问题。

4. 挖掘学术资源。税法学虽然在我国研究的时间并不长，但经过数十年的努力，也积累了可观的立法资料和学术研究成果，这是应当充分挖掘和利用的宝贵资料，也是中国税法学走向成熟的不可逾越的必经之路。

5. 拓宽研究领域。作为税法学研究对象的税收法律关系是复杂多样的，包括国际与国内税收分配，以及税收宪法性、税收行政和税收征纳等法律关系，税法学应将其纳入研究视野；同时还应注意加强与法学等其他学科的联系，尤其是彼此之间相通之处的研究。

税法学是税收学和法学有机结合的一门学科。税法是国家法律的重要组成部分，是征纳双方共同遵守的行为规范。随着我国社会主义市场经济的不断发展，税收愈来愈深刻地影响着人们的社会经济活动，而税法必须对税收活动进行严格的约束与规范，尤其是在实践中，更应要求征税主体依法行政和纳税主体依法纳税。税法的贯彻实施，对于保障国家税收权益、调控经济运行具有积极的现实意义。

1.1 税法学绪论

税法学作为研究税收分配规范活动的科学，主要包括税法基本理论及税法要素设计。税法基本理论主要包括税收的概念、税法起源、税法本质、税法基本原则和税收法律关系等理论问题；税法要素设计是对税收分配关系进行调整所形成的一系列税收法律法规的总和，包括税收基本法、税收实体法和税收程序法等法律规范，即各国具体制定的税收法律制度。

1.1.1 税法学研究的历史进程

税法是经济法律中较早的法律之一。在原始社会末期，就已经有了税和税法的萌芽，但税法学成为一门独立的学科至今只有几十年的历史。经过学者们的努力，税法学在短短的几十年里迅速成长、发展壮大。

1.1.1.1 西方学者对税法学的研究

在重视法律体系构建的德国、日本等西方国家，税法学的兴起是与税法的独立、建设与发展相伴而生的。税法学体系的建立大体上可追溯到20世纪初期，其中德国的研究最为透彻，日本次之。

第一次世界大战后，德国学者对税法的研究极为重视，也取得了颇具价值的研究成果，如税收法律关系研究等。德国早期的税法学是行政法学的组成部分，著名行政法学家奥托·梅耶（Otto Mayer）构建的行政法体系中就包含税法的内容。随着德国1918年设立帝国财务法院，特别是1919年颁布《德国税收通则》，德国的税法开始从行政法中独立出来。1926年在明斯特召开德国法学家大会时，德国税法学开始作为一门独立的学科而兴起。在税收法律关系研究方面，有权力关系说和债务关系说两种观点。前者将税收法律关系理解为国民对国家课税权的服从关系，体现为典型的权力关系；后者将税收法律关系定性为国家对纳税人请求履行税收债务的关系，体现为公法上的债务关系。

在第二次世界大战之前，日本也只是将税法学作为行政法学的一个分支进行研究。第二次世界大战以后，日本经济形势发生了很大的变化，税收领域也随之发生了变化，呈现出税负重、人税化等特点，且纳税者逐渐成为税收法律关系的主角，这使得税法学作为一门独立学科成为必要。从20世纪50年代起，日本的税法学研究正式起步，至今已形成相对完整的研究体系。日本学者北野弘久的《税法学原论》是税法学理论的集大成之作，对日本税法学界具有极为重要的影响。北野教授认为，税法学是对税法现象的研究，是与行政法学、民法学等相并列的法学的一个分支学科，并形成了一个完整、统一、和谐的税法学理论体系。这种观点被学术界称为"北野税法学"。2001年陈刚、杨建广等译，北野弘久所著的第4版《税法学原论》（中国检察出版社），为中国税法学的研究提供了有益的参考。

1.1.1.2　我国学者对税法学的研究

中国的法学研究自20世纪三四十年代起步后，由于历史原因，在五六十年代遭受挫折，70年代末才进入复兴和发展时期。相比较而言，税法学的研究更是晚了将近10年。中国台湾法学界于20世纪60年代初开始重视税法学的研究，并迅速出版了大量关于税法基础理论、税收实体法和税收程序法的文章、专著，其研究偏重于理论概括和逻辑统一，深受税收法定主义思潮的影响。

我国从20世纪80年代中期开始逐步重视税法学的研究和发展。在最初的研究阶段，中国税法学研究方向不够明确，研究力量分散，研究方法单一，学术底蕴不足，理论深度尤显欠缺，基本上是一些散见的文章。大体上看，我国第一本专门的税法学著作是1985年北京大学刘隆亨教授编著的《国际税法》（时事出版社），但一般认为，1986年刘隆亨所著的《中国税法概论》（北京大学出版社）的出版，标志着我国税法学的初步形成。

20世纪90年代以后，由法学、财税界和政府部门为主体组建的中国法学会税法学研究会、财税法学研究会、财税法学教育研究会等学术团体，为税法学研究作出了积极、有益的努力，使税法基础理论与实践有了更广、更深、更精的研究。与此同时，我国的一些专家、学者如雨后春笋般出版了有关税法研究的专著或著述，包括1993年高尔森主编的《国际税法》（第二版，法律出版社）、1995年刘隆亨所著的《中国税法概论》（第三版，北京大学出版社）、1997年刘剑文主编的《财政税收法》（法律出版社）、1998年涂龙力主编的《税收基本法研究》（东北财经大学出版社），以及2000年严振生的《税法》（北京大学出版社）和徐孟洲的《税法》（中国人民大学出版社）等。

进入21世纪后，更多研究税法的著述出现了，如2001年廖益新的《国际税法学》（北京大学出版社）和王曙光的《税法》（东北财经大学出版社），2002年刘剑文的《税法学》（人民出版社），2005年徐孟洲的《税法学》（中国人民大学出版社）和张松的《税法学》（高等教育出版社），2007年刘剑文的《税法学》（北京大学出版社）和张富强的《税法学》（法律出版社），2008年刘少军的《税法学》（中国人民大学出版社），2010年刘剑文的《税法学》（第四版，北京大学出版社）和张怡的《税法学》（法律出版社），2011年张守文的《税法学》（法律出版社），2012年杨萍、魏敬淼的《税法学原理》（中国政法大学出版社），2013年陈少英的《税法学案例教程》（第二版，北京大学出版社），2014年王曙光的《税法学》（第五版，东北财经大学出版社）和张守文的《财税法学》（中国人民大学出版社），2015年荣国权的《税法学入门讲义》（法律出版社），2016年李刚的《现代税法学要论》（厦门大学出版社）等。这些著述的问世，对加强税法理论与实践研究、构建具有中国特色的税法学体系，起到了积极的作用。

正如北京大学财经法研究中心主任刘剑文教授所言："将税法作为一门单独的学科加以研究不仅完全必要，而且具有非常重要的理论和实践意义。"税法学将所有的与税收相关的法律规范集合研究，并形成独立的学科，对推动我国税收法制建设和税法深入研究等具有举足轻重的意义。经过税制的不断改革与完善，以及专家学者们的努力，现代中国税法学体系已初步形成并将逐步走向科学。

1.1.2 税法学的学科属性

税法学的学科属性包括税法学的基本性质、研究对象、基本特征和学科体系等内容。

1.1.2.1 税法学的基本性质

税法学是一门以法学等原理去研究税收活动规范性问题的法学分支学科。日本学者北野弘久在《税法学原论》中指出：税法学就是一种解释法学，它属于法律学或实用法学的领域[①]。我们认为，税法学的基本性质可以概括为以下几个方面：

（1）税法学是研究税法现象及其规律的一门法学学科。税法学以税收分配的科学性、合理性、规范性和可行性为基础，应对税收法律关系，税法的地位、原则、要素和税收立法等税法基础理论，以及税收的基本法、实体法和程序法等法律内容作出解释并阐明法理依据。它是与经济法学、行政法学、民法学等相并列的法学的一个分支学科。

（2）税法学是涉及多方面学科知识的一门边缘性学科。税法学是在吸收有关学科的理论、知识和方法的基础上逐步形成、完善与发展起来的，是与经济学、财政学、税收学、会计学、法理学、行政学、民法学等学科有着密切联系的一门综合性很强的边缘性学科。也可以说，税法学是一门年轻、需要完善与发展的新学科。

（3）税法学是理论密切联系实际的一门应用性学科。税法学不是纯理论科学或基础研究，而是一门应用性较强的学科，体现着理论与实践的统一。税法学十分重视税法理论和税法实践的结合，在研究税法学基础理论时，应结合税务工作的实际，从实践中发现新问题并探索研究问题的新方法与新视角，以便更好地发挥理论对实践的指导作用。

1.1.2.2 税法学的研究对象

根据唯物辩证法的观点，任何一门学科都以客观世界的某一类事物、现象及其过程作为自己的研究对象。由于税法学发展时间尚短，因此还没有真正确立其科学的界限，但作为一门独立的学科，税法学有其相对独立的研究对象和领域。

日本学者北野弘久在《税法学原论》中对税法基础理论的许多重要

---

① 北野弘久. 税法学原论［M］. 陈刚，杨建广，等，译. 北京：中国检察出版社，2001.

问题都进行了研究和探讨，包括租税的概念、税法学的出发点、基本研究方法等，并主张结合判例进行研究，以拓展税法学研究的领域。在我国，有的学者认为税法学应当成为以税收法律关系为研究对象的法学学科；有的学者则认为，从一定意义上说，税权是整个税法学研究的核心。

我们认为，税法学的研究对象是税法的社会现象及产生、发展和变化的规律。它主要包括税收基础理论及税法地位、税法作用、税法原则、税法要素、税收立法和税收法律关系等理论，以及税收基本法、税收实体法和税收程序法等法律内容。随着税法学的不断完善与发展，其研究对象也将更加科学。

1.1.2.3　税法学的基本特征

税法学的基本特征是税法学的性质的具体体现。税法学的性质是内在的、质的规定性，而税法学的基本特征则是外在的、形式的反映。其基本特征可以概括为以下几个方面：

（1）研究内容的规范性。税法学作为法学学科之一，与经济法学、行政法学、民法学等学科一样，其内容体系应主要依据现行法律法规进行学理阐释，不排除必要的理论探讨，但所阐明的规范必须符合税收法律规定，也不能用理论探讨来代替税收法律规定。

（2）专业基础的广泛性。税法学是一门专业性很强的学科，需要以一定的相关理论为基础，如法学、会计学、经济学和税收学等。如果研究范围过于狭隘，就税论税、就税法论税法，而没有将其放到与其他学科的广泛联系中加以分析，所得出来的结论可能有失允当。

（3）理论知识的实践性。税法学主要包括税法理论和税法规定两部分，前者突出学科的“法性”，后者是税法理论与税收实务结合。法理可指导税法实践，而具体的税法实践也能总结出法理，只有经过长期的“实践、认识、再实践、再认识”，才可能引导税法学走向成熟。

1.1.2.4　税法学的学科体系

刘剑文教授认为，税法学的学科体系包括国内税法学、国际税法学、外国税法学、比较税法学[1]。国内税法学是指以国内税法特定现象及其发展规律为研究对象的税法学分支学科；国际税法学是指以国际税法特定现象及其发展规律为研究对象的税法学分支学科；外国税法学是站在本国角度研究以某国或多国税法特定现象及其发展规律为研究对象的税法学分支学科；比较税法学是指以世界各国税法共同性、差异性及发展趋势为研究对象的税法学分支学科。本书所研究的税法学学科体系的核心是中国税法学的学科体系，主要包括3个部分：

（1）税法学总论。税法学总论主要包括税法学的研究历程、学科属性及与其他学科的关系；税收的概念、产生和职能等税收基础理论；税法的概念、分类、意义和原则等税法基础理论；税收法律关系的特征、构成和行为，以及税法的构成要素；我国税收法律制度的建立与发展过程，以及税收实体法和程序法体系等。

（2）税收实体法研究。税收实体法主要包括增值税、消费税、营业税（2016年5月1日起，在我国，营业税退出历史舞台）、关税、企业所得税、个人所得税、资源税、城镇土地增值税、土地使用税、耕地占用税、房产税、车船税、契税、印花税、车辆购置税和城市维护建设税等税种的基础理论、基本法律，各税种应纳税额的计算及征收管理等。

（3）税收程序法研究。税收程序法以《中华人民共和国税收征收管理法》（以下简称《税收征管法》）为核心，主要研究和阐述税收征收管理法的基础理论、税务登记、税款征收、税务稽查和法律责任，以及税务行政管理法的税收管理体制、税务行政处罚法、税务复议法、税务行政诉讼法和税务行政赔偿法等基本法律制度。

1.1.3 税法学与其他学科的关系

税法学作为一门综合性、交叉性较强的学科，与经济法学、财政学、税收学、会计学等有着千丝万缕的联系，但作为一门独立的学科，税法学与相关学科之间又有很大的差别。

1.1.3.1 税法学与经济法学的关系

经济法学是一门研究经济法现象及其发展规律的学科，侧重于经济法的基本理论、体系和内容的研究。从总体上说，税法学是经济法学重

---

① 刘剑文. 税法学［M］. 4版. 北京：北京大学出版社，2010.

要的分支学科，它与企业法学、合同法学、商标法学等共同构成经济法学体系。税收是国家调控经济的重要手段，在经济法学的研究中应有所涉及，但税法学与经济法学在阐述税收与税法的内容上各有侧重。

经济法学主要围绕税收和税法的宏观调控手段进行研究，主要阐明税收宏观经济调控的手段运用；而税法学则应围绕税法的基础理论和税收法律规定进行研究，主要阐述税法的具体法律内容，并明确各税种应纳税额的计算及征收管理。

1.1.3.2　税法学与财政学的关系

财政学是一门研究财政现象及其发展规律的应用学科，主要包括对财政理论、财政活动和财政政策的研究。其中，财政活动包括财政的收入和支出，而税收是财政收入的主要来源，财政学收入理论的核心必然是税收。财政学的宏观财政政策、分税制财政体制和税款缴库等内容，都与税法学有着密切的关系。

财政学是从宏观角度来分析财政现象，更关注税收资金的运动过程，研究如何提高税收经济活动的效率，减少税收的负面影响；税法学是对财政学研究领域的税收问题侧重从法学角度进行分析，更多地着眼于主体之间的权利义务关系，并考虑纳税人基本权责的实现过程，以体现对征税权的制衡和对纳税人权利的保护。

1.1.3.3　税法学与税收学的关系

从某种意义上说，税法学与税收学是站在不同的角度对同一个问题进行研究。税法学是研究如何对税收关系进行法律规范的学科，它从宪法角度确定权利与义务，并把这些权利与义务的实现作为研究目标；税收学研究如何对经济活动进行分配，探索税制各要素与经济变动之间的关系，不断优化税制结构，达到税收最佳调控目标。

两者研究对象重叠，研究视角各异，研究内容各有侧重。税收学更多地关注作为财政收入的税收资金的运动过程，而税法学则更多地着眼于税收主体之间权利义务关系的定位，从宪法学国家权力来源的角度设计纳税人主权的实现过程。如果将两者完全混同，就等于取消了税收学与税法学的学科界限以及税法学的存在价值。

1.1.3.4　税法学与会计学的关系

会计学是一门研究会计现象及其发展规律的学科，侧重于会计理论和资本运营的研究，并构成税法学研究的重要基础。在研究对象上，会计学主要研究企业资本运营状况和效益最大化措施，而税法学研究企业纳税人和自然纳税人以纳税义务为核心的经济活动。

会计学研究讲求会计核算的真实性和效益性：真实性即为经济业务发生的真实与可靠程度，效益性即要求不断降低成本、追求利润的最大化。税法学研究讲求经济运行的合理性与合法性：合理性即核算相对平均社会成本及税收分配的公平与效率问题，合法性即在依照税法的基础上不考虑征税成本而做到应收尽收。此外，当两者研究的法律内容不协调或不一致时，应按税法计算调整其纳税数额等规定进行研究。

总之，税法学已具有综合社会科学的典型特点。在对税法进行全方位研究时，应综合政治学、行政学、财政学、经济学、会计学和冲突学等社会科学加以分析。这种综合分析方法是研究现代法学的共同方法，但它们之间在具体运用过程中存在一定的差异性。

1.2 税法基础理论

1.2.1 税收的概念

1.2.1.1 税收的含义

一般认为，税收是国家凭借其政治权力，强制、无偿地参与国民收入分配，取得财政收入的一种手段。其内涵主要包括以下4个方面：

（1）税收的依据。国家取得任何一种财政收入，总是要凭借国家的某种权力。如国家收取贡物凭借的是统治者的权力，国家土地收入和国有企业利润收入凭借的是国家对土地和其他生产资料的所有权，特权收入凭借的是国家对山林、水流、矿藏等自然资源的所有权等。这些权力归结起来，可概括为财产权力和政治权力。国家取得各种财政收入所凭借的也是这两种权力，但税收凭借的只是唯一的政治权力而不是财产权力，国家政治权力是税收的依据。

（2）税收的特征。税收的特征是指税收区别于其他财政收入形式的基本标志，主要表现为强制性、无偿性和固定性。强制性是指税收通过法律形式对国民收入进行的强制征收，负有的单位和个人必须依法履行，否则要受到法律制裁；无偿性是指国家向纳税单位和个人进行的无须偿还的征收，国家也不需支付任何报酬；固定性是指国家通过法律形式预先规定征税范围、计税标准及征收比例等办法进行征收。税收的三个特征是统一的整体，是各种社会制度下的税收共性。只有同时具备这3个特征才是税收，否则就不是税收。

（3）税收的范畴。税收在社会再生产过程中，属于分配范畴。国家征税的过程就是把一部分国民收入从纳税单位或者个人手中转变为国家所有的分配过程。同时，由于税收分配凭借的是国家政治权力，因而税收分配所体现的分配关系是一种特定的分配关系。

（4）税收的形态。从历史演变来看，税收的形态有力役、实物和货币。力役是税收的特殊形态，实物和货币尤其是货币为税收的主要形态。在奴隶社会和封建社会，税收以实物和力役形态为主；封建社会末期尤其是资本主义社会，税收形态从实物过渡到以货币为主，甚至全部采用货币征收。目前我国基本上采用货币形式。

1.2.1.2　税收的产生

（1）税收产生的条件。一般认为，税收的产生取决于相互制约的两个条件：

第一，税收产生的基础条件——国家的产生和存在。国家同税收的产生有着本质的联系，因为税收是国家实现其职能的物质基础，出现国家之后才有为满足国家政权行使职能而征税的客观需要。税收是以国家为主体、以国家政治权力为依据的特定分配，国家是课征税收的主体，也是课征税收的依据，国家的存在使税收产生成为可能。

第二，税收产生的经济条件——私有制的存在和发展。只有在社会上存在私有财产制度，而国家又需要将一部分不属于自己所有或不直接支配使用的收入转变为国家所有的情况下，才有必要采取税收这种强制性方式。换句话说，税收是国家对私有财产行使支配权的表现，只有存在私有财产制度这样的经济条件，税收才会产生。

（2）税收产生的过程。从我国历史看，税收的产生经历了较为漫长的发展过程，归纳起来大体可分为雏形和成熟两个阶段。

第一，夏商周时期的“贡助彻”——雏形阶段。我国第一个奴隶制国家——夏代出现后，即产生了贡法。一般认为，贡是夏代王室对其所属部落及本国平民的一种强制课征，主要分为两种：一是与主从关系相联系的土贡，即王室对其所属部落以及被用武力征服的部落的强制征收，其贡品一般为土特产品；二是与耕种土地相联系的贡，即平民耕种土地向国王纳的贡，一般是根据土地若干年的收获量定出一个平均数并对其抽取一定的比例。

到了商代，贡法逐渐演变为助法。助法是借助平民耕种公田的力役课征，即在井田制度下，八家平民在各自私田的基础上来共同耕种公田，公田上的收获全部归王室所有。周代时助法又演变为彻法。彻法是按田亩征收实物的制度，即每户平民耕种的土地要以一定产量的实物缴纳给王室。彻法按土地数量征收，比贡法和助法有了很大的进步。

此外，对商业和手工业征收关市之赋、山泽之赋，即对经过关卡或上市交易的物品以及伐木、采矿、狩猎、捕鱼、煮盐等进行征税，这是我国最早出现的工商税收。

第二，春秋时期鲁国的“初税亩”——成熟阶段。春秋时期是我国奴隶社会向封建社会转变的时期，税收制度适应这一转变发生了巨大的变革，尤以鲁国的改革最为突出。为了增加财政收入和抑制开垦私田，鲁国于鲁宣公十五年（公元前594年）开始对井田以外的私田征税，即不论公田和私田一律按亩征税，征收的比例基本上为1/10，史称“初税亩”。实行“初税亩”后，土地所有者只要纳税，其纳税后的土地收入可以归自己支配。“初税亩”顺应了土地私有制这一发展趋势，是历史上一项重大的经济改革，也是我国农业税制从雏形阶段进入成熟阶段的标志。

1.2.1.3 税收的职能

税收的职能是指税收分配在一定社会制度下所固有的功能和职责，是税收的一种长期固定的属性。一般认为，税收具有财政、经济和管理3种职能。

（1）税收的财政职能。税收的财政职能是指税收为国家组织财政收入的功能。税收是国家凭借政治权力，通过法律形式将企业和个人的收入通过征税方式变为国家财政收入，以满足国家财政支出的需要。古今中外，各国税收在财政收入中所占比重都很大，是国家财政的主要支柱，成为国家机器运转的经济基础。

税收的财政职能不但表现在税收所取得的财政收入的数量上，而且表现在税收所取得的财政收入的质的规定性上。税收的3个基本特征决定了税收在取得财政收入上具有广泛、可靠、及时、均衡、无偿的功能，能够满足国家实现其职能对财政收入的质的要求，这是其他财政收入形式所不具备或不完全具备的。

（2）税收的经济职能。税收的经济职能是指国家运用税收来调控经济运行的功能。国家向企业和个人收入征税必然要改变其原有的分配关系，对生产、消费、投资、生产关系结构等产生一定的影响，且始终是客观存在的。这种影响可能是积极的也可能是消极的，可能促进经济发展也可能阻碍经济发展，可能是有意识的也可能是无意识的。

税收具有自身质的规定性，主要表现在：税收以法律形式征收，并运用税法来贯彻国家的经济政策，体现税收调控经济的权威性；税收不受所有制限制，涉及国民经济各部门、各行业和再生产的各个环节，体现税收调控经济的广泛性；税收调控对象及要求可在税法中规定，并赋予税务部门依法因地制宜的执行权，体现税收调控经济的灵活性。

（3）税收的管理职能。税收的管理职能是指国家通过税收征管法律制度来约束纳税人社会经济行为的功能。税收是无偿性的分配，其结果是直接减少纳税人的既得利益，国家征税要做到应收尽收，就必须进行税收的预测、调查、监督、检查和纠正等一系列工作，以反映有关的经济动态、实施有效的监督管理，以使税收分配得以顺利实现。

税收管理贯穿于税收分配活动的全过程，从税法制定到税收入库都必须体现税收管理的功能。我国税收涉及的范围十分广泛，从经济性质看，涉及国有、集体、个体、外资、合资、乡镇、街道、个人及各种经济联合体等；从再生产过程看，涉及生产、交换、分配、消费等各环节；从企业内部看，涉及生产、供销、成本和利润分配等经营活动。

1.2.2 税法的概念

1.2.2.1 税法的含义

税法是国家制定的用以调整国家与纳税人之间征纳活动的权利与义务关系的法律规范的总称。它是国家依法征税、纳税人依法纳税的行为规范。其目的是保障国家经济利益和纳税人的合法权益，维护税收秩序，保证国家的财政收入。

税法有广义与狭义之分。广义的税法是指国家立法机关、政府及其有关部门制定的有关税收方面的法律、规章和规定等；狭义的税法仅指国家立法机关或其授权制定的税收法律，即严格意义上的税法。本书中所说的税法是指广义上的税法，即通常所说的税制。所谓税制，是指国家及其有关部门制定的各种税收法令和征管办法的总称。

【小资料1-1】　　税法与税收、税制的关系

1.三者的概念。税法是指国家制定的用以调整国家与纳税人之间征纳活动的权利与义务关系的法律规范的总称；税收是指国家凭借其政治权力，强制、无偿地参与国民收入分配，取得财政收入的一种手段；税制是指国家及其有关部门制定的各种税收法令和征管办法的总称。

2.三者的联系。总体来说，三者是辩证统一、互为因果的关系。具体地说，税收、税制与税法都以国家为前提，与财政收入密切相关；国家对税收的需要决定了税制与税法的存在，而税制与税法的存在决定了税收的分配关系；税制与税法是税收内容的具体规范和权力保证（即法律强制性征收）；税收是税制与税法的执行结果，同时税收又是衡量税制与税法科学性、合理性的重要标准；严格意义上所说的税法是税制的核心内容，而税制又是税法的必要解释和补充。

3.三者的区别。一是在范畴上，税收属于经济基础范畴，税制与税法则属于上层建筑范畴；二是在立法上，税法的制定权必须属于国家立法机关或其授权的国家行政机关，而税制的制定权除属于税法的制定部门外，还属于财政机关、税务机关、海关等；三是在效力上，税法具有法律强制的约束力，而税制具有行政约束力和一定的法律效力。在实际执行过程中，当税制与税法有抵触时，应以税法的规定为准。

1.2.2.2　依法治税的含义

依法治税是指在依法治国的前提和条件下，通过税收法治建设，使征税主体依法征税、纳税主体依法纳税，从而达到税收法治的状态。其内涵包括：一是表明依法治国与依法治税的关系；二是突出依法治税的核心内容和主要手段，即税收法制建设；三是指出依法治税的基本目标和根本目标；四是强调依法治税的重点在于“征税主体依法征税”；五是阐明依法治税和税收法治两者的关系：前者是手段而后者是目的，前者是过程而后者是状态。

我国从1981年开始提出“依法治税”，此后不断有相关文件或领导讲话予以强调，其内涵逐步清晰。从总体上看，依法治税仍是一个非常宏观的概念，可看成加强税收法制建设的一种简称。我们在税法学上研究依法治税的意义，主要是一种观念的启迪和更新，特别是当税收领域无法可依、人们税法意识残缺不全时，这一点尤为重要，因此必须真正做到依法治税的理念与具体的税法建设的紧密结合。

1.2.2.3　税法与有关法律的关系

税法在我国法律体系中，除自身规定的内容外，在某种情况下也需要援引一些其他法律，并与其或多或少地存在一定的相关性。这里主要阐述税法与宪法、民法、刑法等最为密切相关的法律之间的关系。

（1）税法与宪法的关系。宪法是我国的根本大法，它是制定所有法律、法规和章程的根本依据，因而也是税法制定的根本依据。《中华人民共和国宪法》（以下简称《宪法》）规定：“中华人民共和国公民有依照法律纳税的义务。”这一规定是立法机关制定税法并据以向公民征税，以及公民必须依照税法纳税的最直接的法律依据。

《宪法》规定，中国公民在法律面前人人平等；国家要保护公民的合法收入、财产所有权以及公民的人身自由不受侵犯等。国家在制定税法时，应遵循平等对待的原则，不能因为纳税人的种族、性别、出身、年龄等不同而在税收上给予不平等的待遇；既要规定公民纳税人应享有的各项权利，国家税务机关行使征税权的约束条件，也要规定税务机关在行使征税权时不能侵犯公民纳税人的合法权益等。

（2）税法与民法的关系。在内涵上，税法与民法有着较大的区别。因为民法是调整平等主体之间（即公民之间、法人之间、公民与法人之间）财产关系和人身关系的法律规范，其调整方法的主要特点是平等、等价和有偿；而税法的本质是调整国家与纳税人之间征纳关系的法律规范，这种关系是国家意志和强制的关系而不是商品的关系，其调整方法的主要特点是命令和服从。

同时，两者又有着密切的联系，即当税法的某些规范同民法的规范基本相同时，税法一般援引民法条款。如印花税中有关经济合同关系的成立、房产税中有关房屋的产权认定等，在民法中已有规定，所以税法就不再另行规定。但有时应以税法规定为准，如两个关联企业之中的一方，以高进低出的价格与对方进行商业交易，再以其他方式从对方取得利益补偿来达到避税的目的，这种交易虽然符合民法的“民事活动应遵循自愿、公平、等价有偿、诚实信用”的原则，却违反了税法合理性与合法性的原则，因而应按税法规定对这种交易作相应的税收调整。

（3）税法与刑法的关系。税法与刑法有着密切的联系，但也有着本质的区别。主要表现为调整的范围不同，即刑法是关于犯罪、责任与刑罚的法律规范，税法则是调整税收征纳关系的法律规范；法律约束效力也有程度上的不同，即违法与犯罪是两个概念，违反税法并不一定就是税收犯罪。

税法与刑法的密切联系主要表现在：两者对违反税法行为都规定了处罚条款。如我国现行《税收征管法》第63条规定，纳税人伪造、变造、隐匿、擅自销毁账簿、记账凭证，或在账簿上多列支出或不列、少列收入，或经税务机关通知申报而拒不申报或进行虚假纳税申报，不缴或少缴应纳税款的，由税务机关追缴其不缴或少缴的税款、滞纳金，并处不缴或少缴税款0.5倍以上5倍以下的罚款；构成犯罪的，依法追究刑事责任。而《中华人民共和国刑法》（以下简称《刑法》）第201条规定，纳税人采取欺骗、隐瞒手段进行虚假纳税申报或不申报，逃避缴纳税款数额较大并且占应纳税额10%以上的，处3年以下有期徒刑或拘役，并处罚金；数额巨大且占应纳税额30%以上的，处3年以上7年以下有期徒刑，并处罚金。从上面可以看出，两者之间的区别就在于情节是否严重，轻者给予行政处罚，重者则要给予刑事处罚。

1.2.3 税法的分类

税法的分类是指按一定标准，把性质、内容、特点相同或相似的税法归为一类。在税法体系中，按不同的标准可分为不同类型的税法。

1.2.3.1 以税法内容和功效为标准的分类

以税法内容和功能效用为标准，可将税法分为税收基本法、税收实体法和税收程序法。

税收基本法是指国家制定的有关税收性质、税种、体制、税务机构及征纳双方权利与义务等内容的法律规范。它是税法体系的重要组成部分，起着税收母法的作用。1949年我国中央人民政府（政务院）制定的《全国税政实施要则》就具有税收基本法的性质。目前，我国的税收基本法（征求意见稿）进行了多次讨论和修改，出台已为期不远。

税收实体法是指国家制定的有关税种、征税对象、纳税人、税目税率、计税依据、纳税地点等要素内容的法律规范。如《中华人民共和国增值税暂行条例》和《中华人民共和国个人所得税法》等，就属于税收实体法。

税收程序法是指国家制定的有关税收管理工作的步骤和方法等方面的法律规范，主要包括税务管理法、纳税程序法、发票管理法、税务处罚法和税务争议处理法等。如《税收征管法》和《税务行政复议规则》等，就属于税收程序法。

【小思考1-1】 实体法与程序法之间有何关系？

答：这是以法律规定内容的不同为标准对法的分类。实体法是指以规定和确认权利与义务或职责为主的法律，如民法、刑法和所得税法等；程序法是指以保证权利与义务得以实施或职权和职责得以履行的有关程序为主的法律，如诉讼法、税收征管法等。实体法和程序法的分类是就其内容的主要方面而言的，它们之间也有一些交叉，实体法中也可能涉及一些程序规定，程序法中也可能有一些涉及权利、义务等内容的规定。

1.2.3.2 以征税对象为标准的分类

以征税对象为标准，可将税法分为流转税法、所得税法、资源税法、财产税法和行为目的税法。

流转税法是国家制定的有关对商品流转额和劳务收入征税的法律规范，如增值税法、消费税法和关税法等。其特点是：流转税与商品生产、流通、消费有着密切的联系，不受成本费用的影响而具有税收收入的“刚性”，有利于国家发挥对经济的宏观调控作用。流转税法为世界各国，尤其是发展中国家所重视和运用。

所得税法是国家制定的有关对纳税单位和个人所获取的各种所得或利润（或收入）征税的法律规范，如企业所得税法、社会保障税法和个人所得税法等。其特点是：所得税直接调节纳税人的收入水平，发挥公平税负和调整分配关系的作用。所得税法为世界各国所普遍运用，尤其是市场经济发达和经济管理水平较高的国家更为重视它。

资源税法是国家制定的有关对纳税人利用各种资源所获得的收入征税的法律规范，如资源税法、农业税法和土地税法等。其特点是：资源税调节因自然资源或客观原因所形成的级差收入，将非因客观努力而得的级差收入征归国有，限制资源浪费，保护自然资源合理使用。资源税法一般针对利用自然资源（如土地、矿藏、森林等）、设备、资金、人才等资源所获收益或级差收入的征税需要而制定。

财产税法是国家制定的有关对纳税人财产的价值或数量征税的法律规范，如房产税法、车船税法、遗产税法、不动产税法和契税等。其特点是：财产税限制利用财产投机取巧和闲置浪费，促进财产的节约和合理利用。财产税法一般以财产富有者、财产闲置者为课征对象，以促进合理使用为根本目的，同时也有增加国家财政收入的目的。

行为目的税法是国家制定的有关对某些特定行为及为实现国家特定政策目的征税的法律规范，如投资方向调节税法、印花税法、屠宰税法和城市维护建设税法等。其特点是：行为目的税选择面较大，设置和废止相对灵活，可因时、因地制宜，制定具体征管办法。行为目的税法一般是国家为实现某些经济政策、限制特定行为等目的而制定的。

1.2.3.3　以税法其他内容为标准的分类

以税收收入归属和征管权限为标准，可将税法分为中央（国家）税法和地方税法。中央税法是国家制定的税收法律制度；地方税法是各级地方政府制定的税收法律制度。中央税是指税收收入和管理权限归属中央一级政府的税收，一般由中央统一征收管理；地方税是指税收收入和管理权限归属各级地方政府的税收，一般由各级地方政府负责征收管理。1994年我国实行新的财税管理体制，将税收划分为中央税、地方税、中央与地方共享税3类，如消费税等为中央税，房产税等为地方税，增值税等为中央与地方共享税。

以主权国家行使税收管辖权为标准，可将税法分为国内税法、外国税法和国际税法等。国内税法一般是按照属人或属地原则，规定一个国家的内部税收法律；外国税法是指国外各个国家制定的税收法律；国际税法是指国家间形成的税收法律，主要包括双边或多边国家间的税收协定、条约和国际惯例等。

1.2.4 税法的意义

1.2.4.1 税法的地位

税法是我国法律体系的重要组成部分，其地位是由税收在国家经济活动中的重要性决定的。原因在于：一方面税收收入是政府取得财政收入的主要来源，而财政收入是维持国家机器正常运转的经济基础；另一方面，税收是国家宏观调控的经济杠杆和重要手段，体现国家宏观经济政策的目的。因此，税法是调整国家与企业和公民个人收入分配关系的最基本、最直接的方式，特别是在市场经济条件下，税收的上述两项功效表现得非常明显和直接。

税与法密不可分，有税必有法，无法不成税。现代国家大多奉行立宪征税、依法治税的原则，即政府的征税权由宪法授予，税收法律须经立法机关批准，税务机关履行职责必须依法办事，税务复议与诉讼要按法定程序解决。因此，税法属于国家法律体系中一个重要的部门法，它是调整国家与各个经济单位及公民个人分配关系的基本法律规范。

1.2.4.2 税法的作用

税法调整的对象涉及社会经济活动诸多方面，与国家整体利益、单位和个人的直接利益有着密切的关系，在完善和发展我国社会主义市场经济体制中，国家将通过制定、实施税法加强对国民经济的宏观调控，税法的作用将越来越重大。主要表现在以下几个方面：

（1）税法是国家组织财政收入的法律方式。为实现社会主义建设的现代化，国家必须筹集大量资金用于基础建设及能源、交通等公共和重点建设。实践证明，单靠私人或某些企业的自愿投资，不可能筹集到大量的资金并投入大规模的基础建设（尤其是公共设施），同时由于众所周知的原因，单位和个人出资是不情愿的或是有限的，因此，必须通过制定税法，以法的形式确定单位和个人履行纳税义务的具体项目、数额和程序，惩治偷逃税等违法行为，防止税款流失，保证国家依法征税并及时足额地取得税收收入。

（2）税法是国家调控经济运行的法律手段。我国完善和发展社会主义市场经济体制，改革的目标之一就是从过去国家习惯于用行政手段直接管理经济，向主要运用法律、经济手段宏观调控经济转变。税收作为国家宏观调控的重要手段，通过制定税法的形式确定国家与纳税人之间的利益分配关系，调节生产与消费及社会成员的收入水平，调整产业结构和社会资源的优化配置，使之符合国家的宏观经济政策目标；同时，以法律的平等和公平税负原则，鼓励平等竞争，为市场经济的运行与发展创造良好的条件。

（3）税法是国家维护经济秩序的法律工具。从事生产经营的单位和个人通过办理税务登记、建账建制、生产销售和纳税申报等各项经营活动，都将纳入税法的规范制约和管理范围。因此，税法就确定了一个规范有效的纳税秩序和经营氛围，从而监督生产经营单位和个人依法经营、加强经济核算；同时，税务机关按照税法规定对纳税人进行税务检查，严肃查处偷逃税等违反税法的行为，也将有效地打击各种违法经营活动。显然，如果没有税法予以规范并实施监督，就很难有良好、稳定的经济环境与秩序。

（4）税法是国家保护纳税人合法权益的法律依据。国家征税直接涉及纳税人的切身利益，如果税务机关出现随意征税的现象，就会侵犯纳税人的合法权益、影响其正常生产经营，这是法律所不允许的。税法在确定税务机关征税权利和纳税人纳税义务的同时，也相应规定了纳税人享有的权利，如纳税人依法享有发票购买权、延期纳税权、减免税申请权、多缴税款退还权、申请复议或提起诉讼权等；税法还严格规定了对税务机关执法的监督制约制度，如税收征收管理必须按照法定的权限和程序进行，造成纳税人合法权益损失的要负赔偿责任等。

（5）税法是国家维护其经济权益的法律保障。任何国家对进出口贸易、技术交流与合作，以及外国企业和个人在本国境内从事生产经营等拥有税收管辖权，这是国家权益的具体体现。我国实行对外开放必然发生涉及国与国之间的税收分配问题，其最好的解决办法就是签订国际税收协定。到2012年2月底，我国对外签署了90多个双边税收协定和2个税收安排，这既维护了国家的经济权益，又为鼓励外商投资、保护国外企业和个人在华合法经营，以及发展国家间平等互利的经济技术合作关系提供了可靠的法律保障。

【小资料1-2】 税法的规范作用

1.指引作用。税法的指引作用是指税法为人们的行为提供模式、标准和方向，使人们知道在税收领域中的所为与不为。

2.评价作用。税法的评价作用是指税法作为法律规范具有判断、衡量人们的行为是否合法的作用。

3.预测作用。依靠税法指引的方向和标准，可预先估计人们相互间的行为，从而在税法许可的范围内作出最合理的安排。

4.强制作用。税法的强制作用是指对违反税法的行为进行制裁而产生的法律保证，是税收强制性的法律依据。

5.教育作用。这是税法评价与强制作用的延伸。借助税法提供的行为模式，人们可以使自己的行为与税法的要求相一致，养成守法的好习惯。

1.2.5 税法的原则

1.2.5.1 税法原则的研究

税法原则是指税收立法及贯彻执行活动中必须遵循的准则。它与税收原则、税制原则有着密切的联系与区别，具体参见【小资料1-1】。

（1）西方国家对税法原则的研究。较早提出税收原则的人，有英国重商主义者托马斯·霍布斯、威廉·配第，德国后官房学派尤士第和意大利财政学者费里等。他们都不同程度对税收原则提出了一些见解，其中以配第和尤士第的税收原则较为具体。之后，亚当·斯密提出的税收原则是对前人的继承和总结，他提出了平等、确实、便利和最小征收费用4原则，在当时被奉为金科玉律，该时期被人们视为西方国家税收原则的确立时期。重大发展时期则是瓦格纳的税收原则，他集前人之大成，提出了财政政策（收入充分和收入弹性）、国民经济（选择税源和选择税种）、社会公平（普遍和平等）和税务行政（确实、便利和节省）“四项九端”原则，是为适应国家干预经济的需要而提出的税收原则理论。

当代西方国家对税收原则的研究主要围绕税收在现代经济生活中的职能、作用进行，从不同角度提出了各自的理论。比较一致和共性的提法是税收公平和税收效率两大原则。按照西方学者的解释，税收公平原则是指国家征税要使各个纳税人承受的负担与其经济状况相适应，以保证各纳税人之间的负税均衡。它分为横向公平和纵向公平：前者指税制以同等的方式对待条件相同的人；后者指税制以不同的方式对待条件不同的人。税收效率原则是指国家征税要有利于资源的合理配置和经济机制的有效运行，以提高税务行政管理的效率。它分为税收经济效率和税收本身效率：前者指税收对资源配置和经济机制运行产生影响，而使税收额外负担最小化和额外收益最大化；后者指国家在充分取得税收收入的基础上使税务费用最小化。

（2）我国学者对税法原则的研究。我国税法学界对税法原则的认识并不深入，也不够科学规范。我国对税法原则的研究最早见于1986年刘隆亨教授提出的“税法制度建立的六大基本原则”；1989年我国学者对西方税法的税收法定主义、税收公平主义、实质征税和促进国家政策实施等4大基本原则进行介绍；20世纪90年代以来，有的学者开始借鉴和参考西方税法基本原则理论，研究如何确立我国税法的基本原则。目前我国税法学界已基本认同和接受西方税法基本原则的表述方式，如税收法定原则、税收公平原则、税收效率原则等。所不同的是：学者们对每项原则的内容和要求有程度不同的理解差异，如有的认为税法的基本原则仅此3项，有的认为还包括税收社会政策原则，还有的认为无偿性财政收入原则和宏观调控原则也是税法的基本原则等。

我国财税法专家刘剑文教授认为，西方税法基本原则与我国学者的税法原则研究成果相比较，其基本精神是一致的，但前者的表述语言简单明了、概括性强、涵盖面广、彼此间没有重复。事实上，后者中许多原则可以相应归入前者的各原则中，如兼顾需要与可能、公平税负、合理负担、普遍纳税等体现的是税收公平原则；贯彻党的经济政策、贯彻执行国家政策等可包含于社会政策原则中；税制简化、征税简便等说明了税收效率原则。西方税法基本原则从内容上看也较为全面完整，中国学者以往的研究很少看到税收法定原则的表述，也很少从税收负担能力的角度讨论税收的公平问题，即使强调效率，一般也只论及税收的征收效率，对纳税效率，特别是更为重要的税收经济效率问题还未深入研究。因此，批判地借用西方税法基本原则，改变我国对税法基本原则研究的被动局面，具有积极的现实意义。

1.2.5.2 我国的税法原则

我国的税法原则主要是根据国家社会性质和具体国情而建立的，主要有以下几个方面：

（1）公平性与效率性原则。竞争是市场经济的特征之一，参加市场竞争的各个主体需要一个平等的环境，税收公平是实现平等竞争的前提条件。从征税范围看，一切生产经营收入的单位和个人都应纳入征税范围；从负担能力看，负担能力大的多纳税，负担能力小的少纳税，没有负担能力的不纳税；从经营环境看，因客观环境优越而取得超额收入或级差收益者的多纳税；从税负平衡看，不同地区、行业及多种经济成分间的实际税负尽可能公平。与此同时，税法还应体现效率性，即从资源配置看，征税要促进资源的有效配置，并从资源利用中获得最大的经济利益；从运行机制看，征税要有利于经济的有效运行，不断提高经济效益；从税务行政看，税法条款须简便，征纳费用须节省。

（2）法定性与灵活性原则。制定税法时，内容应规范、明确、具体、严谨、周密，但为保证制定后的税法在全国范围内、在各个地区能得到顺利贯彻执行，不致与现实脱节，又不能规定得过细过死，应坚持原则性与灵活性相结合的原则。具体地讲，就是必须贯彻税收法制的统一性与因时、因地制宜相结合。统一性即指税收立法权只能由国家最高权力机关来行使，未经法律授权，任何地区和部门不得擅自变更税法规定，也不能违背税法制定所谓的“土政策”“土规定”；因时、因地制宜即指为照顾不同地区（特别是少数民族地区）的不同情况与特点，充分发挥地方的积极性，在某些情况下允许地方在遵守国家法律法规的前提下，制定适合当地的实施办法等。

（3）稳定性与连续性原则。制定税法应与一定的经济基础相适应，税法一经制定在一定阶段内就要保持其稳定性，不能朝令夕改、变化不定。如果税法经常变动，不仅会破坏税法的权威性和严肃性，而且会给经济发展带来不利影响。但这种稳定性也不是绝对的，因为社会社会经济状况是不断变化的，税法也要适应变化。主要表现在：有的税法已经过时需要废除，有的税法部分失去效力需要修改、补充，有的需要根据新情况制定新的税法等。此外，必须注意税法的连续性，即税法不能中断，在新税法未出台前原税法不应随便终止；在修改、补充或制定新的税法时，应保持与原税法的承继关系，在原有税法的基础上结合新的实践经验，修改、补充原有的税法和制定新法内容。

（4）民主性与可行性原则。民主性是一切法律制定的基础，也是法律科学性、可行性的保障。税法的民主性就是坚持走群众路线，充分听取社会民众的意见，以确保税收法律能充分体现人民的根本利益。其基本要求是：应严格按照法定的程序进行税收立法，坚持民主决策，并体现立法机关的主体作用；对税法草案的讨论进行充分辩论，听取不同方面的意见，特别是应吸收广大税务干部的意见和建议；坚持税收立法过程公开化，使社会各个层面及广大公众能够及时、全面了解立法过程及争论、达成共识等情况。实践证明，税收立法越民主、越细致、越有群众基础，制定的税法就越科学、越合理、越可行，纳税单位和个人才会心悦诚服地接受和执行，提高依法纳税的自觉性和积极性。

【小资料1-3】　　　　我国的税收立法

1.税收立法的程序。税收立法是国家立法机关或其授权机关根据一定的立法程序制定税收法律规范的一系列活动。一方面，要确定国家、集体、个人之间的税收分配关系，以及我国与外国政府或外资企业、外籍人员的税收权益分配关系；另一方面，要制定正确处理这些关系所必须遵守的程序和准则。只有通过立法才能做到有法可依，避免“以权代法、以言代法”等问题的发生。税收立法程序是国家在制定、修改、补充或废止税收立法活动中必须遵循的法定步骤和方法，我国的税收立法程序主要包括以下4个方面：

（1）提出税法草案。这包括起草税法草案和对原有税法进行修改或废止的草案或建议。我国的税法草案通常由财政部税政司或国家税务总局草拟，然后提交国务院法制局审查；法制局将税法草案发给有关部门征求意见或修改后，提交国务院审查。

（2）审议税法草案。国务院审查通过后，提交全国人民代表大会或其常委会审议；全国人民代表大会或其常委会的法制委员会根据委员和代表的讨论意见，并征求国务院各有关单位和各地的意见，对税法草案进行修改，最后提交全国人民代表大会或其常委会进行审议表决。

（3）通过税法草案。通过税法草案是立法机关对其表示的正式同意，它是整个税收立法程序中最有决定意义的阶段。全国人民代表大会或其常委会在开会期间，以少数服从多数的方式通过税法议案，形成正式的税收法律，由国家主席发布。

（4）公布实施税法。我国通过的税法以国家主席令发布，并在《人民日报》等重要报刊上全文刊登。税法的公布日和生效日有时是一致的，有时是不一致的，或在公布之日前，或在公布当日，或在公布后的某个时日实行。我国税法的生效日大多为后者。

2.税收立法的实施。颁布的税法从生效或实行之日起就必须贯彻执行，它要求正确运用、严格遵守税法并对违法者实施制裁。税法具有多层次特点，在税收执法过程中对其适用性或法律效力的判断上，一般应遵循以下原则：层次高的法律优于层次低的法律；同一层次法律中的特别法优于普通法；国际法优于国内法；实体法从旧而程序法从新。

1.3 税收法律要素

税收法律要素是税法应具备的基本内容和因素，也是保证税法科学性、合理性和规范性的必要条件。

1.3.1 税法构成要素

在税法研究中，我国有的学者把税法的构成分解为征纳关系、征收管理和争讼责任3个过程或环节，并从法律规范的整体结构上将其视为假定、处理、制裁3个部分。大多数学者认为，税法构成要素一般是指税收实体法的组成要素。从实际运用上看，主要包括纳税人、征税对象、税率、纳税环节、纳税期限、税收优惠、征收方法和纳税地点，以及总则、罚则、附则等，其中纳税人、征税对象和税率是基本要素。

1.3.1.1 纳税人

（1）纳税人的含义。纳税人是纳税义务人的简称，在法学上称为纳税主体，即指税法中直接规定的负有纳税义务的单位和个人，即由谁来纳税。国家无论征收什么税，总要由一定的单位或个人来缴纳，因此每种税都要规定其各自的纳税人。如增值税的纳税人是在中国境内销售货物、进口货物和提供加工修理修配劳务，以及提供应税行为的单位和个人；房产税的纳税人是房产的所有者。

（2）扣缴人的含义。与纳税人相关的概念是扣缴人，即扣缴义务人的简称，是指税法直接规定的负有代收代缴、代扣代缴义务的单位和个人。当纳税人发生应税行为直接缴税有困难时，国家为防止纳税人偷逃税款，保证税款及时足额入库，税法中须有扣缴人扣缴税款的具体规定。如个人所得税法中规定，纳税人取得的各项应税所得有支付单位的，以支付单位为扣缴人。

【小思考1-2】 纳税人与负税人的区别是什么？

答：纳税人和负税人是两个既有联系又有区别的概念。纳税人是直接向税务机关缴纳税款的法人、自然人和其他组织；负税人是实际负担税款的法人、自然人和其他组织。当纳税人能够通过一定的途径把税款转嫁或转移给他人时，纳税人就不再是负税人，被转嫁或转移的“他人”才是真正的负税人。在不存在转嫁和转移的情况下，纳税人就是负税人。

1.3.1.2 征税对象

征税对象又称课税对象，在法学上称为纳税客体，是指税法中规定征税的标的物，即对什么东西征税，是区分不同税种的主要标志。征税对象的内容十分广泛，包括货物、劳务、财产、收入、所得、土地、行为等。每种税都要规定其各自的征税对象，如增值税的征税对象是增值额，所得税的征税对象是所得额等。与征税对象相关的概念，主要有以下6个：

（1）税源。税源是指税收的经济来源。从总体上看，物质生产部门创造的国民收入是税收的最终经济源泉。税源与征税对象有的税种是一致的，如所得税的税源与征税对象都是纳税人的所得额；有的税种是不一致的，如房产税的征税对象是房产，但其税源是房产所带来的收益。

（2）税目。税目又称征税品目，它规定征税对象的具体项目，是征税对象在应税内容上的具体化，体现征税的广度。税目与征税对象一般是不一致的，如我国消费税的征税对象是企业生产的消费品，但其税目为烟、酒等15种消费品。

（3）征税范围。征税范围是指税法规定应税内容的具体区间，可按货物、品种、所得、地区等划分。它与征税对象密切相关，是征税对象的进一步补充和划分。如我国城镇土地使用税的征税对象为土地，其征税范围为城市、县城、建制镇和工矿区。

（4）计税依据。计税依据又称税基、征税基础，是指征税对象在数量上的具体化，是计算每种税应纳税额的根据。分为从价计征与从量计征两种：前者是指按征税对象的价值计算；后者是指按征税对象的重量、面积和体积等自然计量单位计算。它与征税对象的关系是：有的税种是一致的，如企业所得税的征税对象和计税依据均为所得额；有的税种是不一致的，如增值税的征税对象为增值额，其计税依据却是货物或劳务的销售额。

（5）计税价格。计税价格是指税法规定的计量征税对象所使用的价格。计税价格包括含税价格和不含税价格两种，如消费税计税价格是含消费税的价格，增值税计税价格是不含增值税的价格。

（6）计税单位。计税单位是指税法规定的计量征税对象的具体单位。如资源税以吨、立方米，车船税以辆、吨和米等为计税单位。

1.3.1.3 税率

税率是指应纳税额占征税对象量的份额，是对征税对象（或计税依据）的征收比例或征收额度。它体现征税的深度，也是衡量税负轻重的主要标志。在实际运用中，主要有比例税率、累进税率、定额税率和特殊税率4种类型。

（1）比例税率。比例税率是指对同一征税对象，不论数额大小均按相同比例征税的税率，即税额随征税对象的量等比增加，但征税比例始终不变。在同一税种中，由于征税对象存在质的差异性，比例税率可随税目的多少而规定多个。我国的增值税法、企业所得税法等采用比例税率。在具体运用中，其派生税率有以下3类：

①单一比例税率。单一比例税率又称统一比例税率，即一个税种只规定一个征税比例的税率。如《中华人民共和国企业所得税法》规定了25%的税率。

②差别比例税率。差别比例税率是指根据征税对象或纳税人的不同性质规定不同征税比例的税率。如根据不同产品、不同部门、不同行业、不同地区和不同纳税人分别规定高低不同的税率，具体又分为产

品、行业、地区、等级、分类、分档比例税率。

③幅度比例税率。幅度比例税率是指由税法统一规定幅度，由各地区在此幅度内具体规定本地区征税比例的税率。如资源税对原油按销售额的6%~10%的税率征税。

（2）累进税率。累进税率是指将征税对象按照一定标准划分为若干个等级，每一等级规定逐级上升征税比例的税率。这里的“一定标准”可以是征税对象的金额，也可以是与征税对象紧密相关的指标，如销售利润率、资金利润率、收入增长率等，还可是征税对象某一数额的倍数。依此3个标准制定的累进税率，分别称为金额累进税率、相对量累进税率、倍数累进税率。究竟采用哪种累进税率，由征税对象的性质所决定。

分级是累进税率的一个显著特点，全部征税对象分为几个级别，是根据国家调节不同收入层次纳税人和收入要求确定的，一般以3~10级为宜。累进税率有两种累进方式，即全数累进和超数累进。依据这两种方式和划分级次的标准，可将累进税率分为全额累进税率和超额累进税率、全率累进税率和超率累进税率、全倍累进税率和超倍累进税率等，其中超额累进税率运用最广泛。

①全额累进税率。全额累进税率是指征税对象全部数额按其适用的最高一级征税比例计税的一种累进税率。其特点是一个纳税人只适用一个征税比例，当征税对象数额提高到一个级次时，全部征税对象数额都按该级次的税率征税，税率变动同征税对象数额级次的变动相联系，实际上相当于按征税对象数额分等级规定征税的比例税率，但这种税率在我国现已不再采用。

②超额累进税率。超额累进税率是指征税对象数额各按所属数额级次适用的征税比例计税的一种累进税率。把征税对象按数额大小分成若干等级，每一等级规定一个税率，每一个纳税人的征税对象依所属等级同时适用几个税率分别计算，将计算结果相加后得出应纳税额。其特点是除第一级以外，一个纳税人往往会适用几个征税比例，当征税对象数额提高到另一个级次时，所属这一级次的部分征税对象数额才按提高一级的税率征税，税率变动同征税对象级次增加的部分相联系。我国个人所得税法对工资、薪金所得的征税，即属这种税率。

在实际工作中，适用超额累进税率计算应纳税额的，可采用速算扣除数法。该法是指预先求出各级的速算扣除数，再按全额累进税率计算税额并从中减去速算扣除数，其结果即是按超额累进税率计算的应纳税额。速算扣除数是指按照全额累进税率计算的应纳税额减去按超额累进税率计算的应纳税额之后的余额。基本计算公式为：

$$\text{本级速算扣除数}=\text{本级征税对象起点数额}\times(\text{本级税率}-\text{上一级税率})+\text{上一级速算扣除数}$$

【小思考1-3】全额累进税率与超额累进税率有何区别？

答：全额累进税率与超额累进税率相比，不同之处主要有3个方面：

1.实际税率不同。在名义税率相同的情况下，实际税率往往是不同的。全额累进税率只适用一个征税比例，纳税人的负担较重；而超额累进税率往往适用几个征税比例，纳税人负担较轻。

2.累进程度不同。在累进级次的临界点附近，全额累进税率的累进程度急剧加大，税额负担呈跳跃式上升，税额的增加会超过征税对象数额的增加；超额累进税率的累进程度较为缓和，不存在这种不合理现象。

3.税额计算不同。全额累进税率计算较为简便，相当于采用比例税率的税额计算；而超额累进税率计算税额相对复杂，要分级分次进行税额计算，即便采用速算扣除数法，计算税额也比全额累进税率麻烦。

③超率累进税率。超率累进税率是指征税对象数额各按所属比率级次适用的征税比例计税的一种累进税率，即以征税对象数额的相对率（如销售利润率、增值额占扣除项目金额的比率等）划分若干级距，分别规定相应的差别税率，相对率每超过一个级距，对超过部分就按高一级税率计算征税。目前，我国采用这种税率的是土地增值税法。

在实际工作中，适用超率累进税率计算应纳税额，可采用速算扣除系数法。该方法与超额累进税率中的速算扣除数法基本原理相似。其计算公式为：

$$\text{本级速算扣除系数}=\text{本级征税对象起征点数额}\times(\text{本级税率}-\text{上一级税率})+\text{上一级速算扣除系数}$$

（3）定额税率。定额税率是指对征税对象确定的计税单位直接规定一个固定的征税数额的税率。它不采用百分比的形式而采用绝对数的形式，因其单位征税对象税额是固定不变的，所以又称单位税额、固定税额。目前我国采用定额税率的有资源税法、车船税法等。在实际运用中又分为以下3种：

①地区差别税额。地区差别税额是指对不同地区规定高低不同的固定税额。如我国资源税法以前规定煤炭的税率为：北京和吉林等9省市为2.5元/吨，安徽、黑龙江分别为2.0元/吨、2.3元/吨。

②分类分级税额。分类分级税额是指按征税对象的类别和等级，分别对单位征税对象规定不同的税额。一般来说，等级高的税额高，等级低的税额低。我国目前对车船征税即采用这种税率。

③幅度固定税额。幅度固定税额是指税法统一规定一个税额的征收幅度，由各地在规定的幅度内具体确定本地区的执行税额。如《中华人民共和国车船税法》（以下简称《车船税法》）规定，商用车客车每辆征税480~1 440元，各省、自治区、直辖市人民政府可在这个幅度内确定本地区的适用税额。

（4）特殊税率。除了上述税率以外，还有一些特殊表现形式，如零税率、加成与加倍征收等，这些实际上是税率的收缩或延伸。

①零税率。零税率即税率为零，是比例税率的一种特殊形式。其含义是：对应税行为征税，纳税申报所适用的税率为零。零税率既不是不征税，也不是免税，而是征税后负担的税额为零。如我国增值税法对出口货物规定了零税率。

②加成与加倍征收。加成征收是指按照应纳税额的一定成数加征应纳税额。一成为10%，十成为100%，即加倍征收。这实际上是税率的延伸，是国家为限制某些经济活动、调节某些纳税人的收入或所得而采取的加重征税的方法和措施。

1.3.1.4 纳税环节

纳税环节是指税法规定的对于不断运动的征税对象确定的应当纳税的环节。征税对象在整个社会经济运行中是不断流转运动的，如货物有产制、批发、零售的过程，所得有创造、支付和收受的过程，财产有买卖、租赁、使用、赠与或继承的过程，行为有行为发生、行为进行、行为结束的过程。在上述过程中，哪些环节纳税、哪些环节不纳税，税法中有明确的规定。如流转税在生产和流通环节纳税，所得税在分配环节纳税等。按纳税环节的多少，可以将税收课征制度分为3种：

（1）一次课征制。一次课征制是指同一种税在其征税对象运动过程中只在一个环节征税的制度。我国曾征收的货物税、商品流通税和现行的资源税，都采用这种课征制。

（2）两次课征制。两次课征制是指同一种税在其征税对象运动过程中选择两个环节征税的制度。如我国1973年试行的工商税，对工业产品在生产销售环节征一次税，在商业零售环节再征一次税。

（3）多次课征制。多次课征制是指同一种税在其征税对象运动过程中选择两个以上环节征税的制度。新中国建立初期征收的营业税、印花税和现行的增值税，均采用这种征税制度。

1.3.1.5 税收优惠

税收优惠是税法规定的对某些纳税人或征税对象给予鼓励和照顾的特殊性规定，主要有减免税、起征点与免征额等。

（1）减免税。减免税是指对某些纳税人和征税对象采取减少或免予征税的优惠规定。按其性质划分，可分为法定减免、特定减免和临时减免；按其方式划分，可分为征税对象减免、税率减免和税额减免。

（2）起征点与免征额。在征税对象的减免中，规定了起征点和免征额。其中，起征点又称起税点，是指征税对象达到征税数额开始计税的界限；免征额是指征税对象全部数额中规定免于计税的数额。如增值税法规定，销售货物的起征点为月销售额5 000~20 000元；个人所得税法规定，工资、薪金所得每月扣除3 500元，即为免征额。两者的区别在于：前者是达到或超过的就其全部数额征税，未达到不征税；后者是达不到的不征税，达到或超过的均按扣除该数额后的余额计税。

1.3.1.6 其他要素

（1）纳税期限。纳税期限是指税法规定的纳税人发生纳税义务后缴纳税款的期限。它是税收强制性和固定性在时间上的体现。具体分为按期纳税和按次纳税两种。

①按期纳税。按期纳税是指规定纳税人发生纳税义务后的一定期间为纳税期限。如增值税的纳税期限分别为1日、3日、5日、10日、15

日、1个月或1个季度。如以1个月为纳税期，应在期满后15日内缴纳税款。纳税人的具体纳税期限由主管税务机关根据纳税人的生产经营情况和应纳税额的大小分别核定。

②按次纳税。按次纳税是指以纳税人从事生产经营活动或取得收入的次数为纳税期限。如关税、契税等规定按次纳税。

(2) 征收方法。征收方法又称征税方法，是指税法规定的组织税款征收和解缴入库的具体办法。一般而言，征收方法的确定应以税法为准则，以纳税人的生产经营情况、税源的大小、税款的多少和财务管理水平的高低为依据，遵循有利于“组织收入、简化手续、方便纳税、便于管理”的原则，根据客观情况具体选定。

我国的征收方法主要有“三自”纳税、自报核缴、查账征收、查定征收、查验征收、定期定额、委托代征、代收代扣代缴和汇算清缴等。每个纳税人采用何种方法，由主管税务机关根据税法和纳税人的具体情况来决定。

(3) 纳税地点。纳税地点是指税法规定的纳税人（包括代征人和扣缴义务人）具体缴纳税款的地点。它是根据各税种的征税对象、纳税环节，本着有利于“源泉税款控制”的原则来确定的。

一般而言，在各税种的法律制度中，要根据不同情况分别规定不同的纳税地点，既要便于税务机关和纳税人征纳税款，又要有利于各地区、各征收机关的税收利益。

(4) 总则、罚则和附则。总则是规定立法的目的、制定依据、适用原则、征收主体等内容的法律规范；罚则规定对纳税人和扣缴义务人违反税法行为所应采取的处罚措施，规定罚则可维护税法的尊严，保护合法经营，增强纳税意识和法制观念，保证国家财政收入；附则一般规定与该法紧密相关的内容，主要有该法的解释权、生效时间、适用范围及其他相关规定。

1.3.2 税收法律关系

1.3.2.1 税收法律关系的含义

税收法律关系是指国家与纳税人之间在税收分配及管理活动中，以国家强制力保证实施的、具有经济内容的权利与义务关系。

从性质上看，税收法律关系是一种国家意志关系，对什么征税、对谁征税、征多少税，都是国家以法律形式规定的，反映国家的意志而不是纳税人的意志；从经济内容上看，税收法律关系是一种财产所有权或支配权单向转移的关系，表现为社会财富从社会各阶级、阶层、单位或个人手中无偿地转移到国家手中。

1.3.2.2 税收法律关系的特征

税收法律关系作为社会关系的组成部分，有自身的个性特征。主要表现在4个方面：

（1）主体的双重性。税收法律关系主体双方的一方必须始终是国家，另一方则可以是企业、单位或个人。

（2）纳税的义务性。税收征纳双方的法律关系不以双方的意志为转移，只要纳税人发生了税法规定的应税事件或行为，也就产生了税收法律关系。

（3）权责的相对性。税收法律关系相对具有单方面的权利与义务性质，即国家主要有依法征税的权利，纳税人主要有依法纳税的义务。

（4）财权的转移性。纳税人履行了纳税义务，就意味着将一定的货币资金或财产的所有权（或支配权）无偿交与国家。

1.3.2.3 税收法律关系的构成

（1）税收法律关系的主体。税收法律关系的主体是指参与税收法律关系、享有权利和承担义务的人。税法的存在是其既有的前提，主体包括征收主体和纳税主体。

我国的征收主体是指依法行使课税权的国家机关，包括全国人民代表大会及其常务委员会，国务院，财政部，国家税务总局，海关总署和省级地方立法机关，政府以及各级财政、税务机关和海关等职能机关，其中税务机关是主要的职能机关。纳税主体是指依法负有纳税义务的单位和个人，对纳税主体的确定一般可采取属地兼属人的原则，包括国有、集体、私营、股份制企业，“三资”企业、其他经济组织，以及个体工商业户、公民（居民）和在中国境内取得应税收入的外国个人。

【小思考1-4】在税收法律关系的主体中，征税主体和纳税主体的权利与义务是对等的吗?

答：在税收法律关系中，税法作为一种义务性法规，其规定的权利与义务是不对等的。国家即征税主体享有较多的权利，承担较少的义务；纳税人即纳税主体则相反，承担较多的义务，享有较少的权利。这种权利与义务的不对等性，根源在于税收是国家无偿占有纳税人的财产或收益，必须采用强制手段才能达到目的。赋予税务机关较多的权利和要求纳税人承担较多的义务，恰恰是确保税收强制性、实现税收职能的法律保证。

（2）税收法律关系的客体。税收法律关系的客体是指税收法律关系主体的权利与义务共同指向的对象，包括税收征纳活动中的物、货币和行为。

在税收法律关系的客体中，物仅指与税收有关的应税货物（如增值税法中的应税货物、房产税法中的房屋等）和依法缴纳税款的货物；货币作为税收法律关系的客体具有普遍性，既包括纳税人的货物计价和货币结算等，又包括缴入国库的货币税款；行为作为客体在税收法律关系中具有更广泛的意义，如制定税法、税款征收及纳税人的税务登记、纳税申报、税款入库等行为均属于此类。

（3）税收法律关系的内容。税收法律关系的内容是指税收法律关系的主体所享有的权利和所承担的义务。这是税收法律关系中最实质的规定，也是税法的灵魂。它规定权利主体可以有什么行为，不可以有什么行为，若违反了这些规定须承担什么样的法律责任。税收权利与义务受法律保护和制约，任何单位和个人必须按税收法律规定严格行使权利，自觉履行义务。

国家税务机关的权利主要表现在依法进行税务管理、征收税款、税务检查及对违法者进行处罚。其义务主要是向纳税人宣传、咨询、辅导税法，对纳税人的情况保密，依法办事、依法计征，及时把征收的税款解缴国库，依法受理纳税人对税收争议的申诉等。

纳税义务人的权利主要有税法知情权、发票购买权、多缴税款退还权、依法申请减免税权、延期纳税权、请求国家赔偿权、对税务决定申辩权、申请税务复议和提起诉讼权等。其义务主要是按税法规定依法办理税务登记、进行纳税申报、接受税务检查、依法缴纳税款和接受违法处理等。

1.3.2.4 税收法律关系的行为

税法是引起税收法律关系的前提条件，但其本身并不能产生具体的税收法律关系。税收法律关系的产生、变更和终止等行为，必须由税收法律事实来决定，而税收法律事实一般指征税机关的依法征税行为和纳税人的经济活动行为。

（1）税收法律关系的产生。税收法律关系的产生是指税收法律关系主体间权利与义务关系的形成，以应税行为和事件的形成为标志。纳税主体在国家税收法规的范围内，发生了应税行为和事件也就产生了税收法律关系。

税收法律关系产生的原因有：一是税收法律行为的产生，如企业销售货物而取得收入，就产生增值税等征纳关系；二是税收法律事件的产生，如新办企业办理税务登记，为税收法律关系的产生提供了前提，但新办企业必须在生产经营中取得收入才会形成税收法律关系；三是新税种的开征，会使一些非应税行为和事件成为应税行为和事件，从而产生税收法律关系。

（2）税收法律关系的变更。税收法律关系的变更是指依法形成的税收法律关系由于客观情况的变化而引起权利与义务的变化。这种变更之后，税收法律关系仍以不同的形式继续存在。

税收法律关系变更的原因有：一是税法的修改或补充，如征税范围扩大或缩小、税目增加或减少和税率提高或降低等，都会引起税收法律关系的变更；二是征税方式的变动，如扣缴义务人代扣代缴变为纳税人自行申报缴纳，或纳税人自行申报缴纳变为由扣缴义务人代扣代缴等；三是纳税人的应税行为和事件发生变化，如纳税人的生产经营内容和纳税人的收入、财产状况发生变化，纳税人联合、合并、改组、分设等；四是由于不可抗力或其他特殊原因，纳税人难以履行纳税义务等。

（3）税收法律关系的终止。税收法律关系的终止是指征纳税主体之间权利与义务关系的消失。分为绝对终止和相对终止两种：前者是指税收法律关系征纳税主体之间的权利与义务不再存在，如企业破产后依法缴清了税款、发票等；后者是税收法律关系征纳税主体之间权利与义务暂时消失，如纳税人部分履行纳税义务，分期分批地缴纳税款等。

税收法律关系终止的原因有：一是纳税主体消失，如企业破产、撤销、合并或纳税个人死亡；二是纳税人依法完成了缴纳税款义务；三是纳税人有了符合免税的条件；四是税法内容部分废止或某一税务行为被撤销等。

（4）税收法律关系的保护。税收法律关系的保护是指保障征纳税权利主体行使权利和监督义务主体履行义务的活动。其实质就是保障国家正常的经济秩序及财政收入，维护纳税人的合法权益。保护税收法律关系，就应对侵犯税收法律关系主体的合法权益和不履行法定义务的行为，依法追究法律责任，包括法律约束、行政制裁和刑事制裁。

税收法律关系的保护方式较多，税法中对限期纳税、征收滞纳金和罚款的规定，以及对纳税人不服从税务机关征税的处理决定，可以申请复议或提出诉讼的规定等都是对税收法律关系的直接保护。这种保护对税收法律关系权利主体双方是对等的，不能只保护一方而不保护另一方，对权利享有者的保护本身就是对义务承担者的制约。

1.4 税收法律体系

我国现行的税收法律体系，大体上经历了新中国税制的建立、计划经济时期的税制建设、适应市场经济体制的税制改革和进入21世纪以来的税制调整4个阶段，是在建立、改革与完善中逐步形成的。

1.4.1 新中国税制的建立

根据《中国人民政治协商会议共同纲领》规定的“国家的税收政策，应以保障革命战争的供给，照顾生产的恢复和发展及国家建设的需要为原则，简化税制，实行合理负担”的政策精神，制定了《全国税政实施要则》（简称《税政要则》）和《全国各级税务机关暂行组织规程》，并于1950年1月由中央人民政府（政务院）颁布施行。

《税政要则》规定，除农业税外，在全国统一征收14种税，即货物税、工商业税（包括营业税、所得税、摊贩营业牌照税和临时商业税）、盐税、关税、薪给报酬所得税、存款利息所得税、印花税、遗产税、交易税、屠宰税、房产税、地产税、特种消费行为税和车船使用牌照税，创建了适应我国过渡时期经济发展和财政需要的新税制。

新税制的基本特点是实行多税种、多次征的复税制；其结构是以流转税为主体、其他税种相配合的税制体系。

1.4.2 计划经济时期的税制建设

1.4.2.1 1953年的税制修正

1952年12月政务院发布了《关于税制若干修正及实行日期通告》和《商品流通税试行办法》，自1953年1月起实施。其内容主要包括：

（1）试行商品流通税。从原来征收货物税的税目中，选择能够控制或收购的烟、酒、原木、钢材、棉纱等22种产品，以及原来在生产和销售各个环节缴纳的货物税、营业税及营业税附加及印花税等合并为商品流通税等。

（2）修订货物税。将应税货物工业环节和商业批发环节原来征收的营业税及其附加并入营业税征收。

（3）修订工商业税。将工商营业收入应征的营业税及其附加、印花税并入营业税征收，统一调整营业税税率等。

经过1953年的税制修正，工商税收共有11种，企业缴纳的主要税种被合并简化。从总体上看，达到了适应经济发展变化和保证国家财政收入的目的。

1.4.2.2 1958年的税制改革

（1）实行工商统一税。为适应社会主义经济的新形势，1957年9月财政部制定了《关于改革工商税制的报告》，1958年9月全国人大常委会原则通过。其改革的原则是“基本保持原税负，合并税种，简化税制”。改革的内容主要包括：将商品流通税、货物税、营业税和印花税合并为工商统一税，同时减少纳税环节，简化征税方法等。

（2）统一全国农业税。1958年6月全国人民代表大会常委会第96次会议通过并由毛泽东主席颁布了《中华人民共和国农业税条例》，从而结束了我国农业税制不统一的历史。新税制贯彻了“稳定负担和增产不增税”的政策精神，对促进农业生产的发展起到了积极作用。

经过这次税制改革，我国工商税制大为简化，由原来的11个税种简并为8个，在结构上突出了以流转税为主体的税制格局。

1.4.2.3　1973年试行工商税

从1964年开始，我国研究税制的简并问题，并进行试点。财政部军管会根据试点经验，拟定了《关于扩大改革工商税制试点的报告》和《中华人民共和国工商税条例（草案）》，1972年3月经国务院批准后决定从1973年起试行。其主要内容：将企业原来缴纳的工商统一税及其附加、城市房地产税、车船使用牌照税、盐税和屠宰税合并为工商税；简化税目税率，调整行业税率，并简化了征收办法。

工商税制通过这次简并，税种只剩7个，形成了对国营企业只征收一种工商税，对集体企业只征收工商税和工商所得税的税制格局。城市房地产税、车船使用牌照税、屠宰税、牲畜交易税和集市交易税，虽然名义上存在，但只向非企业单位、个人和外侨征收，所征税款不到工商税收总额的1%。税制的过度简化，缩小了税收作用的范围和力度。

1.4.2.4　1980—1981年建立涉外税制

党的十一届三中全会以后，我国实施改革开放政策，涉外经济得到迅速发展。为适应经济发展的要求，从1980年开始建立涉外所得税法，明确对涉外企业及个人征收流转税和财产税等。

（1）建立涉外所得税法。本着维护国家利益、平等互利、促进对外经济技术交流与合作的原则，参照国际惯例，全国人民代表大会于1980年9月和1981年12月相继通过了《中华人民共和国中外合资企业所得税法》《中华人民共和国个人所得税法》和《中华人民共和国外国企业所得税法》，财政部颁发了相应的实施细则。

（2）其他有关涉外税法的规定。主要是明确规定了对涉外企业及个人征收流转税和财产税等，即对涉外企业及个人的产品销售收入和经营业务收入，征收工商统一税；对其拥有的房地产和车船，征收城市房地产税和车船使用牌照税。

1.4.2.5　1983—1984年国营企业利改税

所谓利改税，是指对国营企业用征收所得税的办法代替利润上缴的办法，把国家与国营企业的利润分配关系用税收形式固定下来。分两步进行利改税：

（1）1983年第一步利改税。财政部在总结过去几年各地试点经验的基础上，提出了《关于国营企业利改税试行办法（草案）》，经国务院批准并决定从1983年1月起，在全国范围内对国营工业、商业、交通企业实行利改税第一步改革。其内容主要包括：凡有盈利的国营大中型企业（包括金融保险企业），均根据实现利润按55%的税率缴纳所得税；凡有盈利的国营小型企业，根据实现利润按8级超额累进税率缴纳所得税；营业性宾馆、饭店、招待所和饮食服务企业，按15%的税率缴纳所得税等。但军工企业、邮电企业、粮食企业、外贸企业、农牧企业和劳改企业，暂不实行利改税办法。

（2）1984年第二步利改税。1984年9月国务院批转了财政部《关于在国营企业推行利改税第二步改革的报告》和《国营企业第二步利改税办法》。其内容主要包括：将第一步利改税设置的国营企业所得税和调节税加以调整；企业当年利润比基期利润的增长部分给予减70%的优惠政策，增长利润的计算办法由环比改为定比，并保持7年不变；国营小型盈利企业，按照新8级超额累进税率缴纳所得税后，不再征收国营企业调节税；营业性宾馆、饭店、招待所和饮食服务企业，按新8级超额累进税率缴纳所得税。

1.4.2.6　1984年工商税制的全面改革

1984年9月18日第六届全国人民代表大会常委会第7次会议决定："授权国务院在实施国营企业利改税和改革工商税制过程中，拟定有关税收条例，以草案形式公布试行，再根据试行的经验加以修订，提请全国人民代表大会常务委员会审议。"国务院根据全国人民代表大会常委会的授权，发布了《中华人民共和国产品税条例（草案）》等11种税的条例或办法。

税制改革的内容主要包括：将工商税分为产品税、增值税、营业税和盐税4种；开征国营企业所得税、国营企业调节税、资源税、城市维护建设税、房产税、土地使用税和车船使用税（后4种暂缓征收）。

1984年第二步利改税和工商税制的全面改革是一次比较成功的改革，逐步建立起适应经济改革新形势的多税种、多环节、多层次调节的新税制，既有利于为企业创造一个良好的外部环境，又保证了国家财政收入的稳定增长。

1.4.2.7 1985—1993年的税制调整与修订

为进一步适应经济改革开放的要求和经济发展的新形势，1985—1993年我国税制做了进一步修改、调整和补充。其内容主要包括：

（1）完善流转税制，主要包括：扩大增值税的征收范围，统一计税方法；1985年重新发布进出口关税条例及进出口税则，并于1992年做了修订；1989年设置特别消费税（1992年予以取消）。

（2）健全所得税制，主要包括：1985年、1986年、1987年和1988年分别开征了集体企业所得税、个体工商业户所得税、个人收入调节税、私营企业所得税；1991年7月合并涉外所得税，即开征外商投资企业所得税和外国企业所得税。

（3）其他各税改革，主要包括：1985年开征国营企业奖金税、国营企业工资调节税、集体企业奖金税和行政事业单位奖金税；1985年和1986年开征城市维护建设税和教育费附加；1986年9月修订房产税和车船使用税暂行条例；1987年4月开征耕地占用税；1988年10月恢复征收印花税；1988年9月颁布土地使用税、筵席税暂行条例，前者于同年11月起实行，后者开征时间由省、自治区、直辖市决定；1989年1月开征国家预算调节基金；1991年1月开征固定资产投资方向调节税等。

（4）税制总体格局。到1993年12月底，我国税制体系中大体上有5大类35个税种，同时有类似税收性质的国家能源交通重点建设基金、国家预算调节基金及教育费附加等。新时期的税制建设和改革，作为经济体制改革的重要组成部分取得了巨大的成绩，但也存在一些问题或不足之处，需在深化改革的过程中逐步解决。

1.4.3 适应市场经济体制的税制改革

党的十四大明确提出了建立社会主义市场经济体制的目标，为适应分税制财政体制改革的要求，解决原税制存在的弊端和问题，更好地服务于改革开放及与国际惯例接轨，1993年我国发布了一系列税收法律制度，并从1994年1月起全面实施。

1.4.3.1　税制改革的指导思想

从建立社会主义市场经济的要求出发，经济体制改革的总体要求也就是税制改革的指导思想。具体规定为：统一税法，公平税负，简化税制，合理分权，理顺分配关系，保障财政收入，建立符合社会主义市场经济要求的税制体系。

要建立适应生产力发展水平的、符合社会主义市场经济要求的税制体系的目标，在进行税制改革时，必须遵循加强国家宏观调控能力、体现公平税负、鼓励竞争、贯彻国家产业政策、兼顾公平与效率、简化与规范税制的原则。

1.4.3.2　税制改革的主要内容

（1）流转税制改革。对货物生产销售和进口普遍征收增值税，并选择部分消费品交叉征收消费税；对不征收增值税的劳务和第三产业征收营业税；原来征收产品税的农林牧水产品并入农业税中征收农业特产税。流转税制改革是建立增值税、消费税和营业税三税并立、双层次调节的税制。增值税、消费税和营业税统一适用于内资和外资企业，取消对涉外企业和个人征收的工商统一税。

（2）所得税制改革。原所得税制基本上是按经济类型和个人设置的，改变多税种并立的所得税制、建立内外统一的所得税制是社会主义市场经济发展的客观要求。税制改革的基本步骤是：1994年1月起先统一内资企业所得税，并取消国营企业调节税，待以后时机成熟，再将企业所得税、外商投资企业所得税和外国企业所得税合并为企业所得税；将个人所得税、个人收入调节税和城乡个体工商业户所得税合并为个人所得税。

（3）其他各税改革。主要内容包括：一是修订资源税，将盐税并入资源税中征收；二是开征土地增值税，按超率累进税率计征；三是拟修订房产税、土地使用税、车船使用税和城市维护建设税；四是拟开征遗产税、证券交易税和社会保险税；五是取消盐税（并入资源税）、特别消费税（并入消费税）、烧油特别税（并入消费税）、奖金税、国营企业工资调节税、集市交易税、牲畜交易税，以及涉外企业单独适用的工商统一税、城市房地产税和车船使用牌照税；六是保留印花税、投资方向调节税、农业税、关税、契税、屠宰税和筵席税等税种，其中屠宰税和筵席税开征、停征权下放给省、自治区、直辖市人民政府决定。

（4）税收征管改革。新税制的实施，相应要求建立科学、严密的税收征管体系，其改革的主要内容包括：普遍建立纳税申报制度；积极推行税务代理制度；建立严格的税务稽查制度；加速推进税收征管计算机化进程；确立适应社会主义市场经济需要的税收基本规范。

按上述改革及其设想，新税制体系共分5类20个税种，基本上实现了建立适应生产力发展水平的、符合社会主义市场经济要求的税制体系的总体目标，是中国税制改革规模最大、内容最多、最科学、最成功的一次，是我国税制建设的历史性突破。

1.4.4 进入21世纪以来的税制调整

1.4.4.1 流转税的调整

流转税的调整主要包括：2001年起对烟、酒实行从量定额税率和从价比例税率的复合计征办法；2004年7月起对东北地区从事装备制造业等8个行业实行消费型增值税；2005年调整增值税、营业税的起征点和娱乐业、金融业等营业税税率；2006年扩大消费税的征税范围，包括游艇、高档手表、高尔夫球及球具、实木地板和木制一次性筷子；2007年修订实施《增值税专用发票使用规定》；2008年修订《中华人民共和国增值税暂行条例》《中华人民共和国消费税暂行条例》和《中华人民共和国营业税暂行条例》（2009年1月起实施）；2010年修订《中华人民共和国进出口关税条例》；2011年调高增值税和营业税的起征点，制定了《中华人民共和国船舶吨税暂行条例》（以下简称《船舶吨税暂行条例》）和《营业税改征增值税试点方案》；2013年制定了《交通运输业和部分现代服务业营业税改征增值税试点实施办法》（以下简称《试点实施办法》）；2015年扩大消费税的征税范围，包括电池和涂料，取消汽车轮胎和酒精，同年还发布了《中华人民共和国海关进出口税则》；2016年5月实施《关于全面推开营业税改征增值税试点的通知》，彻底取消了营业税等。

1.4.4.2 所得税的调整

所得税的调整主要包括：2005年修订《中华人民共和国个人所得税法》，如提高工资、薪金和承包承租所得的月扣除标准；2006年实施新的企业所得税申报办法；2007年颁布《中华人民共和国企业所得税法》（2008年1月起实施），同时取消1994年实施的《中华人民共和国企业所得税法暂行条例》和1991年实施的《中华人民共和国外商投资企业和外国企业所得税法》；2011年修订《中华人民共和国个人所得税法》，调整工资、薪金所得的扣除标准及税率等。

1.4.4.3　其他税种的调整

其他税种的调整主要包括：实施农业税费改革，2006年在全国范围内彻底取消农业税；2006年颁布《中华人民共和国烟叶税暂行条例》，按烟叶收购金额的20%征收烟叶税；2006年调增城镇土地使用税税率，如对大城市的定额税率由原来的0.5~10元/平方米调增为1.5~30元/平方米；2007年修订颁布《中华人民共和国车船税暂行条例》，改行为目的税性质为财产税性质，调整税目税率；2011年修订颁布《中华人民共和国资源税暂行条例》（以下简称《资源税暂行条例》）、《车船税法》和《船舶吨税暂行条例》，对其税目税率及计征方法进行了相应的调整；2016年颁布《关于全面推进资源税改革的通知》等。

1.4.5　我国现行税收法律体系

1.4.5.1　税收实体法体系的构成

经过1994年税制的全面改革及近几年的调整与完善，我国现行的税收实体法共有18个。按征税对象的性质，大致可分为以下5类：

（1）流转税法类，包括增值税、消费税、烟叶税、关税和船舶吨税5个税法。主要是在生产、流通、服务业和进出口贸易等方面发挥税收调节作用。

（2）所得税法类，包括企业所得税和个人所得税2个税法。主要是在国民收入形成以后，对生产经营者的利润和个人的纯收入发挥税收调节作用。

（3）资源税法类，包括资源税、土地增值税、城镇土地使用税和耕地占用税4个税法。主要是对因开发和利用自然资源差异而形成的级差收入发挥税收调节作用。

（4）财产税法类，包括房产税、车船税和契税3个税法。主要是对某些特定财产发挥税收调节作用。

（5）行为目的税法类，包括印花税、车辆购置税、城市维护建设税和投资方向调节税（已停征）4个税法，以及具有税收性质的教育费附加和社会保险费等。主要是为达到特定的目的，对特定对象和特定行为发挥税收调节作用。

在上述税种中，关税由海关负责征收管理，并按《中华人民共和国海关法》和《中华人民共和国进出口关税条例》等有关规定执行；除关税外，其余各税（费）由税务机关负责征收管理（1996年起耕地占用税和契税原则上由税务机关进行征管），并按《税收征管法》等有关规定执行。

1.4.5.2 税收程序法体系的构成

（1）核心的税收程序法。例如，2015年4月第十二届全国人大常委会第14次会议通过修订《税收征管法》以及2016年2月国务院发布《中华人民共和国税收征收管理法实施细则》（以下简称《税收征管法实施细则》）等。

（2）辅助的税收程序法，主要包括：一是国务院制定的税收程序法，如2010年12月国务院修改的《中华人民共和国发票管理办法》（2011年2月实施）；二是财政部、国家税务总局制定的税收程序法，如国家税务总局1994年10月制定的《税务代理试行办法》、2006年10月修订的《增值税专用发票使用规定》、2013年9月制定的《纳税评估管理办法》、2014年12月制定的《中华人民共和国发票管理办法实施细则》和2015年12月修订的《税务行政复议规则》等。

（3）参照的税收程序法。在相关法律制度规定和税收执法工作中，应当参照执行的税收程序法主要包括：1989年4月通过的《中华人民共和国行政诉讼法》（以下简称《行政诉讼法》，2014年11月全国人民代表大会常务委员会修订，2015年5月实施）、《中华人民共和国行政处罚法》（以下简称《行政处罚法》，2009年8月第十一届全国人民代表大会常务委员会第10次会议修正）和《中华人民共和国国家赔偿法》（以下简称《国家赔偿法》，2012年10月第十一届全国人民代表大会常务委员会第29次会议修正）等。

本章小结

● 税法学是一门以法学等原理去研究税收活动规范性问题的法学分支学科。它包括税法基本理论和要素设计两个部分，我国从20世纪80年代中期逐步重视税法学的研究和发展。它与经济法学、财政学、税收学、会计学等有着密切的联系。

● 税收是国家凭借其政治权力，强制、无偿地参与国民收入分配，取得财政收入的一种手段。具有强制性、无偿性和固定性的税收特征，以及财政、经济和管理的税收职能。

● 税法是国家制定的用以调整国家与纳税人之间征纳活动的权利与义务关系的法律规范的总称，它与宪法、民法和刑法有着密切的关系。可按照内容和功效、征税对象、税收管辖权等标准进行分类。

● 税法原则是指税收立法及贯彻执行活动中必须遵循的准则。我国的税法原则包括公平性与效率性原则、法定性与灵活性原则、稳定性与连续性原则、民主性与可行性原则。

● 税法构成要素一般是指税收实体法的组成要素，主要包括纳税人、征税对象、税率和纳税环节、纳税期限、税收优惠、征收方法、纳税地点，以及总则、罚则、附则等。其中纳税人、征税对象和税率是基本要素。

● 税收法律关系是指国家与纳税人之间在税收分配及管理活动中，以国家强制力保证实施的、具有经济内容的权利与义务的关系。税收法律关系包括税收法律关系的构成（主体、客体、内容）和行为（产生、变更、终止和保护），具有主体双重性、纳税义务性、权责相对性、财权转移性的特征。

● 我国现行的税收法律体系大体上经历了新中国税制的建立、计划经济时期的税制建设、适应市场经济体制的税制改革和进入21世纪以来的税制调整4个阶段，是在建立、改革与完善中逐步形成的。由税收实体法和税收程序法两大体系构成。

主要观念和概念

★ 主要观念

学科观念　税收观念　法律观念

★ 主要概念

税收　税法纳税人　征税对象　累进税率　纳税环节　纳税期限　税收法律关系

基本训练

★ 知识题

一、简答题

1.税法学的研究对象是什么？

2.如何理解税收的含义？税收的职能有哪些？

3.税法有哪些作用？地位怎样？

4.税法有哪些构成要素？如何理解？

5.税收法律关系的构成要素有哪些？

6.如何理解我国现行的税法体系？

二、应用题

1.选择题（含单项选择题与多项选择题）

(1) 税法学是研究税收分配规范活动的科学，主要包括（　　）。

A.税法基本理论　　B.税法要素设计

C.税法地位及原则　　D.税收法律关系

(2) 税收职能是税收的一种长期固定的属性，我国社会主义税收的职能是（　　）。

A.组织财政收入职能　　B.调控经济运行职能

C.促进经济发展职能　　D.监督管理经济职能

(3) 以税法的基本内容为标准，可将税法分为（　　）。

A.税收基本法　　B.税收实体法

C.税收征管法　　D.税收程序法

(4) 纳税人所享有的权利，主要包括（　　）。

A.生产经营权　　B.发票购买权

C.复议申诉权　　　　　　　　D.纳税申报权

(5) 我国税法中采用的累进税率主要有（　　）。

A.全额累进税率　　　　　　　B.超额累进税率

C.超率累进税率　　　　　　　D.超倍累进税率

(6) 在税法构成要素中，用以区分不同税种的标志是（　　）。

A.纳税人　　　　　　　　　　B.征税对象

C.税目税率　　　　　　　　　D.纳税环节

(7) 税法在社会主义市场经济中的作用主要表现在（　　）。

A.税法是国家组织财政收入的法律方式

B.税法是国家调控经济运行的法律手段

C.税法是国家维护经济秩序及经济权益的法律保障

D.税法是国家保护纳税人合法权益的法律依据

2.判断题

(1) 税法学是一门交叉性的综合学科，与经济法学、财政学、税收学和会计学等学科有着密切的联系。（　　）

(2) 税收是国家凭借政治权力和财产权力对纳税人的一种强制性征收。（　　）

(3) 税法是国家及其有关部门制定的各种税收法令和征管办法的总称。（　　）

(4) 税收法律关系中的征纳双方法律地位平等，但权利与义务不对等。（　　）

(5) 税率是征税对象数额占应纳税额的比例，也是衡量税负轻重的重要标志。（　　）

(6) 税法是我国法律体系的重要组成部分，它是调整国家与各个经济单位及公民个人分配关系的基本法律规范。（　　）

(7) 我国各税种中，企业所得税、个人所得税是以国家法律形式发布实施的，其他各税种都是国务院制定的税收行政法规，它们共同组成了我国的税收实体法体系。（　　）

(8) 在税法执行过程中，应本着“实体法从旧，程序法从新”的原则处理有关税收事务。（　　）

★ 技能题

一、规则复习

1. 我国税法的构成要素及其相互关系。

2. 税率的种类以及超额累进和超率累进的不同。

二、操作练习

在实际应用中，正确区分起征点与免征额。

★ 能力题

一、计算题

1. 计算表1-1中5级超额累进税率表中的速算扣除数。

表1-1 **5级超额累进税率表**

级次	应税所得额	税率	速算扣除数
1	不超过1 000元部分	5%	
2	超过1 000~5 000元部分	10%	
3	超过5 000~20 000元部分	20%	
4	超过20 000~100 000元部分	30%	
5	超过100 000元部分	40%	

2. 计算表1-2中4级超率累进税率表中的速算扣除系数。

表1-2 **4级超率累进税率表**

级次	课税对象数额	税率	速算扣除系数
1	销售利润率5%以下部分	免	
2	销售利润率5%~15%部分	10%	
3	销售利润率15%~30%部分	15%	
4	销售利润率30%~50%部分	25%	
5	销售利润率超过50%部分	30%	

二、分析题

我国现行税制以1994年为基础，整体格局较为合理，在20年的运行过程中，尽管不时作一些修补，如“费改税”和农村税费改革以及增值税改革试点等，税制结构发生了一些变化，但其基本框架未变。进行税制改革，已经成为当前社会各界的一种共识。税制改革需要改革者的气魄、行政首脑的支持、相关措施的配合、宏观经济的稳定和具备税制内容的可行性，只有具备了这些条件，税制改革才能顺利进行。

世界上没有最好的税制，也没有最坏的税制。税制改革应在公共财政框架下进行，而不能就税论税。新一轮税制改革必须摆正税收收入功能与调节功能的位置，在税制设计时，应避免追求多目标而导致思路左右摇摆，更要防止那种过分强调税收调节功能而使税制过分复杂化的倾向。税制设计过程还受到税收征管能力的制约，只有适应现实税收征管能力才能提高税收征管效率，真正实现严、征、管的目标。在税制改革时还需要理性地分析改革需要付出的成本、所冒的风险，评估改革可能带来的收益等。此外，我国的税制改革绝对不能以他国是否进行了税制改革为依据，更不能以他国现存的税制模式作为国际惯例，唯一的依据应是中国的税制是否能实现现阶段的政策目标以及能否适应新的环境和新的条件。

要求：根据上述材料分析我国税制改革的发展趋势。

三、网上调研

1.利用电子图书馆和因特网资源收集税法的相关基础理论知识，掌握最新的税法前沿理论与动态，巩固和充实所学的内容。

2.网上查询中西方学者对税法原则的认识和理解，并对两者的异同点进行比较分析。

四、单元实践

以小组为单位，对税务机关完成税收任务的情况进行实地考察，了解税务人员对我国现行税制的认识和看法。以优化税制为目标，讨论研究我国税制改革的方向。

第2章

增值税法

学习目标

☆**知识目标**

——理解增值税的定义、类型及特点。

——掌握增值税的基本法律内容。

——掌握增值税的计算与征收方法。

——熟悉“营改增”政策的主要内容。

——掌握增值税出口退（免）税的基本规定。

——明确增值税专用发票管理的内容与方法。

☆**技能目标**

——解释增值税要素的设计原理。

——分析进项税额、销项税额的确认原则。

——掌握增值税出口退（免）税的计算方法。

☆**能力目标**

——实地调研增值税纳税企业的缴纳及申报情况。

——正确计算增值税的应纳税额并能进行案例分析。

我国增值税转型的历程

增值税因其税不重征、有利于促进生产力的发展等特点，被经济学家称为“良税”。自1954年法国创立增值税至今，已有160多个国家开征了增值税。从世界范围看，增值税包括生产型、收入型和消费型，多数国家实行消费型增值税。我国在1979年试点的基础上，于1984年出台《中华人民共和国增值税暂行条例》，并根据当时的国情选择了生产型增值税。30多年来，随着我国市场经济的迅速发展，增值税也走过了从试点、试行到完善的历程，改革的主线就是增值税从生产型向消费型的转变。

2003年党的十六届三中全会明确提出，要适时实施增值税转型改革；国家“十一五规划”也明确提出，2006年到2010年期间将在全国范围内实现增值税由生产型转为消费型。根据国务院的部署，2004年7月我国率先在东北三省的装备制造业等8大行业进行增值税转型试点；2007年7月又将试点范围扩大到中部6省26个老工业基地城市的8个行业；2008年7月试点范围进一步扩大到内蒙古自治区东部5个盟市和四川汶川地震受灾严重地区。

2008年11月5日，国务院常务会议指出：经国务院批准，为了扩大国内需求，降低企业设备投资的税收负担，促进企业技术进步、产业结构调整和转变经济增长方式，自2009年1月起，在我国所有地区、所有行业推行增值税转型改革，由生产型增值税转为国际上通用的消费型增值税。

增值税被称为最优良的税种，其最大的优点是有效地克服了重复征税。该税从创立至今仅有50余年历史，但其推广速度之快、运用范围之广是其他任何税种都无法比拟的，目前世界上已有140多个国家和地区实行了增值税。从世界各国所实行的增值税来看，以法定扣除项目为标准来划分，分为生产型增值税、收入型增值税、消费型增值税，我国目前采用的是消费型增值税。

2.1 增值税法基础理论

2.1.1 增值税法的概念

2.1.1.1 相关基本概念

增值税法是国家制定的用以调整国家与增值税纳税人之间征纳活动的权利与义务关系的法律规范。其基本法律依据是2008年11月国务院发布的《中华人民共和国增值税暂行条例》（以下简称《增值税暂行条例》）、2008年12月财政部制定的《中华人民共和国增值税暂行条例实施细则》（以下简称《增值税暂行条例实施细则》）、2008年12月财政部、国家税务总局印发的《关于全国实施增值税转型改革若干问题的通知》和《关于调整增值税纳税申报有关事项的通知》，以及2016年3月财政部、国家税务总局颁布的《关于全面推开营业税改征增值税试点的通知》等。

一般来说，增值税是对纳税人在生产经营过程中实现的增值额征收的一种税。在我国，是指对在中华人民共和国境内销售货物、进口货物或提供加工修理修配劳务，以及应税行为的单位和个人，以其实现的增值额为征税对象征收的一种税。

2.1.1.2 增值额的分析

所谓增值额，是指从事工业制造、商业经营和提供劳务过程中新创造的那部分价值。下面从理论与实践上进行分析。

（1）理论上的增值额。根据马克思的劳动价值理论，增值额指人类通过劳动新创造的价值，相当于商品价值c+v+m中的v+m部分。c部分属于消耗掉的生产资料的部分，在产品销售后作为成本收回，用于购买生产资料，维持再生产的正常进行，它不是税收的征税对象；v部分是劳动者创造的必要价值部分，它与m部分同属于劳动者新创造的价值，即国民收入；v+m就是理论上作为增值税征税对象的增值额。

（2）实践上的增值额。这主要可从以下两个方面去理解：

①从商品生产经营全过程的增值额分析。从一种商品经营全过程

看，一件商品最终实现消费时的最后销售总值，相当于该商品从生产到流通各个经营环节的增值额之和（见表2-1）。

表2-1 **商品生产经营过程增值额情况表** 单位：元

产销阶段	销售金额	购入金额	增值额
采矿	60	0	60
冶炼	100	60	40
机械制造	200	100	100
批发	350	200	150
零售	460	350	110
合计	—	—	460

②从一个生产经营单位的增值额分析。从一个生产经营单位看，增值额是该单位商品销售额或经营收入扣除非增值性项目后的余额。从理论上讲，非增值性项目主要是转移到商品价值中去的原材料、辅助材料、燃料、动力和固定资产折旧等。但在现实生活中，国家基于特定的社会经济、财政状况及税收政策，所规定的非增值性项目既可以与理论概念一致，也可以略有差别。从世界各国的实践上看，一般确定为法定的增值额。

2.1.1.3 增值税的演变

（1）增值税的产生和发展方向。增值税是一个世界性的税种，其产生和发展可分为以下3个阶段：

①萌芽时期。最初的增值税于1917年由美国耶鲁大学的亚当斯提出，当时称为营业毛利税。营业毛利是销货额减进货额，与现在的增值额概念相近。1921年法国西蒙斯正式提出增值税的名称，并详细阐述了增值税的要素内容。

②创立阶段。20世纪50年代，法国财政部官员莫理斯·劳莱设计增值税，是对营业税修改而成。当时的营业税是按销售收入全额征税，存在全能厂税负轻、协作厂税负重和重复征税等问题。为消除重复征税的弊端，法国于1954年对原来的营业税进行了一次全方位的改革，把

对全额征税改为对增值额征税，即对厂商购进和投入品中所含的前一环节税收予以抵扣，并逐步形成了一套较为完整的增值税征收制度。

③发展方向。法国实施增值税成功后，被许多国家借鉴采用。1962年欧共体财政金融委员会向所有成员国推荐实施增值税，20世纪70年代初所有欧共体成员国实施增值税；80年代以后，其发展势头更猛，形成了一种用增值税代替传统流转税的世界性税制改革运动；进入21世纪后，更为绝大多数国家所重视和研究，并逐步发展成为各国税制的主体、优良税种。

（2）我国增值税法的建立过程。我国从1978年开始对增值税进行研究，其建立过程大体可分为以下6个阶段：

①部分试点阶段：1979年下半年—1982年底。其特点是征税范围仅限于部分城市的机器机械、农业机具两个行业和部分日用机械产品。

②全国试行阶段：1983年1月—1984年9月。其特点是在全国范围内对上述行业和产品统一试行增值税。

③初步建立阶段：1984年10月—1993年12月。1984年10月起全面实施增值税，标志着增值税在我国正式建立。1986—1993年增值税在征税范围和征收方法等方面进行了相应的改革和调整。

④逐步完善阶段：1994年1月—2004年6月。为适应建立社会主义市场经济体制的目标，按照“普遍、中性、简化、道道征税”的原则，从1994年1月起在全国范围内统一实施增值税。经过10年的调整与完善，增值税法逐步走向规范化、科学化和法制化的轨道。

⑤转型试点阶段：2004年7月—2008年12月。从2004年7月起东北三省8个行业进行增值税由生产型转为消费型的试点；2007年7月起中西部6省26个老工业基地城市进行增值税转型的扩大试点，并在此基础上总结经验，酝酿在全国推广消费型增值税。

⑥全面转型阶段：2009年1月至今。我国于2009年1月起，在全国范围内全面实施消费型增值税，即允许企业抵扣其购进设备所含的增值税。增值税的全面转型对提高我国企业竞争力和抗风险能力、应对国际金融危机等方面具有十分重要的现实意义。

⑦“营改增”阶段：2012年1月至今。2012年1月起在上海交通运输业和部分现代服务业开展营业税改征增值税试点，2013年8月起推广

到全国试行，2014年1月起将铁路运输和邮政服务业纳入营业税改征增值税试点，2016年5月起将建筑业、房地产业、金融业和生活服务业全部纳入“营改增”试点，至此营业税退出历史舞台，增值税制度将更加规范。至2015年底，“营改增”累计实现减税6 412亿元。

【小资料2-1】　我国“营改增”后应完善增值税的立法工作

2016年5月全面推开“营改增”试点后的首个纳税申报期结束，“营改增”试点企业晒出了首份增值税账单。试点的1 100万户纳税人中，生活服务业数量最多。本就是我国第一大税种的增值税的地位和作用愈发重要。为推动税收法定原则的落实和税收法治国家的建设，应加快将我国目前的《增值税暂行条例》上升为增值税法。其立法设计应重点考虑以下5个方面：

第一，在税制要素设计上简并税率。在实行增值税的国家中，税率仅有一档的比例约为45%，有两档的比例为25%，有三档、四档、五档的比例依次递减。税率档数越多，管理与遵从的成本也越高，偷逃税的可能性越大。为此，立法时需将简并税率作为重要任务之一，即选择一档基本税率和一档低税率，同时设置一档低征收率。

第二，在减免税优惠上注重规范。各国增值税的免税项目仅有少数，且限制在基本的健康、教育和金融服务上。我国增值税立法应清理大量临时过渡措施，进一步规范减免税范围，从偏重发挥经济政策功能转向发挥社会政策功能。此外，在增值税起征点的设计上，要在公平与效率、税收收入与课征成本之间加以权衡。

第三，在出口退税方面完善机制。凭发票抵扣机制需要切实的退税渠道，但骗税的风险又时常发生。为降低退税的申报数量、解除企业对现金流的担忧，可在出口者的供应商提供给出口者货物或劳务时适用零税率，并尝试建立完善“快速通道”退税处理机制，健全税务、海关、银行和外汇等部门的合作机制，共同打击出口骗税。

第四，在税收征管上加强国际协调。数字经济快速发展，而税收管辖权相关规则缺失，这可能导致同一国际服务被重复征税，跨境电子商务税源监控的难度也很大。为此，我国在管辖权上应坚持“消费地”课税的国际惯例，在征管上推进制定公平、合理和高效的国际税收协定，加强国际间税收情报交换，联合打击国际避税。

第五，在收入划分上兼顾双方利益。由于增值税占整个税收收入的比重最大，确定中央与地方的分配比例对双方的利益会产生很大的影响。“营改增”后中央与地方各分享增值税的50%，这是一个过渡性方案。真正的、合理的划分比例必须与整个财税体制改革同步，按照事权关系确定各方的财权，既要加快地方税体系建设、保障地方财政收入来源，又要在进一步厘清事权的前提下通过立法把分成比例法定化。

2.1.2 增值税的类型

目前实施增值税的国家，对纳税人生产产品所耗费的生产资料中的非固定资产项目，如外购原材料、燃料、动力、包装物等都一律允许扣除，但对购入的固定资产，如厂房、设备等是否允许扣除，如何扣除则不尽相同。增值税也因对固定资产的不同处理分为3种类型：

（1）生产型增值税。生产型增值税是指征收增值税时只能扣除属于非固定资产的那部分生产资料的税款，不允许扣除固定资产的价值或已纳税款。从全社会来看，其课税依据包括消费资料和生产资料两类，课征范围与国民生产总值相一致，故称为生产型增值税。由于扣除范围中不包括固定资产，所以生产型增值税在一定程度上带有阶梯式流转税的弊端。但生产型增值税对资本有机构成低的行业或企业和劳动密集型生产有利，因此在经济不发达国家多选择生产型增值税。

增值额=销售收入-外购中间产品及劳务支出

=工资、薪金+租金+利息+利润+同期固定资产折旧

=消费+投资

（2）收入型增值税。收入型增值税是指征收增值税时只允许扣除固定资产的当期折旧部分的价值或已纳税款。从全社会来看，其课税依据相当于国民收入，故称为收入型增值税。与消费型增值税类似，也允许对生产用的固定资产进行扣除，只是扣除的时间和方法不同。

增值额=销售收入-外购中间产品及劳务支出-同期固定资产折旧

=工资、薪金+租金+利息+利润

=消费+净投资

（3）消费型增值税。消费型增值税是指征收增值税时允许将购置的用于生产的固定资产的价值或已纳税款一次性全部扣除，即用于生产的全部外购生产资料都不在课税之列。从全社会来看，增值税的征税对象只相当

于消费资料部分，故称为消费型增值税。西方发达国家多实行该类型的增值税。其目的在于彻底消除重复课税，鼓励投资，加速设备更新。

增值额=销售收入-外购中间产品及劳务支出-同期购入的资本品价值
=消费

相比较而言，收入型和消费型增值税都允许把外购固定资产作为扣除因素，但收入型增值税只允许外购固定资产分期扣除，其法定增值额相应减少，税负相应减轻；消费型增值税允许外购固定资产的价值或已纳税款一次性全部扣除。而生产型增值税对外购固定资产折旧费不作为扣除项目，其法定增值额较之收入型和消费型增值税大，所征增值税也相应增加，在税率相同的情况下，纳税人的税负也比收入型与消费型增值税重，这对保证国家财政收入有一定的作用。

【小资料2-2】 世界各国对增值税类型的选择

增值税于1954年在法国问世，对于纳税人购入的固定资产价值中所含增值税税金允许一次性扣除，实行的是消费型增值税；英国于1973年改革了商品课税制度，实行消费型增值税，对纳税人购入的所有物品或劳务中所含的增值税予以扣除；韩国1977年正式实施增值税，采用消费型增值税，税率为10%，实行单一税率；德国于1968年1月1日正式推行增值税，实行全面型增值税，以取代实行多年的一直延伸至零售环节征税的“阶梯式”销售税；印度尼西亚增值税税率为10%，在最后的消费阶段征收，从2004年起分阶段对所有商品征收增值税、奢侈品消费税和进口关税。

总之，目前世界上140多个实行增值税的国家中，绝大多数国家实行的是消费型增值税。其征税范围广泛，从农产品销售、工业制造，一直到批发、零售和劳务。目前实行生产型增值税的只有印度尼西亚。我国1984年正式开征时实行生产型增值税，从2009年1月起在全国范围内实行增值税转型，即由生产型增值税转为消费型增值税。

2.1.3 增值税的特点

增值税是对流转额中的增值额征税，具有“刚性”，这与其他流转税相比有不同的特点。我国增值税的特点主要表现在以下5个方面：

(1) 税不重征。这是增值税最本质的特点。增值税是对增值额征收的一种税，即对货物和劳务销售额中新创造而未征过税的那部分销售额征税。因此，增值税能有效地排除传统流转税重复征税和税负不平等的弊端，解决了由于生产流通环节不同而造成税负不同的矛盾。

（2）普遍课征。从领域来讲，增值税征税范围广泛，涉及货物的生产、批发、零售各环节及劳务等领域；从货物来讲，增值税具有多阶段、多环节征收的特点；从劳务来讲，不论哪一类劳务，都可纳入其征税范围，实行普遍调节。

（3）道道征税。增值税就各个生产流通环节进行征税，多环节、连续性课征。其征收范围可延伸到各个领域，体现普遍征收的原则；同时一种商品从生产到最后进入消费，每经过一道环节就征一道税，从生产经营全过程看，具有道道征税的特点。

（4）税负公平。增值税的税负不受商品生产经营环节和结构变化的影响，只要一种商品的最后销售价格相同，不论它经过多少生产经营环节，所缴纳的增值税相同，即售价相同税负相同。这就使同一种商品的税负始终保持一致，体现了税负公平、利于平等竞争的特点。

（5）价外计征。增值税实行价外计税，即税金不包含在销售价格内，把税款同价格分开，成本核算不受增值税的影响。货物或应税劳务的增值税税款由纳税人向购买方收取，可更鲜明地体现增值税的转嫁性质；价外计征也为使用增值税专用发票注明税款抵扣制度奠定基础。

2.1.4 增值税的作用

增值税的内涵及特点，决定了其在税制和社会经济发展中的重要地位。其作用主要表现在以下3个方面：

（1）保证国家财政收入稳定增长。增值税是按增值额计税，就整个社会来说，增值额大体上相当于企业和个人所创造的国民收入，增值税会随国民收入的增长而相应增加；增值税一般是随销售额的实现而征收的，纳税人只要在生产经营过程中发生增值额，就要相应地缴纳税款；增值税也不受经济结构变化的影响，它既不会因企业的联合生产而减少税收负担，也不会因实行专业化协作生产而增加企业的税收负担。因此，增值税有利于保证国家财政收入稳定增长。

（2）促进专业化协作生产的发展。实现高精尖、大批量、低成本、高效益、专业化协作的生产经营管理目标，是现代社会生产发展的趋势。增值税把道道征税的普遍性与按增值额征税的合理性结合，有效地解决了按流转额全额征税而带来的对协作生产重复征税的弊端。因此，一种产品的增值税全部负担不会受生产结构变化的影响，也不会受商品流转环节变化的影响，而是始终保持一致；企业的增值税负担不会受产品构成中协作件所占比重的影响，不论比重大小都保持一致。

（3）有利于促进对外经济贸易交往。在出口环节，实行增值税的国家一般对出口货物实行零税率，即对出口货物或劳务在国内已纳的增值税全部退还给纳税者，使其以不含税的价格进入国际市场，增强出口商品在国际市场上的竞争能力；在进口环节，进口货物与国内同种货物之间的税负是一致的，不会产生进口货物税负低于国内同种货物税负的问题，有利于国内生产经营的发展和国家间的税负协调，以及在对外经济贸易与技术合作交往中维护国家主权和经济利益。

【小资料2-3】 增值税在我国税制中的地位

自1994年以来，增值税在我国税制中的主体地位不断加强，在流转税中更是地位显赫。我国历年增值税收入占税收收入的比重达到1/3左右，在保证财政收入稳定增长、促进专业化协作生产的发展和生产经营结构的合理化，以及促进对外贸易发展等方面发挥了重要的作用。增值税在现在乃至未来很长一段时间内将是我国的主体税种之一。我国2000—2015年国家财政决算收入中增值税及其占税收收入的比重见表2-2。

表2-2 **2000—2015年增值税及其占税收收入比重表**

年份	增值税（亿元）	增值税占税收收入的比重（%）	年份	增值税（亿元）	增值税占税收收入的比重（%）
2000	4 553.17	36.19	2008	17 996.94	33.19
2001	5 357.13	35.01	2009	18 820.00	29.82
2002	6 178.39	35.03	2010	21 091.95	28.81
2003	7 236.54	35.15	2011	24 266.64	27.04
2004	9 017.94	37.32	2012	26 415.69	26.26
2005	10 792.11	37.50	2013	28 803.00	26.07
2006	12 784.81	36.73	2014	30 855.36	25.89
2007	15 470.23	33.91	2015	31 109.46	24.91

2.2 增值税法基本内容

增值税法基本内容主要包括增值税的征税范围、纳税人、税率和优惠等规定。

2.2.1 增值税的征税范围

2.2.1.1 征税范围的一般规定

增值税法规定，增值税的征税范围为在中国境内销售货物、进口货物、提供加工修理修配劳务、销售服务、销售无形资产和销售不动产(后三者简称应税行为)。所称在中国境内，是指销售货物的起运地或所在地在境内，提供的应税劳务发生在境内。

（1）销售货物。销售货物是指有偿转让货物的所有权。货物指除土地、房屋和其他建筑物等不动产之外的有形动产，包括电力、热力和气体。凡是把货物的所有权交给购买方，并从购买方取得货币、货物或其他经济利益，都属于销售货物。

（2）进口货物。进口货物是指在海关报关进口的货物。进口货物包括国外产制和我国已出口又转内销的货物、国外捐赠的货物，以及进口者自行采购的货物、用于贸易行为的货物、自用或用于其他方面的货物。国家在规定对进口货物征税的同时，对某些进口货物制定了减免税的特殊规定。对进口货物是否减免税由国务院统一规定，任何地方、部门都无权规定减免税项目。

（3）提供加工、修理修配劳务。提供加工、修理修配劳务是指有偿提供加工、修理修配劳务。加工指受托加工货物，即委托方提供原料及主要材料，受托方按照委托方的要求制造货物并收取加工费，加工后货物的所有权仍归属委托方的业务；修理修配指受托对损伤或丧失功能的货物进行修复，使其恢复原状和功能的业务。但应注意，单位或个体工商户聘用的员工为本单位或雇主提供加工、修理修配劳务，不包括在内。

（4）销售服务。销售服务是指有偿提供交通运输服务、邮政服务、电信服务、建筑服务、金融服务、现代服务和生活服务。

①交通运输服务。交通运输服务是指利用运输工具将货物或旅客送达目的地，使其空间位置得到转移的业务活动。交通运输服务包括陆路运输服务、水路运输服务、航空运输服务和管道运输服务。

②邮政服务。邮政服务是指中国邮政集团公司及其所属邮政企业提供邮件寄递、邮政汇兑、机要通信和邮政代理等邮政基本服务的业务活动。邮政服务包括邮政普遍服务、邮政特殊服务和其他邮政服务，但邮政储蓄业务按照金融保险业税目征收增值税。

③电信服务。电信服务是指利用有线、无线的电磁系统或光电系统等各种通信网络资源，提供语音通话服务，传送、发射、接收或应用图像、短信等电子数据和信息的业务活动。电信服务包括基础电信服务和增值电信服务。

④建筑服务。建筑服务是指各类建筑物、构筑物及其附属设施的建造、修缮、装饰，线路、管道、设备、设施等的安装以及其他工程作业的业务活动。建筑服务包括工程服务、安装服务、修缮服务、装饰服务和其他建筑服务。

⑤金融服务。金融服务是指经营金融保险的业务活动。金融服务包括贷款服务、直接收费金融服务、保险服务和金融商品转让。

⑥现代服务。现代服务是指围绕制造业、文化产业、现代物流产业等提供技术性、知识性服务的业务活动。现代服务包括研发和技术服务、信息技术服务、文化创意服务、物流辅助服务、租赁服务、鉴证咨询服务、广播影视服务、商务辅助服务和其他现代服务。

⑦生活服务。生活服务是指为满足城乡居民日常生活需求提供的各类服务活动。生活服务包括文化体育服务、教育医疗服务、旅游娱乐服务、餐饮住宿服务、居民日常服务和其他生活服务。

（5）销售无形资产。销售无形资产是指有偿转让无形资产所有权或使用权的业务活动。无形资产是指不具有实物形态，但能带来经济利益的资产，包括技术、商标、著作权、商誉、自然资源使用权和其他权益性无形资产。技术包括专利技术和非专利技术，自然资源使用权包括土地使用权、海域使用权、探矿权、采矿权、取水权和其他自然资源使用权，其他权益性无形资产包括基础设施资产经营权、公共事业特许权、配额、经营权（包括特许经营权、连锁经营权、其他经营权）、经销权、分销权、代理权、会员权、席位权、网络游戏虚拟道具、域名、名称权、肖像权、冠名权、转会费等。

（6）销售不动产。销售不动产是指有偿转让不动产所有权的业务活动。不动产是指不能移动或者移动后会引起性质、形状改变的财产，包括建筑物和构筑物等。建筑物包括住宅、商业营业用房、办公楼等可供居住、工作或者进行其他活动的建造物。构筑物包括道路、桥梁、隧道、水坝等建造物。转让建筑物有限产权或永久使用权的、转让在建的建筑物或者构筑物所有权的，以及在转让建筑物或者构筑物时一并转让其所占土地的使用权的，按照销售不动产缴纳增值税。

【小思考2-1】 增值税与消费税的征税范围有何区别？

答：增值税与消费税是相互配合征收的税种，消费税的征税对象是从增值税的征税对象货物中选择一部分特定的消费品，在征收增值税的基础上再征收一道消费税，体现国家对这些特定消费品的调节政策，从而引导生产和消费。可见，征收消费税的货物一定征收增值税。增值税和消费税在征税范围上的区别与联系见表2-3。

表2-3 **增值税和消费税在征税范围上的区别与联系**

税种	增值税	消费税
征税范围	销售货物、进口货物	烟、酒等特定消费品
	提供加工、修理修配劳务	
	提供应税行为（销售服务、销售无形资产、销售不动产）	

2.2.1.2 征税范围的特殊规定

（1）征收增值税的特殊项目，主要包括：货物期货，包括商品期货和贵金属期货（在期货的实务交割环节纳税）；电力公司向发电企业收取的过网费；银行销售金银的业务；典当业的死当物品销售业务和寄售业代委托人销售寄售物品业务；集邮商品（如邮票、首日封、邮折等）的生产、调拨，销售和发行报刊；印刷企业接受出版单位委托、自行购买纸张，印刷有统一刊号（CN）、采用国际标准书号（ISBN）编序的图书、报纸和杂志；对从事热力、电力、燃气、自来水等公用事业的增值税纳税人收取的一次性费用，凡与货物的销售数量有直接关系的征收增值税，凡与货物的销售数量无直接关系的不征收增值税等。

【小资料2-4】　　营业税改征增值税试点

营业税改征增值税简称“营改增”，是指以前缴纳营业税的应税项目改成缴纳增值税。按照建立健全有利于科学发展的财税制度的要求，“营改增”的意义在于：有利于完善税制，消除重复征税；有利于社会专业化分工协作，促进三次产业融合；有利于降低企业税收成本，增强企业发展能力；有利于优化投资、消费和出口结构，促进经济健康协调发展。

（2）不征收增值税的特殊项目，主要包括：因转让著作所有权而发生的销售电影母片、录像带母带、录音磁带母带，以及因转让专利技术所有权而发生的销售计算机软件的业务；供应或开采未经加工的天然水，如水库供应农业灌溉用水和工厂自采地下水用于生产的；体育彩票发行收入；国家管理部门行使其管理职能，发放的执照、牌照和有关证书等取得的工本费收入；转让企业全部产权涉及的应税货物的转让；纳税人在资产重组过程中，通过合并、分立、出售、置换等方式，将全部或部分实物资产及与其相关联的债权、负债和劳动力一并转让给其他单位和个人，其中涉及的转让货物；行政单位收取的符合条件的政府性基金或行政事业性收费；单位或个体工商户聘用的员工为本单位或雇主提供取得工资的服务；单位或个体工商户为聘用的员工提供的服务等。

（3）视同销售货物行为。销售货物的重要标志是有偿转让货物的所有权，但在实际生产经营活动中，会出现转让货物不发生所有权转移或不以直接有偿形式进行，这些形式的货物转移行为都要视同销售征收增值税。这主要包括以下几个方面：

①将货物交付他人代销。

②销售代销的货物。

③设有两个以上机构实行统一核算的纳税人，将货物从一个机构移送其他机构用于销售，但相关机构设在同一县（市）的除外。用于销售是指受货机构发生向购货方开具发票或收取货款的经营行为。

④将自产、委托加工的货物用于非应税项目。

⑤将自产、委托加工或购买的货物作为投资，提供给其他单位或个体工商户。

⑥将自产、委托加工或购买的货物分配给股东或投资者。

⑦将自产、委托加工的货物用于集体福利或个人消费。

⑧将自产、委托加工或购买的货物无偿赠送他人。

（4）视同销售应税行为。有下列情形的，视同销售应税行为：

①单位或个体工商户向其他单位或个人无偿提供服务，但用于公益事业或以社会公众为对象的除外。

②单位或个人向其他单位或个人无偿转让无形资产或不动产，但用于公益事业或以社会公众为对象的除外。

③财政部和国家税务总局规定的其他情形。

【例题2-1】 多选题：根据我国增值税法的规定，应当征收增值税的是（　　）。

A.报社发行报刊　　B.汽车维修保养

C.房屋维修装饰　　D.受托加工白酒

【答案】ABCD

（5）混合销售行为。一项销售行为如果既涉及服务又涉及货物，为混合销售。从事货物的生产、批发或零售的单位和个体工商户的混合销售行为，按照销售货物缴纳增值税；其他单位和个体工商户的混合销售行为，按照销售服务缴纳增值税。

上述所称从事货物的生产、批发或零售的单位和个体工商户，包括以从事货物的生产、批发或零售为主，并兼营销售服务的单位和个体工商户。

【例题2-2】 多选题：下列各项中，应当征收增值税的有（　　）。

A.医院提供治疗并出租办公室

B.邮局提供邮政服务并销售集邮商品

C.商店销售空调并负责安装

D.汽车修理厂修车并销售汽车零配件

【答案】ABCD

2.2.2 增值税的纳税人

2.2.2.1 增值税纳税人的一般规定

增值税的纳税人为在中国境内销售货物、进口货物和提供加工修理修配劳务，以及提供应税行为的单位和个人。其中，单位是指企业、行政单位、事业单位、军事单位、社会团体和其他单位；个人是指个体工商户和其他个人。单位以承包、承租、挂靠方式经营的，承包人、承租人、挂靠人（以下统称承包人）以发包人、出租人、被挂靠人（以下统称发包人）名义对外经营并由发包人承担相关法律责任的，以该发包人为纳税人，否则以承包人为纳税人。

从理论上讲，所有纳税人都应实行规范化的增值税计算方法即发票扣税法。凭发票注明税款抵扣进项税额制度的实行范围越广，就越能充分体现增值税的优越性。规范化的增值税计算方法要求健全的会计核算，但在增值税征收实践中，一些纳税人由于会计核算不健全，难以实行规范化的计税方法，这部分纳税人主要是小企业和个体工商户。为了既有利于增值税的推行，又便于简化征收、加强管理，我国增值税法规定纳税人分为一般纳税人和小规模纳税人。

2.2.2.2 小规模纳税人的认定管理

小规模纳税人是指年应征增值税销售额在规定标准以下，且会计核算不健全，不能按规定报送有关税务资料的增值税纳税人。所称年应税销售额，是指纳税人在连续不超过12个月的经营期内累计应征增值税销售额，包括纳税申报销售额、稽查查补销售额、纳税评估调整销售额、税务机关代开发票销售额和免税销售额；所称会计核算不健全，是指不能正确核算增值税的销项税额、进项税额和应纳税额。其认定管理规定包括：

（1）从事货物生产或提供加工修理修配劳务的纳税人，以及以从事货物生产或提供应税劳务为主并兼营货物批发或零售的纳税人，年应征增值税销售额（以下简称年应税销售额，包括一个公历年度内的全部应税销售额）在50万元以下（含本数，下同）的。以从事货物生产或提供应税劳务为主，是指纳税人的年货物生产或提供应税劳务的销售额占年应税销售额的比重在50%以上。除特殊规定外，其他纳税人年应税销售额在80万元以下的。

（2）年应税销售额在80万元以下的小规模商业企业、企业性单位，以及以从事货物批发或零售为主并兼营货物生产或提供应税劳务的企业、企业性单位，无论财务核算是否健全，不得认定为一般纳税人。

（3）年应税销售额超过小规模纳税人标准的其他个人，按照小规模纳税人纳税；非企业性单位、不经常发生应税行为的企业，可选择按小规模纳税人纳税。

（4）除从事货物零售业务的小规模企业外，小规模企业有会计和账册，能正确计算销项税额、进项税额和应纳税额，并能按规定报送有关税务资料，年应税销售额不低于30万元，经批准可以认定为一般纳税人。

2.2.2.3　一般纳税人的认定管理

增值税一般纳税人的认定管理包括超标企业、未超标及新开业企业的认定管理。超标是指纳税人的应税销售额超过小规模纳税人标准。

（1）超标企业的认定。企业年应税销售额超过财政部、国家税务总局规定的小规模纳税人标准的，除特殊规定外，应向其机构所在地主管税务机关申请一般纳税人的资格认定，认定权限为县（市、区）国家税务局或同级别的税务分局。其认定程序为：

①企业应在申报期结束后40日（工作日，下同）内向主管税务机关报送“增值税一般纳税人申请认定表”，申请一般纳税人资格认定。

②认定机关应在主管税务机关受理申请之日起20日内完成一般纳税人资格认定，由主管税务机关制作、送达“税务事项通知书”。

③企业未在规定期限内申请一般纳税人资格认定的，主管税务机关应在规定期限结束后20日内制作、送达“税务事项通知书”。

企业不办理一般纳税人认定的，应在收到“税务事项通知书”后10日内向主管税务机关报送“不认定增值税一般纳税人申请表”，经批准后不办理一般纳税人资格认定。认定机关应在主管税务机关受理申请之日起20日内批准完毕，并由主管税务机关制作、送达“税务事项通知书”。

（2）未超标及新开业企业的认定。企业年应税销售额未超过财政部、国家税务总局规定的小规模纳税人标准及新开业的企业，符合条件的可向主管税务机关申请一般纳税人资格认定。同时符合下列条件的纳税人，主管税务机关应为其办理一般纳税人资格认定：一是有固定的生产经营场所；二是能够按照国家统一的会计制度规定设置账簿，根据合法、有效凭证核算，能够提供准确的税务资料。除国家税务总局另有规定外，纳税人一经认定为一般纳税人后，不得转为小规模纳税人。未超标及新开业企业的认定程序为：

①企业应向主管税务机关填报申请表，并提供下列资料："税务登记证"副本；财务负责人和办税人员的身份证明及其复印件；会计人员的从业资格证明或与中介机构签订的代理记账协议及其复印件；经营场所产权证明或租赁协议，或其他可使用场地证明及其复印件；国家税务总局规定的其他有关资料。

②主管税务机关应当场核对纳税人的申请资料，经核对一致且申请资料齐全、符合要求的，当场受理，制作"文书受理回执单"，并将有关资料的原件退还企业。对申请资料不齐全或不符合要求的，应当场告知企业需要补正的全部内容。

③主管税务机关受理企业申请以后，根据需要进行实地查验，并制作查验报告。查验报告由纳税人法定代表人（负责人或业主）、税务查验人员共同签字（签章）确认。实地查验时，应当有两名或两名以上税务机关工作人员同时到场。

④认定机关应自主管税务机关受理申请之日起20日内完成一般纳税人资格认定，并由主管税务机关制作、送达"税务事项通知书"。

（3）一般纳税人的辅导期管理。辅导期是指对新认定为一般纳税人的小型商贸批发企业及国家税务总局规定的其他一般纳税人，进行3个月或6个月的考核，通过辅导期考核方可成为一般纳税人。

①小型商贸批发企业是指注册资金在80万元（含）以下、职工人数在10人（含10人）以下的批发企业。只从事出口贸易、不需要使用增值税专用发票的企业除外。其辅导期管理的期限为3个月。

②其他一般纳税人是指具有下列情形之一的一般纳税人：增值税偷税数额占应纳税额的10%以上并且偷税数额在10万元以上的；骗取出口退税的；虚开增值税扣税凭证的；国家税务总局规定的其他情形。其辅导期管理的期限为6个月。

③辅导期管理的内容，主要包括辅导期告知文件、进项税额抵扣规定、限量领购专用发票和预缴增值税的规定等。如规定小型商贸批发企业领购专用发票的最高开票限额不得超过10万元，其他一般纳税人应根据企业实际经营情况重新核定，但每次发售专用发票数量不得超过25份等；辅导期纳税人一个月内多次领购专用发票的，应从当月第二次领购专用发票起，按照上一次已领购并开具专用发票销售额的3%预缴增值税，未预缴增值税的，主管税务机关不得向其发售专用发票。

除国家税务总局另有规定外，一经认定为一般纳税人后，不得转为小规模纳税人。

2.2.2.4 “营改增”试点纳税人的认定办法

“营改增”试点后，对提供应税服务纳税人的认定办法沿用了《增值税暂行条例》及其实施细则中纳税人的认定标准及管理原则。其不同内容与要求主要包括：

（1）一般纳税人的认定办法。主要规定包括：

①应税行为的年销售额超过小规模纳税人标准的纳税人，应向国税主管税务机关申请办理一般纳税人资格认定。应税行为年销售额标准为500万元（含本数），由财政部和国家税务总局根据试点情况进行调整。

②年应税销售额未超过规定标准的纳税人，会计核算健全、能够提供准确税务资料的，可以向主管税务机关办理一般纳税人资格登记，成为一般纳税人。

（2）小规模纳税人的认定办法。“营改增”试点后，如果纳税人不符合一般纳税人的规定，则属于小规模纳税人。具体包括以下几种情况：

①应税行为年销售额未超过规定标准的纳税人，为小规模纳税人。

②应税行为年销售额超过规定标准的其他个人，不属于一般纳税人。

③不经常提供应税行为的非企业性单位、企业和个体工商户，可选择按照小规模纳税人纳税。

需要注意的是：应当申请办理一般纳税人资格认定而未申请的纳税人，应按销售额和增值税税率计算应纳税额，不得抵扣进项税额，也不得使用增值税专用发票，直至纳税人报送上述资料并经主管税务机关审核批准后方可停止执行。

2.2.2.5 增值税的扣缴义务人

增值税的扣缴义务人是指依据法律、行政法规的规定，负有代扣代缴增值税税款义务的单位和个人。境外的单位或个人在境内发生应税行为而在境内未设有经营机构的，以其代理人为增值税扣缴义务人；在境内没有代理人的，以接受方为增值税扣缴义务人。财政部和国家税务总局另有规定的除外。

2.2.3 增值税的税率

为适应社会主义市场经济发展的要求，增值税税率的设计遵循了中性和简便的原则。“营改增”后，现行增值税法规定的税率包括：一是17%的基本税率；二是13%、11%和6%的低税率；三是零税率；四是3%和5%的征收率。具体见表2-4。

表2-4 **增值税税率表**

<table>
<tr><th>纳税人</th><th>应税货物或行为</th><th>具体范围</th><th>税率</th></tr>
<tr><td rowspan="7">原增值税纳税人</td><td>一般货物及劳务</td><td>销售或进口货物（另有列举的货物除外）；提供加工、修理修配劳务</td><td>17%</td></tr>
<tr><td rowspan="5">特殊货物</td><td>1.粮食、食用植物油、鲜奶</td><td rowspan="5">13%</td></tr>
<tr><td>2.自来水、暖气、冷气、热气、煤气、石油液化气、天然气、沼气、居民用煤炭制品</td></tr>
<tr><td>3.图书、报纸、杂志</td></tr>
<tr><td>4.饲料、化肥、农药、农机（整机）、农膜</td></tr>
<tr><td>5.国务院规定的其他货物，如农产品（各种动、植物初级产品）；音像制品；电子出版物；二甲醚；食用盐等</td></tr>
<tr><td colspan="2">出口货物</td><td>0</td></tr>
</table>

续表

<table>
<tr><th>纳税人</th><th colspan="2">应税货物或行为</th><th colspan="2">具体范围</th><th>税率</th></tr>
<tr><td rowspan="18">一般纳税人</td><td rowspan="18">销售行为</td><td rowspan="4">交通运输服务</td><td>陆路运输服务</td><td>铁路运输服务、其他陆路运输服务</td><td rowspan="4">11%</td></tr>
<tr><td>水路运输服务</td><td>程租业务、期租业务</td></tr>
<tr><td>航空运输服务</td><td>航空运输的湿租业务</td></tr>
<tr><td>管道运输业</td><td>无运输工具承运业务</td></tr>
<tr><td rowspan="3">邮政服务</td><td>邮政普通服务</td><td>函件、包裹</td><td rowspan="3">11%</td></tr>
<tr><td>邮政特殊服务</td><td>邮政特殊服务</td></tr>
<tr><td>其他邮政服务</td><td>邮册等邮品销售、邮政代理等业务</td></tr>
<tr><td rowspan="2">电信服务</td><td colspan="2">基础电信服务</td><td>11%</td></tr>
<tr><td colspan="2">增值电信服务</td><td>6%</td></tr>
<tr><td rowspan="5">建筑服务</td><td colspan="2">工程服务</td><td rowspan="5">11%</td></tr>
<tr><td colspan="2">安装服务</td></tr>
<tr><td colspan="2">修缮服务</td></tr>
<tr><td colspan="2">装饰服务</td></tr>
<tr><td colspan="2">其他建筑服务</td></tr>
<tr><td rowspan="4">金融服务</td><td>贷款服务</td><td>贷款、融资性售后回租</td><td rowspan="4">6%</td></tr>
<tr><td colspan="2">直接收费金融服务</td></tr>
<tr><td>保险服务</td><td>人身保险服务、财产保险服务</td></tr>
<tr><td>金融商品转让</td><td>金融商品转让、其他金融商品转让</td></tr>
</table>

续表

纳税人	应税货物或行为		具体范围		税率
一般纳税人	销售行为	现代服务	研发和技术服务	研发服务、合同能源管理服务、工程勘察勘探服务、专业技术服务	6%
			信息技术服务	软件服务、电脑设计及测试服务、信息系统服务、业务流程服务、信息系统增值服务	6%
			文化创意服务	设计服务、知识产权服务、广告服务、会议展览服务	6%
			物流辅助服务	航空服务、港口码头服务、货运客运场站服务、打捞救助服务、装卸搬运服务、仓储服务、收派服务	6%
			租赁服务	有形动产融资租赁和经营租赁服务	17%
				不动产融资租赁和经营租赁服务	11%
			鉴证咨询服务	认证服务、鉴证服务、咨询服务	6%
			广播影视服务	广播影视节目（作品）制作、发行、播映服务	6%
			商务辅助	企业管理服务、经纪代理服务、人力资源服务、安全保护服务	6%
			其他现代服务	其他现代服务	6%

续表

<table>
<tr><th>纳税人</th><th colspan="2">应税货物或行为</th><th colspan="2">具体范围</th><th>税率</th></tr>
<tr><td rowspan="18">一般纳税人</td><td rowspan="6">销售行为</td><td rowspan="6">生活服务</td><td>文化体育服务</td><td>文化服务、体育服务</td><td rowspan="6">6%</td></tr>
<tr><td>教育医疗服务</td><td>教育服务、医疗服务</td></tr>
<tr><td>旅游娱乐服务</td><td>旅游服务、娱乐服务</td></tr>
<tr><td>餐饮住宿服务</td><td>餐饮服务、住宿服务</td></tr>
<tr><td colspan="2">居民日常服务</td></tr>
<tr><td colspan="2">其他生活服务</td></tr>
<tr><td rowspan="7">销售无形资产</td><td>技术</td><td colspan="2">专利技术、非专利技术</td><td rowspan="6">6%</td></tr>
<tr><td>商标</td><td colspan="2"></td></tr>
<tr><td>著作权</td><td colspan="2"></td></tr>
<tr><td>商誉</td><td colspan="2"></td></tr>
<tr><td>其他</td><td colspan="2"></td></tr>
<tr><td rowspan="2">自然资源使用权</td><td colspan="2">海域使用权、探矿权、采矿权、取水权、其他资源使用权</td></tr>
<tr><td colspan="2">土地使用权</td><td>11%</td></tr>
<tr><td rowspan="2">销售不动产</td><td>建筑物</td><td colspan="2"></td><td rowspan="2">11%</td></tr>
<tr><td>构造物</td><td colspan="2"></td></tr>
<tr><td colspan="4">跨境应税行为</td><td>0</td></tr>
<tr><td>小规模纳税人</td><td colspan="4">包括原增值税纳税人和“营改增”纳税人，从事货物销售、提供加工修理修配劳务，以及“营改增”各项应税服务</td><td>征收率 3%</td></tr>
</table>

2.2.3.1 增值税的适用税率

（1）17%的基本税率。除国家另有规定外，纳税人销售或进口的货物，以及纳税人提供加工、修理修配劳务和提供有形动产租赁服务。上述另有规定外，是指国务院、财政部、国家税务总局规定的有关特殊情况。如财政部、国家税务总局规定，对硝酸、硫黄（包括天然硫黄和经加工制得硫黄）等货物，适用13%的低税率。

（2）13%的低税率。销售或进口下列货物适用低税率征税，包括：粮食、食用植物油（含杏仁油、葡萄籽油）；自来水、暖气、冷气、热水、煤气、石油液化气、天然气、沼气、居民用煤炭制品；图书、报纸、杂志；饲料、化肥、农药、农机、农膜，其中农机包括密集型烤房设备、频振式杀虫灯、自动虫情测报灯和黏虫板；国务院规定的其他货物。国务院规定的其他货物主要包括：

①农产品。农产品是指种植业、养殖业、林业、牧业、水产业生产的各种植物、动物的初级产品。具体征税范围暂按《财政部、国家税务总局关于印发〈农业产品征税范围注释〉的通知》及现行规定执行。但肉桂油、桉油、香茅油的适用税率为17%。

②音像制品。音像制品是指正式出版的录有内容的录音带、录像带、唱片、激光唱盘和激光视盘。

③电子出版物。电子出版物是指以数字代码方式，使用计算机应用程序，将图文声像等内容信息编辑加工后存储在具有确定的物理形态的磁、光、电等介质上，通过内嵌在计算机、手机、电子阅读设备、电子显示设备、数字音/视频播放设备、电子游戏机、导航仪以及其他具有类似功能的设备上读取使用，具有交互功能，用以表达思想、普及知识和积累文化的大众传播媒体。

④二甲醚。二甲醚是指化学分子式为CH_3OCH_3，常温常压下为具有轻微醚香味，易燃、无毒、无腐蚀性的气体。

（3）11%的低税率。交通运输服务、邮政服务、基础电信服务、建筑服务、不动产租赁服务、转让土地使用权、销售不动产。

（4）6%的低税率。纳税人提供增值电信服务、金融服务、现代服务（租赁服务除外）、生活服务、销售无形资产（转让土地使用权除外）。

(5) 零税率。增值税零税率是国家鼓励出口的一项优惠措施。除国家另有规定外，增值税对纳税人出口的货物和跨境应税行为税率为零。所称另有规定，主要包括纳税人出口的原油、援外出口货物；经国务院批准的其他商品，如天然牛黄、麝香、铜及铜基合金等。

需要注意的是：纳税人兼营销售货物、劳务、服务、无形资产或者不动产，适用不同税率或者征收率的，应当分别核算适用不同税率或者征收率的销售额；未分别核算的，从高适用税率。

2.2.3.2　增值税的征收率

(1) 简易办法3%的征收率。一般纳税人销售自产下列货物，可选择按照简易办法3%的征收率计算纳税，36个月内不得变更：

①建筑用和生产建筑材料所用的砂、土、石料。

②以自己采掘的砂、土、石料或其他矿物连续生产的砖、瓦、石灰(不含黏土实心砖、瓦)。

③用微生物、微生物代谢产物、动物毒素、人或动物的血液或组织制成的生物制品。

④商品混凝土。仅限于以水泥为原料生产的水泥混凝土。

另外，一般纳税人销售货物属于下列情形之一的，也暂按简易办法3%的征收率计算缴纳增值税：

①寄售商店代销寄售物品（包括居民个人寄售的物品在内)。

②典当业销售死当物品。

③经国务院或国务院授权机关批准的免税商店零售的免税品。

(2) 一般纳税人发生下列应税行为，可选择适用简易计税方法：

①公共交通运输服务。公共交通运输服务包括轮客渡、公交客运、地铁、城市轻轨、出租车、长途客运、班车。班车是指按固定路线、固定时间运营并在固定站点停靠的运送旅客的陆路运输服务。

②经认定的动漫企业为开发动漫产品提供的动漫脚本编撰、形象设计、背景设计、动画设计、分镜、动画制作、摄制、描线、上色、画面合成、配音、配乐、音效合成、剪辑、字幕制作、压缩转码（面向网络动漫、手机动漫格式适配）服务，以及在境内转让动漫版权（包括动漫品牌、形象或内容的授权及再授权)。

③电影放映服务、仓储服务、装卸搬运服务、收派服务和文化体育

服务。

④以纳入“营改增”试点之日前取得的有形动产为标的物提供的经营租赁服务。

⑤在纳入“营改增”试点之日前签订的尚未执行完毕的有形动产租赁合同。

⑥以清包工方式提供的建筑服务。以清包工方式提供的建筑服务是指施工方不采购建筑工程所需的材料或只采购辅助材料，并收取人工费、管理费或其他费用的建筑服务。

⑦为甲供工程提供的建筑服务。甲供工程是指全部或部分设备、材料、动力由工程发包方自行采购的建筑工程。

⑧为建筑工程老项目提供的建筑服务。建筑工程老项目是指“建筑工程施工许可证”注明的合同开工日期在2016年4月30日前的建筑工程项目；未取得“建筑工程施工许可证”的，建筑工程承包合同注明的开工日期在2016年4月30日前的建筑工程项目。

⑨销售2016年4月30日前取得（含自建）的不动产。非自建的，以取得的全部价款和价外费用减去该项不动产购置原价或者取得不动产时作价后的余额为销售额；自建的，以取得的全部价款和价外费用为销售额。均按照5%的征收率计算应纳税额。

（3）小规模纳税人征收率规定为3%。小规模纳税人销售货物、提供加工修理修配劳务，以及提供“营改增”各项应税服务，如果购买方需要增值税专用发票且符合规定要求，可以由税务机关代开。

（4）简易办法专用发票管理。一般纳税人销售货物适用简易办法征税的，可自行开具增值税专用发票。

2.2.4 增值税的优惠政策

2.2.4.1 增值税优惠基本政策

（1）优惠政策的形式。我国增值税的优惠政策形式，主要包括直接免征、直接减征、即征即退、先征后退和先征后返。直接免征是指按税法规定直接给予纳税人免征增值税的优惠政策；直接减征是指按税法规定直接给予纳税人减征增值税的优惠政策；即征即退是指税务机关将应征增值税税款征收入库以后再退税的优惠政策，如对软件企业超3%税负的部分即征即退；先征后退是指税务机关将应征增值税税款征收入库后再按规定给予退税，与即征即退大体相同，只是退税的时间略有差异；先征后返是指税务机关先将增值税税款征收入库，然后由财政机关按规定审核并返还企业所缴入库的增值税税款，如对数控机床产品实行增值税先征后返。

（2）优惠政策的适用。主要规定包括：一是纳税人兼营减免税项目的，应单独核算减免税项目的销售额，未单独核算销售额的不得减免税；二是纳税人销售货物或应税劳务适用免税规定的，可以放弃免税，依照《增值税暂行条例》的规定缴纳增值税，但放弃免税后36个月内不得再申请免税；三是增值税的减免税项目由国务院规定，任何地区、部门均不得规定减免税项目。

2.2.4.2 增值税的法定免税项目

（1）农业生产者销售的自产农产品。具体指直接从事种植业、养殖业、林业、牧业、水产业的单位和个人销售自产的属于税法规定范围的农产品。免税的农产品必须符合两个条件：一是农业生产者自己生产的初级农产品；二是农业生产者自己销售的初级农产品。

（2）避孕药品和用具。

（3）古旧图书。这是指向社会收购的古书和旧书。

（4）直接用于科学研究、科学试验和教学的进口仪器、设备。

（5）外国政府、国际组织无偿援助的进口物资和设备。

（6）由残疾人组织直接进口供残疾人专用的物品。

（7）销售自己使用过的物品。这是指其他个人（不包括个体工商户）销售自己使用过的物品。

【小思考2-2】纳税人为何使用或放弃免税权？

答：我国的增值税是对应税项目在各流转环节中的增值额计征的，其征收方式是环环相扣的链条式，任何一个环节征税或抵扣不足，都会导致链条脱节，使税负在不同环节间发生转移。正因为如此，免税在某些情况下不但不能给纳税人增加利益，反而会加重其税收负担。因此，国家规定符合增值税免税条件的纳税人，可以根据自身的生产经营情况，确定使用或放弃增值税免税权。

2.2.4.3　资源综合利用的优惠政策

（1）免税项目规定，主要包括：对销售自产的再生水、以废旧轮胎为全部生产原料生产的胶粉、翻新轮胎、生产原料中掺兑废渣比例不低于30%的特定建材产品；污水处理劳务等。

（2）100%即征即退，主要包括销售下列自产货物：以工业废气为原料生产的高纯度二氧化碳产品；以垃圾为燃料生产的电力或热力；利用垃圾发酵产生的沼气生产销售的电力或热力；以煤炭开采过程中伴生的舍弃物油母页岩为原料生产的页岩油；以废旧沥青混凝土为原料生产的再生沥青混凝土；采用旋窑法工艺生产的水泥（包括水泥熟料，下同）或外购水泥熟料采用研磨工艺生产的水泥，水泥生产原料中掺兑废渣比例不低于30%。

（3）50%即征即退，主要包括销售下列自产货物：以退役军用发射药为原料生产的涂料硝化棉粉；对燃煤发电厂及各类工业企业产生的烟气、高硫天然气进行脱硫生产的副产品；以废弃酒糟和酿酒底锅水为原料生产的蒸汽、活性炭、白碳黑、乳酸、乳酸钙、沼气；以煤泥、石煤、煤矸石、油母页岩为燃料生产的电力或热力；利用风力生产的电力；部分新型墙体材料产品。

（4）先征后退办法。对销售自产的综合利用生物柴油，实行增值税先征后退政策。综合利用生物柴油是指以废弃的动物油和植物油为原料生产的柴油，其中废弃的动物油和植物油用量占生产原料的比重不低于70%。

2.2.4.4　鼓励特殊产业的优惠政策

（1）免税项目规定。广播电影电视行政主管部门（中央、省、地市及县级）按照各自职能权限批准从事电影制片、发行、放映的电影集团公司（含成员企业）、电影制片厂及其他电影企业取得的销售电影拷贝收入、转让电影版权收入、电影发行收入，以及在农村取得的电影放映收入，免征增值税。

（2）出口退税政策。出口图书、报纸、期刊、音像制品、电子出版物、电影和电视完成片，按规定享受增值税出口退税政策。

（3）100%先征后退，主要包括下列出版环节的出版物：中国共产党和各民主党派各级组织的机关报纸和机关期刊，各级人大、政协、政府、工会、共青团、妇联、科协、老龄委的机关报纸和期刊，新华社的机关报纸和机关期刊，军事部门的机关报纸和期刊；专为少年儿童出版发行的报纸和期刊，中小学的学生课本；少数民族文字出版物；盲文图书和盲文期刊；经批准在内蒙古等5个自治区内注册的出版单位出版的出版物；列入国家规定的图书、报纸和期刊；对少数民族文字出版物的印刷或制作业务；新疆维吾尔自治区印刷企业的印刷业务。

（4）50%先征后退，主要包括下列出版环节的出版物：除上述实行增值税100%先征后退的图书和期刊以外的其他图书和期刊、音像制品；符合规定的报纸。

2.2.4.5　与军队相关的优惠政策

（1）随军家属就业的优惠政策。为安置随军家属就业而新开办的企业，其提供的应税服务3年内免征增值税。

（2）军队转业干部就业的优惠政策。从事个体经营的军队转业干部，经主管税务机关批准，自领取税务登记证之日起，其提供的应税服务3年内免征增值税；为安置自主择业的军队转业干部就业而新开办的企业，凡安置自主择业的军队转业干部占企业总人数60%（含）以上的，其提供的应税服务3年内免征增值税。

（3）城镇退役士兵就业的优惠政策。为安置自谋职业的城镇退役士兵就业而新办的服务型企业当年新安置自谋职业的城镇退役士兵达到职工总数30%以上，并与其签订1年以上期限劳动合同的，经县级以上民政部门认定、税务机关审核，其提供的应税服务（除广告服务外）3年内免征增值税；自谋职业的城镇退役士兵从事个体经营的，其提供的应税服务（除广告服务外）3年内免征增值税。

2.2.4.6　“营改增”不征收增值税项目

“营改增”不征收增值税项目主要包括以下5个：

（1）根据国家指令无偿提供的铁路运输服务、航空运输服务，属于《试点实施办法》规定的用于公益事业的服务。

（2）存款利息。

（3）被保险人获得的保险赔付。

（4）房地产主管部门或其指定机构、公积金管理中心和开发企业，以及物业管理单位代收的住宅专项维修资金。

（5）在资产重组过程中，通过合并、分立、出售、置换等方式，将全部或部分实物资产，以及与其相关联的债权、负债和劳动力一并转让给其他单位和个人，其中涉及的不动产、土地使用权转让行为。

2.2.4.7 “营改增”免征增值税项目。

“营改增”免征增值税项目主要包括以下8个：

（1）托儿所、幼儿园提供的保育和教育服务。

（2）养老机构提供的养老服务和医疗机构提供的医疗服务。

（3）残疾人福利机构提供的育养服务及残疾人员本人为社会提供的服务。

（4）婚姻介绍服务和殡葬服务。

（5）从事学历教育的学校提供的教育服务及学生勤工俭学提供的服务。

（6）个人转让著作权和个人销售自建自用住房。

（7）纳税人提供的直接或间接国际货物运输代理服务。

（8）财政部、国家税务总局规定的其他免税项目。

纳税人发生应税行为适用减免税规定的，可以放弃减免税，按照规定缴纳增值税；放弃减免税后，36个月内不得再申请减免税。纳税人发生应税行为同时适用免税和零税率规定的，纳税人可以选择适用免税或零税率。

2.2.4.8 “营改增”减征增值税项目

个人出租住房，依5%的征收率减按1.5%计算应纳税额。对北京、上海、广州和深圳（简称北上广深）4城市个人将购买不足2年的住房对外销售的，按照5%的征收率全额缴纳增值税；个人将购买2年以上（含2年）的非普通住房对外销售的，以销售收入减去购买住房价款后的差额按照5%的征收率缴纳增值税；个人将购买2年以上（含2年）的普通住房对外销售的，免征增值税。北上广深之外的非一线城市个人将购买不足2年的住房对外销售的，按照5%的征收率全额缴纳增值税；个人将购买2年以上（含2年）的住房对外销售的，免征增值税。

2.2.4.9 增值税优惠的其他规定

（1）企业吸纳就业的优惠。服务型企业（除广告服务外）在新增加的岗位中，当年新招用持“就业失业登记证”（注明“企业吸纳税收政策”）人员，与其签订1年以上期限劳动合同并依法缴纳社会保险费的，在3年内按照实际招用人数予以定额依次扣减增值税、城市维护建设税、教育费附加和企业所得税。定额标准为每人每年4 000元，可上下浮动20%，由试点地区省级人民政府根据本地区实际情况在此幅度内确定具体定额标准，并报财政部和国家税务总局备案。

（2）失业人员就业的优惠。持“就业失业登记证”（注明“自主创业税收政策”或附“高校毕业生自主创业证”）人员从事个体经营的，在3年内按照每户每年8 000元为限额依次扣减其当年实际应缴纳的增值税、城市维护建设税、教育费附加和个人所得税。

（3）出口退税。境内货物进入保税物流中心的，视同出口，实行出口退（免）税政策；保税物流中心内货物进入境内视同进口，依据货物的实际状态办理进口报关手续，并按照进口的有关规定征收或免征进口增值税、消费税。

（4）即征即退，主要包括：

①对飞机维修劳务增值税实际税负超过6%的部分。

②安置残疾人的单位，按照单位实际安置残疾人的人数实行限额即征即退增值税的办法。

③2015年12月31日前，试点纳税人中的一般纳税人提供管道运输服务，对其增值税实际税负超过3%的部分。

④经中国人民银行、银监会或商务部批准从事融资租赁业务的试点纳税人中的一般纳税人，提供有形动产融资租赁服务，在2015年12月31日前，对其增值税实际税负超过3%的部分；商务部授权的省级商务主管部门和国家经济技术开发区批准的从事融资租赁业务的试点纳税人中的一般纳税人注册资本达到1.7亿元的。

（5）优先适用零税率。纳税人提供应税服务同时适用免税和零税率规定的，优先适用零税率。

（6）其他免税规定。对农村电管站在收取电价时一并向用户收取的农村电网维护费（包括低压线路损耗、维护费及电工经费），以及对其他单位收取的农村电网维护费，免征增值税。

2.2.4.10 增值税起征点的优惠政策

纳税人销售额未达到税法规定的增值税起征点的，免征增值税；达到起征点的，依照税法规定全额计算缴纳增值税。税法规定的起征点为：销售货物和应税劳务的起征点为月销售额5000~20000元；按次纳税的起征点为每次（日）销售额300~500元。增值税起征点的适用范围，仅限于小型、微利企业及个人。需要注意的是：上述销售额是指不含税的销售额；各省、自治区、直辖市财政厅（局）和国家税务局应在规定的幅度内，根据实际情况确定本地区适用的起征点，并报财政部、国家税务总局备案。如黑龙江省规定销售货物和应税劳务的起征点为月销售额2万元，按次纳税的起征点为每次（日）销售额500元。

对增值税小规模纳税人中月销售额不超过2万元的企业或非企业性单位，暂免征收增值税。2017年12月31日前，对月销售额2万元（含）至3万元的增值税小规模纳税人，免征增值税。

2.3 增值税的计税管理

2.3.1 一般纳税人应纳税额的计算

我国增值税一般计税方法规定，一般纳税人销售货物、提供应税劳务和应税行为的应纳税额，为当期销项税额抵扣当期进项税额后的余额。其计算公式为：

应纳税额=当期销项税额−当期进项税额

2.3.1.1 销项税额的确定

（1）销项税额的基本含义。销项税额是指纳税人销售货物或提供应税劳务和应税服务，按照应税销售额和规定税率计算并向购买方收取的增值税税额。其含义：一是销项税额是计算出来的，销售方在没有依法抵扣其进项税额前，销项税额不是其应纳增值税税额，而是销售货物或提供应税劳务的整体税负；二是销售额是不含销项税额的销售额，从购买方收取，体现了价外税性质。其计算公式为：

销项税额=应税销售额×适用税率

或　　　　=组成计税价格×适用税率

（2）销售额的一般规定。销售额为纳税人销售货物或提供应税劳务和应税服务向购买方收取的全部价款和价外费用，但是不包括收取的销项税额。价款是指销售货物或提供应税劳务和应税服务取自购买方的全部价款；向购买方收取的各种价外费用包括价外向购买方收取的手续费、补贴、基金、集资费、返还利润、奖励费、违约金、滞纳金、延期付款利息、赔偿金、代收款项、代垫款项、包装费、包装物租金、储备费、优质费、运输装卸费和其他各种性质的价外收费。但下列项目不包括在内：

①受托加工应征消费税的消费品所代收代缴的消费税。

②同时符合以下条件的代垫运输费用：一是承运部门的运输费用发票开具给购买方的；二是纳税人将该项发票转交给购买方的。

③同时符合以下条件代为收取的政府性基金或行政事业性收费：一是由国务院或财政部批准设立的政府性基金，由国务院或省级人民政府及其财政、价格主管部门批准设立的行政事业性收费；二是收取时开具省级以上财政部门印制的财政票据；三是所收款项全额上缴财政。

④销售货物的同时代办保险等而向购买方收取的保险费，以及向购买方收取的代购买方缴纳的车辆购置税、车辆牌照费。

纳税人从全部价款和价外费用中扣除价款，应当取得符合法律、行政法规和国家税务总局规定的有效凭证，否则不得扣除。这里的凭证是指发票、完税凭证和国家税务总局规定的其他凭证。

【小案例2-1】　供电公司取得的并网费应纳增值税

目前一些企业利用自备电厂所生产的电力并入电网后，还需用自身输变电设备对这部分电力进行电压调节才能使用，调压后需要向企业按电量收取一定数额的服务费。请问：这类服务费收入应缴纳增值税吗？

湖北省国税局12366答：根据国家税务总局《关于供电企业收取并网服务费征收增值税问题的批复》（国税函〔2009〕641号），供电企业利用自身输变电设备对并入电网的企业自备电厂生产的电力产品进行电压调节，应属于提供加工劳务。依据《增值税暂行条例》的有关规定，对供电企业进行电力调压并按电量向电厂收取的并网服务费，应当征收增值税。

（3）销售额的特殊规定，主要包括以下几个方面：

①混业经营的销售额。纳税人兼有不同税率或征收率销售货物或提

供加工修理修配劳务和应税行为的，应分别核算适用不同税率或征收率的销售额，未分别核算销售额的，按照以下方法适用税率或征收率：兼有不同税率的销售货物、提供加工修理修配劳务或应税行为的，从高适用税率；兼有不同征收率的销售货物、提供加工修理修配劳务或应税行为的，从高适用征收率；兼有不同税率和征收率的销售货物、提供加工修理修配劳务或应税行为的，从高适用税率。

②价款和税款合并收取的销售额。一般纳税人销售货物或提供应税劳务，采用销售额和销项税额合并定价方法的，其销售额为含增值税税额的销售额，应将其含税销售额换算成不含税销售额计税，换算公式为：

$$不含税销售额=\frac{含税销售额}{1+适用税率}$$

【例题2-3】某制药厂为增值税一般纳税人，2016年5月销售抗生素药品128万元（含税）。本月增值税销项税额为：

计税销售额=128÷（1+17%）=109.4（万元）

销项税额=109.4×17%=18.6（万元）

③折扣方式销售货物的销售额。折扣销售是指销货方在销售货物或提供应税劳务和应税服务时，因购货方购买数量较大等原因，而给予购买方的价格优惠。纳税人采取折扣方式销售货物或提供应税劳务和应税服务的，如果销售额和折扣额同在一张发票上分别注明的，可按折扣后的销售额征税；未在同一张发票上分别注明的，以价款为销售额，不得扣减折扣额。

【小思考2-3】销售货物的折扣方式有几种？如何纳税？

答：销售折扣一般分为商业折扣和现金折扣两种。商业折扣也称价格折扣，是指销货方在销售货物或提供应税劳务时，因购货方购货数量较大等原因，而给予购货方的价格优惠，即购买方所付的价款和销售方所收的价款，都是按打折以后的售价来计算的；现金折扣是指因购货方在一定期限内提前偿还货款，而给予购货方的一种折扣。税法规定，折扣方式销售仅限于货物价格的折扣，现金折扣不得抵扣销售额。

④还本方式销售货物的销售额。还本销售是指纳税人在销售货物

后，到一定期限时由销售方一次或分次退还购货方全部或部分价款。纳税人采取还本方式销售货物的，其销售额就是货物的销售价格，不得从销售额中减除还本支出。

⑤以旧换新销售货物的销售额。以旧换新是指纳税人在销售自己的货物时，有偿收回旧货物的行为。纳税人采取以旧换新方式销售货物的，应按新货物的同期销售价格确定销售额。但对金银首饰以旧换新的销售额，可按销售方实际收取的不含增值税的全部价款确定。

【例题2-4】 某商场（一般纳税人）采取以旧换新方式销售洗衣机，每台零售价3 000元，本月售出洗衣机200台，共收回洗衣机200台，每台旧洗衣机折价200元。该业务应纳增值税销项税额为：

销项税额=3 000÷（1+17%）×200×17%=87 179.49（元）

⑥以物易物销售货物的销售额。以物易物是指购销双方不是以货币结算，而是以同等价款的货物相互结算，实现货物购销的一种方式。以物易物双方都应作购销处理，以各自发出的货物核算销售额并计算销项税额，以各自收到的货物核算购货额并计算进项税额。

【例题2-5】 甲企业2016年5月以其生产的A产品与乙企业生产的B产品交换，双方交易的价值均为46.8万元（含税价），A产品的成本为28万元，B产品的成本为24万元，增值税税率均为17%，双方互开防伪税控增值税专用发票，当月均未验收入库但通过税务机关认证。

甲企业当期确认的增值税销项税额=46.8÷（1+17%）×17%=6.8（万元）

甲企业当期确认的增值税进项税额=46.8÷（1+17%）×17%=6.8（万元）

⑦出租出借包装物下的销售额。纳税人为销售货物而出租出借包装物的，对收取押金单独记账核算的，不并入销售额征税，但对逾期（以1年为期限）的包装物押金，无论是否退还均并入销售额征税。个别包装物周转使用期限较长的，报经税务征收机关确定后，可适当放宽逾期期限。此外，对销售除啤酒、黄酒外的其他酒类产品收取的包装物押金无论是否返还以及会计上如何核算，均应并入当期销售额征税。需要注意的是：在将包装物押金并入销售额征税时，需要先将该押金换算为不含税价，再并入销售额征税。

【例题2-6】 某企业2015年5月10日收取出租包装物押金23 400元，收到转账支票一张；2016年5月20日，经清理将逾期未退的包装物押金

23 400元予以没收，所包装货物为非应税消费品，增值税税率为17%。

2015年5月10日收取押金时不纳税。

2016年5月20日逾期应纳税：

销项税额=23 400÷（1+17%）×17%=3 400（元）

（4）“营改增”部分业务的销售额，主要包括以下10个方面：

①贷款服务。以提供贷款服务取得的全部利息及利息性质的收入为销售额。

②直接收费金融服务。以提供直接收费金融服务收取的手续费、佣金、酬金、管理费、服务费、经手费、开户费、过户费、结算费和转托管费等各类费用为销售额。

③金融商品转让。按照卖出价扣除买入价后的余额为销售额。其中，转让金融商品出现的正负差按盈亏相抵后的余额为销售额；若相抵后出现负差，可结转下一纳税期与下期转让金融商品销售额相抵，但年末时仍出现负差的，不得转入下一个会计年度。

④经纪代理服务。以取得的全部价款和价外费用，扣除向委托方收取并代为支付的政府性基金或行政事业性收费后的余额为销售额。

⑤融资租赁和融资性售后回租业务。经中国人民银行、银监会或商务部批准从事融资租赁业务的试点纳税人，提供融资租赁服务，以取得的全部价款和价外费用，扣除支付的借款利息（包括外汇借款和人民币借款利息）、发行债券利息和车辆购置税后的余额为销售额；经中国人民银行、银监会或商务部批准从事融资租赁业务的试点纳税人，提供融资性售后回租服务，以取得的全部价款和价外费用（不含本金），扣除对外支付的借款利息（包括外汇借款和人民币借款利息）、发行债券利息后的余额作为销售额。

⑥航空运输企业。其销售额不包括代收的机场建设费和代售其他航空运输企业客票而代收转付的价款。

⑦试点纳税人中的一般纳税人（以下称一般纳税人）。其提供客运场站服务，以其取得的全部价款和价外费用，扣除支付给承运方运费后的余额为销售额。

⑧试点纳税人提供的旅游服务。可选择以取得的全部价款和价外费用，扣除向旅游服务购买方收取并支付给其他单位或个人的住宿费、餐

饮费、交通费、签证费、门票费和支付给其他接团旅游企业的旅游费用后的余额为销售额。选择上述办法计算销售额的试点纳税人，向旅游服务购买方收取并支付的上述费用，不得开具增值税专用发票，可开具普通发票。

【例题 2-7】 甲旅行社2016年5月组织团体旅游，收取旅游费80万元，替旅游者支付给其他单位餐费、住宿费、门票共计40万元，付给境内接团旅行社20万元，收到接团旅行社增值税普通发票。销项税额为：

增值税销项税额=（80-40-20）÷1.06×6%=1.132（万元）

⑨试点纳税人提供建筑服务适用简易计税方法的。以取得的全部价款和价外费用扣除支付的分包款后的余额为销售额。

⑩房地产开发企业中的一般纳税人销售其开发的房地产项目（选择简易计税方法的房地产老项目除外）。以取得的全部价款和价外费用，扣除受让土地时向政府部门支付的土地价款后的余额为销售额。房地产老项目是指“建筑工程施工许可证”注明的合同开工日期在2016年4月30日前的房地产项目。

【例题 2-8】 甲公司是房地产企业，委托乙物业公司代收租金100万元。乙物业公司向承租户共收取120万元款项，包括租金100万元。假设乙物业公司的正常成本为10万元。请分析“营改增”前后乙物业公司的利润变化。

“营改增”前：

乙物业公司按净额缴纳营业税金及附加=20×5%×（1+12%）=1.12（万元）

乙物业管理公司的利润=20-10-1.12=8.88（万元）

“营改增”后：

乙物业公司取得委托方的发票100万元，则实际应按20万元来计算缴纳增值税。

应纳增值税=20÷1.06×6%=1.132（万元）

应纳附加费=1.132×12%=0.136（万元）

乙物业管理公司的利润=20÷1.06-10-0.136=8.73（万元）

这是在没有提高收费的情况下进行的分析，可以看出，利润没有大的变化。

（5）核定销售额的基本方法。纳税人销售货物、提供应税劳务和应税服务的价格明显偏低并无正当理由的，或是纳税人发生了视同销售的行为，而无销售额的，由主管税务机关按下列顺序核定其销售额：

第一，按纳税人最近时期同类货物、应税劳务和应税服务的平均销售价格确定。

第二，按其他纳税人最近时期同类货物、应税劳务和应税服务的平均销售价格确定。

第三，按组成计税价格确定。其计算公式为：

组成计税价格=成本×（1+成本利润率）

属于应征消费税的货物，其组成计税价格应加计消费税税额。其计算公式为：

$$组成计税价格=\frac{成本\times（1+成本利润率）}{1-消费税税率}$$

上述公式中，成本指销售自产货物的为实际生产成本，销售外购货物的为实际采购成本；成本利润率为10%，但属于应从价定率征收消费税的货物，其组成计税价格公式中的成本利润率为《消费税若干具体问题的规定》中规定的成本利润率，详见第3章消费税法。

【例题2-9】 某企业为增值税一般纳税人，2016年5月生产加工一批新产品500件，每件成本价450元（无同类产品市场价格），全部售给本企业职工，取得不含税销售额171 000元。该企业销项税额为：

销项税额=500×450×（1+10%）×17%=42 075（元）

（6）销售额货币单位的确定。纳税人按人民币以外的货币结算销售额的，应当按外汇市场价格折合成人民币计算。其销售额的人民币折合率可以选择销售额发生的当天或当月1日的人民币汇率中间价。纳税人应在事先确定采用何种折合率，确定后1年内不得变更。

2.3.1.2　进项税额的确定

（1）进项税额的基本含义。进项税额是指纳税人购进货物或接受加工修理修配劳务和应税行为，支付或负担的增值税税额。进项税额包括两种情形：一是进项税额体现支付或负担的增值税性质，直接在增值税专用发票上写明的，不需计算；二是购进某些特殊货物或非应税劳务时，其进项税额是通过法定的扣除率和支付金额计算出来的。

（2）准予抵扣的进项税额，主要包括以下几个方面：

①从销售方或提供方取得的增值税专用发票（含货物运输业增值税专用发票、税控机动车销售统一发票）上注明的增值税税额。

②从海关取得的海关进口增值税专用缴款书上注明的增值税税额，以及接受境外单位或个人提供的应税服务，从税务机关或境内代理人取得的解缴税款的中华人民共和国税收缴款凭证（以下称税收缴款凭证）上注明的增值税税额。

③购进农产品除取得增值税专用发票或海关进口增值税专用缴款书外，按照农产品收购发票或销售发票上注明的农产品买价和13%的扣除率计算进项税额。买价包括纳税人购进农产品在农产品收购发票或销售发票上注明的价款和按规定缴纳的烟叶税。进项税额计算公式为：

进项税额=买价×扣除率

上述公式中，买价是指纳税人在购进农产品时支付的金额。如果纳税人收购的农产品为烟叶，则烟叶的买价包括烟叶的收购金额和纳税人按规定缴纳的烟叶税（烟叶税税率为20%）。烟叶的收购金额包括纳税人支付给烟叶销售者的烟叶收购价款和价外补贴，价外补贴统一暂按烟叶收购价的10%计算；烟叶税税额按照烟叶收购金额和20%的税率计算。其计算公式为：

烟叶收购金额=烟叶收购价×（1+10%）

应纳烟叶税税额=烟叶收购金额×20%

购进烟叶准予抵扣的进项税额=烟叶收购价×（1+10%）×（1+20%）×13%

【小资料2-5】　我国取消农业税后的新税种——烟叶税

1.基本概念。烟叶税是指对中国境内从事烟叶收购的单位，以其烟叶的收购金额为计税依据征收的一种税。其基本法规是2006年4月国务院颁布的《中华人民共和国烟叶税暂行条例》。

2.税种由来。我国对烟叶征税较早，在1994年税制改革前，对烟叶征税是工商统一税、产品税中的一个品目；之后作为农业特产税中的一个品目征收。2004年开始国家逐步取消农业税，只保留了对烟叶征收的农业特产税。2006年4月28日国务院颁布了《中华人民共和国烟叶税暂行条例》（以下简称《烟叶税暂行条例》），取代了以往对烟叶征收的农业特产税，从而使烟叶税成为一个独立的税种。

3.基本内容。根据《烟叶税暂行条例》的规定，烟叶税基本内容包括以下几个方面：

（1）烟叶税以烟叶为征税对象，主要包括晾晒烟叶、烤烟叶。

（2）烟叶税以在中国境内从事烟叶收购的单位为纳税人。

（3）烟叶税实行20%的比例税率。税率的调整由国务院决定。

（4）烟叶税以烟叶的收购环节为纳税环节，以烟叶的收购金额为计税依据。其应纳税额的计算公式为：

应纳税额=烟叶收购金额×税率

（5）烟叶税的征收机关为地方税务机关。

（6）烟叶税的纳税义务发生时间为纳税人收购烟叶的当天，纳税人应当自纳税义务发生之日起30日内申报纳税，具体纳税期限由主管税务机关核定。

【例题2-10】某卷烟厂2016年5月收购烟叶生产卷烟，收购凭证上注明价款100万元，并向烟叶生产者支付了价外补贴。该卷烟厂5月收购烟叶可抵扣的进项税额为：

烟叶进项税额=100×（1+10%）×（1+20%）×13%=17.16（万元）

④原增值税一般纳税人取得的2013年8月1日（含）以后开具的运输费用结算单据，不得作为增值税扣税凭证；取得运输业专用发票的，按11%抵扣进项税额。

⑤从境外单位或个人购进服务、无形资产或不动产，税务机关或扣缴义务人取得的解缴税款的完税凭证上注明的增值税额。

⑥以物易物等进项税额的处理。对商业企业采取以物易物、以货抵债、以物投资方式交易的，收货单位可以凭以物易物、以货抵债、以物投资书面合同，以及与之相符的增值税专用发票和运输费用普通发票确定进项税额，报经税务征收机关批准予以抵扣。

（3）不准抵扣的进项税额，主要包括以下几个方面：

①纳税人购进货物、加工修理修配劳务、服务、无形资产和不动产，取得增值税专用发票、海关进口增值税专用缴款书、农产品收购发票和农产品销售发票以及运输费用结算单据等，增值税扣税凭证不符合法律、行政法规或国务院税务主管部门有关规定的，其进项税额不得从销项税额中抵扣。

②用于简易计税方法计税项目、免征增值税项目、集体福利或个人

消费的购进货物、接受加工修理修配劳务或应税行为。其中涉及的固定资产、无形资产、不动产，仅指专用于上述项目的固定资产、无形资产(不包括其他权益性无形资产)、不动产。个人消费包括纳税人的交际应酬消费。

【例题2-11】 某生产企业2016年5月购进一批饮料，取得的专用发票上注明价款40 000元，货款已支付，另支付运输企业运输费1 000元（有货票）。月末将其中的5%作为福利发放给职工。当月可以抵扣的进项税额为：

可抵扣进项税额=（40 000×17%+1 000×11%）×（1−5%）=6 564.5（元）

③非正常损失的购进货物及相关的加工修理修配劳务或应税行为。非正常损失指因管理不善造成被盗、丢失、霉烂变质的损失，以及被执法部门依法没收或强令自行销毁的货物。

【例题2-12】 某企业2016年5月末盘点时发现，上月从农民手中购进的玉米发生霉烂，减少账面成本38 140元（包括运费成本520元）。应转出的进项税额为：

进项税额转出=（38 140−520）÷（1−13%）×13%+520×11%

=5 678.58（元）

④非正常损失的在产品、产成品所耗用的购进货物（不包括固定资产)、加工修理修配劳务或交通运输业服务。

⑤非正常损失的不动产，以及该不动产所耗用的购进货物、设计服务和建筑服务。

⑥非正常损失的不动产在建工程所耗用的购进货物、设计服务和建筑服务。纳税人新建、改建、扩建、修缮、装饰不动产，均属于不动产在建工程。

⑦购进的旅客运输服务、贷款服务、餐饮服务、居民日常服务和娱乐服务。

⑧财政部和国家税务总局规定的其他情形。

上述第⑤项、第⑥项所称货物，是指构成不动产实体的材料和设备，包括建筑装饰材料和给排水、采暖、卫生、通风、照明、通讯、煤气、消防、中央空调、电梯、电气、智能化楼宇设备及配套设施。

⑨一般纳税人兼营免税项目、简易计税方法计税项目而无法划分不

得抵扣的进项税额的，按下列公式计算不得抵扣的进项税额：

$$不得抵扣的进项税额=当期无法划分的全部进项税额\times(当期简易计税方法计税项目销售额+免征增值税项目销售额)\div当期全部销售额$$

【例题 2-13】 某制药厂（增值税一般纳税人）2016 年 3 月销售抗生素药品取得含税收入 117 万元，销售免税药品 50 万元；当月购入生产用原材料一批，取得的增值税专用发票上注明税款 6.8 万元。抗生素药品与免税药品无法划分耗料情况。该制药厂当月不得抵扣的进项税额为：

不得抵扣的进项税额=6.8×50÷［117÷（1+17%）+50］=2.27（万元）

（4）进项税额的其他规定，主要包括以下几个方面：

①销货退回或折让的税务处理。一般纳税人因销货退回或折让而退还给购买方的增值税税额，有销货退回或折让证明单的，应从发生销货退回或折让当期的销项税额中扣减；因进货退出或折让而收回的增值税税额，应从发生进货退出或折让当期的进项税额中扣减。对不扣减当期进项税额而造成不纳或少纳税的，按偷税予以处罚。

②取得返还收入的税务处理。对商业企业向供货方收取的与商品销售量、销售额挂钩（如以一定比例、金额、数量计算）的各种返还收入，均按照平销返利行为的有关规定冲减当期增值税进项税额。应冲减进项税额的计算公式为：

$$当期应冲减进项税额=\frac{当期取得的返还资金}{1+所购货物适用增值税税率}\times所购货物适用增值税税率$$

③进项税额转出的税务处理。因进货退出或折让而收回的增值税税额，应从发生进货退出或折让当期的进项税额中扣减。纳税人提供的适用一般计税方法计税的应税服务，因服务中止或折让而退还给购买方的增值税税额，应当从当期销项税额中扣减；发生服务中止、购进货物退出、折让而收回的增值税税额，应当从当期进项税额中扣减。已抵扣进项税额的购进货物、接受加工修理修配劳务或应税服务，发生上述不得抵扣的情形（简易计税方法计税项目、非增值税应税劳务、免征增值税项目除外）的，应当将该进项税额从当期进项税额中扣减；无法确定该进项税额的，按照当期实际成本计算应扣减的进项税额。

【例题 2-14】 某生产企业 2016 年 5 月购入一批材料，价款总计 33 000 元，取得专用发票。由于运输途中发生少量破损，销售方同意给购货方

3 000元的折让，并开具了销售折让证明单。该项业务的进项税额为：

进项税额=（33 000−3 000）×17%=5 100（元）

④进项税额不足抵扣的税务处理。增值税实行购进扣税法，有时企业当期购进的货物很多，在计算应纳税额时会出现当期销项税额小于当期进项税额不足抵扣的情况，根据税法规定，当期进项税额不足抵扣的部分可以结转下期继续抵扣，不能采取退税方式。

⑤“营改增”部分进项税额的规定。适用一般计税方法的试点纳税人，2016年5月1日后取得并在会计制度上按固定资产核算的不动产或取得的不动产在建工程，其进项税额应自取得之日起分2年从销项税额中抵扣：第一年抵扣比例为60%，第二年抵扣比例为40%。其中，取得的不动产包括以直接购买、接受捐赠、接受投资入股、自建以及抵债等各种形式取得的不动产，但不包括房地产开发企业自行开发的房地产项目。

融资租入的不动产及在施工现场修建的临时建筑物、构筑物，其进项税额不适用上述分2年抵扣的规定。

按照规定不得抵扣且未抵扣进项税额的固定资产、无形资产、不动产，发生用途改变，用于允许抵扣进项税额的应税项目，可在用途改变的次月按照下列公式计算可以抵扣的进项税额：

$$\text{可以抵扣的进项税额}=\text{固定资产、无形资产、不动产净值}\div(1+\text{适用税率})\times\text{适用税率}$$

上述可以抵扣的进项税额应取得合法有效的增值税扣税凭证。

纳税人接受贷款服务向贷款方支付的与该笔贷款直接相关的投融资顾问费、手续费、咨询费等费用，其进项税额不得从销项税额中抵扣。

（5）进项税额抵扣的时间限定。具体规定为：

①专用发票的抵扣时间。一般纳税人取得2010年1月以后开具的增值税专用发票、公路内河货物运输业统一发票和机动车销售统一发票，应在开具之日起180日内到税务机关办理认证，并在认证通过的次月申报期内向主管税务机关申报抵扣进项税额。

②海关缴款书的抵扣时间。实行“海关进口增值税专用缴款书”（简称缴款书）“先比对后抵扣”管理办法的增值税一般纳税人取得2010年1月以后开具的缴款书，应在开具之日起180日内向主管税务机关报送“海关完税凭证抵扣清单”申请稽核比对；未实行海关缴款书

"先比对后抵扣"管理办法的增值税一般纳税人取得2010年1月以后开具的海关缴款书，应在开具之日起180日后的第一个纳税申报期结束以前，向主管税务机关申报抵扣进项税额。

③扣税凭证到期未认证的税务处理。一般纳税人取得2010年1月以后开具的增值税专用发票、公路内河货物运输业统一发票、机动车销售统一发票及海关缴款书，未在规定期限内到税务机关办理认证、申报抵扣或申请稽核比对的，不得作为合法的扣税凭证和进项税额抵扣。

2.3.1.3 一般纳税人应纳增值税税额计算的案例

【例题2-15】 1.资料：某纺织厂（一般纳税人）主要生产棉纱、棉型涤纶纱、棉坯布、棉型涤纶坯布和印染布。9月经营业务如下：

（1）外购染料价款3万元，发票注明增值税税额5 100元。

（2）外购低值易耗品价款1.5万元，发票注明增值税税额2 550元。

（3）从棉麻公司购进棉花价款16万元，发票注明增值税税额2.72万元；同时支付货物运费1.591万元，取得运费专用发票。

（4）从农业生产者手中购进棉花价款4万元。

（5）从小规模纳税人企业购进修理用配件0.6万元，发票未注明增值税税额。

（6）购进煤炭价款0.9万元，发票注明增值税税额1 170元。

（7）生产用外购电力104千瓦时，价款3.1万元，发票注明进项税额5 270元。

（8）生产用外购水1.58万吨，价款0.55万元，发票注明增值税税额715元。

（9）购进气流纺纱机价款5万元，发票注明增值税税额0.85万元。

（10）将库存购进的布料一批，赠送给客户作礼品共计1万元（不含增值税）。

（11）采用托收承付结算方式销售棉坯布，价款24万元，货已发出，托收已在银行办妥，货款尚未收到。

（12）采用分期收款结算方式销售棉型涤纶布，价款31万元，货已发出，合同规定本月到期货款20万元，但实际只收回15万元。

（13）采用其他结算方式销售印染布9万米，其中销售给一般纳税人8万米，价款28万元；销售给小规模纳税人1万米，价税混合收取计

4万元。货已发出，款已收到。

（14）上月结转待抵扣进项税额1.5万元。

注：上述（1）到（9）购进的货物，均已验收入库，且增值税专用发票已认证。

2.该厂9月应纳增值税税额的计算过程和结果如下：

（1）9月销项税额的计算。该厂本月销售货物，采用托收承付和其他结算方式的，其纳税义务发生时间为货物发出，同时收讫价款或取得索取价款凭证的当天；采用分期收款结算方式销售货物的，为销售合同规定的收款日期当天。在计算销项税额时，除价税混收之外，其他销售项目用销售额直接乘以17%的增值税税率即可取得。

①销售给一般纳税人棉坯布、棉型涤纶布、印染布的销项税额为：

销项税额=（240 000+200 000+280 000）×17%=122 400（元）

②销售给小规模纳税人的货物，需要先计算出不含税销售额，然后再计算应纳税额。其销项税额为：

销项税额=40 000÷（1+17%）×17%=5 811.97（元）

③赠送给客户的布料应作视同销售处理，由于无同类价格比照，应按照组成计税价格计算销项税额：

销项税额=10 000×（1+10%）×17%=1 870（元）

④该厂9月销项税额合计为：

销项税额合计=122 400+5 811.97+1 870=130 081.97（元）

（2）进项税额的计算。分析及计算过程如下：

①购进货物专用发票上注明增值税税额：外购染料5 100元、外购低值易耗品2 550元、外购棉花27 200元、外购煤炭1 170元、外购电力5 270元、外购水715元、外购气流纺纱机8 500元，合计50 505元。

②购进农产品按13%的扣除率计算进项税额。该厂计算应抵扣的进项税额为：

进项税额=40 000×13%=5 200（元）

③购进棉花时支付的货物运费，按发票上注明的运费计算应抵扣的进项税额：

进项税额=15 910×11%=1 750（元）

④上月结转待抵扣进项税额1.5万元，应计入本期进项税额从当期

销项税额中扣减。

⑤从小规模纳税人企业中购进的配件因不能取得增值税的专用发票，其进项税额不得抵扣。

⑥进项税额合计=50 505+5 200+1 750+15 000=72 455（元）

（3）应纳税额的计算：

应纳税额=130 081.97−72 455=57 626.97（元）

【例题2-16】某运输公司为一般纳税人，3月取得交通运输收入155万元（含税），当月外购汽油12万元（不含税金额，取得增值税专用发票上注明的增值税税额为2.04万元），购入运输车辆30万元（不含税金额，取得机动车销售统一发票上注明的增值税税额为5.1万元），发生联运支出50万元（不含税金额，取得货物运输业增值税专用发票上注明的增值税税额为5.5万元）。该公司应纳的增值税为：

应纳税额=155÷（1+11%）×11%−2.04−5.1−5.5=2.72（万元）

【例题2-17】乙电信集团某分公司系增值税一般纳税人。4月利用固网、移动网、卫星、互联网、有线电视网提供短信服务，取得价税合计收入362万元；提供彩信服务，取得价税合计收入250万元；提供电子数据和信息传输及应用服务，取得价税合计收入512万元；提供互联网接入服务，取得价税合计收入678万元；提供卫星电视信号落地转接服务，取得价税合计收入821万元。该分公司在提供电信业服务的同时，还附带赠送用户识别卡、电信终端等货物、电信业服务，给客户提供增值电信服务价税合计172万元。已知该公司当月认证增值税专用发票的进项税额为54万元，且符合进项税额抵扣规定。该公司应纳的增值税为：

应纳税额=（362+250+512+678+821+172）÷1.06×6%−54=104.21（万元）

2.3.2 小规模纳税人应纳税额的计算

2.3.2.1 小规模纳税人应纳税额计算的基本方法

按照税法的规定，小规模纳税人销售货物、提供应税劳务和应税服务，实行按照销售额和3%的征收率计算应纳税额的简易办法，并不得抵扣进项税额。其计算公式为：

应纳税额=销售额×征收率

小规模纳税人的销售额不包括其应纳税额，其销售货物或提供应税劳务采用销售额和应纳税额合并定价方法的，按下列公式计算销售额：

销售额=含税销售额÷（1+征收率）

小规模纳税人因销售货物退回或折让退还给购买方的销售额，应从发生销售货物退回或折让当期的销售额中扣减。小规模纳税人因服务中止或折让而退还给接受方的销售额，应当从当期销售额中扣减。扣减当期销售额后仍有余额造成多缴的税款，可从以后的应纳税额中扣减。小规模纳税人购置的税控收款机，依据取得的专用发票或普通发票抵缴当期应纳的增值税税额。取得普通发票可抵扣的税款按下列公式计算：

可抵扣税款=价款÷（1+17%）×17%

【例2-18】 某商业零售企业为增值税小规模纳税人，10月购进商品取得普通发票，支付货款10 000元；经主管税务机关核准购进税控收款机一台，取得普通发票，支付金额11 700元；本月内销售货物取得零售收入共计104 000元。该企业10月应纳的增值税为：

应纳税额=104 000÷（1+3%）×3%−11 700÷（1+17%）×17%

=1 329.13（元）

2.3.2.2　小规模纳税人出口货物应纳增值税的计算

小规模纳税人出口下列货物，除另有规定者外，应征收增值税。下列货物为应税消费品的，若小规模纳税人为生产企业，还应征收消费税：国家规定不予退（免）增值税、消费税的货物；未进行免税申报的货物；未在规定期限内办理免税核销申报的货物；虽已办理免税核销申报，但未按规定向税务机关提供有关凭证的货物；经主管税务机关审核不批准免税核销的出口货物；未在规定期限内申报开具“代理出口货物证明”的货物。上述小规模纳税人出口货物应征税额按以下方法确定：

（1）增值税应征税额的计算。其计算公式为：

$$增值税应征税额=\frac{出口货物离岸价\times 外汇人民币牌价}{(1+增值税征收率)}\times 征收率$$

（2）消费税应征税额的计算。其计算公式为：

实行从量定额征税办法的出口应税消费品。其计算公式为：

消费税应征税额=出口应税消费品数量×消费税单位税额

实行从价定率征税办法的出口应税消费品。其计算公式为：

$$消费税应征税额=\frac{出口应税消费品离岸价\times外汇人民币牌价}{(1+增值税征收率)}\times消费税适用税率$$

实行从量定额与从价定率相结合征税办法的出口应税消费品。其计算公式为：

$$\begin{matrix}消费税\\应征税额\end{matrix}=\frac{\begin{matrix}出口应税\\消费品数量\end{matrix}\times\begin{matrix}消费税\\单位税额\end{matrix}+\left(\begin{matrix}出口应税\\消费品离岸价\end{matrix}\times\begin{matrix}外汇人民币\\牌价\end{matrix}\right)}{(1+增值税征收率)}\times\begin{matrix}消费税\\适用税率\end{matrix}$$

上述出口货物的离岸价及出口数量，以出口发票上的离岸价及出口数量为准（委托代理出口的，出口发票可以是委托方开具的或受托方开具的），若出口价格以其他价格条件成交的，应扣除按会计制度规定允许冲减出口销售收入的运费、保险费、佣金等。若出口发票不能真实反映离岸价及出口数量，小规模纳税人应当按照离岸价及真实出口数量申报，税务机关有权按照税法有关规定予以核定。

2.3.3 进口货物应纳税额的计算

2.3.3.1 进口货物征收增值税的基本规定

凡申报进口我国海关境内的货物，均应缴纳增值税。国家规定进口货物征税的同时，对某些进口货物制定了减免税的特殊规定：属于“来料加工、进料加工”贸易方式进口国外的原材料、零部件等在国内加工后复出口的，对进口的料、件按规定给予减、免税；而对其加工后产品销往国内的，要予以补税。

2.3.3.2 进口货物应纳增值税的税额计算

纳税人进口货物按照组成计税价格和适用税率计算应纳税额，不得抵扣进项税额。其计算公式为：

应纳税额=组成计税价格 × 税率

组成计税价格=关税完税价格+关税

或　　=关税完税价格 ×（1+关税税率）

纳税人进口货物为应征收消费税的消费品，则组成计税价格为：

组成计税价格=关税完税价格+关税+消费税

或 $$=\frac{关税完税价格\times(1+关税税率)}{1-消费税税率}$$

应当注意的是：按照《海关法》和《进出口关税条例》的规定，一般贸易下的进口货物，以海关审定的成交价格为基础的到岸价格作为关税完税价格。其中成交价格指进口货物的买方为购买货物向卖方支付或应当支付的价格。

到岸价格=货价+我国关境内起卸前的包装费、运费、保险费和其他劳务费

进口货物的增值税由海关代征，并负责向进口人开具进口增值税完税凭证。

【例题2-19】某进出口公司进口消费税应税货物一批，到岸价格56.5万元。该货物关税税率为20%，消费税税率为10%，增值税税率为17%。该企业应纳增值税税额为：

应纳税额=56.5×（1+20%）÷（1−10%）×17%=12.81（万元）

2.3.4 销售旧货应纳税额的计算

2.3.4.1 销售自用固定资产的税务处理

销售自用固定资产是指纳税人销售根据财务会计制度已经计提折旧的固定资产。其税务处理如下：

（1）销售自用的2009年1月以后购进或自制的固定资产，按照适用税率征收增值税。

（2）一般纳税人销售自用的属于税法规定不得抵扣且未抵扣进项税额的固定资产，按简易办法依3%的征收率减按2%征收增值税。

（3）2008年12月31日以前购进或自制的固定资产，按照3%的征收率减按2%征收增值税。

（4）2008年12月31日以前已纳入扩大增值税抵扣范围试点的纳税人，销售自用的在本地区扩大增值税抵扣范围试点以前购进或自制的固定资产，按照3%的征收率减按2%征收；销售自用的在本地区扩大增值税抵扣范围试点以后购进或自制的固定资产，按照适用税率征收。

（5）小规模纳税人（除其他个人外，下同）销售自用的固定资产，减按2%的征收率征收增值税。

2.3.4.2 销售自用其他旧货的税务处理

销售自用其他旧货是指纳税人除了销售自己使用过的固定资产以外的其他旧货。其税务处理如下：

（1）一般纳税人销售自用的除固定资产以外的物品，应按照适用税率征收增值税。

（2）小规模纳税人销售自用的除固定资产以外的物品，应按3%的征收率征收增值税。

（3）纳税人旧货的税务处理。纳税人旧货是指纳税人销售非自己使用过的，进入二次流通的具有部分使用价值的货物（含旧汽车、旧摩托车和旧游艇），即通常所说的在旧货市场流通的货物，不包括自己使用过的物品。纳税人销售非自己使用过的旧货，按照简易办法依3%的征收率减按2%征收增值税。

2.3.4.3 纳税人销售旧货的发票开具

一般纳税人销售自用的固定资产，按规定适用按简易办法依3%的征收率减按2%征收增值税政策的，应开具普通发票；小规模纳税人销售自用的固定资产，应开具普通发票，不得由税务机关代开专用发票；纳税人销售非自己使用过的旧货，应开具普通发票。

2.3.4.4 销售旧货的增值税税额计算

（1）一般纳税人应纳税额的计算。一般纳税人销售自用的固定资产和旧货，适用按简易办法依3%的征收率减按2%征收增值税政策的，按下列公式确定销售额和应纳税额：

销售额=含税销售额÷（1+3%）

应纳税额=销售额×2%

（2）小规模纳税人应纳税额的计算。这主要分两种情况确定：

①小规模纳税人销售自用的固定资产，按下列公式计算应纳税额：

销售额=含税销售额÷（1+3%）

应纳税额=销售额×2%

②小规模纳税人销售自用的旧货，按下列公式计算应纳税额：

销售额=含税销售额÷（1+3%）

应纳税额=销售额×3%

【例题2-20】某企业为一般纳税人（2008年12月31日以前未纳入扩大增值税抵扣范围试点），2016年2月销售一批自己使用过的旧货，具体业务如下：用一辆旧卡车（2008年购置，原值15万元）换取小规模纳税人原材料价值6.5万元，开具普通发票；销售一台旧机床（2009年购置，原价4.5万元）取得收入1万元，开具普通发票；拍卖一辆奥迪轿车（2005年购置，原值60万元）取得收入20万元；处理一批低值易耗品（原值4万元），取得收入1万元，开具普通发票。上述纳税业务处理如下：

（1）销售旧卡车、旧机床应纳增值税=（6.5+1）÷（1+3%）×2%=0.15（万元）

（2）拍卖红旗轿车应纳增值税=［20÷（1+3%）］×2%=0.39（万元）

（3）处理低值易耗品属于销售非固定资产物品，应当按照适用税率征收增值税：

处理低值易耗品应纳增值税=1÷（1+17%）×17%=0.15（万元）

2.3.5 增值税的征收管理

2.3.5.1 纳税义务发生时间

根据税法的规定，销售货物、应税劳务和应税行为，为收讫销售款或取得索取销售款凭据的当天；先开具发票的，为开具发票的当天。按销售结算方式不同，具体规定包括：

（1）采取直接收款方式销售货物，不论货物是否发出，均为收到销售款或取得索取销售款凭据的当天。

（2）采取托收承付和委托银行收款方式销售货物，为发出货物并办妥托收手续的当天。

（3）采取赊销和分期收款方式销售货物，为书面合同约定的收款日期的当天；无书面合同或书面合同没有约定收款日期的，为货物发出的当天。

（4）采取预收货款方式销售货物，为货物发出的当天，但销售生产工期超过12个月的大型机械设备、船舶、飞机等货物，为收到预收款或书面合同约定的收款日期的当天。纳税人提供建筑服务、租赁服务采取预收款方式的，其纳税义务发生时间为收到预收款的当天。

（5）纳税人从事金融商品转让的，为金融商品所有权转移的当天。

（6）单位或个体工商户向其他单位或个人无偿提供服务、单位或个人向其他单位或个人无偿转让无形资产或不动产，但用于公益事业或以社会公众为对象的除外。其纳税义务发生时间为服务、无形资产转让完成的当天或不动产权属变更的当天。

（7）委托其他纳税人代销货物，为收到代销单位的代销清单或收到全部或部分货款的当天。未收到代销清单及货款的，为发出代销货物满

180天的当天。

（8）提供应税劳务，为提供劳务同时收讫销售款或取得索取销售款凭据的当天。

（9）纳税人发生视同销售货物第（3）项至第（8）项的行为，为货物移送的当天。

（10）纳税人发生视同提供应税行为的，其纳税义务发生时间为应税行为完成的当天。

（11）纳税人进口货物的纳税义务发生时间，为报关进口的当天。

（12）扣缴义务人的扣缴义务发生时间，为纳税人增值税纳税义务发生的当天。

2.3.5.2 增值税的纳税期限

增值税的纳税期限分别为1日、3日、5日、10日、15日、1个月或1个季度。纳税人的具体纳税期限，由主管税务机关根据纳税人应纳税额的大小分别核定；不能按照固定期限纳税的，可以按次纳税；以1个季度为纳税期限的规定仅适用于小规模纳税人。小规模纳税人的具体纳税期限，由主管税务机关根据其应纳税额的大小分别核定。

纳税人以1个月或1个季度为1个纳税期的，自期满之日起15日内申报纳税；以1日、3日、5日、10日或15日为1个纳税期的，自期满之日起5日内预缴税款，于次月1日起15日内申报纳税并结清上月应纳税款。

扣缴义务人解缴税款的期限，依照前两款规定执行。

纳税人进口货物，应当自海关填发海关进口增值税专用缴款书之日起15日内缴纳税款。

2.3.5.3 增值税的纳税地点

（1）固定业户的纳税地点。固定业户一般应向其机构所在地或居住地的主管税务机关申报纳税。总机构和分支机构不在同一县（市）的，应分别向各自所在地的主管税务机关申报纳税；经国务院财政、税务主管部门或其授权的财政、税务机关批准，可由总机构汇总向总机构所在地的主管税务机关申报纳税。

固定业户到外县（市）销售货物或提供应税劳务，应向其机构所在地的主管税务机关申请开具外出经营活动税收管理证明，并向其机构所在地的主管税务机关申报纳税；未开具证明的，应向销售地或劳务发生地的主管税务机关申报纳税；未向销售地或劳务发生地的主管税务机关申报纳税的，由其机构所在地的主管税务机关补征税款。

（2）非固定业户的纳税地点。非固定业户销售货物或提供应税劳务及发生应税行为，应向销售地或劳务发生地及应税行为发生地的主管税务机关申报纳税；未向销售地或劳务及应税行为发生地的主管税务机关申报纳税的，由其机构所在地或居住地的主管税务机关补征税款。

（3）其他个人提供建筑服务，销售或者租赁不动产，转让自然资源使用权，应向建筑服务发生地、不动产所在地、自然资源所在地的主管税务机关申报纳税。

（4）进口货物的纳税地点。进口货物应向报关地海关申报纳税。

（5）扣缴义务人的纳税地点。扣缴义务人应向其机构所在地或居住地的主管税务机关申报缴纳其扣缴的税款。

2.3.5.4　增值税的纳税申报

增值税的纳税人应按主管税务机关核定的纳税期限，及时办理纳税申报手续。为加强增值税管理、堵塞漏洞、优化为纳税人服务，国家税务总局于2003年7月推行了增值税一般纳税人申报“一窗式”管理，即在一个窗口面对纳税人，统一办理防伪税控IC卡报税、专用发票抵扣联认证和纳税申报。

两个或两个以上“营改增”试点纳税人，经财政部和国家税务总局批准可以视为一个纳税人合并纳税。具体办法由财政部和国家税务总局另行制定。

【小资料2-6】　“一窗式”管理

“一窗式”管理的核心内容是，征收单位办税大厅的纳税申报窗口进行“票表稽核”，以审核增值税纳税申报的真实性。其具体方法是：用防伪税控报税系统采集的专用发票存根联销项金额、税额信息，比对纳税人申报的防伪税控系统开具的销项金额、税额数据，两者的逻辑关系是必须相等；用防伪税控认证系统采集的专用发票抵扣联进项金额、税额信息，比对纳税人申报的防伪税控系统开具的进项金额、税额信息，且认证系统采集的进项信息必须大于或等于申报资料所填列的上述进项信息。不符合上述两项逻辑关系的则为申报异常，凡属申报异常的，应查明原因，视不同情况分别按有关规定处理。

2.3.6 增值税专用发票的日常管理

2.3.6.1 专用发票的含义

专用发票全称为“增值税专用发票”，是指增值税一般纳税人销售货物或提供应税劳务开具的发票，是购买方支付增值税并可按照增值税法有关规定据以抵扣增值税进项税额的凭证。由于增值税实行凭国家印发的增值税专用发票注明的税额进行抵扣的办法，专用发票对增值税的计算和管理起着决定性作用，因此必须正确使用专用发票，并加强其监督管理。专用发票管理法规是国家税务总局2006年10月修订的《增值税专用发票使用规定》，从2007年1月起实施。

专用发票的基本联次统一规定为三联，各联次必须按以下规定用途使用：第一联为发票联，购货方作付款的记账凭证；第二联为税款抵扣联，购货方作扣税凭证；第三联为记账联，销货方作销售的记账凭证。

2.3.6.2 专用发票的领购

一般纳税人凭发票领购簿、IC卡和经办人身份证明领购专用发票。一般纳税人有下列情形之一的，不得领购开具专用发票：

（1）会计核算不健全，不能向税务机关准确提供增值税销项税额、进项税额、应纳税额数据和其他有关增值税税务资料的。上列其他有关增值税税务资料的内容，由省、自治区、直辖市和计划单列市国家税务局确定。

（2）有《税收征管法》规定的税收违法行为，拒不接受税务机关处理的。

（3）有下列行为之一，经税务机关责令限期改正仍未改正的：一是虚开专用发票；二是私自印制专用发票；三是向税务机关以外的单位和个人购买专用发票；四是借用他人专用发票；五是未按规定要求开具专用发票；六是未按规定保管专用发票和专用设备；七是未按规定申请办理防伪税控系统变更发行；八是未按规定接受税务机关检查。

2.3.6.3 专用发票的保管

纳税人有下列情形之一，为未按规定保管专用发票和专用设备：一是未设专人保管专用发票和专用设备；二是未按税务机关要求存放专用发票和专用设备；三是未将认证相符的专用发票抵扣联、认证结果通知书和认证结果清单装订成册；四是未经税务机关查验，擅自销毁专用发票基本联次。

2.3.6.4　专用发票的开具

（1）专用发票开具的基本规定。一般纳税人销售货物或提供应税劳务和应税服务，应向购买方开具专用发票；商业企业一般纳税人零售的烟、酒、食品、服装、鞋帽（不包括劳保专用部分）和化妆品等消费品不得开具专用发票；向消费者个人提供应税服务，不得开具专用发票；小规模纳税人需开具专用发票的，可向主管税务机关申请代开；销售免税货物和应税服务不得开具专用发票，但法律法规及国家税务总局另有规定的除外。

（2）专用发票开具的基本要求，主要包括：项目齐全，与实际交易相符；字迹清楚，不得压线、错格；发票联和税款抵扣联加盖财务专用章或发票专用章；按照增值税纳税义务的发生时间开具；一般纳税人销售货物或提供应税劳务可汇总开具专用发票，同时使用防伪税控系统开具“销售货物或提供应税劳务清单”，并加盖财务专用章或发票专用章。对不符合上列要求的专用发票，购买方有权拒收。

（3）专用发票的最高开票限额。最高开票限额是指单份专用发票开具的销售额合计数不得超过的上限额度。专用发票实行最高开票限额管理，最高开票限额由一般纳税人申请，税务机关依法审批。自2007年9月起，一般纳税人专用发票最高开票限额审批权限下放至区县税务机关，地市税务机关进行监督检查。

2.3.6.5　专用发票的缴销

专用发票缴销是指主管税务机关在纸质专用发票监制章处按“V”字剪角作废，同时作废相应的专用发票数据电文。

一般纳税人注销税务登记或转为小规模纳税人，应将专用设备和结存未用的纸质专用发票送交主管税务机关。主管税务机关应缴销其专用发票，并按有关安全管理的要求处理专用设备，被缴销的纸质专用发票应退还纳税人。

2.3.7 增值税专用发票的特定处理

2.3.7.1 抵扣专用发票的税务处理

（1）抵扣联认证相符准予抵扣。用于抵扣增值税进项税额的专用发票应经税务机关认证，税务机关通过防伪税控系统对专用发票所列的数据进行识别、确认，纳税人识别号无误、专用发票所列密文解译后与明文一致为认证相符（国家税务总局另有规定的除外）。认证相符的专用发票应作为购买方的记账凭证、扣税凭证，不得退还销售方。

（2）抵扣联认证不符需重开专用发票的情形。经认证有下列情形之一的，不得作为增值税进项税额的抵扣凭证，税务机关退还原件，购买方可要求销售方重新开具专用发票：一是无法认证，即专用发票所列密文或明文不能辨认，无法产生认证结果；二是纳税人识别号认证不符，即专用发票所列购货方纳税人识别号有误；三是专用发票代码、号码认证不符，即专用发票所列密文解译后与明文的代码或号码不一致。

（3）抵扣联认证不符查证的情形。经认证有下列情形之一的，暂不作为增值税进项税额的抵扣凭证，税务机关扣留原件，查明原因，分别情况进行处理：一是重复认证，即已经认证相符的同一张专用发票再次认证；二是密文有误，即专用发票所列密文无法解译，或专用发票所列密文解译后与明文不一致；三是列为失控专用发票，即认证时专用发票已被登记为失控专用发票。

（4）专用发票抵扣联无法认证的办理。专用发票抵扣联无法认证的，可使用专用发票的发票联到主管税务机关认证，发票联复印件留存备查。

2.3.7.2 丢失专用发票的税务处理

（1）丢失发票联的处理。一般纳税人丢失已开具的发票联，可将抵扣联作为记账凭证，抵扣联复印件留存备查。

（2）丢失抵扣联的处理。一般纳税人丢失已开具的抵扣联，如丢失前已认证相符，可使用发票联复印件留存备查；如丢失前未认证，可使用发票联到主管税务机关认证，发票联复印件留存备查。

（3）丢失发票联和抵扣联的处理。一般纳税人丢失已开具的发票联和抵扣联，如丢失前已认证相符，购买方凭销售方提供的相应专用发票记账联复印件及销售方所在地主管税务机关出具的证明单，经购买方主管税务机关审核同意后，可作为增值税进项税额的抵扣凭证；如丢失前未认证，购买方凭销售方提供的相应专用发票记账联复印件到主管税务机关进行认证，认证相符的凭该专用发票记账联复印件及销售方所在地主管税务机关出具的证明单，经购买方主管税务机关审核同意后，可作为增值税进项税额的抵扣凭证。

2.3.7.3　作废专用发票的税务处理

一般纳税人开具专用发票时发现有误的，可即时作废专用发票；一般纳税人在开具专用发票当月，发生销货退回、开票有误等情形，收到退回的发票联、抵扣联同时符合下列作废条件的，应按作废处理：

（1）收到退回的发票联、抵扣联时间未超过销售方开票当月。

（2）销售方未抄税（即报税前用IC卡或软盘抄取开票数据电文）并且未记账。

（3）购买方未认证或认证结果为“纳税人识别号认证不符”和“专用发票代码、号码认证不符”。作废专用发票须在防伪税控系统中将相应的数据电文按“作废”处理，在纸质专用发票（含未打印的专用发票）各联次上注明“作废”字样，全联次留存。

2.3.7.4　红字专用发票的税务处理

一般纳税人取得专用发票后，发生销货退回、开票有误等情形但不符合作废条件的，或因销货部分退回及发生销售折让的，购买方应要求销售方开具红字专用发票，其基本程序规定为“纳税人申请开具红字发票–税务机关审核认证–税务机关开通知单–纳税人开具红字专用发票–购买方账务处理”等，并分别按以下规定办理：

（1）抵扣联、发票联均无法认证的，由购买方填报“开具红字增值税专用发票申请单”（简称申请单），并在申请单上填写具体原因和相对应蓝字专用发票的信息，主管税务机关审核后出具“开具红字增值税专用发票通知单”（简称通知单）。购买方不作进项税额转出处理。

（2）购买方所购货物不属于增值税扣税项目范围，取得的专用发票未经认证的，由购买方填报申请单，并在申请单上填写具体原因和相对应蓝字专用发票的信息，主管税务机关审核后出具通知单。购买方不作进项税额转出处理。

（3）因开票有误购买方拒收专用发票的，销售方须在专用发票认证期限内向主管税务机关填报申请单，并在申请单上填写具体原因和相对应蓝字专用发票的信息，同时提供由购买方出具的写明拒收理由、具体错误项目和正确内容的书面材料，主管税务机关审核确认后出具通知单。销售方凭通知单开具红字专用发票。

（4）因开票有误等原因尚未将专用发票交付购买方的，销售方须在开具有误专用发票的次月内向主管税务机关填报申请单，并在申请单上填写具体原因和相对应蓝字专用发票的信息，同时提供由销售方出具的写明具体理由、具体错误项目和正确内容的书面材料，主管税务机关审核确认后出具通知单。销售方凭通知单开具红字专用发票。

（5）发生销货退回或销售折让的，除按照规定的基本程序进行处理外，销售方还应在开具红字专用发票后将该笔业务的相应记账凭证复印件报送主管税务机关备案。

（6）税务机关为小规模纳税人代开专用发票需要开具红字专用发票的，比照一般纳税人开具红字专用发票的处理办法，通知单第二联交代开税务机关。

（7）为实现对通知单的监控管理，国家税务总局正在开发通知单开具和管理系统。在系统推广应用之前，通知单暂由一般纳税人留存备查，税务机关不进行核销。红字专用发票暂不报送税务机关认证。

2.4 增值税的出口退税

2.4.1 增值税的出口退税政策

增值税出口货物退税是世界各国普遍的做法，其目的是鼓励货物出口、增强其国际竞争力。我国对出口货物规定零税率，并实行出口退（免）税的优惠政策。

2.4.1.1 出口免税并退税

增值税的出口免税并退税是指出口货物免予征税，且给予退税。出口免税指对货物在出口环节不征增值税，即将货物出口环节与出口前的销售环节都同样视为一个征税环节；出口退税指对货物在出口前实际承担的增值税税额，按规定的退税率计算后予以退还（对某些出口额小于总销售额50%的企业则采取按进项税额抵扣）。

国家给予出口免税并退税的货物，必须满足4个基本条件：一是属于增值税、消费税征税范围的货物；二是报关离境的货物；三是在财务上作销售处理的货物；四是出口收汇并已核销的货物。

下述企业出口的货物除另有规定外，满足上述条件的享有该政策优惠：一是生产企业自营出口或委托外贸企业代理出口的自产货物；二是有出口经营权的外贸企业收购后直接出口或委托其他外贸企业代理出口的货物；三是国家特准规定特定出口的货物，如对外承包工程公司运出境外用于对外承包项目的货物；对外承接修理修配业务的企业用于对外修理修配的货物等。

2.4.1.2 出口免税不退税

出口免税的含义与上述内容相同；不退税是指适用免税政策的出口货物，因在前一道生产、销售环节或进口环节是免税的，该货物出口时本身就不含税，也无须退税。其适用范围主要包括以下几个方面：

（1）属于生产企业的小规模纳税人自营出口或委托外贸企业代理出口的自产货物。

（2）外贸企业从小规模纳税人购进并持普通发票的出口货物免税。但对规定列举的12类出口货物考虑其所占比重较大及其生产、采购的特殊因素，特准给予退税。

（3）外贸企业直接购进国家规定的免税货物（包括免税农产品）出口的，免税但不予退税。

（4）来料加工复出口的货物，原材料进口免税，加工自制货物出口不退税。

（5）避孕药品和用具、古旧图书，内销免税，出口也免税。

（6）有出口卷烟权的企业，出口国家计划内的卷烟，在生产环节免征增值税和消费税，出口环节不办理退税。

（7）军品及军队系统企业出口军需工厂生产或军需部门调拨的货物免税。

（8）国家规定的其他免税货物，如农业生产者销售的自产农产品、饲料、农膜等。

2.4.1.3　出口不免税也不退税

出口不免税是指对国家限制或禁止出口的某些货物的出口环节视同内销环节，照常征税；出口不退税的含义与上述内容相同。其适用范围主要包括以下几个方面：

（1）国家计划外出口的原油。

（2）对一般物资援助项目下出口的货物实行出口不退税政策。但对利用中国政府的援外优惠贷款和合作项目基金方式下出口的货物，实行出口退税政策。

（3）税法列举限制或禁止出口的货物，如天然牛黄、麝香、铜及铜基合金、白银等。

上述3种政策形式是就国家出口货物总体税收政策而言的，并不因国家调低或调高退税率、调整退税范围和退税计算方法而改变。

2.4.2　增值税出口货物的退税率

2.4.2.1　退税率的调整

我国增值税出口货物的退税率自1994年实施以来，陆续进行了多次调整，不断规范出口退税制度。主要调整内容：一是逐步取消“高耗能、高污染、资源性”产品的出口退税，如濒危动植物及其制品、部分矿产品、化工产品等；二是逐步降低容易引起贸易摩擦的商品的出口退税率，如服装、鞋帽、箱包、玩具、摩托车、家具等；三是将部分商品的出口退税改为出口免税，如花生果仁、油画、雕饰板和邮票等。

2.4.2.2　退税率

根据财政部、国家税务总局财税〔2003〕222号、〔2003〕238号和〔2007〕90号等规定，出口退税率为17%、15%、14%、13%、11%、9%、8%、6%和5%。如船舶、汽车等适用17%的退税率，以农产品为原料加工生产的工业品等适用13%的退税率，农药、焦炭等适用5%的退税率。

2.4.3　增值税出口货物退税额的计算

2.4.3.1　免抵退税的计算方法

（1）免抵退税原理。免抵退税的计算方法最初是针对既有出口又有内销的生产企业而制定的，是一种特殊的出口退税计算方法，后来推广到所有的生产企业。该方法既能缓解出口退税对国家财政的压力，又能防范企业利用虚假会计核算来骗取出口退税的问题。

实行免抵退税管理办法的“免”税指生产企业出口的自产货物，免征本企业生产销售环节增值税；“抵”税指生产企业出口自产货物所耗用的原材料、零部件、燃料、动力等所含应予以退还的进项税额，抵顶内销货物的应纳税额；“退”税指生产企业出口的自产货物在当月内应抵顶的进项税额大于应纳税额时，对未抵顶完的部分予以退税。

（2）免抵退税计算。假定生产企业外购原材料，其中一部分用于生产内销产品，另一部分用于生产出口产品，企业为生产出口产品而外购免税原材料，这部分免税原材料是不能退税的，计算退税时应予以扣除。（如果企业当期没有购进免税原材料价格，公式中的免抵退税额的抵减额，可视为0不用计算。）免抵退税计算步骤如下：

①计算当期免抵退税不得免征和抵扣税额。其计算公式为：

$$\text{当期免抵退税不得免征和抵扣税额}=(\text{出口货物离岸价}\times\text{外汇人民币牌价}-\text{免税购进原材料价格})\times(\text{出口货物征税率}-\text{出口货物退税率})$$

②计算当期应纳税额。其计算公式为：

$$\text{当期应纳税额}=\text{当期内销货物的销项税额}-(\text{当期进项税额}-\text{当期免抵退税不得免征和抵扣税额})-\text{上期留抵税额}$$

结果为正数，表明企业应纳税；结果为负数，表明企业可退税（当期期末留抵税额）。

③计算当期免抵退税额。其计算公式为：

$$\text{当期免抵退税额}=(\text{出口货物离岸价}\times\text{外汇人民币牌价}-\text{免税购进原材料价格})\times\text{出口货物退税率}$$

④应退税额的计算。比较上述②中当期期末留抵税额与③中当期免抵退税额，当期应退税数额取小值。

如当期期末留抵税额≤当期免抵退税额，则当期应退税额=当期期末留抵税额。

当期免抵税额=当期免抵退税额-当期应退税额

如当期期末留抵税额>当期免抵退税额，则当期应退税额=当期免抵退税额。

当期免抵税额=0

期末留抵税额=当期期末留抵税额-当期免抵退税额，下期继续抵扣。

【例题2-21】某自营出口生产企业为增值税一般纳税人，适用的增值税税率为17%，退税率为15%。11月和12月的生产经营情况如下：

（1）11月：外购原材料、燃料取得专用发票，注明支付价款1 000万元、增值税税额170万元，材料、燃料已验收入库；外购动力取得专用发票，注明支付价款150万元、增值税税额25.5万元，其中20%用于企业基建工程；以外购原材料80万元委托某公司加工货物，支付加工费取得专用发票，注明价款50万元、增值税8.5万元，支付加工货物的运输费用10万元并取得运输公司开具的专用发票。内销货物取得不含税销售额300万元，支付销售货物运输费用18万元并取得运输公司开具的专用发票；出口货物取得销售额500万元。

（2）12月：免税进口料件一批，支付国外买价300万元，运抵我国海关前的运输费用、保管费用和装卸费用50万元，该料件进口关税税率为20%，料件已验收入库；出口货物取得销售额600万元；内销货物600件，开具普通发票，取得含税销售额300万元；将与内销货物相同的资产货物200件用于本企业基建工程，货物已移送。

1.11月应纳（或应退）的增值税计算过程和结果如下：

（1）进项税额：外购材料、燃料为170万元；外购动力为20.4万元（25.5×80%）；委托加工业务为9.6万元（8.5+10×11%）；销售货物运输费为1.98万元（18×11%）。进项税额合计201.98万元（170+20.4+9.6+1.98）。

（2）当期免抵退税不得免征和抵扣税额=500×（17%−15%）=10（万元）

（3）当期应纳税额=300×17%−（201.98−10）=−140.98（万元）

（4）出口货物免抵退税额=500×15%=75（万元）

（5）应退税额=75万元

（6）下月留抵税额=140.98−75=65.98（万元）

2.12月应纳（或应退）的增值税计算过程和结果如下：

（1）免税进口料件组成计税价格=（300+50）×（1+20%）=420（万元）

（2）$\dfrac{\text{当期免抵退税不得}}{\text{免征和抵扣税额}}$=（600−420）×（17%−15%）=3.6（万元）

（3）当期应纳税额=300÷600×800÷（1+17%）×17%−（0−3.6）−65.98

=−4.26（万元）

（4）出口货物免抵退税额=（600−420）×15%=27（万元）

（5）应退税额=4.26万元

（6）当期免抵税额=27−4.26=22.74（万元）

2.4.3.2 先征后退的计算方法

（1）外贸企业退税。外贸企业及实行外贸企业财务制度的工贸企业收购货物出口，其出口销售环节免征增值税；其收购货物的成本部分，因外贸企业在支付收购货款的同时也支付了生产经营该类商品的企业已缴的增值税税款，所以在货物出口后按收购成本与退税率计算退税退还给外贸企业，征、退税之差计入企业成本。

外贸企业出口货物增值税退税额的计算，应依据购进出口货物增值税专用发票上所注明的进项金额和退税率计算。其计算公式为：

应退税额=收购不含增值税购进金额×退税率

（2）外贸企业收购小规模纳税人出口货物的退税。外贸企业从小规模纳税人购进持普通发票特准退税的抽纱、工艺品等12类出口货物，实行出口货物免税并退税的办法。其计算公式为：

$$应退税额=\frac{普通发票所列金额}{1+征收率}\times 6\%（或5\%）$$

外贸企业从小规模纳税人购进税务机关代开增值税专用发票的出口货物。其计算公式为：

应退税额=增值税专用发票注明的金额×6%（或5%）

（3）外贸企业委托生产企业加工出口货物的退税。外贸企业委托生产企业加工收回后报关出口的货物，按购进国内原辅材料的专用发票上注明的计税金额，依原辅材料的退税率计算原辅材料应退税额。支付的加工费凭受托方开具货物的退税率，计算加工费的应退税额。

2.4.3.3 特殊货物的计算方法

（1）不退税货物税额的计算。出口企业（包括外贸企业和生产企业）出口不予退（免）税的货物，应分别按下列公式计提销项税额：

$$一般纳税人销项税额=\frac{出口货物离岸价格\times 外汇人民币牌价}{1+法定增值税税率}\times 法定增值税税率$$

$$小规模纳税人应纳税额=\frac{出口货物离岸价格\times 外汇人民币牌价}{1+征收率}\times 征收率$$

出口企业以进料加工贸易方式出口不予退（免）税货物的，须按复出口货物的离岸价格与所耗用进口料件的差额计提销项税额或计算应纳税额。出口企业以来料加工复出口方式出口不予退（免）税货物的，继续予以免税。

不予退（免）税的货物若为应税消费品，须按有关税收政策规定计算缴纳消费税。

（2）转入成本进项税额的计算。免税出口卷烟转入成本的进项税额，按出口卷烟含消费税的金额占全部销售额的比例计算分摊。计算出口卷烟含税金额如下：

$$出口卷烟含税金额=\frac{出口数量\times 销售价格}{1-消费税税率}\times 征收率$$

上述公式中，当出口卷烟同类产品国内销售价格低于税务机关公示的计税价格时，其销售价格为税务机关公示的计税价格；高于税务机关公示的计税价格时，其销售价格为实际销售价格。

2.4.4 增值税出口货物的退税管理

根据2012年6月国家税务总局制定的《出口货物劳务增值税和消费税管理办法》，出口货物退（免）税管理的主要规定如下：

2.4.4.1 出口退税管理范围

根据财政部、国家税务总局发布的《关于出口货物增值税和消费税政策的通知》（财税〔2012〕39号）的规定，对下列出口货物劳务，除特殊规定外，实行免征和退还增值税政策：

（1）出口企业出口货物。出口企业是指依法办理工商登记、税务登记、对外贸易经营者备案登记，自营或委托出口货物的单位或个体工商户，以及依法办理工商登记、税务登记但未办理对外贸易经营者备案登记，委托出口货物的生产企业；出口货物是指向海关报关后实际离境并销售给境外单位或个人的货物，分为自营出口货物和委托出口货物两类；生产企业是指具有生产能力（包括加工、修理修配能力）的单位或个体工商户。

（2）出口企业或其他单位视同出口货物，主要包括：出口企业对外援助、对外承包和境外投资的出口货物；出口企业经海关报关进入国家批准的出口加工区、保税物流园区、保税港区、综合保税区等特殊区域并销售给特殊区域内单位或境外单位、个人的货物；出口企业或其他单位销售给用于国际金融组织或外国政府贷款国际招标建设项目的中标机电产品；生产企业向海上石油天然气开采企业销售的自产的海洋工程结构物；出口企业或其他单位销售给国际运输企业用于国际运输工具上的货物，以及销售给特殊区域内生产企业生产耗用且不向海关报关而输入特殊区域的水（包括蒸汽）、电力、燃气等。

（3）出口企业对外提供加工、修理修配劳务。对外提供加工、修理修配劳务，是指对进境复出口货物或从事国际运输的运输工具进行的加工、修理修配。

2.4.4.2　出口退税认定管理

（1）出口企业应在办理对外贸易经营者备案登记或签订委托出口协议之日起30日内，填报“出口退（免）税资格认定申请表”，并提供有关资料，到主管税务机关办理出口退（免）税资格认定。

（2）其他单位应在发生出口货物、劳务业务之前，填报“出口退（免）税资格认定申请表”，提供银行开户许可证及主管税务机关要求的其他资料，到主管税务机关办理出口退（免）税资格认定。

（3）出口企业和其他单位在出口退（免）税资格认定前发生的出口货物、劳务，在办理出口退（免）税资格认定后可在规定的退（免）税申报期内按规定申报增值税退（免）税或免税，以及消费税退（免）税或免税。

（4）出口企业和其他单位出口退（免）税资格认定的内容发生变更的，须自变更之日起30日内，填报“出口退（免）税资格认定变更申请表”，并提供相关资料，向主管税务机关申请变更出口退（免）税资格认定。

（5）需要注销税务登记的出口企业和其他单位，应填报“出口退（免）税资格认定注销申请表”，向主管税务机关申请注销出口退（免）税资格，然后再按规定办理税务登记的注销。

（6）出口企业和其他单位在申请注销认定之前，应当先结清出口退（免）税款。注销认定后，出口企业和其他单位不得再申报办理出口退（免）税。

2.4.4.3　出口退税申报受理

（1）生产企业出口货物免抵退税的申报。企业当月出口货物须在次月的增值税纳税申报期内，向主管税务机关办理增值税纳税申报、免抵退税相关申报及消费税免税申报。企业应在货物报关出口之日次月起至次年4月30日前的各增值税纳税申报期内收齐有关凭证，向主管税务机关申报办理出口货物增值税免抵退税及消费税退税。逾期的，企业不得申报免抵退税。

（2）外贸企业出口货物免退税的申报。企业当月出口的货物须在次月的增值税纳税申报期内，向主管税务机关办理增值税纳税申报，将适用退（免）税政策的出口货物销售额填报在增值税纳税申报表的“免税货物销售额”栏。企业应在货物报关出口之日次月起，至次年4月30日前的各增值税纳税申报期内，收齐有关凭证，向主管税务机关办理出口货物增值税、消费税免退税申报。经主管税务机关批准的，企业在增值税纳税申报期以外的其他时间也可办理免退税申报。逾期的，企业不得申报免退税。

（3）出口企业和其他单位出口、视同出口货物及对外提供加工修理修配劳务的退（免）税申报。报关进入特殊区域并销售给特殊区域内单位或境外单位、个人的货物，特殊区域外的生产或外贸企业的退（免）税申报，分别按上述规定办理。其他视同出口货物和对外提供加工修理修配劳务，属于报关出口的，为报关出口之日起，属于非报关出口销售的，为出口发票或普通发票开具之日起，出口企业或其他单位应在次月至次年4月30日前的各纳税申报期内申报退（免）税。

2.4.4.4　出口退税违章处理

（1）一般违章行为的处理。出口企业和其他单位，有未按规定设置、使用和保管有关出口货物退（免）税账簿、凭证、资料的，未按规定装订、存放和保管备案单证的，拒绝税务机关检查或提供有关出口货物退（免）税账簿、凭证、资料的，提供虚假备案单证的，违反发票管理规定行为的，主管税务机关应按《税收征管法》的规定予以处罚。

（2）骗取出口退税的处理。出口企业和其他单位以假报出口或其他欺骗手段，骗取国家出口退税款，由主管税务机关追缴其骗取的退税款，并处骗取税款1倍以上5倍以下罚款；构成犯罪的，依法追究刑事责任。此外，由省级以上（含本级）税务机关批准，按下列规定停止其出口退（免）税资格：

①骗取国家出口退税款不满5万元的，可以停止为其办理出口退税半年以上1年以下。

②骗取国家出口退税款5万元以上不满50万元的，可以停止为其办理出口退税1年以上1年半以下。

③骗取国家出口退税款50万元以上不满250万元，或因骗取出口退税行为受过行政处罚、两年内又骗取国家出口退税款数额在30万元以上不满150万元的，停止为其办理出口退税1年半以上两年以下。

④骗取国家出口退税款250万元以上，或因骗取出口退税行为受过行政处罚、两年内又骗取国家出口退税款数额在150万元以上的，停止为其办理出口退税两年以上3年以下。

⑤停止办理出口退税的时间以省级以上（含本级）税务机关批准后作出"税务行政处罚决定书"的决定之日为起始日。

增值税的其他征收管理事项，按照《税收征管法》及其实施细则等相关规定执行。

本章小结

● 增值税是对纳税人在生产经营过程中实现的增值额征收的一种税。我国是指对在中华人民共和国境内销售货物、进口货物或提供加工修理修配劳务、应税行为的单位和个人，以其实现的增值额为征税对象征收的一种税。

● 增值税法是国家制定的用以调整国家与增值税纳税人之间征纳活动的权利与义务关系的法律规范。其基本法律依据是2008年11月国务院发布的《增值税暂行条例》和2008年12月财政部制定的《增值税暂行条例实施细则》等。

●凡在中国境内销售货物、进口货物、提供加工修理修配劳务、应税行为的单位和个人为增值税的纳税人，包括基本税率（17%）、低税率（13%、11%、6%）和零税率5档税率，以及按简易办法计税的征收率（5%、3%等）。

● 增值税一般纳税人应纳增值税税额是销项税额减去进项税额后的余额。销项税额是指纳税人销售货物或提供应税劳务，按照应税销售额和规定税率计算并向购买方收取的增值税税额；进项税额是指纳税人购进货物或接受应税劳务所支付或负担的增值税税额。

● 增值税实行出口免税并退税、出口免税不退税、出口不免税也不退税的政策。免税指对货物在出口环节不征增值税；退税指对货物在出口前实际承担的增值税税额，按规定的退税率计算后予以退还。

主要观念和概念

★ 主要观念

价值观念　销售观念　纳税观念

★ 主要概念

增值税法　增值税　增值额　销售额　销项税额　进项税额

基本训练

★ 知识题

一、简答题

1.如何理解增值额的含义？

2.增值税的特点有哪些？各国实行增值税的原因是什么？

3.增值税税率是如何规定的？

4.增值税优惠政策包括哪些内容？

5.增值税出口（退）免税政策是什么？

二、应用题

1.选择题（含单项选择题与多项选择题）

(1) 下列属于视同销售行为应当计算销项税额的有（　　）。

A.将自产货物用于非应税项目

B.将购买货物委托外单位加工

C.将购买的货物无偿赠送他人

D.将购买的货物用于集体福利

(2）下列表述中符合增值税法有关规定的是（　　）。

A.印刷企业接受出版单位委托自行购买纸张印刷图书，按提供加工劳务征收增值税

B.银行销售金银业务不征收增值税

C.纳税人转让土地使用权或销售不动产的同时一并销售附着于土地或不动产上的固定资产中，凡属于增值税应税货物的征收增值税

D.销售货物的增值税起征点为月销售额5 000~10 000元

(3）下列有关增值税的规定，说法正确的有（　　）。

A.以物易物方式销售货物由多交付货物的一方以价差计算纳税

B.以旧换新方式销售货物按新货物不含增值税计算缴纳增值税

C.还本销售方式销售货物，以实际销售额计算缴纳增值税

D.销售折扣方式销售货物，不得从计税销售额中扣减折扣额

(4）下列属于应当征收增值税的混合销售行为是（　　）。

A.电信部门销售电话并有偿提供电信服务

B.装潢公司为客户包工包料装修房屋

C.商店销售家具并实行有偿送货上门

D.星级饭店提供餐饮服务并销售酒水

2.判断题

(1）对销售除啤酒、黄酒外的其他酒类产品而收取的包装物押金，无论是否返还以及会计上如何核算，均不应并入当期销售额计征增值税。（　　）

(2）实行总分支机构统一核算，总机构被认定为一般纳税人，分支机构可以申请认定为一般纳税人。（　　）

(3）增值税小规模纳税人购置税控收款机取得的专用发票上注明的税额可以从销项税额中抵扣或在应纳税额中抵免。（　　）

★ 能力题

一、计算题

某家用电器商场为增值税一般纳税人。2016年5月发生如下经济业务：

(1）销售特种空调取得含税销售额80 000元，同时提供安装服务收取安装费10 000元。

（2）销售电视机40台，每台含税零售价为2 400元；每售出一台可取得厂家给予的返利收入200元。

（3）代销一批数码相机并开具普通发票，商场按含税销售总额的5%提取代销手续费7 500元，当月尚未将代销清单交付给委托方。

（4）当月该商场其他商品含税销售额为87 750元。

（5）购进热水器25台，不含税单价800元，货款已付；购进DVD播放机50台，不含税单价600元。两项业务取得的增值税专用发票均已经税务机关认证，还有20台DVD播放机未向厂家付款。

（6）购置生产设备1台，取得的增值税专用发票上注明的价款35 000元、增值税税额5 950元。

（7）另知该商场上期有未抵扣进项税额3 000元。

（8）当期获得的增值税专用发票已经通过认证并申报抵扣。

要求：请根据上述资料，计算该商场本月增值税的销项税额、进项税额和应纳税额。

二、分析题

某汽车制造企业为增值税一般纳税人，2016年5月有关生产经营业务如下：

（1）以交款提货方式销售A型小汽车30辆给汽车销售公司，每辆不含税售价15万元，开具税控专用发票，注明价款450万元，当月实际收回价款430万元，余款下月才能收回。

（2）销售B型小汽车50辆给特约经销商，每辆不含税单价12万元，向特约经销商开具了税控专用发票，注明价款600万元、增值税102万元，由于特约经销商当月支付了全部货款，汽车制造企业给予特约经销商原售价2%的销售折扣。

（3）将新研制生产的C型小汽车5辆销售给本企业中层干部，每辆按成本价10万元出售，共计取得收入50万元，C型小汽车尚无市场销售价格。

（4）销售2008年进口小汽车3辆，取得收入65.52万元，开具普通发票。3辆进口小汽车原值为62万元，销售时账面余值58万元。

（5）购进在建建筑物配套使用的通风设备一台，取得税控专用发票，注明价款20万元、进项税额3.4万元，该设备当月投入使用，并单独以固定资产入账。

(6) 当月购进原材料取得税控专用发票，注明金额600万元、进项税额102万元，并经税务机关认证；支付购进原材料的运输费用17.81万元，取得专用发票。

(7) 从小规模纳税人处购进汽车零部件，取得由当地税务机关开具的增值税专用发票，注明价款20万元、进项税额1.2万元，支付运输费用2万元并取得普通发票。

(8) 当月管理不善发生意外事故，损失库存原材料金额35万元(含运输费用2.79万元)，直接记入“营业外支出”科目损失35万元。

(9) 该企业自行计算、申报缴纳11月的增值税：

应纳税额 =[430+600×(1-2%)+50]×17%-[3.4+102+17.81×11%+1.2-35×17%]

=78.95（万元）

说明：该企业生产的小汽车均适用9%的消费税税率，C型小汽车成本利润率为8%。

要求：请根据上述资料，逐项指出企业的做法是否正确，并简要说明理由；计算2016年5月该企业应补缴的增值税。

三、网上调研

利用电子图书馆和因特网资源收集有关国家的增值税法律制度，分析其所属类型，并说明其优缺点，巩固所学知识与技能。

四、单元实践

以小组为单位，选择“营改增”相关行业调查访问，了解“营改增”之后相关行业的税负变化，并形成简要的调查报告，分小组讨论“营改增”对纳税人的影响及完善对策。

第3章

消费税法

学习目标

☆ **知识目标**

——理解消费税的现实意义。

——了解消费税的概念、由来及特点。

——掌握消费税的基本法律内容。

——掌握消费税出口退（免）税的基本规定。

☆ **技能目标**

——解释消费税要素的设计原理。

——掌握消费税应纳税额的计算与征收方法。

——掌握消费税出口退（免）税的计算方法。

☆ **能力目标**

实地调研消费税纳税企业的缴纳及申报情况。

正确计算消费税的应纳税额并能进行案例分析。

中美消费税法的比较及借鉴

美国实施消费税历史已久，早在1789年就开征了消费税，它是联邦政府最早征收的两个税种之一，现行法律主要源于《1986年美国收入法典》。我国现代消费税法起步较晚，1951年开始征收特种消费行为税，1994年开始实施《中华人民共和国消费税暂行条例》，2006年消费税政策进行了调整。目前各国纷纷开征或调整消费税，以便建立一个有利于环境与生态保护、促进经济发展的绿色税收法律制度。中美两国的历史、文化背景，特别是经济水平、发展战略和国民素质等存在较大的差异，体现在消费税上也有所不同：

（1）课征范围。两国都采用了有限型消费税，但美国除有限型消费税外，还包括汽车燃料税、环境税、赌博税、娱乐消费税等；而我国课征范围较窄，对与可持续发展战略相配套的垃圾税、排污税等征税更是空白。

（2）计税方式。美国实行公开、民主的价外税；我国货物或服务支付了“无形的税金”。

（3）消费税目。美国消费税法分39个税目及众多子目，其征税项目大大小小有几百种；而我国消费税法只规定了14个税目、29个子目，其征税项目是有选择的特殊消费品。

遵照国际惯例和WTO对其成员国的要求，借鉴美国等消费税法有益的做法，我国正在科学地调整与改革消费税制，主要包括：一是遵循WTO法律透明度和税收法定的原则，重视对税收法律体系中各个层次的立法建设，将暂行条例上升为法律，尽快立法对污染、排污等损害生态环境的行为征税；二是按照国际标准适度调整课税范围，解决消费税的“越位”现象，如黄酒、啤酒、化妆品、护肤品等消费品已属生活必需品；将消费税“缺位”的豪宅、名车、保龄球、跑马、保健食品、狩猎、夜总会等高档消费娱乐项目纳入课征范围；三是追随国际消费税制改革，大幅度提高卷烟、汽油、柴油、鞭炮、焰火等危害身体健康、资源不足及会造成污染的含铅汽油等消费品的税率，并采取国际通用、透明、公开的价外税。

消费税法是流转税法的重要组成部分。消费税为世界各国所普遍征收，目前世界上有120多个国家征收消费税，尤其是一些发展中国家，其在财政收入中占重要地位。我国的消费税是对增值税有益的补充，即在增值税对货物征税的基础上，有选择地对一部分特殊的消费品征收消费税。2015年我国国内消费税收入10 542亿元，同比增长18.4%，占全国税收收入（124 892亿元）的8.44%。

3.1 消费税法基础理论

3.1.1 消费税法的概念及演变

3.1.1.1 消费税法的概念

从一般意义上说，消费税是对消费品或消费行为征收的一种税。在我国，消费税是指对在中国境内从事生产、委托加工和进口应税消费品的单位和个人，就其销售额或销售数量在特定环节征收的一种税。

消费税法是国家制定的用以调整国家与消费税纳税人之间征纳活动的权利与义务关系的法律规范。其基本法律依据是2008年11月国务院颁布的《中华人民共和国消费税暂行条例》（以下简称《消费税暂行条例》）、2008年12月财政部制定的《中华人民共和国消费税暂行条例实施细则》（以下简称《消费税暂行条例实施细则》）。

3.1.1.2 消费税的演变

在西方国家消费税是一个古老的税种，最早产生于古罗马帝国。当时农业和手工业发展，城市兴起，商业繁荣，于是相继开征了盐税、酒税等产品税，这是消费税的雏形。目前消费税是世界各国广泛实行的一个税种，在各开征国家的税收收入中占有相当比重，特别为发展中国家所重视。

我国对消费品征税由来已久，周朝征收的“山泽之赋”就具有消费税性质；西汉时对酒课征，体现了“寓禁于征”的政策；以后各代征收的酒税、烟税和茶税等均属于消费税范畴。新中国成立后，全国统一设置的14种税中就有特种消费行为税；1953年税制改革时取消特种消费行为税，但对筵席、舞场等课征的税并入营业税；1988年开征筵席税，属于对消费行为征税；1989年重新开征特别消费税，但仅对生产和进口小轿车、彩色电视机（1992年停征，1994年取消）征收。

为调节消费结构、抑制不合理消费行为，国务院于1993年12月颁布了《消费税暂行条例》，并于1994年开始实施。我国解放初期征收的货物税，20世纪50年代征收的商品流通税和1958—1973年征收的工商统一税，以及1973—1983年征收的工商税中相当于货物税的部分，1983—1994年征收的产品税、增值税，实质上是相当于或其中部分相当于消费税性质的，只不过我国一直未称其为消费税，或没有单独成为一个税种。1994年税制全面改革时单独设立，是在增值税对货物普遍征收的基础上针对特定货物而进行的特殊调节。现行消费税法是2008年重新修订的《消费税暂行条例》，并于2006年和2015年两次调整其征税范围。

【小资料3-1】　　**燃油税与消费税的相关性**

燃油税是指政府对燃油在零售环节征收的专项性质的税收，通过征税的办法从油价中提取一定比例作为养路费等。其基本原理是：车辆类型及行驶里程长短、载货量大小是与耗油量的多少紧密相连的，耗油越多表明其使用公路越多，因而包含在油价中上交的燃油税就随之增多，对公路养护所尽的义务也就越大。

我国没有单独设置燃油税，而是将其并入消费税。基本做法是通过实施成品油税费改革，提高成品油消费税的单位税额，同时取消公路养路费、航道养护费、公路运输管理费、公路客货运附加费、水路运输管理费和水运客货运附加费等6项收费，来实现燃油税的征税目的。目前也有专家、学者提出单独开征燃油税的建议。

3.1.2　消费税的特点和作用

3.1.2.1　消费税的特点

我国消费税只对特殊消费品的销售额和销售数量进行征税，这与其他流转税尤其是增值税相比，有其不同的特点：

（1）征税范围的选择性。我国消费税征税范围虽是消费品，但并不是对所有消费品都征收消费税，只是选择了一部分特殊消费品、奢侈品、高能耗消费品和不可再生的稀缺资源消费品等作为征收范围，而非人们生活的必需品。与国外消费税相比，我国的征税范围偏窄，未包括对特殊消费行为征税。

（2）纳税环节的单一性。消费税主要采取在生产者出厂销售或从国外进口应税消费品时征税，一般在其他环节（如流通、消费等）不再征税。用外购已税消费品继续生产应税消费品销售，采取扣除已纳（代收）税额办法避免重复课征消费税。

（3）征收方法的灵活性。消费税采取从价计征、从量计征、复合计征3种方法进行征税。对一部分价格变化较大，且便于按价格核算的应税消费品实行从价计征；对一部分价格变动较小，品种、规格比较单一的大宗应税消费品实行从量计征；对烟、酒实行从价与从量相结合的复合计征办法。

（4）适用税率的差别性。消费税实行差别税率，可更好地发挥其独特的调节功能。我国消费税根据不同消费品的种类、档次、结构、功能或消费品某一成分的含量，市场供求状况和消费品价格水平情况，制定了高低不同的比例税率和定额税率，以体现国家的特定调节政策。

（5）税收负担的转嫁性。增值税实行价外计税，而消费税是一种价内税，即消费税税款含在应税消费品的价格之中。因此，消费税无论在哪个环节征收，消费品中所含的消费税税款最终都是由购买应税消费品者所负担，即税款最终转嫁到消费者身上。

3.1.2.2　消费税的作用

消费税的内涵及特点决定了其在税制和社会经济发展中的重要地位，其作用主要表现在以下几个方面：

（1）优化资源配置，体现产业政策。消费税对不可再生和替代的能源产品课税，可保护稀缺资源的有效利用；对有害人类健康、社会秩序和生态环境的特殊消费品及高能耗、高档消费品征税，可达到“寓禁于征”的目的；对特定消费品征收消费税，体现了国家的产业政策，能引导公众生产和消费行为，优化产业结构，实现资源优化配置。

（2）抑制超前消费，调整消费结构。针对我国消费膨胀和消费结构不合理等现象，在消费税立法中，对人们日常消费的基本生活用品和企业正常生产的消费物品不征消费税，只对目前属于奢侈品或超前消费的物品和其他非基本生产用品征收消费税，以达到抑制超前消费和集团消费、引导合理消费、调整消费结构的目的。

（3）调节支付能力，缓解分配不公。一般而言，个人生活水平或贫富状况在很大程度上体现其支付能力。通过对某些奢侈品或特殊消费品征收消费税，高收入者的高消费受到一定程度的抑制。因此，开征消费税有利于配合个人所得税和其他有关税种对个人收入进行调节，缓解社会分配不公的矛盾。

（4）稳定税收来源，保证财政收入。消费税的实现不受成本等因素的影响，而且消费税的应税品目大多属于使用广泛、消费量大、传统征收高税习惯的重点税源行业的商品，其税源稳定、可靠；同时，消费税按消费品的销售额或销售数量征收，使税收与应税消费品生产的增长趋势相适应，可以保证财政收入稳定增长。

3.2 消费税法基本内容

消费税法基本内容包括消费税的征税范围、纳税人、税目税率、纳税环节和减免优惠等规定。

3.2.1 消费税的征税范围

我国消费税的征税范围为生产、委托加工和进口的应税消费品，主要包括以下几个方面：

（1）特殊的消费品。一些特殊消费品如果过度消费，会对人类健康、社会秩序和生态环境等造成危害，如烟、酒、鞭炮、焰火等。对这些消费品征收消费税，可以抑制其消费。

（2）非生活必需品，如化妆品、贵重首饰、珠宝玉石、高档手表和高尔夫球及球具等。通过对非生活必需品或奢侈品征收消费税，可以调节消费者的收入水平。

（3）高能耗及高档消费品，如摩托车、小汽车等。这类消费品不仅价格昂贵，而且消耗能源较多，属于少数人消费的高档消费品，对其征税体现了国家对高消费的一种特殊调节。

（4）不可再生和稀缺资源消费品，如成品油、木制一次性筷子和实木地板等。对这类消费品征税体现了国家对稀缺资源的合理配置，通过征税限制其消费、节约能源。

【小资料3-2】　　国际上消费税征税范围的类型

按征税范围的宽窄，国际上消费税大体可分为以下3种类型：

（1）有限型消费税。其课征范围较窄，主要是一些传统的消费品，如烟草制品、酒精饮料、石油制品、机动车辆、游艇、糖、盐、软饮料、钟表、首饰、珠宝、化妆品、香水及各种形式的娱乐活动等。征税品目一般在10~15种之间。

（2）中间型消费税。其课征范围较有限型消费税宽一些，除了有限型消费税所涉及的征税品目外，一些消费广泛的消费品，如纺织品、皮革皮毛制品、鞋、药品、牛奶和谷物制品、咖啡、可可、家用电器、电子产品、摄影器材、打火机等也纳入课征范围。征税品目一般在15~30种之间。

（3）延伸型消费税。其课征范围比前两种更大，除上述两种类型所涉及的品目外，一些生产资料如水泥、建筑材料、钢材、铝制品、橡胶制品、塑料制品、木材制品、颜料和油漆等也被纳入征税范围。

3.2.2　消费税的纳税人

在中国境内生产、委托加工和进口《消费税暂行条例》规定的消费品的单位和个人，以及国务院确定的销售《消费税暂行条例》规定的消费品的其他单位和个人，为消费税的纳税人。

上述在中国境内指生产、委托加工和进口属于应缴纳消费税的消费品的起运地或所在地在境内；单位指企业、行政单位、事业单位、军事单位、社会团体和其他单位；个人指个体工商户和其他个人。

3.2.3　消费税的税目税率

3.2.3.1　消费税的税目

我国消费税税目设置的基本原则：一是尽量简化、科学；二是征税目的明确；三是课税对象清晰；四是同时兼顾历史习惯。对税源大、界线清楚的，单设税目；对种类、规格、等级较为复杂和需要区别对待的，征税项目下设子目和细目。按照税法的规定，我国消费税设置15个税目，具体名称和征税项目如下：

（1）烟。凡是以烟叶为原料加工生产的产品，不论使用何种辅料均属于该税目的征收范围，具体包括卷烟（进口卷烟、白包卷烟、手工卷烟和未经国务院批准纳入计划的企业及个人生产的卷烟）、雪茄烟和烟丝。对既有自产卷烟，同时又委托联营企业加工与自产卷烟牌号、规格相同卷烟的工业企业（以下简称回购企业），从联营企业购进后再直接销售的卷烟，对外销售时不论是否加价，凡符合下列条件的，不再征收消费税；不符合条件的，则征收消费税：

①回购企业在委托联营企业加工卷烟时，除提供给联营企业所需加工卷烟牌号外，还需同时提供税务机关已公示的消费税计税价格。联营企业必须按照已公示的调拨价格申报纳税。

②回购企业将联营企业加工卷烟回购后再销售的，其销售收入应与自产卷烟的销售收入分开核算，以备税务机关检查；如不分开核算，则一并计入自产卷烟销售收入征收消费税。

（2）酒。酒是酒精度在1度以上的各种酒类饮料，包括粮食白酒、薯类白酒、黄酒、啤酒和其他酒。

对饮食业、商业、娱乐业开办的啤酒屋（啤酒坊）利用啤酒生产设备生产的啤酒，应当征收消费税；果啤属于“啤酒”，按“啤酒”征收消费税；葡萄酒属于“其他酒”，按“其他酒”征收消费税。

（3）成品油。其征收范围包括汽油、柴油、石脑油、溶剂油、航空煤油、润滑油、燃料油7个子目。航空煤油暂缓征收；变压器油、导热类油等绝缘油类产品不征收消费税。

①汽油。汽油是指用原油或其他原料加工生产的辛烷值不小于66的可用作汽油发动机燃料的各种轻质油。取消车用含铅汽油消费税，汽油税目不再划分二级子目，统一按照无铅汽油税率征收消费税。以汽油、汽油组分调和生产的甲醇汽油、乙醇汽油也属于本税目征收范围。

②柴油。柴油是指用原油或其他原料加工生产的倾点或凝点在-50号至30号的可用作柴油发动机燃料的各种轻质油和以柴油组分为主、经调和精制可用作柴油发动机燃料的非标油。以柴油、柴油组分调和生产的生物柴油也属于本税目征收范围。

③石脑油。石脑油又称轻汽油、化工轻油，是以原油或其他原料加工生产的用于化工原料的轻质油。其征收范围包括除汽油、柴油、航空

煤油、溶剂油以外的各种轻质油。

④溶剂油。溶剂油是用原油或其他原料加工生产的用于涂料和油漆生产、食用油加工、印刷油墨、皮革、农药、橡胶、化妆品生产和机械清洗、胶粘行业的轻质油。橡胶填充油、溶剂油原料属于本税目征收范围。

⑤航空煤油。航空煤油也称喷气燃料，是用原油或其他原料加工生产的可用作喷气发动机和喷气推进系统燃料的各种轻质油。航空煤油暂缓征收消费税。

⑥润滑油。润滑油是用原油或其他原料加工生产的用于内燃机、机械加工过程的润滑产品，主要包括矿物性润滑油、植物性润滑油、动物性润滑油和化工原料合成润滑油。其征收范围包括矿物性润滑油、矿物性润滑油基础油、植物性润滑油、动物性润滑油和化工原料合成润滑油。

⑦燃料油。燃料油又称重油、渣油。其征收范围包括用于电厂发电、锅炉用燃料、加热炉燃料、冶金和其他工业炉燃料的各类燃料油。

【小资料3-3】　各国的燃油税

燃油税在国外一般被称为汽车燃油税、燃油消费税和汽油税等。从税收种类上看，它属于消费税的一种，是使用费性质的消费税，目前世界上已有130多个国家开征燃油税。因各国国情差异很大，燃油税在税种设立、税率标准、征收办法和管理手段等方面也各不相同。

1.美国的燃油税。由各个州征收，其征税对象主要是燃油及各种燃料，全国平均税率大约是每加仑汽油47美分，收入主要用于交通及道路方面的支出。

2.法国的燃油税。燃油税的设置在相当大程度上以环境保护为着力点，最大特点是独立征收，石油产品国内税的基本原则是限制油耗、保护环境，燃油税不与油价挂钩。

3.加拿大的燃油税。燃油税大约是总油价的1/3，各地燃油税税率不等，联邦政府与省政府同时对汽油和柴油征缴消费税，还有一些城市要再次征缴燃油税。

4.挪威的燃油税。对燃油实行重税，汽油和柴油的燃油税税率一再提高，公共交通与私家车一样需要缴付燃油税，但航空用油使用较低税率，农业使用的柴油免税。

在大多数国家，燃油税一般只对交通、运输用油采用较高税率征税，而对农业机械用油、家庭供暖用油及柴油机用油通常采用较低税率来征税。税目与税率设定较合理，征税环节较科学，征管力度较强。

（4）小汽车。小汽车是指由动力驱动，具有四个或四个以上车轮的非轨道承载的车辆。其征收范围包括含驾驶员座位在内最多不超过9个座位（含）的，在设计和技术特性上用于载运乘客和货物的各类乘用车和含驾驶员座位在内的座位数在10~23座（含23座）的，在设计和技术特性上用于载运乘客和货物的各类中轻型商用客车。

用排气量小于1.5升（含）的乘用车底盘（车架）改装、改制的车辆，属于乘用车征收范围；用排气量大于1.5升的乘用车底盘（车架）或用中轻型商用客车底盘（车架）改装、改制的车辆属于中轻型商用客车征收范围，但不包括车身长度大于7米（含），且座位在10~23座（含）以下的商用客车。含驾驶员人数（额定载客）为区间值的（如8~10人、17~26人）小汽车，按其区间值下限人数确定征收范围。

此外，税法规定，电动汽车、沙滩车、雪地车、卡丁车、高尔夫车不属于消费税征收范围，不征收消费税。

（5）摩托车。其征收范围包括轻便摩托车和摩托车两种。对最大设计车速不超过50千米/小时、发动机气缸总工作容量不超过50毫升的三轮摩托车，不征收消费税。气缸容量小于250毫升的小排量摩托车不征收消费税。

（6）游艇。游艇是指长度大于8米小于90米，船体由钢、玻璃钢、铝合金、塑料等多种材料制作，可在水上移动的水上浮载体。按照动力划分，分为无动力艇、帆艇和机动艇。其征收范围包括艇身长度大于8米（含）小于90米（含）、内置发动机、可以在水上移动、一般为私人或团体购置、主要用于水上运动和休闲娱乐等非牟利活动的各类机动艇。

（7）鞭炮、焰火。其征收范围包括各种鞭炮、焰火。体育上用的发令纸、鞭炮药引线，不属于本税目征收范围。

（8）化妆品。化妆品征收范围包括各类美容、修饰类化妆品，高档护肤类化妆品和成套化妆品。其中，美容、修饰类化妆品是指香水、香水精、香粉、口红、指甲油、胭脂、眉笔、唇笔、蓝眼油、眼睫毛以及成套化妆品。高档护肤类化妆品的征收范围由财政部、国家税务总局另行制定。舞台、戏剧、影视演员化妆用的上妆油、卸妆油、油彩不属于本税目的征收范围。

(9) 贵重首饰及珠宝玉石。其征收范围包括以金、银、白金、宝石、珍珠、钻石、翡翠、珊瑚、玛瑙等高贵稀有物质以及其他金属、人造宝石等制作的各种纯金银首饰及镶嵌首饰和经采掘、打磨、加工的各种珠宝玉石，以及出国人员免税商店销售的金银首饰。

(10) 高档手表。高档手表是指销售价格（不含增值税）每只在10 000元（含）以上的各类手表。其征收范围包括符合以上标准的各类手表。

(11) 高尔夫球及球具。高尔夫球及球具是指从事高尔夫球运动所需的各种专用装备，包括高尔夫球、高尔夫球杆及高尔夫球包（袋）等。其征收范围包括高尔夫球、高尔夫球杆、高尔夫球包（袋），以及高尔夫球杆的杆头、杆身和握把。

(12) 实木地板。实木地板是指以木材为原料，经锯割、干燥、刨光、截断、开榫、涂漆等工序加工成的块状或条状的地面装饰材料。其征收范围包括各类规格的实木地板、实木指接地板、实木复合地板及用于装饰墙壁、天棚的侧端面为榫、槽的实木装饰板，未经涂饰的素板。

(13) 木制一次性筷子。木制一次性筷子又称卫生筷子，是指以木材为原料经过锯段、浸泡、旋切、刨切、烘干、筛选、打磨、倒角、包装等环节加工而成的各类一次性使用的筷子。其征收范围包括各种规格的木制一次性筷子。未经打磨、倒角的木制一次性筷子属于本税目征税范围。

(14) 电池。电池是一种将化学能、光能等直接转换为电能的装置，一般由电极、电解质、容器、极端等组成基本功能单元，用一个或多个基本功能单元装配成电池组。电池包括原电池、蓄电池、燃料电池、太阳能电池和其他电池。

(15) 涂料。涂料是指涂于物体表面，能形成具有保护、装饰或特殊性能的固态涂膜的一类液体或固体材料的总称。

3.2.3.2 消费税的税率

消费税的税率主要是根据课税对象的具体情况，来确定定额税率和比例税率。前者适用于对供求基本平衡、价格差异不大、计量单位规范的消费品征税；后者与之相反，选择税价联动的比例税率。

现行消费税设计的比例税率为15档，由低到高依次为1%、3%、4%、5%、9%、10%、11%、12%、15%、20%、25%、30%、36%、40%和56%；定额税率最低为每征税单位1.2元，最高为每征税单位250元。具体见表3-1。

表3-1　　消费税税目税率（额）表

<table>
<tr><th>税目</th><th colspan="3">征收项目及税率</th><th>征收环节①</th></tr>
<tr><td rowspan="5">一、烟</td><td rowspan="3">1.卷烟</td><td rowspan="2">工业</td><td>（1）甲类卷烟从价计征56%；从量计征0.003元/支，调拨价70元（不含增值税）/条以上（含70元）</td><td></td></tr>
<tr><td>（2）乙类卷烟从价计征36%；从量计征0.003元/支，调拨价70元（不含增值税）/条以下</td><td></td></tr>
<tr><td>商业</td><td>商业批发从价计征11%；从量计征0.005元/支</td><td>批发环节</td></tr>
<tr><td colspan="3">2.雪茄烟36%</td><td></td></tr>
<tr><td colspan="3">3.烟丝30%</td><td></td></tr>
<tr><td rowspan="5">二、酒</td><td colspan="3">1.白酒从价计征20%，从量计征0.5元/500克（或500毫升）</td><td rowspan="5"></td></tr>
<tr><td colspan="3">2.黄酒240元/吨</td></tr>
<tr><td rowspan="2">3.啤酒</td><td colspan="2">（1）甲类啤酒，每吨出厂价②在3 000元（含3 000元）以上的，税率250元/吨</td></tr>
<tr><td colspan="2">（2）乙类啤酒，每吨出厂价在3 000元以下的，税率220元/吨</td></tr>
<tr><td colspan="3">4.其他酒10%</td></tr>
<tr><td>三、化妆品</td><td colspan="3">30%</td><td></td></tr>
</table>

续表

税目	征税项目及税率		征收环节[1]
四、贵重首饰及珠宝玉石	1.金银首饰、铂金首饰和钻石及钻石饰品5%		零售环节
	2.其他贵重首饰和珠宝玉石10%		
五、鞭炮、焰火	15%		
六、成品油	1.汽油1.52元/升		
	2.柴油1.2元/升		
	3.航空煤油1.2元/升		
	4.石脑油1.52元/升		
	5.溶剂油1.52元/升		
	6.润滑油1.52元/升		
	7.燃料油1.2元/升		
七、摩托车	1.气缸容量[3]在250毫升的3%		
	2.气缸容量在250毫升以上的10%		
八、小汽车	1.乘用车	（1）气缸容量在1.0升（含1.0升）以下的1%	
		（2）气缸容量在1.0升至1.5升（含1.5升）的3%	
		（3）气缸容量在1.5升至2.0升（含2.0升）的5%	
		（4）气缸容量在2.0升至2.5升（含2.5升）的9%	
		（5）气缸容量在2.5升至3.0升（含3.0升）的12%	
		（6）气缸容量在3.0升至4.0升（含4.0升）的25%	
		（7）气缸容量在4.0升以上的40%	
	2.中轻型商用客车5%		
九、游艇	10%		

续表

税目	征税项目及税率	征收环节[①]
十、高档手表	20%	
十一、高尔夫球及球具	10%	
十二、实木地板	5%	
十三、木制一次性筷子	5%	
十四、电池	4%	
十五、涂料	4%	

注：①表中征税环节如无特殊注明均为生产环节。②啤酒每吨出厂价格，含包装物及包装物押金，不含增值税。③气缸容量是指排气量，以下相同。

【小思考3-1】 卷烟、白酒为何实行复合征税？

答：消费税是一次课征的税种，1994年消费税开征之初，卷烟和白酒也是单一从价税，但部分生产企业通过改变经营方式，设立独立核算的销售公司等，使一部分原本属于生产环节实现的价值转移到了流通环节，缩小了消费税税基，形成了税收上的漏洞。1995年6月国家对于卷烟和白酒在从价征税基础上，又加征了一道从量税，只与课税对象的数量有关，从而在一定程度上避免了税收流失。

（1）卷烟适用税率。卷烟消费税同时采取定额税率和比例税率双重计税：对卷烟先征收一道从量定额税，定额税率为每标准箱（50 000支，下同）150元；然后再按照调拨价格从价计征，每标准条（200支，下同）调拨价格在70元（含70元，不含增值税）以上的卷烟税率为56%，每标准条调拨价格在70元（不含增值税）以下的卷烟税率为36%。

白包卷烟、手工卷烟、自产自用没有同牌号与规格调拨价格的卷烟，委托加工没有同牌号与规格调拨价格的卷烟，未经国务院批准纳入计划的企业和个人生产的卷烟，一律适用56%的比例税率。

自2009年5月起，在卷烟批发环节加征一道从价税，在中国境内从事卷烟批发业务的单位和个人，批发销售的所有牌号规格的卷烟，按其销售额（不含增值税）征收5%的消费税。

（2）从高适用税率。纳税人生产销售两种税率以上的应税消费品，即兼营不同税率的应当缴纳消费税的消费品，应分别核算不同税率应税消费品的销售额、销售数量，未分别核算销售额、销售数量，或将不同税率的应税消费品组成成套消费品销售的，从高适用税率。

对既销售金银首饰，又销售非金银首饰的生产经营单位，应将两类货物分别核算销售额；凡划分不清楚或不能分别核算的，在生产环节销售的，一律从高适用税率；在零售环节销售的，一律按金银首饰征税。

3.2.4 消费税的纳税环节

3.2.4.1 纳税环节的一般规定

为加强源泉控制，消费税的纳税环节一般确定在生产销售环节，即纳税人生产的应税消费品于销售时纳税。销售是指有偿转让应税消费品的所有权；有偿包括从购买方取得货币、货物或其他经济利益。

此外，纳税人生产销售的应税消费品，还包括纳税人用于换取生产资料和消费资料、支付代购手续费或销售回扣，以及在销售数量之外另付给购货方或中间人作为奖励和报酬的应税消费品。

3.2.4.2 纳税环节的特殊规定

（1）进口环节。对纳税人进口的应税消费品，于报关进口时缴纳消费税，由海关负责征收。个人携带或邮寄进入我国境内的应税消费品，在报关进口环节连同关税一并计算纳税。

（2）自用环节。纳税人自产自用的应税消费品，用于连续生产应税消费品的，不纳税；用于其他方面的，于移送使用时纳税。

（3）加工环节。委托加工的应税消费品，除受托方为个人外，由受托方在向委托方交货时代收代缴税款；委托方用于连续生产应税消费品的，所纳税款准予按规定抵扣。

（4）批发环节。在卷烟批发环节加征一道复合税，税率为从价11%加从量0.005元/支，即在中国境内从事卷烟批发业务的单位和个人，凡批发销售的所有牌号、规格的卷烟，应按批发卷烟的销售额（不含增值税）乘以11%加从量0.005元/支缴纳批发环节的消费税。

（5）零售环节。按照税法的规定，金银首饰（含镶嵌首饰）、钻石及钻石饰品在零售环节征税。金银首饰征收范围仅限于金、银和金基、银基合金首饰，金、银和金基、银基合金的镶嵌首饰，不包括镀金（银）、包金（银）首饰，以及镀金（银）、包金（银）镶嵌首饰。

3.2.5 消费税的优惠政策

总体上看，消费税选择征收的应税消费品为非生活必需品，其消费者有较强的税收负担能力。为确保国家财政收入，发挥消费税调节社会经济的特殊作用，对纳税人消费的应税消费品，一般不予减免税。

3.2.5.1 消费税的免税项目

（1）除国家限制出口消费品以外出口的应税消费品。

（2）航空煤油（暂缓征收）。

（3）对用外购或委托加工收回的已税汽油生产的乙醇汽油。

（4）生产企业将自产的石脑油、燃料油用于本企业连续生产乙烯、芳烃类化工产品的，以及按照国家税务总局规定定点直供计划销售自产石脑油、燃料油的。

（5）施工状态下挥发性有机物含量低于420克/升（含）的涂料。

3.2.5.2 消费税的其他优惠

境内货物进入保税物流中心（国家规定的名单）视同出口，实行出口退（免）消费税政策；保税物流中心内货物进入境内视同进口，依据货物的实际状态办理进口报关手续，并按照进口的有关规定征收或免征进口增值税、消费税。

3.3 消费税的计税管理

消费税实行从价定率、从量定额或从价定率与从量定额复合计税的办法计算应纳税额，即对一些供求基本平衡、价格差异不大、计量单位规范的应税消费品，如汽油、柴油等实行从量定额法；对一些供求矛盾突出、价格差异较大、计量单位不规范的应税消费品，如贵重首饰、化妆品等采取从价定率法；而对一些价格和利润差别大、容易采用转让定价方法来规避纳税的应税消费品，如卷烟、白酒等则采用复合计税法。

3.3.1 实行从价定率法应纳税额的计算

消费税是价内税，以含消费税的价格作为计税价格，与增值税相同，即两者均以含消费税不含增值税的价格为计税价格。其应纳税额的计算公式为：

应纳税额=计税销售额×比例税率

3.3.1.1 计税销售额的基本规定

纳税人生产销售应税消费品的计税销售额为纳税人销售应税消费品向购买方收取的全部价款和价外费用，不包括应向购货方收取的增值税税款。其中价外费用是指价外向购买方收取的手续费、补贴、基金、集资费、返还利润、奖励费、违约金、滞纳金、代收代垫款项、延期付款利息、赔偿金、包装费、包装物租金、储备费、优质费、运输装卸费及其他各种性质的价外收费。但下列项目不包括在内：

（1）代垫运输费用。同时符合以下条件的代垫运输费用：一是承运部门的运输费用发票开具给购买方的；二是纳税人将该项发票转交给购买方的。

（2）代收基金或收费。同时符合以下条件代为收取的政府性基金或行政事业性收费：一是由国务院或财政部批准设立的政府性基金，由国务院或省级人民政府及其财政、价格主管部门批准设立的行政事业性收费；二是收取时开具省级以上财政部门印制的财政票据；三是所收款项全额上缴财政。

【例题3-1】一位客户向某汽车制造厂（增值税一般纳税人）订购自用汽车一辆，支付货款（含税）125 400元，另付设计、改装费15 000元。该汽车计征消费税的销售额为：

计税销售额=（125 400+15 000）÷（1+17%）=120 000（元）

3.3.1.2 计税销售额的特殊规定

（1）包装物及押金的计税销售额。实行从价定率法计税应税消费品连同包装销售及包装物押金的计税销售额，作如下税务处理：

①应税消费品连同包装物销售的，无论包装物是否单独计价以及在

会计上如何核算，均应并入应税消费品的销售额中缴纳消费税。

②如果包装物不作价随同产品销售，而是收取押金，此项押金则不应并入应税消费品的销售额中征税。但对因逾期未收回的包装物不再退还的或已收取的时间超过12个月的押金，应并入应税消费品的销售额按照应税消费品的适用税率缴纳消费税。

③对既作价随同应税消费品销售，又另外收取押金的包装物的押金，凡纳税人在规定的期限内没有退还的，均应并入应税消费品的销售额按照应税消费品的适用税率缴纳消费税。

④酒类产品生产企业销售酒类产品（黄酒、啤酒除外）而收取的包装物押金，无论押金是否返还与会计上如何核算，均需并入酒类产品销售额中，依酒类产品的适用税率征收消费税。

（2）含增值税销售额的换算。应税消费品在缴纳消费税的同时还应缴纳增值税。按照《消费税暂行条例实施细则》的规定，应税消费品的销售额，不包括应向购货方收取的增值税税款。如果纳税人应税消费品的销售额中未扣除增值税税款或因不得开具专用发票而发生价款和增值税税款合并收取的，在计算消费税时，应当换算为不含增值税税款的销售额。其换算公式为：

$$应税消费品的销售额=\frac{含增值税的销售额}{1+增值税税率或征收率}$$

【例题3-2】某摩托车生产企业为增值税一般纳税人，2015年5月通过销售门市部以每辆8 190元的零售价销售某型号摩托车20辆。该项业务的计税销售额为：

计税销售额=8 190÷（1+17%）×20=140 000（元）

3.3.1.3　计税销售额的其他规定

（1）组成套装销售应税消费品的税务处理。纳税人将自产的应税消费品与外购或自产的非应税消费品组成套装销售的，以套装产品的销售额（不含增值税）为计税依据计算征收消费税。

（2）应税消费品用于投资入股等的税务处理。纳税人将应税消费品用于投资入股和抵偿债务，换取生产资料和消费资料等方面的，应按纳税人同类应税消费品的最高销售价格计算征收消费税。

（3）非独立核算机构销售应税消费品的税务处理。纳税人通过自设非独立核算门市部销售的自产应税消费品，应按照门市部对外销售额或销售数量计算征收消费税。

（4）应税消费品计税价格明显偏低的税务处理。纳税人应税消费品的计税价格明显偏低并无正当理由的，由主管税务机关核定其计税价格。具体规定为：卷烟、白酒和小汽车的计税价格由国家税务总局核定，送财政部备案；其他应税消费品的计税价格由省、自治区、直辖市国家税务局核定；进口的应税消费品的计税价格由海关核定。

（5）以人民币计算销售额。纳税人以人民币以外的货币结算销售额的，应当折合成人民币计算。其销售额的人民币折合率可选择销售额发生的当天或当月1日的人民币汇率中间价。纳税人应在事先确定采用何种折合率，确定后1年内不得变更。

3.3.1.4 从价定率法的计算案例

【例题3-3】 某酒厂2016年5月销售白酒2 000千克，每千克30元，开具专用发票，另收取包装物押金300元，当月收回包装物，退回包装物押金；销售啤酒20吨给副食品公司，开具专用发票，收取价款58 000元，收取包装物押金3 000元。上述业务应纳消费税为：

（1）白酒应纳消费税=［2 000×30+300÷（1+17%）］×20%+2 000×2×0.5
=14 051.28（元）

（2）确定啤酒适用税率：

（58 000+3 000÷（1+17%））÷20=3 028.21（元）>3 000元

啤酒适用单位税额为250元/吨。

啤酒应纳消费税=20×250=5 000（元）

3.3.2 实行从量定额法应纳税额的计算

3.3.2.1 从量定额计税方法

我国消费税仅对黄酒、啤酒、成品油实行定额税率，采用从量定额方法征税。其计算公式为：

应纳税额=销售数量×定额税率

上述公式中，销售数量是指应税消费品的数量。具体规定为：销售应税消费品的，为应税消费品的销售数量；自产自用应税消费品的，为应税消费品的移送使用数量；委托加工应税消费品的，为纳税人收回的应税消费品数量。实行从量定额法计算应纳税额的应税消费品，其计量单位的换算标准如下：

（1）黄酒1吨=962升。

（2）啤酒1吨=988升。

（3）汽油1吨=1 388升。

（4）柴油1吨=1 176升。

（5）航空煤油1吨=1 246升。

（6）石脑油1吨=1 385升。

（7）溶剂油1吨=1 282升。

（8）润滑油1吨=1 126升。

（9）燃料油1吨=1 015升。

3.3.2.2 从量定额法的计算案例

【例题3-4】 某炼油厂2015年5月销售汽油500吨，取得销售额2 000万元；销售柴油200吨，取得销售额60万元。另将自产汽油20吨、柴油30吨用于本企业运输部门。汽油每吨的生产成本为2 800元，柴油每吨的生产成本为1 500元。

分析：该炼油厂生产的汽油和柴油均为从量定额计征的消费品，生产销售的应按销售数量计税，自产汽油、柴油用于本企业运输部门的应按移送使用数量计税。

应纳消费税=（500+20）×1 388×1.52+（200+30）×1 176×1.2

=1 421 651.2（元）

3.3.3 实行复合计税法应纳税额的计算

3.3.3.1 复合计税法的基本规定

对烟、酒征收消费税，实行复合计税法或全部采用从量定额征收方法是国际上通行的做法，而从价定率计征的方法较为少见。

由于我国烟、酒的级别差异较大，完全采用从量定额方法不利于平衡税负，因此我国于1995年开始对卷烟、白酒实行复合计税方法，即先对卷烟、白酒从量定额计征，然后再从价定率计征。其计算公式为：

应纳税额=计税销售额×比例税率+销售数量×定额税率

3.3.3.2　复合计税法的计算案例

【例题3-5】 某酒厂2016年5月生产A牌粮食白酒20吨，按出厂价取得销售收入80万元。该厂应纳的消费税为：

应纳消费税=80×20%+20×1 000×2×0.5÷10 000=18（万元）

3.3.4　自产自用应税消费品的税额计算

3.3.4.1　税法的基本规定

纳税人自产自用的应税消费品，用于连续生产应税消费品的，不纳税；用于其他方面的，于移送使用时纳税。用于连续生产应税消费品是指纳税人将自产应税消费品作为直接材料生产最终应税消费品，自产自用应税消费品构成最终应税消费品的实体，如烟厂用自己生产的烟丝继续生产卷烟等；用于其他方面是指纳税人将自产自用应税消费品用于生产非应税消费品、在建工程、管理部门、非生产机构、提供劳务、馈赠、赞助、集资、广告、样品、职工福利和奖励等方面，如烟厂将自产卷烟用于本厂职工福利发放等。

3.3.4.2　应纳税额的计算

纳税人自产自用的应税消费品，按照纳税人生产的同类消费品的销售价格计算纳税。同类消费品的销售价格是指纳税人或代收代缴义务人当月销售的同类消费品的销售价格，如果当月同类消费品各期销售价格高低不同，应按销售数量加权平均计算。但销售的应税消费品有下列情况之一的，不得列入加权平均计算：销售价格明显偏低并无正当理由的；无销售价格的。如果当月无销售或当月未完结，应按照同类消费品上月或最近月份的销售价格计算纳税。

没有同类消费品销售价格的，按照组成计税价格计算纳税。实行从价定率法计算纳税的组成计税价格计算公式为：

$$组成计税价格=\frac{成本+利润}{1-比例税率}$$

实行复合计税法计算纳税的组成计税价格计算公式为：

$$组成计税价格=\frac{成本+利润+自产自用数量\times定额税率}{1-比例税率}$$

上述公式中，成本是指应税消费品的产品生产成本；利润是指根据应税消费品的全国平均成本利润率计算的利润。应税消费品全国平均成本利润率由国家税务总局确定。成本利润率见表3-2。

表3-2　　应税消费品全国平均成本利润率表

序号	种类	成本利润率	序号	种类	成本利润率
1	甲类卷烟	10%	11	摩托车	6%
2	乙类卷烟	5%	12	乘用车	8%
3	雪茄烟	5%	13	中轻型商用客车	5%
4	烟丝	5%	14	游艇	10%
5	粮食白酒	10%	15	高档手表	20%
6	薯类白酒	5%	16	高尔夫球及球具	10%
7	其他酒	5%	17	实木地板	5%
8	化妆品	5%	18	木制一次性筷子	5%
9	鞭炮、焰火	5%	19	电池	4%
10	贵重首饰及珠宝玉石	6%	20	涂料	7%

【例题3-6】 某化妆品厂在“妇女节”来临之际，特制一批化妆品无偿赠送给市“三八红旗手”，该厂未生产过该类化妆品。已知该批化妆品生产成本为5 000元，成本利润率为5%。该项业务应按组成计税价格计算缴纳消费税：

应纳消费税=5 000×（1+5%）÷（1−30%）×30%=2 250（元）

3.3.5　外购连续生产应纳消费税的计算

3.3.5.1　税法的基本规定

用外购已税消费品连续生产的应税消费品计算征税时，准予按当期生产领用数量计算扣除外购应税消费品已纳税款。用外购已税消费品连续生产应税消费品准予抵扣税款的范围，仅限以下10个方面：

（1）外购已税烟丝生产的卷烟。

（2）外购已税化妆品生产的化妆品。

（3）外购已税珠宝玉石生产的贵重首饰及珠宝玉石。

（4）外购已税鞭炮、焰火生产的鞭炮、焰火。

（5）外购已税摩托车生产的摩托车，如用外购两轮摩托车改装三轮摩托车。

（6）外购已税杆头、杆身和握把生产的高尔夫球杆。

（7）外购已税木制一次性筷子生产的木制一次性筷子。

（8）外购已税实木地板生产的实木地板。

（9）外购已税汽油、柴油、石脑油、燃料油、润滑油连续生产的成品油。

（10）从葡萄酒生产企业购进、进口已税葡萄酒连续生产的葡萄酒。

需要注意的是：纳税人用外购已税珠宝玉石生产的改在零售环节征收消费税的金银首饰（镶嵌首饰）、钻石及钻石饰品，在计税时一律不得扣除外购珠宝玉石的已纳税款。

3.3.5.2　从价定率法的税额计算

当期准予扣除的外购应税消费品已纳税款 = 当期准予扣除的外购应税消费品买价 × 外购应税消费品适用税率

当期准予扣除的外购应税消费品买价 = 期初库存的外购应税消费品的买价 + 当期购进的应税消费品的买价 − 期末库存的外购应税消费品的买价

如果是进口应税消费品，其外购连续生产应纳消费税计算公式为：

当期准予扣除的进口应税消费品已纳税款 = 期初库存的进口应税消费品已纳税款 + 当期进口应税消费品已纳税款 − 期末库存的进口应税消费品已纳税款

外购应税消费品的买价是指购货发票上注明的销售额，但不包括增值税税额。进口应税消费品已纳税款为“海关进口消费税专用缴款书”注明的进口环节消费税。在扣除外购应税消费品已纳税额时，应注意以下两个问题：

（1）对自己不生产应税消费品，而只是购进后再销售应税消费品的工业企业，其销售化妆品、鞭炮焰火和珠宝玉石，凡不能构成最终消费品直接进入市场，而需进一步生产加工的，应当征收消费税，并允许扣除上述外购应税消费品的已纳税额。

（2）允许扣除已纳税额的应税消费品，只限于从工业企业购进的应税消费品和进口环节已纳消费税的应税消费品，对从境内商业企业购进应税消费品的，已纳税款一律不得扣除。

【例题3-7】某烟厂购进A种烟丝一批，取得专用发票，注明价款100 000元、增值税17 000元，A种烟丝本月有一半被甲、乙两种卷烟生产所领用；购进B种烟丝一批，取得专用发票，注明价款40 000元、增值税6 800元，款项已付，材料尚未验收入库。销售甲种卷烟6箱，价款150 000元、增值税25 500元。上述业务应纳消费税为：

（1）外购烟丝准予扣除的买价=100 00÷2

=50 000（元）

（2）外购烟丝准予扣除的消费税=50 000×30%

=15 000（元）

（3）销售卷烟适用消费税税率：

150 000÷6÷250=100（元）

所以该卷烟适用税率56%。

（4）销售卷烟应纳消费税=150 000×56%+6×150−15 000=69 900（元）

3.3.5.3　从量定额法的税额计算

$$\frac{当期准予扣除的外购}{应税消费品已纳税款}=\frac{当期准予扣除外购}{应税消费品数量}\times\frac{外购应税消费品}{单位税额}$$

$$\frac{当期准予扣除外购}{应税消费品数量}=\frac{期初库存外购}{应税消费品数量}+\frac{当期购进外购}{应税消费品数量}-\frac{期末库存外购}{应税消费品数量}$$

3.3.5.4　消费税的税款抵扣凭证

纳税人在办理消费税税款抵扣手续时，应按有关规定提供下列资料：

（1）纳税人从增值税一般纳税人（仅限生产企业，下同）购进应税消费品，外购应税消费品的抵扣凭证为外购应税消费品专用发票（抵扣联）原件、复印件和最终产品销货清单。

（2）纳税人从增值税小规模纳税人购进应税消费品，外购应税消费品的抵扣凭证为主管税务机关代开的专用发票。主管税务机关在为纳税人代开专用发票时，应同时征收消费税。

（3）进口应税消费品连续生产应税消费品的，进口应税消费品的抵扣凭证为“海关进口消费税专用缴款书”原件和复印件。纳税人不提供“海关进口消费税专用缴款书”的，不予抵扣进口应税消费品已缴纳的消费税。

3.3.6 委托加工应税消费品的税额计算

3.3.6.1 税法的基本规定

委托加工应税消费品是指由委托方提供原料和主要材料，受托方只收取加工费和代垫部分辅助材料加工的应税消费品。

但下列情况均不属于委托加工：一是由受托方提供原材料生产的应税消费品；二是受托方先将原材料卖给委托方，然后再接受加工的应税消费品；三是由受托方以委托方名义购进原材料生产的应税消费品。上述3种情形不论纳税人在财务上是否作销售处理，都不得作为委托加工应税消费品，而应当按照销售自制应税消费品缴纳消费税。

3.3.6.2 应纳税额计算

委托加工应税消费品，按照受托方的同类消费品的销售价格计算纳税；没有同类消费品销售价格的，按照组成计税价格计算纳税。实行从价定率法计算纳税的组成计税价格计算公式为：

$$组成计税价格=\frac{材料成本+加工费}{1-比例税率}$$

实行复合计税法计算纳税的组成计税价格计算公式为：

$$组成计税价格=\frac{材料成本+加工费+委托加工数量\times定额税率}{1-比例税率}$$

上述公式中，材料成本是指委托方所提供加工材料的实际成本。委托加工应税消费品的纳税人，必须在委托加工合同上如实注明（或以其他方式提供）材料成本，凡未提供材料成本的，受托方主管税务机关有权核定其材料成本。加工费是指受托方加工应税消费品向委托方所收取的全部费用（包括代垫辅助材料的实际成本）。

【例题3-8】 某企业从农业生产者手中收购玉米50吨，每吨收购价3 000元，共支付收购价款150 000元。企业将收购的玉米从收购地直接运往异地的某酒厂生产加工白酒，酒厂在加工过程中代垫辅助材料款16 000元。白酒加工完毕，企业共收回白酒100吨，取得酒厂开具的专用发票，注明加工费30 000元、增值税税额5 100元。加工的白酒当地无同类产品市场价格。该项业务中酒厂为白酒消费税的代收代缴义务人，酒厂应代收代缴的消费税为：

组成计税价格 $=[150\ 000\times(1-13\%)+30\ 000+16\ 000+100\times2\ 000\times0.5]\div(1-20\%)$

$=345\ 625$（元）

酒厂应代收代缴的消费税=345 625×20%+100×2 000×0.5=169 125（元）

3.3.7 委托加工连续生产应纳消费税的计算

3.3.7.1 税法的基本规定

委托方委托加工应税消费品收回后，直接销售或视同销售不纳消费税，直接销售即指以不高于受托方的计税价格出售；如果以高于受托方的计税价格出售，应按规定缴纳消费税，在计税时准予扣除受托方已代收代缴的消费税。但用于连续生产应税消费品计算征税时，准予按当期生产领用数量计算扣除委托加工应税消费品已纳的税款。用委托加工收回的应税消费品连续生产应税消费品准予抵扣税款的范围，仅限于以下9个方面：

（1）以委托加工收回已税烟丝生产的卷烟。

（2）以委托加工收回已税化妆品生产的化妆品。

（3）以委托加工收回已税珠宝玉石生产的贵重首饰及珠宝玉石。

（4）以委托加工收回已税鞭炮、焰火生产的鞭炮、焰火。

（5）以委托加工收回已税摩托车生产的摩托车，如用外购两轮摩托车改装三轮摩托车。

（6）以委托加工收回已税杆头、杆身和握把生产的高尔夫球杆。

（7）以委托加工收回已税木制一次性筷子生产的木制一次性筷子。

（8）以委托加工收回已税实木地板生产的实木地板。

（9）以委托加工收回已税汽油、柴油、石脑油、燃料油、润滑油连续生产的成品油。

需要注意的是：纳税人用委托加工已税珠宝玉石生产的改在零售环节征收消费税的金银首饰（镶嵌首饰）、钻石及钻石饰品，在计税时一律不得扣除委托加工已税珠宝玉石的已纳税款。

3.3.7.2 应纳税额的计算

当期准予扣除的委托加工应税消费品已纳税款=期初库存的委托加工应税消费品已纳税款+当期收回的委托加工应税消费品已纳税款-期末库存的委托加工应税消费品已纳税款。

【例题3-9】某卷烟厂2016年5月委托某烟丝加工厂（小规模纳税人）加工一批烟丝，卷烟厂提供的烟叶在委托加工合同上注明成本8万元。烟丝加工完，卷烟厂提货时，加工厂收取加工费，开具普通发票，注明金额1.272万元，并代收代缴了烟丝的消费税。卷烟厂将这批加工收回的烟丝50%对外直接销售，取得收入6.5万元；另50%当月全部用于生产卷烟。本月销售卷烟40标准箱，取得不含税收入60万元。该厂销售卷烟应纳的消费税为：

（1）被受托方代收代缴消费税=［8+1.272÷（1+17%）］÷（1−30%）×30%
=3.895（万元）

（2）销售卷烟适用税率：

每条卷烟价格=600 000÷40÷（50 000÷200）=60（元）

该卷烟适用消费税税率36%。

（3）销售卷烟应纳消费税=60×36%+40×150÷10 000−3.895÷2=20.25（万元）

委托加工收回应税消费品连续生产应税消费品的，应税消费品的抵扣凭证为“代扣代收税款凭证”原件和复印件。纳税人未提供“代扣代收税款凭证”的，不予扣除受托方代收代缴的消费税。

3.3.8 进口应税消费品的税额计算

3.3.8.1 从价定率法的税额计算

应税消费品报关进口后还没有实现销售，不能根据实际销售收入征税，如果以关税完税价格为计税依据，就会使进口应税消费品与国内生产的同种应税消费品的计税依据不一致，从而使进口应税消费品的税负低于国内生产的同种应税消费品的税负。因此，税法规定对进口应税消费品按其组成计税价格征收消费税。其组成计税价格的计算公式为：

$$组成计税价格=\frac{关税完税价格\times（1+关税税率）}{1-消费税税率}$$

应纳税额=组成计税价格×适用税率

上述公式，关税完税价格是指经海关核定的关税计税价格，即确定的货物在采购地的正常批发价格，加上运抵我国输入口岸起卸前的包装费、运费、保险费、手续费等一切费用之和。进口货物在采购地的正常批发价格海关未能确定的，到岸价格由海关估定。

3.3.8.2　从量定额法的税额计算

对进口应税消费品实行从量定额计算征收消费税的，其计税依据是进口应税消费品数量。其计算公式为：

应纳税额=进口的应税消费品数量×单位税额

3.3.8.3　复合计税法的税额计算

对进口应税消费品实行复合计税法征收消费税的，其计税依据是进口应税消费品组成计税价格和进口数量。其计算公式为：

应纳税额=组成计税价格×比例税率+进口应税消费品数量×单位税额

$$组成计税价格=\frac{关税完税价格+关税+进口应税消费品数量\times 消费税定额税率}{1-消费税税率}$$

【例题3-10】 中秋节前某外贸公司从境外进口粮食白酒2 000千克，该批白酒关税完税价格为13 600元，关税税率为15%。上述业务应纳消费税为：

组成计税价格=［13 600×（1+15%）+2 000×2×0.5］÷（1−20%）

=22 050（元）

应纳消费税=22 050×20%+2 000×2×0.5=6 410（元）

3.3.8.4　进口卷烟应纳税额的计算

进口卷烟与国产卷烟均适用复合计税法征收消费税，先确定所适用的比例税率，然后按照组成计税价格计算从价税，按照进口数量计算从量税（定额税），但确定卷烟组成计税价格时须考虑定额税。具体计算程序及规定如下：

（1）确定适用的税率。每标准条进口卷烟（200支），确定消费税适用比例税率的价格。其计算公式为：

$$适用比例税率的价格=\frac{关税完税价格+关税+消费税定额税}{1-消费税税率}$$

上述公式中，关税完税价格和关税为每标准条进口卷烟的关税完税价格及关税税额；消费税定额税率为每标准条0.6元（依据消费税定额税率折算而成）；消费税税率固定为30%。

根据上述公式计算的每标准条进口卷烟确定消费税适用比例税率的价格≥70元人民币的，适用比例税率为56%；价格<70元人民币的，适用比例税率为36%。

（2）计算卷烟的从价税。进口卷烟的从价计征消费税，按照组成计税价格和确定的比例税率计算。其计算公式为：

$$进口卷烟消费税组成计税价格=\frac{关税完税价格+关税+消费税定额税}{1-消费税适用比例税率}$$

进口卷烟应纳从价消费税=进口卷烟消费税组成计税价格×消费税适用比例税率

（3）进口卷烟的从量税。进口卷烟的从量计征消费税，按照定额税率计算。其计算公式为：

进口卷烟应纳定额消费税=海关核定的进口卷烟数量×消费税定额税率

进口应税消费品的消费税由海关代征，由进口人或其代理人向报关地海关申报纳税。

【例题3-11】 有进出口经营权的某外贸公司，7月从国外进口卷烟320箱（标准箱），支付买价200万元，支付到达我国海关前的运输费用12万元、保险费用8万元。已知进口卷烟的关税税率为20%。上述业务应纳消费税为：

每条进口卷烟消费税适用比例税率的价格 =[（2 000 000+120 000+80 000）÷（320×250）×（1+20%）+0.6]÷（1−30%）
=48（元）

单条卷烟价格小于70元，适用消费税税率为36%。

进口卷烟应缴纳的消费税 =[（2 000 000+120 000+80 000）×（1+20%）+0.6×320×250]÷（1−36%）×36%+320×150
=1 560 000（元）

3.3.9 消费税的征收管理

3.3.9.1 消费税的纳税义务发生时间

（1）采取赊销和分期收款结算方式的，为书面合同约定的收款日期的当天；书面合同没有约定收款日期或无书面合同的，为发出应税消费品的当天。

（2）采取预收货款结算方式的，为发出应税消费品的当天。

（3）采取托收承付和委托银行收款方式的，为发出应税消费品并办妥托收手续的当天。

（4）采取其他结算方式的，为收讫销售款或取得索取销售款凭据的当天。

（5）纳税人自产自用应税消费品的，为移送使用的当天。

（6）纳税人委托加工应税消费品的，为纳税人提货的当天。

（7）纳税人进口应税消费品的，为报关进口的当天。

3.3.9.2　消费税的纳税期限

消费税的纳税期限分别为1日、3日、5日、10日、15日、1个月或1个季度。纳税人的具体纳税期限，由主管税务机关根据纳税人应纳税额的大小分别核定；不能按照固定期限纳税的，可以按次纳税。

纳税人以1个月或1个季度为一个纳税期的，自期满之日起15日内申报纳税；以1日、3日、5日、10日或15日为一个纳税期的，自期满之日起5日内预缴税款，于次月1日起15日内申报纳税并结清上月应纳税款。

纳税人进口应税消费品，应当自海关填发“海关进口消费税专用缴款书”之日起15日内缴纳税款。

3.3.9.3　消费税的纳税地点

（1）纳税人销售应税消费品，以及自产自用应税消费品，除国务院财政、税务主管部门另有规定外，应当向纳税人机构所在地或居住地的主管税务机关申报纳税。

（2）纳税人的总机构与分支机构不在同一县（市）的，应当分别向各自机构所在地的主管税务机关申报纳税；经财政部、国家税务总局或其授权的财政、税务机关批准，可以由总机构汇总向总机构所在地的主管税务机关申报纳税。

（3）委托加工应税消费品，除受托方为个人外，由受托方向机构所在地或居住地的主管税务机关解缴消费税税款。委托个人加工应税消费品，由委托方向其机构所在地或居住地主管税务机关申报纳税。

（4）纳税人到外县（市）销售或委托外县（市）代销自产应税消费品的，于应税消费品销售后，向机构所在地或居住地主管税务机关申报纳税。

（5）进口应税消费品，应当向报关地海关申报纳税。

3.3.9.4 消费税的征收机关

消费税由税务机关征收，进口应税消费品的消费税由海关代征。个人携带或邮寄进境应税消费品的消费税，连同关税一并由海关计征。具体办法由国务院关税税则委员会会同有关部门制定。

3.4 消费税的出口退税

纳税人出口应税消费品已纳的消费税税款，国家一般给予出口应税消费品退（免）税政策。其主要规定与增值税出口退税大体相同，不同之处阐述如下：

3.4.1 消费税出口的退（免）税政策

3.4.1.1 出口免税并退税

适用于有出口经营权的外贸企业购进应税消费品直接出口以及外贸企业受其他外贸企业委托代理出口应税消费品。

需要注意的是：外贸企业只有受其他外贸企业委托，代理出口应税消费品才可办理退税，外贸企业受其他企业（主要是非生产性的商贸企业）委托，代理出口应税消费品是不予退（免）税的。这个政策与出口货物退（免）增值税的政策规定是一致的。

3.4.1.2 出口免税但不退税

有出口经营权的生产企业自营出口或生产企业委托外贸企业代理出口自产的应税消费品，依据其实际出口数量免征消费税，不予办理退还消费税。

免征消费税是指对生产企业按其实际出口数量免征生产环节的消费税。不予办理退还消费税是指因已免征生产环节的消费税，该应税消费品出口时已不含消费税，所以也无须再办理退还消费税了。

3.4.1.3 出口不免税也不退税

除生产企业、外贸企业外的其他企业，具体是指一般商贸企业，这类企业委托外贸企业代理出口应税消费品一律不予退（免）税。

3.4.2 出口应税消费品退税额的计算

3.4.2.1 出口应税消费品退税率的确定

当出口的货物是应税消费品时，应退还增值税的要按规定的退税率计算，其退还消费税则按该应税消费品所适用的消费税税率计算。

企业应将消费税税率不同的出口应税消费品分开核算和申报，凡划分不清适用税率的，一律从低适用税率计算应退消费税税额。

3.4.2.2 一般出口应税消费品退税额的计算

外贸企业从生产企业购进货物直接出口或受其他外贸企业委托代理出口应税消费品的应退消费税税款，分两种情况处理：

（1）从价定率计征消费税退税额的计算。属于从价定率计征消费税的应税消费品，应依照外贸企业从工厂购进货物时征收消费税的价格计算应退消费税税款。其计算公式为：

应退消费税税款=出口货物的工厂销售额×消费税税率

上述公式中，出口货物的工厂销售额不包含增值税。对于含增值税的价格，应将其换算为不含增值税的销售额。消费税税率为“消费税税目税率表”中规定的税率。

（2）从量定额计征消费税退税额的计算。属于从量定额计征消费税的应税消费品，应依货物购进和报关出口的数量计算应退消费税税款。其计算公式为：

应退消费税税款=出口数量×应税消费品的单位税额

3.4.2.3 卷烟出口应税消费品退税额的计算

根据财政部、国家税务总局规定，免税出口卷烟转入成本的进项税额，按出口卷烟含消费税的金额占全部销售额的比例计算分摊，其含税金额按下列两种情况办理：

（1）国内有同类产品销售价格的处理。当生产企业销售的出口卷烟在国内有同类产品销售价格时，其计算公式为：

出口卷烟含税金额=出口销售数量×销售价格

上述公式中，销售价格为同类产品生产企业国内实际调拨价格。实际调拨价格低于税务机关公示的计税价格，按公示的计税价格办理；高于税务机关公示的计税价格，应按实际调拨价格办理。

（2）国内无同类产品销售价格的处理。当生产企业销售的出口卷烟在国内没有同类产品销售价格时，其计算公式为：

$$\text{出口卷烟含税金额}=\text{出口销售额}\div(1-\text{消费税比例税率})+\text{出口销售数量}\times\text{消费税定额税率}$$

上述公式中，出口销售额以出口发票计算的出口货物离岸价格为准。出口发票不能如实反映实际离岸价格的，企业必须按照实际离岸价格向主管税务机关进行申报，同时主管税务机关有权依照《税收征管法》和增值税法等有关规定予以核定。消费税比例税率是指卷烟生产企业销售卷烟的实际价格或核定的计税价格所适用的比例税率。

3.4.3 出口应税消费品的退税管理

除国务院另有规定外，对纳税人出口应税消费品免征消费税。出口应税消费品的免税办法，由国务院财政、税务主管部门规定。

出口应税消费品办理退税后，发生退关或国外退货，进口时予以免税的，报关出口者必须及时向其机构所在地或居住地主管税务机关申报补缴已退的消费税税款。

纳税人直接出口应税消费品办理免税后，发生退关或国外退货，进口时已予以免税的，经机构所在地或居住地主管税务机关批准，可暂不办理补税，待其转为国内销售时，再申报补缴消费税。

纳税人销售应税消费品，如因质量等原因由购买者退回，经机构所在地或居住地主管税务机关审核批准后，可退还已缴纳的消费税税款。

消费税的其他征收管理事项，按照《税收征管法》及其实施细则等相关规定执行。

本章小结

● 消费税是对消费品或消费行为征收的一种税，为世界各国所普遍开征。我国在增值税对货物征税的基础上，有选择地对一部分特殊消费品征收消费税。

● 消费税设置了烟、酒、化妆品、贵重首饰及珠宝玉石、鞭炮焰火、成品油、摩托车、小汽车、游艇、高档手表、高尔夫球及球具、实木地板、木制一次性筷子、电池、涂料共15个税目。

● 消费税对不同税目实行有差别的定额税率和比例税率，分别在生产、进口、自用、加工、批发和零售环节缴纳。

● 消费税从价定率应纳税额为计税销售额乘以比例税率，从量定额应纳税额为销售数量乘以定额税率，复合计税应纳税额为从价定率应纳消费税税额加从量定额应纳消费税税额。

● 消费税纳税义务时间一般为收讫销售额、取得索取销售款凭据或报关进口的当天。消费税纳税地点一般为纳税人的核算地。

● 消费税对出口货物分别不同情况，实行出口退税、出口免税和出口正常纳税。

主要观念和概念

★ 主要观念

消费观念　节约观念　纳税观念

★ 主要概念

消费税　委托加工　自产自用

基本训练

★ 知识题

一、简答题

1.如何理解消费税的特点?

2.消费税的纳税义务人有哪些?

3.如何确定消费税的纳税环节?

4.如何计算缴纳消费税?

5.消费税的出口退税政策是什么?

二、应用题

1.选择题（含单项选择题与多项选择题）

(1) 下列经营业务中，征收消费税的是（　　）。

A.化妆品厂作为样品赠给客户的香水

B.用于产品质量检验的高尔夫球杆

C.白酒厂向百货公司销售的试制药酒

D.白酒厂自设门市部销售的散装白酒

(2) 纳税人自产自用的应税消费品需缴纳消费税的有（　　）。

A.生产石脑油用于本企业连续生产汽油

B.日用化工厂自产化妆品用于促销赠品

C.汽车制造厂自产小汽车用于后勤服务

D.木筷厂自产木筷用于本企业职工食堂

(3) 下列环节既征消费税又征增值税的有（　　）。

A.烟丝用于继续生产卷烟的环节

B.金银首饰的生产和零售环节

C.金银首饰的零售环节

D.化妆用品的生产环节

(4) 下列关于消费税计税依据说法正确的是（　　）。

A.对生产销售达到低污染排放值的小汽车、越野车和小客车减征30%的消费税

B.通过非独立核算门市部销售自产应税消费品时，应按移送给非独立核算门市部销售额或数量计征消费税

C.已核定最低计税价格的白酒，生产企业实际销售价格高于消费税最低计税价格的，按核定最低计税价格申报纳税

D.纳税人将不同税率的应税消费品组成成套消费品销售的，按照各自税率征收消费税

2.判断题

(1) 纳税人销售应税消费品，如因质量等原因由购买者退回，不可以自行直接抵减当期应纳消费税税款。（　　）

(2) 从事卷烟批发业务的单位和个人，批发销售的所有牌号规格的卷烟，按其销售额（不含增值税）征收11%的从价加0.005元/斤的从量的消费税。（　　）

(3) 企业应将不同的出口应税消费品分开核算和申报退税，凡划分不清适用税率的，一律从高适用税率计算应退消费税。（　　）

(4) 委托加工应税消费品，受托方在交货时已代收代缴消费税的，委托方收回连续生产应税消费品不再缴纳消费税。（　　）

(5) 某电器生产企业销售电器产品，合同约定5月10日收取价款

的80%，5月10日按规定发出全部货物，10日应确认全部收入。（　　）

★ 技能题

一、规则复习

1. 消费税税目税率的基本规定。

2. 有关消费税应纳税额的基本计算公式。

二、操作练习

1. 分析并说明消费税计税依据的主要规定。

2. 分析并计算企业消费税的应纳税额。

★ 能力题

一、计算题

1. 某摩托车生产企业2015年生产两轮摩托车20万辆，每辆不含税销售价0.46万元。全年销售两轮摩托车19万辆，销售合同记载取得不含税销售收入87 400万元。部分摩托车由该生产企业直接送货，运输合同记载取得送货的运输费收入468万元并开具普通发票；全年生产三轮摩托车3万辆，每辆不含税销售价0.36万元。全年销售三轮摩托车2.8万辆，销售合同记载取得不含税销售收入10 080万元。两轮摩托车和三轮摩托车消费税税率均为10%。

要求：请根据上述资料，计算该企业当年应纳的消费税。

2. 某酒厂为增值税一般纳税人，主要生产粮食白酒和啤酒。2016年4月销售粮食白酒30吨，取得不含税销售收入10.5万元；销售啤酒150吨，每吨不含税售价2 900元。另外，收取粮食白酒品牌使用费4 680元；本月销售粮食白酒收取包装物押金9 360元，销售啤酒收取包装物押金1 170元。

要求：请根据上述资料，计算该酒厂本月应纳的消费税。

二、分析题

某卷烟厂为增值税一般纳税人，主要生产A牌卷烟（不含税调拨价100元/标准条）及雪茄烟，4月发生如下业务：

（1）从烟农手中购进烟叶，买价100万元，并按规定支付了10%的价外补贴，将其运往甲企业委托加工烟丝，发生运费8万元，取得运费发票；向甲企业支付加工费，取得专用发票，注明加工费12万元、增值税2.04万元。该批烟丝已收回入库，但本月未领用。

（2）从乙企业购进烟丝，取得增值税专用发票，注明价款400万元、增值税68万元；从小规模纳税人购进烟丝，取得税务机关代开的专用发票，注明价款300万元。

（3）进口一批烟丝，支付货价300万元、经纪费12万元，该批烟丝运抵我国输入地点起卸前发生运费及保险费共计38万元。

（4）以成本为350万元的特制自产烟丝生产雪茄烟。

（5）销售雪茄烟取得不含税收入600万元，并收取品牌专卖费9.36万元；领用外购烟丝生产A牌卷烟，销售A牌卷烟400标准箱。

（6）本月外购烟丝发生霉烂，成本20万元。

（7）月初库存外购烟丝30万元，月末库存外购烟丝50万元。

（8）本月取得的相关凭证符合规定，并在本月认证抵扣，烟丝消费税税率为30%，烟丝关税税率为10%。卷烟生产环节消费税为56%、150元/箱，雪茄烟消费税税率为36%。

要求：请根据上述资料，分析计算该卷烟厂本月应纳的消费税。

三、网上调研

1. 利用电子图书馆和因特网资源收集有关我国消费税的资料，通过整理与分析，准确把握知识点，巩固所学知识与技能。

2. 网上查询有关各国消费税的法律制度，分析中外消费税制的异同对我国消费税制改革的启示。

四、单元实践

以小组为单位，选择部分企业、厂矿进行调查访问，了解消费税政策对我国经济社会发展的影响；讨论典型偷逃消费税案例，提出解决或防范思路。

第4章

关税法

学习目标

☆**知识目标**

——了解开征关税的现实意义及发展趋势。

——理解关税的分类、特点和作用。

——掌握关税的税则税率及优惠政策。

——熟悉关税的征收管理与保税制度。

——理解船舶吨税的概念及计算缴纳。

☆**技能目标**

——正确确定关税的完税价格。

——掌握关税应纳税额的计算方法。

☆**能力目标**

——实地调研关税纳税人的缴纳及申报情况。

——正确计算关税的应纳税额并能进行案例分析。

中国海关及WTO成员的关税减让义务

中国海关是国家进出境监督管理机关，海关系统实行垂直管理的领导体制，设有海关总署（广东分署和天津、上海特派员办事处）、41个直属海关和313个隶属海关等3个层次的组织机构。

1.海关总署。海关总署于1949年10月设立，是中国海关的最高领导机关，是国务院正部级直属机构。海关总署内设16个部门、6个在京直属事业单位、4个社会团体、3个派驻机构和3个驻外机构，下设广东分署、30个局级海关、17个副局级海关和300多个处级以下海关，分别依法独立行使职权。其主要职责之一是研究拟定关税征收管理条例及其实施细则，组织征收关税和其他税费。

2.海关总署关税征管司。海关总署内设的关税征管司主要负责征收关税和其他税费。其基本职责是：研究提出关税和进口环节税征收管理制度，管理进出口货物完税价格审定，组织实施关税和进口环节税减免；研究提出对特定地区、特殊贸易方式和特殊商品的关税征管规定并组织实施，以及组织实施反倾销、反补贴措施；研究提出加工贸易、保税仓库、保税工厂和保税区监管制度并组织实施。

3.国务院关税税则委员会。该委员会是国务院的议事协调机构，主要职责是：审定调整关税税率、关税年度暂定税率、关税配额税率、特别关税（包括反倾销税和反补贴税）税率和修订关税税则、税目、税号的方案；批准有关国家适用税则优惠税率的方案；审议上报国务院重大关税政策和对外关税谈判方案；提出制定和修订《中华人民共和国进出口关税条例》的方针、政策和原则，并审议其修订草案。

4.WTO成员关税减让义务。关税是WTO允许各成员使用的保护国内工业的重要政策工具。WTO成员关税方面的基本义务：一是非歧视性地征收关税，这是最惠国待遇的基本要求，但经济一体化组织内部成员之间的优惠不适用于对发展中国家实行的关税优惠；二是降低并约束关税，WTO成员在加入时或通过多边贸易谈判达成的关税减让，是一国承诺开放本国市场的重要基础，也是在WTO中可以获取利益的重要条件。各成员将其愿意进行关税减让承诺的产品及约束税率水平，列在各自的关税减让表中。

关税法是流转税法的重要组成部分。关税是一个古老的税种，是维护国家主权和经济利益的重要手段，也是当今世界各国广泛征收的税种之一，为各国所重视和研究。我国关税历史悠久，尤其是改革开放至今，关税法律制度几经修订和完善，逐步与WTO规则及国际惯例相衔接。我国2015年关税收入2 555亿元，占税收收入总额（124 892亿元）的2.05%。

4.1 关税法基础理论

4.1.1 关税法的概念

4.1.1.1 关税法的含义

关税是海关对进出国境或关境的货物、物品征收的一种税。我国关税是指对进出中国境内的货物和物品按其完税价格征收的一种税。

关税法是指国家制定的用以调整国家与关税纳税人之间征纳活动的权利与义务关系的法律规范。其基本法律依据是全国人民代表大会2013年12月修订并颁布的《中华人民共和国海关法》、国务院2010年12月通过发布的《中华人民共和国进出口关税条例》，以及国务院关税税则委员会发布实施的《中华人民共和国海关进出口税则》（2016年）和海关总署发布的《关于2016年关税实施方案的通知》等。

【小思考4-1】关税中的关境与国境有何异同？

答：所谓“境”指关境，又称“海关境域”或“关税领域”，是国家海关法全面实施的领域。通常情况下，一国关境与国境是一致的，包括国家全部的领土、领海、领空。有时两者又是不一致的，即关境小于或大于国境。

当某一国在国境内设立了自由港、自由贸易区时，这些区域就进出口关税而言处在关境之外，这时该国的关境小于国境。例如，我国香港和澳门保持自由港地位，为我国单独的关税地区，即单独关境区。单独关境区是不完全适用本国海关法律、法规或实施单独海关管理制度的区域。

当几个国家结成关税同盟，组成一个共同的关境，实施统一的关税法令和统一的对外税则时，这些国家之间货物进出国境不征收关税，只对来自或运往其他国家的货物进出共同关境征收关税，这些国家的关境大于国境，如欧盟。

4.1.1.2　关税的演变

关税是我国历史上最为悠久、开征最早的税种之一。《周礼·地官》中就有"关市之征"的记载。唐代设立的"市舶司"专门负责对国外来华贸易货物和船舶征收关税，关税的内容更为明确。19世纪中叶后，鸦片战争以及随后帝国主义国家的侵华战争，强加给我国许多不平等条约和通商章程，制定"值百抽五"的片面关税协定，剥夺了我国的关税自主权和海关管理权。

新中国成立后，取缔了帝国主义在中国的一切特权，建立了完全独立自主的保护关税和海关管理制度。1949年10月设立海关总署，统一领导全国海关机构和业务。1951年5月公布了《中华人民共和国暂行海关法》，同时公布了《中华人民共和国海关进出口税则》和《中华人民共和国海关进出口税则暂行实施条例》。

党的十一届三中全会以来，随着改革开放的迅速发展，1985年国务院重新发布了《中华人民共和国进出口关税条例》和《中华人民共和国海关进出口税则》；1987年1月第六届全国人民代表大会常务委员会第19次会议通过了《中华人民共和国海关法》（以下简称《海关法》），其中第5章为《关税》；1987年和1992年先后两次修订了《中华人民共和国进出口关税条例》；2000年7月第九届全国人民代表大会常务委员会第16次会议表决通过《关于修改〈中华人民共和国海关法〉的决定》2013年6月和12月两次修订《海关法》。2003年10月和2010年12月国务院修订发布了《中华人民共和国进出口关税条例》，同时关税税则委员会审定并报国务院批准颁布了《中华人民共和国海关进出口税则》和《中华人民共和国海关入境旅客行李物品和个人邮递物品征收进口税办法》；2016年1月实施了新的《中华人民共和国海关进出口税则》（以下简称《进出口税则》）。新修订的《海关法》和《进出口税则》对推动国民经济发展，扩大对外经济贸易、科技与文化交往，保证社会主义现代化建设，以及进一步保证进出口企业的合法权益、促进企业发展具有积极的现实意义。

4.1.2 关税的分类

关税按不同的标准有不同的分类，其标准主要有货物流向、计税标准、征收目的和差别待遇等。

4.1.2.1 按货物流向的分类

（1）进口关税。进口关税是指对国外输入本国的货物和物品征收的一种税。它是一种最主要的关税。

（2）出口关税。出口关税是指对货物出境征收的一种税。主要是一些发展中国家征收出口关税，我国仅对少数货物征收出口关税。

（3）过境关税。过境关税是指对外国经过本国国境（关境）运往另一国的货物征收关税。目前绝大多数国家都不征收过境关税，只有伊朗、委内瑞拉等少数国家仍在征收过境关税。

4.1.2.2 按关税计税标准的分类

（1）从量关税。从量关税是指以征税对象的计量单位（重量、件数、长度和容积等）为计税标准，按每一个计量单位预先制定的税额计征的关税。

（2）从价关税。从价关税是指以征税对象的价格为计税依据，根据税率按一定比例计征的关税。

（3）复合关税。复合关税是指对一种进口货物同时定出从价、从量两种方式，分别计算出税额，以两个税额之和作为该货物的应纳税额的一种关税。

（4）选择关税。选择关税是指对同一种货物在关税税则中规定有从价、从量两种关税税率，在征税时选择征收税额较多或较少的一种关税。

（5）滑准关税。滑准关税是指对某种货物在税则中预先按该商品的价格规定几档关税税率，价格高的该项物品适用较低税率，价格低的该项物品适用较高税率。目前我国对进口棉花实行滑准关税。

4.1.2.3 按关税征收目的的分类

（1）财政关税。财政关税是指以保证国家财政收入为主要目的而征收的关税。其特点有以下3个：一是把税源大，即进口数量多、消费量大的商品列入征税对象范围；二是对进口货物征税的税率较低，以免因税率过高影响进口数量，达不到增加财政收入的目的；三是对本国不能生产、无替代产品的进口货物，采用低税率征税。

（2）保护关税。保护关税又称关税壁垒，是指以保护本国工农业生产或经济长期稳定增长为主要目的而征收的关税。主要体现在进口关税方面，即通过征收高额关税，使进口货物成本提高，从而削弱其在进口国市场上的竞争能力，限制外国货物输入，以达到保护本国经济发展的目的。

4.1.2.4　按关税差别待遇的分类

（1）优惠关税。优惠关税是指对某些国家的进口货物按照较一般税率更低的税率征收的关税。由于历史、政治、经济原因，缔约国之间或单方面给予的比正常关税税率低的关税优待，可分为互惠关税、特惠关税、最惠国待遇和普惠制。互惠关税是两国间协商签订协定，对进出口货物相互提供较低的关税税率，直至免税；特惠关税是一个国家或某一经济集团对某些特定国家的全部进口货物或部分货物单方面给予低关税或免税待遇的特殊优惠；最惠国待遇是缔约国一方给予第三国的一切特权、优惠和豁免，缔约国另一方可以享受同样的待遇；普惠制是发达国家对来自发展中国家的某些进口货物，特别是工业制成品和半制成品给予一种普遍的关税优惠制度，而不求发展中国家给予回报。

（2）歧视关税。歧视关税是指对某些国家的进口货物按照较一般税率更高的税率征收的关税。它可以是正税，也可以是附加税，但更多的是具有临时性的附加税。歧视关税通过提高关税税率，加重关税负担。作为保护和报复的手段，可分为反补贴关税、反倾销关税、报复性关税和保障性关税。反补贴关税是出口国政府间接或直接给予出口产品津贴或补贴，进口国在进口该产品时就津贴或补贴部分征收的附加关税；反倾销关税是对于特定出口国的特定产品，进口国专门征收的一种附加关税；报复性关税是因对方国家对本国货物、船舶或企业实行歧视性税收待遇，而在对方国货物、船舶或企业产品进口时加征的关税；保障性关税是在国外进口货物剧增并对本国产业造成损害的情况下，采取临时保障措施而提高的关税。

【小资料4-1】 我国的歧视性关税政策

为维护我国主权和经济利益，我国在有关法律制度中制定了相应的歧视性关税政策。根据《中华人民共和国反倾销条例》和《中华人民共和国反补贴条例》的规定，进口产品经初裁确定倾销或补贴成立，并由此对国内产业造成损害的，可采取临时反倾销或反补贴措施；经终裁确定倾销或补贴成立，可征收反倾销税和反补贴税，征收期限一般不超过5年。但经复审确定终止征收反倾销税或反补贴税，有可能导致倾销或补贴以及损害继续或再度发生的，征收期限可以适当延长。

任何国家或地区若对原产于中国的进口货物采取歧视性关税，我国对于原产于该国或地区的进口货物征收报复性关税。当某类商品进口量剧增，对我国相关产业带来巨大威胁或损害时，在与有实质利益的国家或地区进行磋商后，在一定时期内提高该项商品的进口关税或采取数量限制措施。对有明确证据表明进口产品数量增加，在不采取临时保障措施将对国内产业造成难以补救的损害的紧急情况下，可作出初裁决定并采取提高关税的临时保障措施；终裁确定进口产品数量增加，并由此对国内产业造成损害的，针对正在进口的产品实施而不区分产品来源国家或地区，可采取提高关税、数量限制等保障措施。

4.1.3 关税的特点

关税作为单独的税种，除了具有一般税收的强制性、无偿性和相对固定性，还具有以下特点：

（1）关境性。关税的征税对象是进出境的货物和物品。这里所说的"境"是指关境或国境，在同一个关境内实行同一个关税法，即关税在进出关境时统一征收，货物进境时征收关税后在境内自由流通，无论经过多少次流转，都不再重复征税。

（2）涉外性。关税对进出境货物征收，关税税则、税率及其高低直接影响国际经济贸易。当今世界各国的经济联系越来越密切，贸易关系不只是反映简单的经济关系，也反映一种政治关系，因此关税的政策措施往往与经济、外交政策紧密相关，具有涉外性。

（3）灵活性。关税税率可根据国家需要进行调整与修订，若要抑制某种商品的进口，可提高该商品的进口关税税率，反之可降低关税税率；为鼓励本国商品出口，可降低出口关税税率或采取零税率等。关税税则委员会有权调整税率，其他税种的变动需要经过相应的立法程序。

4.1.4 关税的作用

新中国成立半个多世纪以来，我国关税在贯彻对外开放政策、促进对外经济贸易和国民经济的发展等方面发挥了重要的作用。

（1）调控经济有效运行。关税税率高低和征免直接影响进出口货物的成本，进而影响商品的市场价格和销售数量、企业的生产经营和经济效益，因此，国家往往通过关税来调节经济、调节市场，从而达到调控国民经济、保护与扶持民族工业、促进经济健康发展的目的。

（2）加快改革开放进程。我国的《海关法》和《进出口关税条例》的制定，特别是鼓励国家经济建设必需物资和人民生活必需品的进口、引进外资、引进先进技术等一系列关税优惠措施的制定，加快了改革开放的步伐，促进了对外贸易的繁荣与发展。

（3）贯彻平等互利原则。关税对同一进口商品分别规定优惠税率和普通税率，前者适用于购自与我国订有贸易互惠条约的国家商品，后者适用于购自与我国没有互惠条约的国家商品。通过运用两种税率，既取得了国际互惠，又贯彻了平等互利和对等原则。

（4）增加国家财政收入。关税是国家财政收入的重要来源。特别是1999年以来，随着我国打私力度的加大，全国海关加强了对关税和进口环节的税收管理，2000年首次突破2 000亿元大关，占中央可支配财政收入的1/3。2009年关税收入1 484亿元，2015年达到2 555亿元（与2009年相比增长72.2%），为增加中央财力作出了重大贡献。

【小资料4-2】　　　　关税壁垒的形式

关税壁垒是指高额进口税及在关税设定、计税方式和关税管理等方面阻碍进口的措施。根据我国商务部《投资贸易壁垒指南》，关税壁垒形式主要有关税高峰、关税升级、关税配额、从量关税和从价关税。

1.关税高峰，即指在总体关税水平较低的情况下少数产品维持高关税。经过GATT 8个回合的谈判，WTO各成员的平均关税水平已大幅下降，但一些成员仍在不少领域维持着关税高峰。

2.关税升级，即指提升进口产品加工深度后提高关税税率。通常对某一特定产业的进口原材料设置较低的关税，甚至是零税率，而随着加工深度的提高，相应地提高半成品、制成品的关税税率。关税升级能够较为有效地达到限制附加值较高的半成品和制成品进口的效果。

3.关税配额，即指对一定数量（配额量）内的进口产品适用较低的税率，对超过该配额量的进口产品则适用较高的税率。关税配额的管理和发放方式多种多样，如先领、招标、拍卖和行政分配等。此外，在以拍卖、招标等方式发放关税配额的过程中，人为操纵或其他手段也可能成为对进口产品的壁垒措施。

4.从量关税，即指按照商品的重量、数量、容量、长度和面积等计量单位为标准计征的关税。其计量单位主要有毛重、净重、以毛作净等，计算公式是：税额=商品的数量×从量税率。从量关税对单位价格较低的低档产品的影响较大，能较为有效地削弱这类产品在国内市场上的竞争力，阻碍其进口，进而对国内同类产品起到保护作用。

5.从价关税，即指按照进口商品的价格为标准计征的关税。从价关税是各国采用的主要征税方式。其税率表现为货物价格的百分率，计算公式是：税额=商品总额×从价税率。从价关税可能对加工程度高的产品或奢侈品的进口构成障碍。

4.2 关税法基本内容

关税法基本内容主要包括关税的征税对象、纳税人、税则和税率，以及优惠政策等规定。

4.2.1 关税的征税对象

关税的征税对象是国家准许进出口的货物和准许进出境的物品。货物是指贸易性的进出口商品；物品是指非贸易性的进出境商品，包括入境旅客随身携带的行李物品、个人邮递物品，各种运输工具上的服务人员携带进口的自身物品、馈赠物品，以及以其他方式进入国境的个人物品。例如，同是一台电视机，如果是为经营进口即为货物，如果是私人带入国内使用就是物品。

除关税优惠政策规定的以外，我国对大部分进口货物征收关税；出口货物一般不征税，仅对少部分货物征收出口关税。需要说明的是：关税的征收对象必须是国家准许进出口的货物和准许进出境的物品。

4.2.2 关税的纳税人

4.2.2.1 进出口货物的纳税人

关税纳税人又称海关债务人。按照《海关法》的规定，进出口货物的关税纳税人是进出口货物的收、发货人。进出口货物的收、发货人，是依法取得对外贸易经营权，并进口或出口货物的法人或其他社会团体，具体包括外贸专业进出口总公司及其子公司、信托投资公司、外商投资企业和免税品公司等。

在海关监管货物的保管期间，非因不可抗力造成海关监管货物损毁或灭失，负责保管该海关监管货物的单位和个人，为关税纳税人。如对储存在仓库中的海关监管货物，仓库的经营人、保管人是纳税人；对转关运输货物，承运人是纳税人；对保税货物，保税仓库经营人、加工企业是纳税人。

4.2.2.2 进出境物品的纳税人

进出境物品的关税纳税人是进出境物品的所有人，包括该物品的所有人和推定为所有人的人。

一般情况下，对携带进境的物品，推定其携带人为所有人；对分离运输的行李，推定相应的进出境旅客为所有人；对以邮递方式进境的物品，推定其收件人为所有人；以邮递或其他运输方式出境的物品，推定其寄件人或托运人为所有人。

4.2.3 关税税则

4.2.3.1 关税税则的基本内容

关税税则是根据国家关税政策，通过一定的国家立法程序制定、公布、实施的，对进出口的应税和免税商品加以系统分类的一览表。其基本内容包括：

（1）国家实施税则法令，指该税则的实施细则及使用税则的有关说明。

（2）税则的归类总规则，指对关税各自应包括、不应包括的商品和对一些商品的形态、功能、用途等方面的说明。

（3）关税税目表，包括商品分类目录和税率栏两大部分：商品分类目录将各类繁多的商品加以综合，或按照商品分为不同的类，类以下分章，章以下分税目，税目以下再分子目（按各国的实际需要），且将每项商品按顺序编税号；税率栏则按商品分类目录的顺序，逐项列出商品各自的税率，有的列一栏税率，有的列两栏或两栏以上税率。

（4）海关商品编码。1985年3月我国实施了以《海关合作理事会税则商品目录》（CCCN）为基础的《进出口税则》，将进出口商品分为21大类、99章，共有1 011个税目。我国从1992年起公布的《进出口税则》就是以《商品名称及编码协调制度》（Harmonized Commodity Description and Coding System，NS）为基础，结合我国进出口商品的实际而编排的，全部商品分为21大类、97章。NS的总体结构分为3个部分：一是归类总则；二是类、章、目和子目注释；三是按顺序编排的目与子目及条文采用6位编码，其中编码前2位代表章，前4位代表目、5和6位代表子目。

4.2.3.2　关税税则的主要规定

我国1992年公布的《进出口税则》就是以《商品名称及编码协调制度》为基础，结合我国进出口商品的实际而编排的，全部应税商品分为21大类。2016年《进出口税则》所规定的栏目包括税则号列、商品名称、进口税率（最惠国税率、中巴税率、普通税率）、增值税税率、出口退税率、计量单位、监管条件和准确规范的英文商品名称，并加列了进口协定、特惠、暂定税率表、进出口申报说明和出口税则等。

为适应科学技术进步、产业结构调整、贸易结构优化和加强进出口管理的需要，在符合世界海关组织有关列目原则的前提下，2016年1月1日起，我国对进出口税则中的部分税目进行了调整，进出口税目总数由2009年的7 868个增至8 294个。

4.2.4　关税的税率

我国加入WTO之前，进口税则设有普通税率、优惠税率两栏税率和关税配额税率；我国加入WTO之后，为履行我国在加入WTO关税减让谈判中承诺的有关义务，自2002年1月起我国进口税则设有最惠国税率、协定税率、特惠税率、普通税率等；进口货物在一定期限内，可实行暂定税率。根据2016年《进出口税则》的规定，关税税率主要包括以下两部分：

4.2.4.1 进口关税的税率

我国为完成加入WTO承诺降低关税的义务，自2002年1月起逐年调低进口关税。当年大幅调低了5 300多种商品的进口关税，关税总水平由2001年的15.3%降至12%，是降税涉及商品最多、降税幅度最大的一年；2005年降税涉及900多种商品，关税总水平由2004年的10.4%降至9.9%，是中国履行义务的最后一次大范围降税。此后的几次降税涉及商品范围有限，对关税总水平影响不大，如2007—2010年保持在9.8%。至此，我国加入WTO降税承诺已全部履行完毕，关税税率日益规范与完善。2016年进口关税税率调整的主要内容包括：

（1）最惠国税率。调整的内容主要包括：

①对冻格陵兰庸鲽鱼等787种进口商品实施暂定税率。其税率分别规定为0、1%、2%、3%、4%、5%、5.5%、6%、6.5%、7%、7.5%、8%、9%、10%、12%、13%、15%、16%、17%、19%、20%和40%共22档，如进口冻格陵兰庸鲽鱼税率为5%。

②对冻的整只鸡等46种商品继续实施从量税或复合税。如进口冻的整只鸡税率为1.3元/千克；磁带放像机完税价格低于2 000美元/台的税率为30%，完税价格高于2 000美元/台的税率为3%、另加2 383元。

③对小麦等8类47个税目的商品实施关税配额管理。关税配额税率规定为1%、6%、9%、10%和15%共5档。如小麦10011100、10011900、10019100和10019900为1%，11010000为6%，11031100为9%，11032010为10%。

④对10个非全税目信息技术产品继续实行海关核查管理。如对用于插入熔化和氧化炉内以制备半导体晶片的石英反应管及夹持器，全税号最惠国税率为10.5%，EX[①]税率为0；用于呼叫、提示和寻呼的便携式接收器，全税号最惠国税率为9%，EX税率为0。

⑤对冻格陵兰庸鲽鱼等787种进口商品实施最惠国税率维持不变。

---

① 表示实施暂定税率的商品应在该税号范围内，以具体商品描述为准。

其税率分别规定为1.5%、2%、3%、4%、5%、5.5%、5.8%、6%、6.5%、7%、7.5%、8%、8.4%、9%、9.5%、10%、10.5%、12%、14%、15%、16%、17.5%、18%、20%、21%、23%、24%、24.5%、25%、30%、32%、35%和57%共33档，如进口冻格陵兰庸鲽鱼税率为10%。

（2）协定税率。根据我国与有关国家或地区签署的贸易或关税优惠协定，对有关国家或地区实施协定税率。

①自由贸易协定的协定税率。这是指亚太贸易协定和中国-东盟、中国-巴基斯坦、中国-新西兰、中国-新加坡、中国-秘鲁、中国-哥斯达黎加自由贸易协定的协定税率，以及中国香港、澳门、台湾地区的协定税率（零关税）。

②中韩、中澳自由贸易协定的协定税率。对中国-韩国、中国-澳大利亚自由贸易协定中的101种商品规定协定税率。如进口鲜、冷的带骨牛肉，最惠国税率为10.5%，中韩协定税率为10.4%，中澳协定税率为9.6%。

③对商品不实施进一步降税的自由贸易协定的协定税率。如对进口改良种用马的协定税率为0，其他马的协定税率规定为：东盟和智利为0，巴基斯坦为5%。

（3）特惠税率。根据我国与有关国家或地区签署的贸易或关税优惠协定、双边换文情况及国务院有关决定，对有关国家继续实施特惠税率，特惠税率的商品范围和税率水平维持不变。如对进口的原产于东盟老挝、柬埔寨、缅甸和最不发达国家改良种用以外的家牛、水牛和其他牛，特惠税率规定为0。

（4）普通税率维持不变。进口关税的普通税率分为8%、11%、17%、20%、30%、35%、40%、45%、50%、70%、80%、90%、100%和130%共14个差别比例税率。如机器人适用30%的普通税率。

4.2.4.2 出口关税的税率

2016年，我国主要是降低高纯生铁等商品出口关税，对磷酸、氨和氨水等商品不再征收出口关税。其税率包括出口税率和年度暂定税率两类。出口税率实行差别比例税率（分为20%、25%、30%、40%和50%）；年度暂定税率包括差别比例税率（分为0、3%、5%、10%、15%和25%）和从量定额税率。如出口锡矿砂及其精矿，出口税率为

50%，2016年暂定税率为20%。征收出口关税的货物主要是少数资源性产品及易于竞相杀价、盲目进口、需要规范出口秩序的半制成品，如鳗鱼苗和铅矿砂等。

2016年出口关税税目共有250个，对鳗鱼苗等部分出口商品征收出口关税，并适当降低化肥出口关税税率。如鳗鱼苗（税则号列03019210）适用20%的出口税率，同时继续以暂定税率形式对煤炭、原油和化肥等部分出口商品征收关税或零关税，未制成型的无烟煤（税目60、税则号列27011100）适用3%的暂定税率，铝合金制空心异型材（税目217、税则号列76042100）实行零关税。

【小资料4-3】　我国实施东盟“零关税”政策的影响

2010年1月中国-东盟自由贸易区（简称贸易区）全面建成，这是世界上人口最多、由发展中国家组成的最大的自由贸易区，也是全球第三大自由贸易区。贸易区的主要内容包括货物贸易、服务贸易、投资和经济合作等。

该贸易区启动后，中国对东盟平均关税从之前的9.8%降至2010年的0.1%；而东盟6个旧成员国文莱、印度尼西亚、马来西亚、菲律宾、新加坡、泰国，对中国的平均关税从12.8%降低至2010年的0.6%；4个新成员国越南、老挝、柬埔寨和缅甸，于2015年实现90%零关税的目标。

出口到东盟国家的产品，只要具备下列条件之一就可享受“零关税”待遇：一是产品完全原产于中国；二是来自非贸易区成员国的原材料货值占出口产品的货值不超过60%；三是来自非贸易区成员国的原材料经过充分加工后制得的产品。

随着中国-东盟降税计划的实施，“零关税”的利好消息还是让对东盟市场期待已久的中国企业跃跃欲试。尤其是纺织服装行业，其已是中国目前最具国际市场竞争力的产业之一，近几年的进出口统计数据也显示，中国纺织服装在东盟市场有很强的竞争优势。然而，东盟10国的诸多行业对此政策的实施似乎并不那么热心，担忧的声音此起彼伏。

4.2.5　原产地标准

为正确运用进口税则的各栏税率，对产自不同国家或地区的进口货物适用不同的关税税率，我国采用了“全部产地生产标准”和“实质性加工标准”两种国际上通用的原产地标准来确定进境货物的原产国。

4.2.5.1　全部产地生产标准

全部产地生产标准是指进口货物完全在一个国家内生产或制造，生产或制造国即为该货物的原产国。完全在一国生产或制造的进口货物包括：一是在该国领土或领海内开采的矿产品；二是在该国领土上收获或采集的植物产品；三是在该国领土上出生或由该国饲养的活动物及从其所得的产品；四是在该国领土上狩猎或捕捞所得的产品；五是在该国的船只上卸下的海洋捕捞物，以及由该国船只在海上取得的其他产品；六是在该国加工船加工上述第五项所列物品所得的产品；七是在该国收集的只适用于作再加工制造的废碎料和废旧物品；八是在该国完全使用上述各项所列产品加工成的制成品。

4.2.5.2　实质性加工标准

实质性加工标准适用于确定有两个或两个以上国家参与生产的产品的原产国标准。其含义是：经过几个国家加工、制造的进口货物，以最后一个对货物进行经济上可以视为实质性加工的国家作为有关货物的原产国。实质性加工是指产品加工后，在《进出口税则》中4位数税号一级的税则归类已有了改变，或加工增值部分所占新产品总值的比例已超过30%。其他对机器、仪器、器材或车辆所用零件、部件、配件、备件及工具，如与主件同时进口且数量合理的，其原产地按主件的原产地确定，分别进口的则按各自的原产地确定。

4.2.6　关税的优惠政策

关税优惠政策分为法定减免、暂时免税、特定减免和临时减免。《海关法》规定，特定减免和临时减免的决定权由国务院行使。

4.2.6.1　关税的法定减免

符合税法规定减免的进出口货物，关税纳税人无须提出申请，海关可按规定直接予以减免税，对法定减免税货物一般不进行后续管理。关税的法定减免主要规定如下：

（1）关税税额在人民币50元以下的一票货物，免征进口关税。

（2）无商业价值的广告品和货样。无商业价值是指进出口企业用于非商业活动，如用于分析、化验、测验品质并在上述过程中耗费掉的货样，供订货参考的货物样品，用以宣传有关商品的广告宣传品等，免征进口关税。

（3）外国政府、国际组织无偿赠送的物资，免征进口关税。

（4）进出境运输工具装载途中必需的燃料、物料和饮食用品，免征进口关税。

（5）为境外厂商加工、装配成品和为制造外销产品而进口的原材料、辅料、零件、部件、配套件和包装料，海关按照实际加工出口的成品数量免征进口关税；或对进口料件先征进口关税，再按照实际加工出口的成品数量予以退税。

（6）因故退还中国的出口货物，经海关审定免征进口关税，但已征收的出口关税不予退还。

（7）因故退还的境外进口货物，经海关审定免征出口关税，但已征收的进口关税不予退还。

（8）进口货物如有下列情形的，经海关审查属实，可酌情减免进口关税：在境外运输途中或起卸时，遭受损坏或损失的；起卸后海关放行前，因不可抗力遭受损坏或损失的；海关查验时已经破漏、损坏或腐烂，经证明不是保管不慎造成的。

（9）无代价抵偿货物即进口货物征税放行后，发现货物残损、短少或品质不良，而由国外承运人、发货人或保险公司免费补偿或更换的同类货物，免征进口关税。但有残损或质量问题的原进口货物如未退运国外，其进口的无代价抵偿货物应照章征税。

（10）我国缔结或参加的国际条约规定减免关税的货物、物品，海关按规定给予减免税。

（11）法律规定减征、免征关税的其他货物。

4.2.6.2　关税的暂时免税

经海关核准暂进境或出境并在6个月内复运出境或复运进境的下列货物，在货物收发货人向海关缴纳相当于税款的保证金或提供纳税担保后，可予暂时免税：

（1）在展览会、交易会、会议及类似活动中展示或使用的货物。

（2）文化、体育交流活动中使用的表演、比赛用品。

（3）新闻报道或摄制电影、电视节目使用的仪器、设备及用品。

（4）开展科研、教学、医疗活动使用的仪器、设备及用品。

（5）在上述所列活动中使用的交通工具及特种车辆。

（6）货样。

（7）供安装、调试、检测设备时使用的仪器、工具。

（8）盛装货物的容器。

（9）其他用于非商业目的的货物。

但上列暂准进境货物在规定的期限内未复运出境的，或暂准出境货物在规定的期限内未复运进境的，海关应当依法征收关税。

4.2.6.3 关税的特定减免

特定减免也称政策性减免。在法定减免税之外，国家按照国际通行规则和我国的实际情况，制定发布有关进出口货物减免关税的政策，称为特定减免或政策性减免。特定减免税货物一般有地区、企业和用途的限制，海关需要进行后续管理，也需要进行减免税统计。

特定减免税规定主要包括对科教用品、残疾人专用品、扶贫和慈善性捐赠物资、加工贸易产品、边境贸易进口物资、保税区进出口货物、出口加工区进出口货物、进口设备和特定行业或用途的减免税。

4.2.6.4 关税的临时减免

临时减免是指在上述减免税以外，对某个纳税人由于特殊原因临时给予的减免。《海关法》规定，临时减免是关于对进出口货物、物品临时减免税的授权性条款，旨在明确对进出境货物、物品临时减征或免征关税，统一由国务院批准，其他任何单位和个人均无权批准临时减免关税。

在我国已加入WTO的情形下，国家严格控制减免税，一般不办理临时减免税，并对特定减免税逐步规范和清理。

4.3 关税的计税管理

关税的计税依据是关税的完税价格。其计算公式为：

关税应纳税额=关税完税价格×关税税率

4.3.1 进口货物的完税价格

4.3.1.1 成交价格为基础的完税价格

进口货物的完税价格包括货物的货价、货物运抵我国境内输入地点起卸前的运输及相关费用和保险费。货物的货价以成交价格为基础。进口货物的成交价格是指买方为购买该货物，按《中华人民共和国海关审定进出口货物完税价格办法》（以下简称《完税价格办法》）有关规定调整后的实付或应付价格。

（1）对进口货物成交价格的要求，主要包括：买方对进口货物的处置或使用不受限制，但国内法律、行政法规规定的限制和对货物转售地域的限制，以及对货物价格无实质影响的限制除外；货物的价格不得受使该货物成交价格无法确定的条件或因素的影响；卖方不得直接或间接获得因买方转售、处置或使用进口货物而产生的任何收益，除非能按照《完税价格办法》的规定作出调整；买卖双方之间没有特殊关系，如果有特殊关系，应当符合《完税价格办法》的有关规定。

（2）对实付或应付价格进行的调整。实付或应付价格是指买方为购买进口货物直接或间接支付的总额，即作为卖方销售进口货物的条件，由买方向卖方或为履行卖方义务向第三方已经支付或将要支付的全部款项。下列费用或价值未包括在进口货物的实付或应付价格中，应当计入完税价格：由买方负担的除购货佣金以外的佣金和经纪费；由买方负担的与该货物视为一体的容器费用；由买方负担的包装材料和包装劳务费用；与该货物的生产和向中华人民共和国境内销售有关的，由买方以免费或以低于成本的方式提供并可按适当比例分摊的料件、工具、模具、消耗材料及类似货物的价款，以及在境外开发、设计等相关服务的费用；与该货物有关并作为卖方向我国销售该货物的一项条件，应当由买方直接或间接支付的特许权使用费；卖方直接或间接从买方对该货物进口后转售、处置或使用所得中获得的收益。

【小思考4-2】货物运抵我国关境内输入地点起卸后的包装费、运费和其他劳务费是否计入关税完税价格？

答：根据我国关税法的有关规定，进口货物运抵我国关境内输入地点起卸前的运输及相关费用、保险费计入关税完税价格。但进口货物运抵我国关境内输入地点起卸后的包装费、运费和其他劳务费，不计入关税完税价格。

4.3.1.2　进口货物海关估价的方法

进口货物的价格不符合成交价格条件或成交价格不能确定的，海关应依次以相同货物成交价格法、类似货物成交价格法、倒扣价格法、计算价格法及其他合理方法确定的价格为基础，估定完税价格。如果进口货物的收货人提出要求，并提供相关资料，经海关同意，可以选择倒扣价格法和计算价格法的适用次序。

（1）相同或类似货物成交价格法。这是指以与被估的进口货物同时或大约同时（在海关接受申报进口之日的前后各45天以内）进口的相同或类似货物的成交价格为基础，估定完税价格。在没有上述相同或类似货物的成交价格的情况下，可使用不同商业水平或不同进口数量的相同或类似货物的成交价格，但对因商业水平、进口数量、运输距离和运输方式不同，在价格、成本和其他费用方面产生的差异应当作出调整。

（2）倒扣价格法。这是指以被估的进口货物、相同或类似进口货物在境内销售的价格为基础估定完税价格。按该价格销售的货物应同时符合5个条件：一是在被估货物进口时或大约同时销售；二是按进口时的状态销售；三是在境内第一环节销售；四是合计的货物销售总量最大；五是向境内无特殊关系方销售。以该方法估定完税价格时，下列各项应扣除：该货物的同等级或同种类货物，在境内销售时的利润和一般费用及通常支付的佣金；货物运抵境内输入地点起卸后的运费、保险费、装卸费和其他相关费用；进口关税、进口环节税和其他与进口或销售上述货物有关的国内税。

（3）计算价格法。这是指按下列各项的总和计算出的价格来估定完税价格，有关项目包括：生产该货物所使用的原材料价值和进行装配或其他加工的费用；与向境内出口销售同等级或同种类货物的利润、一般费用相符的利润和一般费用；货物运抵境内输入地点起卸前的运输及相关费用、保险费。

（4）其他合理方法。使用其他合理方法时应根据《完税价格办法》的估价原则，以在境内获得的数据资料为基础估定完税价格，但不得使用以下价格：境内生产的货物在境内的销售价格；可供选择的价格中较高的价格；货物在出口地市场的销售价格；以计算价格法规定的有关各项之外的价值或费用计算的价格；出口到第三国或地区的货物的销售价格；最低限价或武断虚构的价格。

4.3.1.3　特殊进口货物的完税价格

（1）加工贸易进口料件及制成品的完税价格。加工贸易进口料件及制成品需征税或内销补税的，海关按照一般进口货物的完税价格规定审定完税价格。

（2）保税区、出口加工区货物的完税价格。从保税区或出口加工区销往区外、从保税仓库出库内销的进口货物（加工贸易进口料件及制成品除外），以海关审定价格估定完税价格。对经审核销售价格不能确定的，海关应当按照一般进口货物估价办法的规定估定完税价格。

【小思考4-3】保税区与出口加工区有何区别？

答：主要区别在设立目的、政策重点、吸引程度3个方面。

1.设立目的。设立保税区是为给予比经济特区等区域更优惠的政策；而出口加工区主要是为改革加工贸易的监管模式，遏制屡禁不绝的加工贸易走私现象。

2.政策重点。不同点主要表现在：

（1）从区外进入出口加工区的国产机器设备、料件、基建物资，可向税务部门申请办理出口退税；而在保税区，货物必须离境才可办理退税。

（2）出口加工区内的加工企业不得将未经实质性加工的进口原材料、零部件销往境外或区外，区内从事仓储服务的企业不得将仓储的原材料、零部件提供给区外企业；而保税区则无此限制。

（3）出口加工区运往区外的货物，海关一律按制成品征税；保税区则大多按料件征税。

（4）出口加工区的企业原则上不得委托区外企业进行产品加工；而保税区的企业则可以委托区外企业进行加工。

（5）出口加工区不得经营商业零售、一般贸易、转口贸易及其他与加工区无关的业务；而保税区则可以。

3.吸引程度。随着经济全球化和中国加入WTO后国内市场的扩大开放，跨国企业的目光已盯住中国巨大的潜在市场，出口加工区对其吸引力不大，而保税区作为一个进入中国市场的“缓冲区”，将是跨国企业商品流通的一条主渠道。可以说，出口加工区利于“出”，而保税区利于“进”。

（3）运往境外修理货物的完税价格。运往境外修理的机械器具和运输工具或其他货物，出境时已向海关报明并在规定期限内复运进境的，应当以海关审定的境外修理费和料件费，以及该货物复运进境的运输及相关费用、保险费，估定完税价格。

（4）运往境外加工货物的完税价格。运往境外加工的货物，出境时已向海关报明并在规定期限内复运进境的，应当以海关审定的境外加工费和料件费，以及该货物复运进境的运输及相关费用、保险费，估定完税价格。

（5）暂时进境货物的完税价格。对于经海关批准的暂时进境的货物应按照一般进口货物估价办法的规定，估定完税价格。

（6）租赁方式进口货物的完税价格。租赁方式进口的货物中，以租金方式对外支付的租赁货物，在租赁期间以海关审定的租金作为完税价格；留购的租赁货物，以海关审定的留购价格作为完税价格；承租人申请一次性缴纳税款的，经海关同意，按照一般进口货物估价办法的规定估定完税价格。

（7）留购进口货样等货物完税价格。对境内留购的进口货样、展览品和广告陈列品，以海关审定的留购价格作为完税价格。

（8）予以补税减免税货物的完税价格。减税或免税进口的货物需予以补税时，应当以海关审定的该货物原进口时的价格，扣除折旧部分价值作为完税价格。其计算公式为：

$$\text{完税价格}=\text{海关审定的该货物原进口时的价格}\times\left(1-\frac{\text{申请补税时实际已使用的时间（月）}}{\text{监管年限}\times 12}\right)$$

（9）以其他方式进口货物的完税价格。以易货贸易、寄售、捐赠等其他方式进口的货物，应当按照一般进口货物估价办法的规定，估定完税价格。

4.3.2 出口货物的完税价格

4.3.2.1 成交价格为基础的完税价格

出口货物的完税价格，由海关以该货物向境外销售的成交价格为基础审查确定，并应包括货物运至我国境内输出地点装载前的运输及相关费用、保险费，但其中包含的出口关税税额应当予以扣除。

出口货物成交价格是指该货物出口销售到我国境外时，买方向卖方实付或应付的价格。出口货物的成交价格中含有支付给境外佣金的，如果单独列明，应当扣除。

4.3.2.2 出口货物海关估价的方法

出口货物的成交价格不能确定时，完税价格由海关依次使用下列方法估定：一是同时或大约同时向同一国家或地区出口的相同货物、类似货物的成交价格；二是根据境内生产相同或类似货物的成本、利润和一般费用、境内发生的运输及相关费用、保险费计算所得的价格；三是按照合理方法估定的价格。

4.3.3 完税价格的其他费用

4.3.3.1 一般方式进口货物的费用

以一般陆运、空运、海运方式进口货物的费用，其运输和相关费用、保险费按照下列办法计算：

（1）海运进口货物计算至该货物运抵境内的卸货口岸；如果该货物的卸货口岸是内河（江）口岸，则应计算至内河（江）口岸。

（2）陆运进口货物计算至该货物运抵境内的第一口岸；如果运输及相关费用、保险费支付至目的地口岸，则计算至目的地口岸。

（3）空运进口货物计算至该货物运抵境内的第一口岸；如果该货物的目的地为境内的第一口岸外的其他口岸，则计算至目的地口岸。

（4）陆运、空运和海运进口货物的运费和保险费，应按该货物进口同期运输行业公布的运费率（额）计算运费，按“货价加运费”两者总额的3‰计算保险费。

4.3.3.2 其他方式进口货物的费用

邮运的进口货物，应以邮费作为运输及相关费用、保险费；以境外边境口岸价格条件成交的铁路或公路运输进口货物，海关应按货价的

1%计算运输及相关费用、保险费；作为进口货物的自驾进口的运输工具，海关在审定完税价格时，可不另行计入运费。

4.3.3.3 出口货物销售价格的费用

出口货物的销售价格，如果包括离境口岸至境外口岸之间的运输费和保险费的，该运费、保险费应当扣除。

4.3.4 关税完税价格的海关审定

4.3.4.1 完税价格审定的准则

《海关法》规定，进出口货物的完税价格按成交价格审定；成交价格不能确定时，由海关依法估定完税价格。这里包括两层含义：一是确定完税价格，必须以货物的实际成交价格为基础；二是纳税义务人向海关申报的价格，并不一定等于完税价格，只有经过海关审核并接受的申报价格才能作为完税价格。

对于不真实或不准确的申报价格，海关有权不予接受，并可按照税法规定对有关进出口货物的申报价格进行调整或另行估定完税价格。

4.3.4.2 关税完税价格审定的要求

（1）进出口货物的收发货人应向海关如实申报进出口货物的成交价格，提供翔实可靠的原始凭证及数据资料。

（2）海关为审查申报价格的真实性和准确性，可查阅能够反映买卖双方关系及交易活动的书面资料和电子数据。必要时，可以向与买卖双方相关联的第三者调查取证。

（3）海关对申报价格的真实性和准确性有疑问时，应将其理由书面告知进出口货物的收发货人，要求其以书面的形式作进一步说明。

（4）海关有理由认为买卖双方间的特殊关系影响成交价格时，应将其理由书面告知进出口货物的收发货人，要求其以书面的形式作进一步说明。

（5）海关不接受申报价格，按照相同货物或类似货物成交价格的规定估定完税价格时，可与进出口纳税义务人进行价格磋商。

（6）进出口货物的收发货人可提供书面申请，要求海关就如何确定其进出口货物的完税价格作出书面说明。

4.3.5 关税应纳税额的计算

4.3.5.1 关税的税额计算公式

关税以进出口货物的完税价格为计税依据，按照符合规定的适用税率相应计算应纳税额。

（1）从价计征。从价关税应纳税额的计算公式为：

关税税额=应税进（出）口货物数量×单位完税价格×税率

（2）从量计征。从量关税应纳税额的计算公式为：

关税税额=应税进（出）口货物数量×单位税额

（3）复合计征。我国实行的复合关税都是先计征从量关税，再计征从价关税。复合关税应纳税额的计算公式为：

关税税额=应税进（出）口货物数量×单位税额+应税进（出）口货物数量×单位完税价格×税率

（4）滑准计征。滑准关税应纳税额的计算公式为：

关税税额=应税进（出）口货物数量×单位完税价格×滑准关税税率

4.3.5.2 关税的税额计算案例

【例题4-1】 某公司2016年5月进口一批货物，折合成人民币后完税价格为200万元，进口关税优惠税率15%；出口一批货物，离岸价格为1 200万元，出口关税税率20%。该企业应纳的关税为：

进口关税应纳税额=200×15%=30（万元）

出口关税应纳税额=1 200÷（1+20%）×20%=200（万元）

【例题4-2】 某化妆品生产企业为增值税一般纳税人，2016年5月从国外进口一批散装化妆品，支付给国外货款120万元、税金10万元，卖方佣金2万元，运抵我国海关前的运杂费和保险费18万元；进口机器设备一套，支付给国外的货价35万元，运抵我国海关前的运杂费和保险费5万元。散装化妆品和机器设备均验收入库。本月内企业将进口的散装化妆品的80%生产加工为成套化妆品7 800件，对外批发销售6 000件，取得不含税销售收入290万元；向消费者零售800件，取得含税销售额51.48万元。（化妆品的进口关税税率20%、消费税税率30%；机器设备的进口关税税率20%。）该企业在进口环节应纳的关税、消费税、增值税和国内生产销售环节应纳的增值税、消费税为：

（1）散装化妆品关税完税价格=120+10+2+18=150（万元）

进口设备关税完税价格=35+5=40（万元）

（2）进口环节应纳的关税：

进口化妆品应纳关税=150 ×20%=30（万元）

进口机器设备应纳关税=40 ×20%=8（万元）

（3）进口化妆品应纳消费税=（150+30）÷（1−30%）×30%=77.14（万元）

（4）进口环节应纳的增值税：

进口化妆品应纳增值税=（150+30）÷（1−30%）×17%=43.71（万元）

进口机器设备应纳增值税=（40+8）×17%=8.16（万元）

（5）国内生产销售环节应纳的增值税：

销项税额=290×17%+51.48÷（1+17%）×17%=56.78（万元）

进项税额为43.71万元。

应纳增值税=56.78−43.71=13.07（万元）

（6）国内生产销售环节应纳的消费税=290×30%+51.48÷（1+17%）×30%−77.14×80%

=38.48（万元）

4.3.6 关税征收管理与保税

4.3.6.1 关税的征收管理

（1）关税缴纳。进口货物自运输工具申报进境之日起14日内，出口货物在货物运抵海关监管区装货的24小时以前，应由进出口货物的纳税人向货物进（出）境地海关申报，海关根据税则归类和完税价格计算应缴纳的关税和进口环节代征税，并填发税款缴款书。

纳税人应自海关填发税款缴款书之日起15日内，向指定银行缴纳税款。为方便纳税人，经申请且海关同意，进出口货物的纳税人可在设有海关的指运地（启运地）办理海关申报纳税手续。纳税人逾期缴纳而又未经批准缓缴的，则由海关征收5‰的滞纳金。其计算公式为：

关税滞纳金=滞纳关税税额×滞纳金征收比率×滞纳天数

（2）关税缓纳。缓纳是海关批准纳税人将其部分或全部应缴税款的缴纳期限延长的一种制度。按照《海关法》的规定，关税纳税人在因不可抗力或国家税收政策调整，以及确有暂时的经济困难而不能按期缴纳关税的情形下，不能按期缴纳税款的，经海关总署批准，可以延期缴纳税款，但最长不得超过6个月。

经海关审核批准关税缓纳的纳税人，应按海关批准的关税缴纳计划如期缴纳关税，并按月支付10‰的利息。逾期不缴纳关税即构成关税滞纳，除依法追缴外，由海关按关税滞纳的规定征收滞纳金。

（3）关税退还。关税退还是关税纳税人按海关核定的税额缴纳关税后，海关因某种原因将已缴税款的部分或全部退还给关税纳税人的一种规定。按《进出口关税条例》的规定，有下列情形之一的进出口货物纳税人，可自缴纳税款之日起1年内，书面声明理由，连同原纳税凭证向海关申请退还：因海关误征，多纳税款的；海关核准免验进口的货物在免税后发现有短缺情况，经海关审查认可的；已征出口关税的货物因故未装运出口申报退关，经海关查验属实的。

（4）关税追缴。按照规定，进出口货物完税后，如发现少征或漏征税款，海关应当自缴纳税款或货物放行之日起1年内，向纳税人补征；纳税人违反规定造成少征或漏征的税款，海关在3年内追征，并从缴纳税款之日起按日加收少征或漏征税款5‰的滞纳金。

（5）关税保全。根据《海关法》的规定，进出口货物的纳税人在海关依法责令其提供纳税担保时不能提供的，经直属海关关长或其授权的隶属海关关长批准，海关可采取下列税收保全措施：一是书面通知纳税人开户银行或其他金融机构暂停支付纳税人相当于应纳税款的存款；二是扣留纳税人价值相当于应纳税款的货物或其他财产。

采取税收保全措施不当，或纳税人在规定期限内已缴纳税款，海关未立即解除税收保全措施，致使纳税人的合法权益受到损失的，海关应依法承担赔偿责任。

（6）强制执行。纳税人、担保人超过3个月仍未缴纳税款的，经直属海关关长或其授权的隶属海关关长批准，海关可采取以下强制措施：一是书面通知其开户银行或其他金融机构从其存款内扣缴税款；二是将应税货物依法变卖，以变卖所得抵缴税款；三是扣留并依法变卖其价值相当于应纳税款的货物或其他财产，以变卖所得抵缴税款。海关采取强制执行时，对纳税人、担保人未缴纳的滞纳金同时强制执行。

【小资料4-4】　　关税的后纳制

关税后纳制是海关允许某些纳税人在办理了有关关税手续后，先行办理放行货物的手续，然后再办理征纳关税手续的海关制度。关税后纳制是在通常的基本纳税方式的基础上，对某些易腐、急需或有关手续无法立即办结等特殊情况采取的一种变通措施。海关在提取货样、收取保证金或接受纳税人其他担保后，即可放行有关货物。关税后纳制使海关有充足的时间准确地进行关税税则归类、审定货物完税价格、确定其原产地等作业，或使纳税人有时间完成有关手续，防止口岸积压货物，使进出境货物尽早投入使用。

4.3.6.2 关税的保税制度

关税的保税制度是对保税货物加以监管的一种制度。保税货物指经过海关批准未办理纳税手续进境，在境内储存、加工、装配后复运出境的货物。保税货物属于海关监管货物，未经海关许可并补缴税款不能擅自出售，也不能擅自开拆、提取、支付、发运、调换、改装、抵押、转让或更换标记。我国保税制度包括保税仓库、保税工厂和保税区等。

（1）保税仓库。保税仓库是指专门存放经海关核准的保税货物的仓库。这种仓库仅限于存放供来料加工、进料加工复出口的货物和经过海关批准缓办纳税手续进境的货物。主要有以下3种类型：

①转口贸易保税仓库。转口贸易项下的进出口货物可免征进出口关税和其他税收。如果需要改变包装，必须在海关的监管下进行。

②加工贸易备料保税仓库。来料加工、进料加工项下存入保税仓库的免税进口的备用物料，经过海关核准后加工复出口的，海关将根据实际出口数量征收或免征原进口物料的关税。

③寄售维修保税仓库。为引进的先进技术设备提供售后服务进口的维修零备件，可免办进口纳税手续存入保税仓库。

在保税仓库内储存保税货物一般以1年为限。如果有特殊情况，经过海关核准，可以适当延长。

【小思考4-4】进料加工与来料加工有何区别？

答：第一，进料加工是由我国企业自进原料，按照自己的式样自行安排加工和出口，自负盈亏；而来料加工是由外商供应原料、辅料，按外商的要求加工成品，按规定交货。

第二，进料加工的原料进口和产品出口没有必然的联系，是两笔买卖；而来料加工的原料供应人往往就是成品的承销人或包销人。

第三，在进料加工再出口中，我国企业与国外商人是买卖关系；而来料加工的双方当事人是委托加工关系，成品销售的盈亏与加工方没有关系，加工方对产品没有支配权，只有收取加工费的权利。

（2）保税工厂。保税工厂是指经海关批准，并在海关监管之下专门建立的，用免税进口的原材料、零部件、元器件等加工、生产、制造或存放外销产品的专门工厂、车间。保税工厂为外商加工、装配成品和为制造出口产品而进口的原材料、元器件、零部件、配套件、辅料、包装物和加工过程中直接消耗的数量合理的化学物品，可以缓办进口纳税手续，待加工成品出口后按照实际耗用的进口料件免税。

进口的原材料、元器件、零部件须在规定的期限内加工为成品复出口。如有特殊情况，工厂经理人可向海关申请延长其经营加工期限。如果产品拟转为内销或因故不能在规定期限内出口，应补办纳税手续。

（3）保税区。保税区是指在出入境比较便利的口岸地区，划出一些易于管理的区域，以与外界隔离的全封闭方式，在海关监管下存入和加工保税货物的特定区域。其主要功能是保税仓储、出口加工和转口贸易。到2014年，国务院已批准在上海、广州、深圳、青岛、大连、厦门、汕头、珠海、宁波、福州、天津、苏州、绥芬河、北京、长春、博尔塔拉蒙古自治州、海口、重庆、太原、烟台、成都、西安、武汉、贵阳、郑州、钦州、凭祥、舟山、南通和赣州等30个城市（州）设立保税区。这些保税区与国际上的自由贸易区和自由港类似，设在区内的企业可享受规定的进出口税收优惠。

【小资料4-5】　　中国第一个保税区——沙头角保税工业区

1987年12月25日成立并于1991年5月经国务院正式批准的深圳沙头角保税工业区，是我国第一个保税区。沙头角保税区面积不大，仅为0.27平方千米。保税区实行全封闭建设，区内现有电子、电器、纺织、服装、轻工、陶瓷、化工、塑料、五金、建材、医疗、食品、包装、印刷和轻工等十余类、百余家企业。保税区由于实行比特区更加优惠的政策，成为中外客商关注的热点，这些投资者来自美国、荷兰、比利时、泰国、韩国，以及我国香港、台湾和其他国内企业，投资经营项目主要是电子、纺织等行业，产品80%出口外销。

4.3.7 船舶吨税法

4.3.7.1 船舶吨税法的基础知识

（1）船舶吨税的含义。船舶吨税简称吨税，在国外又称“灯塔税”。在我国，是指对从中国境外港口进入境内港口的船舶按其净吨位征收的一种税。

船舶吨税法是指国家制定的用以调整国家与船舶吨税纳税人之间征纳活动的权利与义务关系的法律规范。其基本法律依据是2011年11月23日国务院第182次常务会议通过的《船舶吨税暂行条例》。

（2）船舶吨税的演变

我国船舶吨税历史悠久，早期称梁头税。1685年清政府准许闽海关开征沿海帆船梁头税，其征税范围包括国内外商船；1920年8月总税务司署要求福建各海关，所有摩托艇、舢板和帆船均须持有执照并缴纳吨税，内地运输工具的所有类似船舰应持照并缴纳吨税；1945年10月国民政府财政部制定并实施《征收船舶吨税办法》。

新中国成立后，1951年1月起实施财政部和海关总署颁发的《海关代征吨税办法》；1952年9月海关总署发布了《中华人民共和国海关船舶吨税暂行办法》；为保证对公用航标的维护和建设，自1986年10月起将吨税划归交通部管理，专款专用，由海关代征；2011年11月国务院审议通过了《船舶吨税暂行条例》。

2015年船舶吨税收入46.94亿元，同比增长3.85%，占全国税收收入（124 892亿元）的0.04%。

4.3.7.2 船舶吨税的基本法律

（1）船舶吨税的征税对象。船舶吨税的征税对象是从中国境外港口进入境内港口的船舶（简称应税船舶）。

（2）船舶吨税的纳税人。以拥有应税船舶的单位和个人为船舶吨税的纳税人。

（3）船舶吨税的税目税率。船舶吨税的税目按船舶净吨位分为4个。净吨位是指由船籍国（地区）政府授权签发的船舶吨位证明书上标明的净吨位。

船舶吨税设置优惠税率和普通税率两种：前者适用于中国籍的应税

船舶、船籍国（地区）与中国签订含有相互给予船舶税费最惠国待遇条款的条约或协定的应税船舶；后者适用于其他应税船舶。船舶吨税税率依照《吨税税目税率表》执行（见表4-1）。

表4-1 **吨税税目税率表**

税目（按船舶净吨位划分）	税率（元/净吨）						备注
	普通税率（按执照期限划分）			优惠税率（按执照期限划分）			
	1年	90日	30日	1年	90日	30日	
不超过2 000（含）净吨	12.6	4.2	2.1	9.0	3.0	1.5	拖船和非机动驳船分别按相同净吨位船舶税率的50%计征税额
2 000~10 000（含）净吨	24.0	8.0	4.0	17.4	5.8	2.9	
10 000~50 000（含）净吨	27.6	9.2	4.6	19.8	6.6	3.3	
超过50 000净吨	31.8	10.6	5.3	22.8	7.0	3.8	

注：拖船是指专门用于拖（推）动运输船舶的专业作业船舶，按照发动机功率每1千瓦折合净吨位0.67吨；非机动驳船是指在船舶管理部门登记为驳船的非机动船舶。

（4）船舶吨税的免征项目，主要包括：

①应纳税额在人民币50元以下的船舶。

②自境外以购买、受赠、继承等方式取得船舶所有权初次进口到港的空载船舶。

③船舶吨税执照期满后24小时内不上下客货的船舶。

④非机动船舶（不包括非机动驳船）。

⑤捕捞、养殖渔船。捕捞、养殖渔船是指在中华人民共和国渔业船舶管理部门登记为捕捞船或养殖船的船舶。

⑥避难、防疫隔离、修理、终止运营或拆解，并不上下客货的船舶。

⑦军队、武装警察部队专用或征用的船舶。

⑧依照法律规定应当予以免税的外国驻华使领馆、国际组织驻华代表机构及其有关人员的船舶。

⑨国务院规定的其他船舶。

符合船舶吨税免征项目第⑤至⑧项和批注延长船舶吨税执照期限的船舶，应当提供海事部门、渔业船舶管理部门或卫生检疫部门等部门、机构出具的具有法律效力的证明文件或使用关系证明文件，申明免税或延长船舶吨税执照期限的依据和理由。

4.3.7.3　船舶吨税的计税管理

（1）船舶吨税的应纳税额。船舶吨税按照船舶净吨位、船舶吨税执照期限和规定的定额税率计算应纳税额。其计算公式为：

应纳税额=船舶净吨位×定额税率

（2）船舶吨税的纳税时间。船舶吨税纳税义务发生时间为应税船舶进入港口的当日。应税船舶在船舶吨税执照期满后尚未离港的，应申领新的船舶吨税执照，自上一次执照期满次日起续缴船舶吨税。

（3）船舶吨税的纳税申报。船舶吨税由海关负责征收。应税船舶负责人应自海关填发船舶吨税缴款凭证之日起15日内缴清税款，未按期缴清税款的，自滞纳税款之日起按日加收滞纳税款0.5‰的滞纳金。

（4）船舶吨税的吨税执照。应税船舶负责人缴纳吨税或提供担保后，海关按照其申领的执照期限填发吨税执照。应税船舶负责人申领吨税执照时，应向海关提供以下文件：一是船舶国籍证书或海事部门签发的船舶国籍证书收存证明；二是船舶吨位证明。

应税船舶在进入港口办理入境手续时，应当向海关申报纳税领取吨税执照，或交验吨税执照。应税船舶在离开港口办理出境手续时，应当交验吨税执照。吨税执照在期满前毁损或遗失的，应当向原发照海关书面申请核发吨税执照副本，不再补税。

（5）船舶吨税的错征补救。海关发现少征或漏征税款的，自纳税人应当缴纳税款之日起1年内补征税款。但因纳税人违反规定造成少征或漏征税款的，海关可自应缴纳税款之日起3年内追征税款，并自应缴纳税款之日起按日加征少征或漏征税款0.5‰的滞纳金。

海关发现多征税款的，应立即通知应税船舶办理退还手续，并加算银行同期活期存款利息。纳税人发现多缴税款的，可自缴纳税款之日起1年内以书面形式要求海关退还多缴的税款，并加算银行同期活期存款利息；海关应自受理退税申请之日起30日内查实，并通知纳税人办理退还手续。

（6）船舶吨税的违章处罚。应税船舶有下列行为之一的，由海关责令限期改正，处2 000元以上3万元以下罚款；不缴或少缴应纳税款的，处不缴或少缴税款50%以上5倍以下罚款，但罚款不得低于2 000元：一是未按照规定申报纳税、领取吨税执照的；二是未按照规定交验吨税执照及其他证明文件的。

本章小结

● 关税是海关对进出国境或关境的货物、物品征收的一种税，是维护国家主权和经济权益的重要手段。关税具有关境性、涉外性和灵活性的特点，在调控经济有效运行、加快改革开放进程、贯彻平等互利原则和增加国家财政收入等方面发挥了重要作用。

● 关税的征税对象是国家准许进出口的货物或物品，纳税人是进出口货物的收发货人和进出境物品的所有人。

● 关税税则主要包括国家实施税则法令、税则的归类总规则、关税税目表和海关商品编码，其中税目表税率栏列示商品各自的税率。关税优惠主要有法定减免、暂时免税、特定减免和临时减免。

● 关税完税价格是关税的计税依据，由海关以该货物的成交价格为基础审查确定。成交价格不能确定时，完税价格由海关估定。分从价计征、从量计征、复合计征、滑准计征。

● 关税征收管理主要有关税缴纳、缓纳、退还、追缴、纳税保全和强制执行等。关税的保税制度包括保税仓库、保税工厂和保税区等。

● 船舶吨税是指对进出我国港口的国际航行船舶按其注册的净吨位征收的一种税。主要对外国籍船舶征收，设有一般税率和优惠税率两种税率，由海关负责征收管理。

主要观念和概念

★ 主要观念

贸易观念　价格观念　保税观念

★ 主要概念

关税　船舶吨税　关税税率　完税价格　保税制度

基本训练

★ 知识题

一、简答题

1.什么是关税？关税如何分类？

2.关税的特点和作用有哪些？

3.如何确定关税的完税价格？

4.如何理解关税的征管办法？

5.关税的保税制度主要有哪几种？

二、应用题

1.选择题（含单项选择题与多项选择题）

(1) 下列各项中，(　　) 属于关税法定纳税义务人。

A.进口货物的收货人　　B.进口货物的代理人

C.出口货物的发货人　　D.出口货物的代理人

(2) 我国规定，减免进出口关税的权限属于中央政府。关税减免形式主要包括（　　）。

A.法定减免　　B.特定减免

C.困难减免　　D.临时减免

(3) 下列各项中，(　　) 符合关税法定免税规定。

A.保税区进口的基建物资和生产用车辆

B.边境贸易进出口的基建物资和生产用车辆

C.关税税额在人民币300元以下的一票货物

D.经海关核准的进口的无商业价值的广告品

(4) 下列出口货物完税价格的确定中，(　　) 符合关税法规定。

A.海关依法估价确定的完税价格

B.以成交价格为基础确定的完税价格

C.根据境内生产类似货物的成本、利润和费用计算的价格

D.以相同或类似进口货物在境内销售价格为基础估定的完税价格

(5) 进出口货物，因收发货人或其代理人违反规定而造成少征或漏征关税的，海关可（　　）征收。

A.在1年内　　B.在3年内

C.在10年内　　　　　　　　　　D.无限期

(6) 目前我国进口税则设有（　　）。

A.最惠国税率　　　　　　　　　　B.特惠税率

C.协定税率　　　　　　　　　　　D.普通税率

(7) 我国关税计征办法包括（　　）。

A.从价关税　　　　　　　　　　　B.从量关税

C.复合关税　　　　　　　　　　　D.滑准关税

2.判断题

(1) 以租赁方式进口的货物，应以海关审定的货物租金为完税价格，但期限超过5年的，应以货物的到岸价格为完税价格。（　　）

(2) 我国对少数进口商品计征关税时所采用的滑准关税实质上是一种特殊的从价税。（　　）

(3) 外国政府、国际组织、国际友人，以及我国香港、澳门、台湾同胞无偿赠送的物资，经海关审查无讹，可以免税。（　　）

(4) 海关对进出口货物的完税价格进行审定时，可进入进出口货物收发货人的生产经营场所，检查与进出口活动有关的货物和生产经营情况，但不可进入该收发货人的业务关联企业进行检查。（　　）

★ 技能题

一、规则复习

1.关税税则的基本规定。

2.有关关税应纳税额的基本计算公式。

二、操作练习

1.分析并说明关税计税依据的主要规定。

2.分析并计算关税的应纳税额。

★ 能力题

一、计算题

1.某企业从日本进口一批电子零件，成交价格为550万元。日本出口方出售该批货物的国际市场价格为700万元。同时该企业承担了该批零件的包装材料费50万元，并支付给出口方零件进口技术服务费150万元。已知电子零件的进口关税税率为10%。

要求：请根据上述资料，计算该企业进口电子零件应纳的关税。

2.某公司通过境外代理商进口了一批货物，货价为650万元，其中包含了向境外采购代理人支付的购货佣金50万元。公司另外向境外支付特许权使用费25万元；该批货物运抵我国关境需支付运费和保险费25万元。该货物关税税率8%、增值税税率17%、消费税税率20%。

要求：请根据上述资料，计算该公司应纳的关税和增值税。

二、分析题

有进出口经营权的某外贸公司在3月发生以下经营业务：

(1) 经有关部门批准从境外进口小轿车30辆，每辆小轿车货价15万元。运抵我国海关前发生的运输费用、保险费用无法确定，经海关查实其他运输公司相同业务的运输费用占货价的比例为2%。公司向海关缴纳了相关税款，并取得了完税凭证。

(2) 公司委托运输公司将小轿车从海关运回单位，支付运输公司运输费用9万元，取得运输公司普通发票。当月售出24辆，每辆取得含税销售额40.95万元，公司自用2辆并作为本公司固定资产。

(3) 月初将上月购进的价值40万元的库存材料，经海关核准委托境外公司加工一批货物。月末该批加工货物在海关规定的期限内复运进境供销售，支付给境外公司加工费20万元、进境前的运输费和保险费3万元。公司向海关缴纳了相关税款，并取得了完税凭证。

(4) 经查阅资料：小轿车关税税率为60%，货物关税税率为20%，增值税税率为17%，消费税税率为8%。

要求：请根据上述资料，计算小轿车、加工货物在进口环节应纳的关税、消费税和增值税，以及国内销售环节应纳的增值税。

三、网上调研

1.利用电子图书馆和互联网收集有关国家的关税资料和案例，分析其所属类型，并指明我国关税与国外关税的异同点。

2.网上查阅有关关税逃、骗税案例，并分析其防治措施。

四、单元实践

以小组为单位，选择进出口企业进行调查访问，了解我国进出口货物关税的征收与缴纳情况；调研企业关税纳税申报流程及所需资料，形成简要的调查报告，分小组进行讨论。

第5章

企业所得税法

学习目标

☆**知识目标**

——理解企业所得税的类型及特点。

——掌握企业所得税的优惠税率及适用范围。

——熟悉企业所得税的优惠政策。

——明确企业所得税的特殊税务处理。

——了解和掌握企业所得税的征收管理。

☆**技能目标**

——正确区分会计利润与应税所得的含义。

——掌握企业所得税的计算与征收方法。

☆**能力目标**

——掌握企业所得税的税项调整内容与方法。

——实地调研企业所得税纳税申报的实际情况。

——正确计算企业所得税的应纳税额并能进行案例分析。

新企业所得税法运行成效

改革开放之初，在外汇和资本都极其短缺的背景下，我国对内资企业和外资企业采取了不同的所得税优惠政策，使我国在利用外商直接投资方面取得了巨大成效。随着我国市场经济的不断深化，内外资企业发展迅速，内资企业和外资企业分设的所得税制度已不适应新形势的要求。2007年我国将内外资企业所得税合并，出台企业所得税法。新企业所得税法实施以来运行平稳，并取得了初步成效。主要表现在：一是多数企业净利润大幅度上涨；二是建立了统一、规范、公平的市场环境；三是将税收由“区域优惠”政策转向“产业优惠”政策，兼顾区域性，使税收政策体现产业政策。

但是新企业所得税法的实施也带来了不少问题：一方面，新税法对各行业影响不一，新税法取消了内资企业计税工资制度，扩大了费用抵扣限额等，企业应纳税所得额减少。这对高人力成本的金融，高销售费用的酿酒、商贸等企业是利好消息，然而造纸行业税负接近25%，行业整体受益不大；电力、汽车等行业多数企业税负水平低于25%，并不能享受内外资企业所得税合并带来的好处。另一方面，外资企业可能加大“避税”和“战略性亏损”。鉴于以上分析，新企业所得税法还需进一步完善：一是优惠政策过渡标准的制定，根据不同情况制定不同的优惠政策过渡标准；二是反避税规定的细化，明确计算受控制企业所持股份的时间，同时尽快制定低税率国“黑名单”，加大对利用避税地延迟纳税行为的打击力度；三是新企业所得税法实施条例的完善。

企业所得税又称公司所得税或法人所得税，它发挥着经济运行“自动稳定器”的积极效应，为世界各国普遍重视和运用。我国企业所得税是2007年税制改革时，由企业所得税、外商投资企业和外国企业所得税两税合并而成的，标志着我国企业所得税法建设基本实现了立法规范化、法制化的目标。与原税法相比，新企业所得税法及其实施条例的法律层次得到提升、制度体系更加完整、制度规定更加科学。2015年，我国企业所得税达到27 125亿元（同比增长10.1%），占税收总收入（124 892亿元）的21.72%，已成为现行税制中仅次于增值税的第二大税种。

5.1 企业所得税法基础理论

5.1.1 企业所得税法的概念及演变

5.1.1.1 企业所得税法的概念

企业所得税是指国家对企业在一定时期内的生产经营所得和其他所得征收的一种税。它是国家参与企业纯收益分配的重要手段，在我国税收体系中占有极为重要的地位。

企业所得税法是指国家制定的用以调整国家与企业所得税纳税人之间征纳活动的权利与义务关系的法律规范。其基本法律依据是2007年3月第十届全国人民代表大会第5次会议通过的《中华人民共和国企业所得税法》（以下简称《企业所得税法》）和2007年12月国务院颁布的《中华人民共和国企业所得税法实施条例》（以下简称《企业所得税法实施条例》）等。

5.1.1.2 企业所得税的演变

所得税最早产生于18世纪末的英国。1793年英法战争爆发后，英国为弥补财政的入不敷出，于1798年颁布了具有所得税性质的“三级税”法案；1799年正式开征所得税，按纳税人综合所得的10%计所得税，战后被废止；1802年英法战争又起，英国再次开征所得税，制定了著名的分类所得税法，即对土地所得、资本利得、奉给所得和营业所得等分别实行源泉课税法和直接课税法计征所得税；1816年该法再次被废止；1842年英国平定“印度叛乱”后再次开征所得税，一直延续至今。19世纪以后，各国相继仿效，现已成为许多国家的主体税种。

我国对所得征税相对来说起步较晚。清末对所得税有所研究，到1936年国民党政府时期公布了所得税法，并于1937年起实施。新中国成立初期，废除了旧的所得税制，对工商企业的所得征税是工商业税的一个组成部分，并开征了存款利息所得税（1950年12月改为利息所得税，1959年后停征）和薪给报酬所得税；1958年税制改革实行工商统一税，所得税从原工商业税中独立出来而成为一个单独的税种，1963

年定名为工商所得税。

为适应改革开放的需要，1980年和1981年全国人民代表大会先后通过了《中华人民共和国中外合资企业所得税法》和《中华人民共和国外国企业所得税法》；为解决国营企业吃“大锅饭”等问题，规范国家与国营企业的分配关系，1983年我国第一次用税收法律的形式对国营企业征收国营企业所得税；为体现不同经济成分的税收政策，1985年和1988年我国又相继开征了集体企业所得税、私营企业所得税；为解决两个涉外企业所得税法存在的适用范围不规范、合作与外资企业税率偏高、税收优惠差别过大等问题，1991年全国人大通过了《中华人民共和国外商投资企业和外国企业所得税法》；为适应市场经济体制改革的需要，1994年税制改革时将国营企业所得税、集体企业所得税和私营企业所得税合并，开征企业所得税（俗称“内资企业所得税”）。

为公平内资企业与外资企业的税负，解决内资企业“假外资”避税和外资企业“假亏损”逃税等问题，2007年3月十届全国人民代表大会第5次会议通过了《企业所得税法》，结束了我国较长时期内外“两套”企业所得征税并存的税制模式，促进企业所得税法建设走向法制化、规范化、科学化和国际化的发展轨道。

5.1.2 企业所得税的特点和作用

5.1.2.1 企业所得税的特点

我国的企业所得税与其他税种相比，具有如下特点：

（1）实行法人税制。企业所得税的纳税人是法人，解决了原税法中“独立核算”3个条件难掌握，以及总公司与分公司、母公司与子公司纳税主体的界定问题。目前大多数实行综合所得税的国家采用法人税制，我国的税法规定符合国际惯例，有利于国际经济交往。

（2）符合税收中性。对企业不分所有制、地区、行业和层次，实行统一的比例税率。在普遍征收的基础上，能使各类企业税负公平。企业所得税税率为25%，在世界范围内属于中等偏下水平，对纳税人来说税收负担的外部性较小，符合税收中性原则。

（3）税基约束力强。企业所得税的税基是应纳税所得额，在性质上与会计利润相似，但为保护税基的严谨性，《企业所得税法》明确了收入总额、扣除项目金额，以及资产的税务处理等内容，使应纳税所得额的计算相对独立于企业的会计核算，体现了税法的强制性与统一性。

（4）税负不易转嫁。企业实现的会计利润总额应按税法的规定调整为应纳税所得额并计算缴纳企业所得税，扣除企业所得税后的余额即为生产经营的净利润。企业所得税属于直接税，纳税人是直接的负税人，两者是一致的，纳税人缴纳的所得税一般不易转嫁。

5.1.2.2 企业所得税的作用

（1）企业所得税是调控经济发展的重要方式。国家按企业所得多寡征税，可有效调节企业的利润水平。特别是国家通过制定企业所得税优惠政策与措施，充分体现国家的产业政策和发展方向，进而直接或间接地调整国家产业布局，促进经济的快速协调发展。

（2）企业所得税是强化经济监督的重要工具。企业所得税按应纳税所得额征税，可直接反映企业对成本、费用和利润等财务制度的执行情况，对经济活动起到监督、审核和检查的作用，及时发现并矫正纳税人的违法违规行为，发挥国家对经济的调控作用。

（3）企业所得税是筹集财政收入的重要渠道。目前在各个国家的财政收入中，企业所得税是财政收入的重要支柱。我国经济正处于快速发展时期，随着市场经济的发展和管理水平的提高，企业所得税的征收范围和规模也将不断扩大，必将成为我国财政收入的重要源泉。

（4）企业所得税是维护国家主权的重要手段。国家间通过签订双边税收协定的方式，达到避免所得双重课税及防止偷逃税的目的。遵循国际惯例，制定符合我国国情的企业所得税法律制度，可以更有效地行使税收管辖权，维护国家主权和经济利益。

5.2 企业所得税法基本内容

企业所得税法基本内容包括企业所得税的纳税人、征税对象、税率和优惠政策等。

5.2.1 企业所得税的纳税人

5.2.1.1 企业所得税纳税人的一般规定

企业所得税的纳税人是在中国境内的企业和其他取得收入的组织（以下统称企业），不包括依照中国法律法规成立的个人独资企业和合伙企业。对企业所得税的纳税人可从以下几方面理解：

（1）企业。企业是指以营利为目的、从事生产经营活动的经济实体。它是企业所得税最主要的纳税人。企业包括公司制企业和其他非公司制企业，其中公司制企业是我国现代企业制度改革的发展方向，是目前和今后我国企业的主要形式。

（2）事业单位。事业单位是指国家为社会公益目的，由国家机关举办或其他组织利用国有资产举办的，从事教育、科技、文化、卫生等活动的社会服务组织。事业单位虽是公益性或非营利性组织，但也可能通过经营或接受捐赠等行为取得收入。

（3）社会团体。社会团体是指由中国公民自愿组成、为实现会员共同意愿、按照其章程开展活动的非营利性社会组织。社会团体属于公益性或非营利性组织，也可能通过经营或接受捐赠等行为取得收入。符合免税条件的社会团体的收入为免税收入。

（4）其他取得收入的组织。除上述所列企业、事业单位和社会团体之外，还包括民办非企业单位、基金会、商会和农民专业合作社，以及随着经济社会发展而出现的其他类型取得收入的组织。

（5）个人独资和合伙企业。依照外国法律法规在境外成立的个人独资企业和合伙企业有来源于中国境内所得的，应依法缴纳企业所得税；而依照中国法律法规成立的个人独资企业和合伙企业，不缴纳企业所得税，应依法缴纳个人所得税。

【小资料5-1】　个人独资企业和合伙企业的含义

个人独资企业是指依照《中华人民共和国个人独资企业法》在中国境内设立、由一个自然人投资、财产为投资人个人所有、投资人以其个人财产对企业债务承担无限连带责任的经营实体。

合伙企业是指自然人、法人和其他组织依照《中华人民共和国合伙企业法》在中国境内设立的普通合伙企业和有限合伙企业。前者由普通合伙人组成，合伙人对合伙企业债务承担无限连带责任；后者由普通合伙人和有限合伙人组成，普通合伙人对合伙企业债务承担无限连带责任，有限合伙人以其认缴的出资额为限对合伙企业债务承担责任。

5.2.1.2　居民企业纳税人

根据国际惯例，我国将企业划分为居民企业和非居民企业，其标准为是否依法在中国境内成立，或依照外国（地区）法律成立但实际管理机构在中国。居民企业是指依法在中国境内成立，或依照外国（地区）法律成立但实际管理机构在中国境内的企业。

（1）依法在中国境内成立的企业。依法在中国境内成立的企业需要同时符合以下3个条件：一是依据中国法律、行政法规成立；二是在中国境内成立；三是属于取得收入的经济组织。

（2）实际管理机构在中国境内的企业。这是指对企业生产经营、人员、账务、财产等实施实质性全面管理和控制的机构在中国境内，同时要符合以下4个条件：一是企业负责实施日常生产经营管理运作的高层管理人员及高层管理部门履行职责的场所主要位于中国境内；二是企业的财务决策（如借款、放款、融资、财务风险管理等）和人事决策（如任命、解聘和薪酬等）由位于中国境内的机构或人员决定，或需要得到位于中国境内的机构或人员批准；三是企业的主要财产、会计账簿、公司印章、董事会和股东会议纪要档案等位于或存放于中国境内；四是企业1/2（含1/2）以上有投票权的董事或高层管理人员经常居住于中国境内。对于实际管理机构的判断，应当遵循实质重于形式的原则。

境外中资企业同时符合以上条件的，应判定其为实际管理机构在中国境内的居民企业（以下称非境内注册居民企业），并实施相应的税收管理，就其来源于中国境内、境外的所得征收企业所得税。其中境外中资企业是指由中国境内的企业或企业集团作为主要控股投资者，在境外依据外国（地区）法律注册成立的企业。

5.2.1.3　非居民企业纳税人

非居民企业是指依照外国（地区）法律成立且实际管理机构不在中国境内，但在中国境内设立机构、场所的，或在境内未设立机构、场所，但有来源于中国境内所得的企业。可从以下几个方面理解：

（1）依照外国（地区）法律成立。依照外国（地区）法律成立的企业，需要同时具备3个条件：一是成立的法律依据为外国（地区）的法律法规；二是在中国境外成立；三是属于取得收入的经济组织。

（2）非居民企业形式。企业所得税的非居民企业纳税人，包括以下3种依照外国（地区）法律成立的企业：

①在中国境内设立机构、场所的非居民企业。这里的机构、场所主要包括：管理机构、营业机构和办事机构；工厂、农场、开采自然资源的场所；提供劳务的场所；从事建筑、安装、装配、修理、勘探等工程作业的场所；其他从事生产经营活动的机构、场所。

②视同设立机构、场所的委托营业代理人。外国企业除在中国境内设立机构、场所外，还可能通过其在中国境内的营业代理人从事上述活动。我国参照联合国和OECD范本的规定，明确规定营业代理人同时具备以下3个条件的，应视同设立机构、场所：一是接受外国企业委托的主体是中国境内的单位和个人；二是代理活动须是经常性的行为；三是代理的具体行为包括代其签订合同或储存、交付货物等。

③在中国境内未设立机构、场所的非居民企业。这是指依照外国（地区）法律成立，在中国境内未设立机构、场所，但有来源于中国境内所得的企业。

5.2.2 企业所得税的征税对象

5.2.2.1 征税对象的一般规定

企业所得税法对不同纳税人采取了不同的税收管辖权，即对居民企业实行居民税收管辖权，对非居民企业实行收入来源地税收管辖权，因此不同性质的企业负有不同的纳税义务。居民企业负无限纳税义务，即居民企业应就其来源于中国境内、境外的全部所得缴纳企业所得税。

非居民企业负有限纳税义务，即非居民企业应就其来源于中国境内的所得缴纳企业所得税。具体规定为：

（1）非居民企业在中国境内设立机构、场所的，应就其所设机构、场所取得的来源于中国境内的所得缴纳企业所得税。

（2）非居民企业在中国境内设立机构、场所的，应就其发生在中国境内的与其所设机构、场所没有实际联系的所得缴纳企业所得税。

（3）非居民企业在中国境内设立机构、场所的，应就其发生在中国境外但与其所设机构、场所有实际联系的所得缴纳企业所得税。有实际联系是指拥有、管理、控制据以取得所得的股权、债权和财产等。

（4）非居民企业在中国境内未设立机构、场所的，应就其来源于中国境内的所得缴纳企业所得税。

5.2.2.2 企业所得来源地的判定

居民企业与非居民企业的纳税义务不同，因而企业收入来源地的判定尤为重要。来源于中国境内、境外的所得按以下规定办理：

（1）销售货物所得的判定。销售货物所得按照交易活动发生地确定企业应税所得来源地。

（2）提供劳务所得的判定。提供劳务所得按照劳务发生地确定企业应税所得来源地。

（3）转让财产所得的判定。不动产转让所得按照不动产所在地确定，动产转让所得按照转让动产的企业或机构、场所所在地确定，权益性投资资产转让所得按被投资企业所在地确定企业应税所得来源地。

（4）股息等所得的判定。股息、红利等权益性投资所得按照分配所得的企业所在地确定企业应税所得来源地。

（5）利息等所得的判定。利息所得、租金所得、特许权使用费所得按照负担、支付所得的企业或机构、场所所在地，或按照负担、支付所得的个人住所地确定企业应税所得来源地。

（6）其他所得的判定。其他所得由国务院财政、税务主管部门确定企业应税所得来源地。

5.2.3 企业所得税的税率

5.2.3.1 一般企业适用的法定税率

（1）法定税率的规定。企业所得税的法定税率为25%。其主要原因有以下3个：一是内企减轻税负，外企尽可能不增加税负；二是将财政减收控制在国家可承受的范围内；三是考虑国际上尤其是周边国家（地区）的税率水平，即实行企业所得税的159个国家（地区）平均税率28.6%，周边18个国家（地区）26.7%，我国实行25%的税率在国际上属于中等偏下水平，有利于提高企业的竞争力和吸引外商投资。

（2）法定税率的适用范围。企业所得税的法定税率适用于下列企业的所得：一是居民企业来源于中国境内、境外的所得；二是非居民企业在中国境内设立机构、场所的，其所设机构、场所取得的来源于中国境内的所得；三是非居民企业在中国境内设立机构、场所的，发生在中国境外但与其所设机构、场所有实际联系的所得。

5.2.3.2　小型微利企业的适用税率

符合条件的小型微利企业（不包括非居民企业），按20%的税率征收企业所得税。

（1）小型微利企业的条件。小型微利企业是指从事国家非限制和禁止行业，并符合下列条件的企业：工业企业为年度应纳税所得额不超过30万元，从业人数不超过100人，资产总额不超过3 000万元；其他企业为年度应纳税所得额不超过30万元，从业人数不超过80人，资产总额不超过1 000万元。

（2）适用税率的操作要求，主要包括：一是年应纳税所得额30万元是指弥补了以前年度（5年内）亏损后确认的应纳税所得额；二是企业从业人数按企业全年平均从业人数计算；三是资产总额按企业年初和年末的资产总额平均计算；四是仅就来源于中国境内所得的非居民企业不适用小型微利企业适用税率的政策。

此外，税法补充规定，自2015年1月1日至2017年12月31日，对年应纳税所得额低于20万元（含20万元）的小型微利企业，其所得减按50%计入应纳税所得额，按20%的税率缴纳企业所得税。

5.2.3.3　预提所得税税率

（1）预提所得税税率的规定。预提所得税税率为20%，目前减按10%的税率征收。预提所得税是指一国政府对外国企业来自本国特定项目所得的征税。它并不是一个独立的税种，而是所得税源泉征收的一种方式。预提所得税以实际收益人为纳税人；以支付人为扣缴义务人，税款由支付人在每次支付额中按照税法规定的税率扣缴。

（2）预提所得税的适用范围。包括：非居民企业在中国境内未设立机构、场所的，其机构、场所来源于中国境内的所得；非居民企业在中国境内设立机构、场所的，来源于中国境内与其所设机构、场所没有实际联系的所得。

【小资料5-2】　外国企业所得税制的改革及税率

近年来，许多国家进行了以降低企业税负为主的企业所得税制改革，各国企业所得税税率均有所降低。有些国家或地区的公司要缴纳企业利润的1/3，而个别国家或地区的公司无须支付企业所得税。

（1）日本企业所得税的法定税率为40%，其本国公司及跨国公司实际税收负担分别为37%和38%，均为全球最高。

（2）德国企业所得税的法定税率为37%，其本国公司及跨国公司实际税收负担分别为16%和24%。

（3）美国企业所得税的法定税率为35%，其本国公司及跨国公司实际税收负担分别为23%和28%，在联邦政府税收中排名第二位。

（4）印度企业所得税的法定税率为34%，其本国公司及跨国公司实际税收负担分别为22%和17%。

（5）澳大利亚企业所得税的法定税率为30%，其本国公司及跨国公司实际税收负担降至22%。

（6）瑞典企业所得税的法定税率为28%，其本国公司及跨国公司实际税收负担分别为10%和18%。

（7）马来西亚企业所得税的法定税率为27%，其本国公司及跨国公司实际税收负担分别为19%和17%。

（8）中国企业所得税的法定税率为25%（与巴西相同），其本国公司及跨国公司实际税收负担约为22%。

（9）瑞士企业所得税的法定税率为21%，其本国公司及跨国公司实际税收负担分别为17%和19%。

（10）巴哈马和百慕大没有企业所得税，但公司要缴纳其他形式的税收，其跨国公司实际税收负担分别为5%~15%和12%。

5.2.4　企业所得税的优惠政策

我国企业所得税实施以产业导向优惠政策为主、兼顾区域性的税收优惠政策。税收优惠方式运用灵活，既有税基式减免，如免税收入、免税所得、加计扣除等规定，也有税率式减免和税额式减免。税收优惠政策主要包括以下几个方面：

5.2.4.1　免税收入

（1）国债利息收入。这是指企业持有国务院财政部门发行的国债取得的利息收入。

（2）符合条件的居民企业间的股息、红利等权益性投资收益。这是指居民企业直接投资于其他居民企业取得的投资收益，不包括连续持有居民企业公开发行并上市流通的股票不足12个月取得的投资收益。

（3）在境内设立机构、场所的非居民企业从居民企业取得与该机构、场所有实际联系的股息、红利等权益性投资收益。但不包括连续持有居民企业公开发行并上市流通的股票不足12个月取得的投资收益。

（4）符合条件的非营利性组织的收入。除国务院财政、税务主管部门另有规定外，符合条件的非营利性组织的收入不包括非营利性组织从事营利性活动取得的收入。

上述符合条件的非营利性组织是指同时符合下列条件的组织：一是依法履行非营利性组织登记手续；二是从事公益性或非营利性活动；三是财产及其孳息不用于分配；四是投入人对投入该组织的财产不保留或享有任何财产权利；五是工作人员的工资福利开支控制在规定的比例内，不变相分配该组织的财产；六是取得的收入除用于与该组织有关的、合理的支出外，全部用于登记核定或章程规定的公益性或非营利性事业；七是按登记核定或章程规定，该组织注销后的剩余财产用于公益性或非营利性目的或由登记管理机关转赠给与该组织性质、宗旨相同的组织，并向社会公告。

5.2.4.2　特定产业的税收优惠

（1）从事农、林、牧、渔业的税收优惠。免征项目主要包括：蔬菜、谷物、薯类、油料、豆类、棉花、麻类、糖料、水果和坚果的种植；农作物新品种的选育；中药材的种植；林木的培育和种植；牲畜及家禽的饲养；林产品的采集；灌溉、农产品初加工（农产品初加工范围详见财税〔2008〕149号）、兽医、农技推广、农机作业和维修等农、林、牧、渔服务业项目；远洋捕捞等。减半征收企业所得税包括：花卉、茶及其他饮料作物和香料作物的种植；海水养殖、内陆养殖等。企业从事国家限制和禁止发展的项目，不得享受上述规定的企业所得税优惠。

（2）从事国家重点扶持的公共基础设施项目投资经营所得的减免。居民企业（简称企业）经有关部门批准，从事符合《公共基础设施项目企业所得税优惠目录》规定范围、条件和标准的公共基础设施项目的投资经营所得，自该项目取得第一笔生产经营收入（包括试运营）所属纳税年度起，第1~3年免征企业所得税、第4~6年减半征收企业所得税（以下简称“免三减三”）。但企业承包经营、承包建设和内部自建自用的项目，不得享受该规定的企业所得税优惠。上述公共基础设施项目是指《公共基础设施项目企业所得税优惠目录》规定的港口码头、机场、铁路、公路、城市公共交通、电力、水利等项目。享受本项目减免税的，在减免税期限内转让的，受让方自受让之日起可在剩余期限内享受规定的减免税；减免税期限届满后转让的，受让方不得就该项目重复享受减免税优惠。

（3）软件和集成电路产业的税收优惠，主要包括以下几个方面：

①对集成电路线宽小于0.8微米（含）的集成电路生产企业，经认定后，在2017年12月31日前，自获利年度起计算优惠期，给予“免二减三”优惠政策，并享受至期满为止。

②对集成电路线宽小于0.25微米或投资额超过80亿元的集成电路生产企业，经认定后，减按15%的税率征收企业所得税，其中经营期在15年以上的，在2017年12月31日前，自获利年度起计算优惠期，给予“免五减五”优惠政策，并享受至期满为止。

③对新办集成电路设计企业和符合条件的软件企业，经认定后，在2017年12月31日前，自获利年度起计算优惠期，给予“免二减三”优惠政策，并享受至期满为止。

④对国家规划布局内的重点软件和集成电路设计企业，如当年未享受免税优惠的，可减按10%的税率征收企业所得税。符合条件的软件企业按照财政部、国家税务总局《关于软件产品增值税政策的通知》（财税〔2011〕100号）规定取得的即征即退增值税税款，由企业专项用于软件产品研发和扩大再生产并单独进行核算，可作为不征税收入。

⑤集成电路设计企业和符合条件的软件企业的职工培训费用，应单独核算并按实际发生额扣除。企业外购的软件，凡符合固定资产或无形资产确认条件的，可按照固定资产或无形资产进行核算，其折旧或摊销

年限可适当缩短，最短可为2年（含）；集成电路生产企业的生产设备折旧年限可适当缩短，最短可为3年（含）。

（4）文化单位企业的税收优惠。经营性文化事业单位转制为企业，自转制注册之日起免征企业所得税。

（5）鼓励证券投资的税收优惠。证券投资基金从证券市场中取得的收入（包括买卖股票、债券的差价收入，股权的股息、红利收入，债券的利息收入和其他收入），投资者从证券投资基金分配中取得的收入，以及证券投资基金管理人运用基金买卖股票、债券的差价收入，暂不征收企业所得税。

（6）对期货保障基金的税收优惠。中国期货保证金监控中心有限责任公司根据《期货投资者保障基金管理暂行办法》取得的下列收入，不计入其应征企业所得税收入：期货交易所按风险准备金账户总额的15%和交易手续费的3%上缴的期货保障基金收入；期货公司按代理交易额的千万分之五至千万分之十上缴的期货保障基金收入；依法向有关责任方追偿所得；期货公司破产清算所得；捐赠所得。

5.2.4.3 技术创新的税收优惠

（1）高新技术企业减税。国家需要重点扶持的高新技术企业，减按15%的税率征收企业所得税。高新技术企业是指拥有核心自主知识产权，并同时符合下列条件的企业：一是拥有核心自主知识产权；二是产品（服务）属于《国家重点支持的高新技术领域》规定的范围；三是研究开发费用占销售收入的比例达标；四是高新技术产品（服务）收入占企业总收入的比例达标；五是科技人员占企业职工总数的比例达标；六是符合高新技术企业认定管理办法规定的其他条件。

高新技术企业来源于境外的所得，可享受高新技术企业所得税优惠政策，即对其来源于境外所得可按15%的优惠税率缴纳企业所得税，在计算境外抵免限额时可按15%的优惠税率计算境内外应纳税总额。

（2）创业投资企业抵免。创业投资企业是指依照《创业投资企业管理暂行办法》和《外商投资创业投资企业管理规定》在中国境内设立的专门从事创业投资活动的企业或其他经济组织。

创业投资企业采取股权方式投资于未上市的中小高新技术企业2年以上的，可按投资额的70%在股权持有满2年的当年抵扣该创业投资企业的应纳税所得额；当年不足抵扣的，可在以后纳税年度结转抵扣。

（3）研发费用加计扣除。企业从事《国家重点支持的高新技术领域》和国家发改委等部门公布的《当前优先发展的高新技术产业化重点领域指南》规定项目的研究开发活动，其在一个纳税年度中实际发生的费用支出，允许在计算应纳税所得额时按规定实行加计扣除。

企业从事研发活动发生的下列费用支出可纳入税前加计扣除的研究开发费用范围：一是企业按国务院有关主管部门或省级政府规定的范围和标准为在职直接从事研发活动人员缴纳的基本养老保险费、基本医疗保险费、失业保险费、工伤保险费、生育保险费和住房公积金；二是专门用于研发活动的仪器、设备运行维护、调整、检验、维修等费用；三是不构成固定资产的样品、样机及一般测试手段购置费；四是新药研制的临床试验费；五是研发成果的鉴定费用。

企业对发生的研发费用进行收益化或资本化处理的，可按下述规定计算加计扣除：研发费用计入当期损益未形成无形资产的，允许再按其当年研发费用实际发生额的50%，直接抵扣当年的应纳税所得额；研发费用形成无形资产的，按照该无形资产成本的150%在税前摊销。除法律另有规定外，摊销年限不得低于10年。

（4）技术转让所得减免。在一个纳税年度内，居民企业技术转让所得不超过500万元的部分免征企业所得税，超过500万元的部分减半征收企业所得税。其技术转让的范围包括居民企业转让专利技术、计算机软件著作权、集成电路布图设计权、植物新品种、生物医药新品种，以及财政部和国家税务总局确定的其他技术。其计算公式为：

技术转让所得=技术转让收入-技术转让成本-相关税费

上述技术转让收入是指当事人履行技术转让合同后获得的价款，不包括销售或转让设备、仪器、零部件和原材料等非技术性收入，以及不属于与技术转让项目密不可分的技术咨询、服务和培训等收入；技术转让成本是指转让的无形资产的净值，即该无形资产的计税基础减除在资产使用期间按规定计算的摊销扣除额后的余额；相关税费是指技术转让过程中实际发生的有关税费，包括除企业所得税和允许抵扣的增值税以外的各项税金及附加、合同签订费用、律师费等费用及其他支出。

（5）企业固定资产加速折旧。企业固定资产由于技术进步等原因确需加速折旧的，可缩短折旧年限或加速折旧。采取缩短折旧年限最低折旧年限不得低于规定折旧年限的60%，采取加速折旧可采取双倍余额递减法或年数总和法。

上述固定资产主要包括技术进步，产品更新换代较快的，以及常年处于强震动、高腐蚀状态的固定资产。具体规定详见5.3.5.1固定资产的税务处理。

5.2.4.4 循环经济的税收优惠

（1）鼓励资源综合利用的税收优惠。企业以《资源综合利用企业所得税优惠目录》规定的资源作为主要原材料，生产国家非限制和禁止并符合国家和行业相关标准产品取得的收入，减按90%计入收入总额。

上述规定中的《资源综合利用企业所得税优惠目录》，由国务院财政、税务主管部门会同国务院其他有关部门制定，报国务院批准后公布施行；原材料占生产产品材料的比例，不得低于《资源综合利用企业所得税优惠目录》规定的标准。

（2）环境保护、节能节水的税收优惠。符合条件的环境保护、节能节水项目的所得，自项目取得第一笔生产经营收入所属纳税年度起实施“免三减三”优惠政策。

上述符合条件的环境保护、节能节水项目包括公共污水处理、公共垃圾处理、沼气综合开发利用、节能节水技术改造、海水淡化等；项目的具体条件和范围由国务院财政、税务主管部门会同国务院有关部门制定，报国务院批准后公布施行。

（3）环境保护、安全生产专用设备投资抵免。企业购置并实际使用《环境保护专用设备企业所得税优惠目录》《节能节水专用设备企业所得税优惠目录》和《安全生产专用设备企业所得税优惠目录》规定的环境保护、节能节水、安全生产等专用设备的，该专用设备投资额的10%可从企业当年的应纳税额中抵免；当年不足抵免的，可在以后5个纳税年度结转抵免。

需要说明的是：增值税的一般纳税人购进固定资产发生的进项税额，如可从其销项税额中抵扣，其专用设备投资额不再包括增值税进项税额；如增值税进项税额不允许抵扣，其专用设备投资额应为增值税专用发票上注明的价税合计金额。企业购买专用设备取得普通发票的，其专用设备投资额为普通发票上注明的金额。

5.2.4.5　特定地区的税收优惠

（1）扶持民族自治地方的减免。民族自治地方的自治机关对本民族自治地方的企业应缴纳的企业所得税中属于地方分享的部分，可决定减征或免征企业所得税；自治州、自治县决定减征或免征的，须报省、自治区、直辖市人民政府批准。但对在民族自治地方内从事国家限制和禁止行业的企业，不得减征或免征企业所得税。

上述民族自治地方是指依照《中华人民共和国民族区域自治法》的规定，实行民族区域自治的自治区、自治州、自治县。

（2）西部地区的税收优惠政策。西部地区包括重庆、四川、贵州、云南、西藏、陕西、甘肃、宁夏、青海、新疆（包括生产建设兵团）、内蒙古和广西。湖南省湘西土家族苗族、湖北省恩施土家族苗族和吉林省延边朝鲜族自治州，可比照西部地区的税收政策执行。

①对西部地区内资鼓励类产业、外商投资鼓励类产业及优势产业的项目在投资总额内进口的自用设备，在政策规定范围内免征关税。

②自2011年1月1日至2020年12月31日，对设在西部地区的鼓励类产业企业减按15%的税率征收企业所得税。

上述鼓励类产业企业是指以《西部地区鼓励类产业目录》中规定的产业项目为主营业务，且其主营业务收入占企业收入总额70%以上的企业。《西部地区鼓励类产业目录》另行发布。

③对西部地区2010年12月31日前新办的、根据《财政部、国家税务总局、海关总署关于西部大开发税收优惠政策问题的通知》（财税〔2001〕202号）规定可享受企业所得税“免二减三”优惠的交通、电力、水利、邮政、广播电视企业，其享受企业所得税“免二减三”优惠可以继续享受到期满为止。

（3）经济特区和上海浦东新区的税收优惠政策。在2008年1月1日（含）之后完成登记注册的国家需要重点扶持的高新技术企业，在经济特区内和上海浦东新区内取得的所得，自取得第一笔生产经营收入所属年度起，第1~2年免征企业所得税、第3~5年按照25%的法定税率减半

（以下简称“免二减三”）征收企业所得税；自2010年1月起，以境内、境外全部生产经营活动有关的研究开发费用总额、总收入、销售收入总额、高新技术产品（服务）收入等指标申请并经认定的高新技术企业，对其来源于境外的所得可按15%的税率缴纳企业所得税。

5.2.4.6　其他税收优惠

（1）鼓励企业安置就业人员的扣除。企业安置残疾人员的，在按照支付给残疾职工工资据实扣除的基础上，按照支付给残疾职工工资的100%加计扣除。企业就支付给残疾职工的工资，在进行企业所得税预缴申报时，允许据实计算扣除。在年度终了进行企业所得税年度申报和汇算清缴时，再依照规定计算加计扣除。

（2）小型微利企业的税收优惠。自2010年1月1日至2011年12月31日，对年应纳税所得额低于3万元（含）的小型微利企业，其所得减按50%计入应纳税所得额，按20%的税率缴纳企业所得税；自2010年1月1日至2011年12月31日，将小型微利企业减半征收企业所得税的政策，从年应纳税所得额低于3万元扩大到年应纳税所得额低于6万元（含），自2014年1月1日至2016年12月31日又扩大到年应纳税所得额低于10万元（含）。

（3）非居民企业所得的税收优惠。非居民企业取得的下列所得可免征企业所得税：一是外国政府向中国政府提供贷款取得的利息所得；二是国际金融组织向中国政府和居民企业提供优惠贷款取得的利息所得，其中国际金融组织包括国际货币基金组织、世界银行、亚洲开发银行、国际开发协会、国际农业发展基金、欧洲投资银行，以及财政部和国家税务总局确定的其他国际金融组织，所称优惠贷款是指低于金融企业同期同类贷款利率水平的贷款；三是经国务院批准的其他所得。

（4）代表机构的税收优惠。外国政府、国际组织、非营利性机构、各民间团体等在我国设立的代表机构（简称代表机构），可由代表机构（或其总机构、上级部门）向当地主管国家税务局提出企业所得税的免税申请，并向主管国家税务局提供外国政府、国际组织、非营利性机构、各民间团体所在国主管税务当局（包括总机构所在地地方税务当局）、政府机构确认的代表机构性质证明。

5.3 企业所得税的计税管理

5.3.1 企业税所得税计算的基本规定

企业所得税按企业应纳税所得额和规定的税率计算应纳税额。其计算公式为：

应纳税额=应纳税所得额×适用税率

上述应纳税所得额是指企业每一纳税年度的收入总额，减除不征税收入、免税收入、各项扣除和允许弥补的以前年度亏损后的余额。其基本计算公式为：

应纳税所得额 = 收入总额 − 不征税收入 − 免税收入 − 各项扣除 − 允许弥补的以前年度亏损

除特殊规定外，企业应纳税所得额的计算以权责发生制为原则。属于当期的收入和费用，不论款项是否收付均作为当期的收入和费用；不属于当期的收入和费用，即使款项已在当期收付，均不作为当期的收入和费用。在计算应纳税所得额时，企业财务会计办法与税收法律、行政法规的规定不一致的，应依照税收法律、行政法规的规定计算。依法缴纳的企业所得税，应以人民币计算，所得以人民币以外货币计算的，应折合成人民币计算并缴纳税款。

5.3.2 企业税所得税的收入总额

5.3.2.1 收入总额的构成

企业所得税的收入总额是企业以货币和非货币形式从各种来源取得的收入。货币形式的收入包括现金、存款、应收账款、应收票据、准备持有至到期的债券投资及债务的豁免等；非货币形式的收入包括固定资产、生物资产、无形资产、股权投资、存货、不准备持有至到期的债券投资、劳务及有关权益等，企业以非货币形式取得的收入应按照市场价格确定的公允价值确定。企业收入总额具体包括销售货物收入，提供劳务收入，转让财产收入，股息、红利等权益性投资收益，利息收入，租金收入，特许权使用费收入，接受捐赠收入和其他收入。

（1）销售货物收入。销售货物收入是指企业销售商品、产品、原材料、包装物、低值易耗品和其他存货取得的收入。

（2）提供劳务收入。提供劳务收入是指企业从事交通运输、建筑安装、修理修配、仓储租赁、金融保险、邮电通信、咨询经纪、文化体育、科学研究、技术服务、教育培训、餐饮住宿、中介代理、卫生保健、社区服务、旅游、娱乐、加工和其他劳务服务活动取得的收入。

（3）转让财产收入是指企业转让的固定资产、生物资产、无形资产、股权、债权等财产取得的收入。

（4）股息、红利等权益性投资收益。股息、红利等权益性投资收益是指企业因权益性投资从被投资方取得的收入。除国务院财政、税务主管部门另有规定外，股息、红利等权益性投资收益按照被投资方作出利润分配决定的日期确认收入的实现。

（5）利息收入。利息收入是指企业将资金提供给他人使用但不构成权益性投资，或因他人占用本企业资金取得的收入，包括存款、贷款、债券、欠款等利息收入。利息收入按照合同约定的债务人应付利息的日期确认收入的实现。

（6）租金收入。租金收入是指企业提供固定资产、包装物或其他有形资产的使用权所取得的收入。租金收入按照合同约定的承租人应付租金的日期确认收入的实现。如果交易合同或协议中规定租赁期限跨年度，且租金提前一次性支付的，根据收入与费用配比原则，出租人可对上述已确认的收入，在租赁期内分期均匀计入有关年度收入。

（7）特许权使用费收入。特许权使用费收入是指企业提供的专利权、非专利技术、商标权、著作权和其他特许权使用权取得的收入。特许权使用费收入按照合同约定的特许权使用人应付特许权使用费的日期确认收入的实现。

（8）接受捐赠收入。接受捐赠收入是指企业接受其他企业、组织或个人无偿给予的货币性资产、非货币性资产。接受捐赠收入按照实际收到捐赠资产的日期确认收入的实现，接受捐赠收入金额按照捐赠资产的公允价值确定。

【例题5-1】2016年3月甲企业取得乙企业的实物捐赠，双方确认的评估价值160万元，甲企业取得了乙企业开出的增值税专用发票，注明税额27.2万元，由乙企业缴纳。5月甲企业将该批实物资产销售，取得不含税销售收入200万元。甲企业的应纳税所得额为：

应纳税所得额=160+27.2+（200−160）=227.2（万元）

（9）其他收入。其他收入是指企业取得的除上述收入以外的其他收入，主要包括企业资产溢余收入、逾期未退包装物押金收入、确实无法偿付的应付款项、已作坏账损失处理后又收回的应收款项、债务重组收入、补贴收入、违约金收入和汇兑收益等。

企业取得财产（包括各类资产、股权、债权等）转让收入、债务重组收入、接受捐赠收入、无法偿付的应付款收入等，不论以货币形式还是非货币形式体现，除另有规定外，均应一次性计入确认收入的年度计算缴纳企业所得税。

5.3.2.2 视同销售收入

除国务院财政、税务主管部门另有规定之外，企业发生非货币性资产交换，以及将货物、财产、劳务用于捐赠、偿债、赞助、集资、广告、样品、职工福利或利润分配等用途的，应当视同销售货物、转让财产或提供劳务。但对货物在同一法人实体内部之间的转移，如用于在建工程、管理部门、分公司等，不作为销售处理。具体规定为：

（1）应视同销售收入。企业将资产移送他人，包括用于市场推广或销售、交际应酬、职工奖励或福利、股息分配、对外捐赠，以及其他改变资产所有权属的用途，因资产所有权属已发生改变而不属于内部处置资产，应视同销售确定收入。视同销售确认收入时，属于企业自制的资产，应按照企业同类资产同期对外销售价格确定销售收入（按移送的存货成本结转成本）；属于外购的资产，可按购入时的价格确定销售收入（按购入时的价格结转成本）。

（2）不视同销售收入。企业处置资产，包括将资产用于生产、制造、加工另一产品，改变资产的形状、结构或性能、用途（如自建商品房转为自用或经营），将资产在总机构及分支机构之间转移，上述两种或两种以上情形的混合，以及其他不改变资产所有权属的用途，因资产所有权属在形式和实质上均不发生改变，可作为内部处置资产，不视同销售确认收入，相关资产的计税基础延续计算。但将资产转移至中国境外的除外。

5.3.2.3　分期确认的收入

（1）以分期收款方式销售货物的，按照合同约定的收款日期确认收入的实现。

（2）企业受托加工制造的大型机械设备、船舶、飞机，以及从事建筑、安装、装配工程业务或提供其他劳务等，持续时间在12个月以上的，按照纳税年度内完工进度或完成的工作量确认收入的实现。

（3）采取产品分成方式取得收入的，按企业分得产品的日期确认收入的实现，其收入额按产品的公允价值确定。

5.3.2.4　转让限售股的处置

所谓限售股，是指证监会为保护流通股股东的利益，对非流通股的上市交易做了期限和比例的限制。非流通股取得流通权后，因受到流通期限和流通比例的限制被称为限售股。转让限售股取得收入的企业（包括事业单位、社会团体、民办非企业单位等），应缴纳企业所得税。纳税人转让上市公司限售股的企业所得税处理规定如下：

（1）企业转让代个人持有的限售股的税务处理。因股权分置改革造成原由个人出资而由企业代持有的限售股，转让时按以下规定处理：

①企业转让限售股取得的收入，应作为企业应税收入计算纳税。限售股转让收入扣除限售股原值和合理税费后的余额为该限售股转让所得。企业未能提供完整、真实的限售股原值凭证，不能准确计算该限售股原值的，主管税务机关一律按该限售股转让收入的15%核定为该限售股原值和合理税费。完成纳税义务后的限售股转让收入余额转付给实际所有人时不再纳税。

②依法院判决、裁定等原因，通过证券登记结算公司，企业将其代持的个人限售股直接变更到实际所有人名下的，不视同转让限售股。

（2）企业在限售股解禁前转让限售股的税务处理。企业在限售股解禁前将其持有的限售股转让给其他企业或个人（简称受让方），其企业所得税问题按以下规定处理：

①企业应按照减持在证券登记结算机构登记的限售股取得的全部收入，计入企业当年度应税收入计算纳税。

②企业持有的限售股在解禁前已签订协议转让给受让方，但未变更股权登记、仍由企业持有的，企业实际减持该限售股取得的收入，依照

本条第一项规定纳税后，其余额转付给受让方的，受让方不再纳税。

5.3.3 企业所得税的不征税收入

5.3.3.1 财政性资金

（1）各类财政性资金。财政性资金是指企业取得的来源于政府和有关部门的财政补助、补贴、贷款贴息和其他各类财政专项资金，包括直接减免的增值税和即征即退、先征后退、先征后返的各种税收，但不包括企业按规定取得的出口退税款。具体规定为：

①企业取得的各类财政性资金，除属于国家投资和资金使用后要求归还本金的以外，均应计入企业当年收入总额。所称国家投资是指国家以投资者身份投入企业，并按有关规定相应增加企业实收资本（股本）的直接投资。

②对企业取得的由国务院财政、税务主管部门规定专项用途并经国务院批准的财政性资金，准予作为不征税收入，在计算应纳税所得额时从收入总额中减除。

③纳入预算管理的事业单位、社会团体等组织按照核定的预算和经费报领关系收到的由财政部门或上级单位拨入的财政补助收入，准予作为不征税收入，在计算应纳税所得额时从收入总额中减除，但国务院和国务院财政、税务主管部门另有规定的除外。

（2）专项财政性资金。企业取得的专项用途财政性资金，其企业所得税处理规定如下：

①企业从县级以上各级政府财政部门及其他部门取得的应计入收入总额的财政性资金，凡同时符合以下条件的，可作为不征税收入：企业能够提供规定资金专项用途的资金拨付文件；财政部门或其他拨付资金的政府部门对该资金有专门的资金管理办法或具体管理要求；企业对该资金及以该资金发生的支出单独进行核算。

②不征税专项用途财政性资金收入用于支出所形成的费用，不得在计算应纳税所得额时扣除；用于支出所形成的资产，其计算的折旧、摊销不得在计算应纳税所得额时扣除。

③企业将符合条件的财政性资金作不征税收入处理后，在5年（60个月）内未发生支出且未缴回财政部门或其他拨付资金的政府部门的部

分，应计入取得该资金第6年的应税收入总额；计入应税收入总额的财政性资金发生的支出，允许在计算应纳税所得额时扣除。

5.3.3.2　其他不征税收入

（1）行政事业性收费。行政事业性收费是指依照法律、行政法规等有关规定，按照国务院规定程序批准，在实施社会公共管理，以及在向公民、法人或其他组织提供特定公共服务过程中，向特定对象收取并纳入财政管理的费用。

（2）政府性基金。政府性基金是指企业依照法律、行政法规等有关规定，代政府收取的具有专项用途的财政资金。

（3）其他不征税收入。其他不征税收入是指企业取得的，由国务院财政、税务主管部门规定专项用途并经国务院批准的财政性资金。

5.3.4　企业所得税的扣除项目

5.3.4.1　企业支出的相关项目

企业支出是在遵循相关性、合理性、收益性、配比性和不重复等原则的基础上，按企业实际发生的与取得收入有关的、合理的支出，包括成本、费用、税金、损失和其他支出。

上述成本是指企业在生产经营活动中所发生的销售成本、销货成本、业务支出和其他耗费；费用是指企业在生产经营活动中发生的销售费用、管理费用和财务费用，已经计入成本的有关费用除外；税金是指企业在生产经营活动中发生的，除企业所得税和允许抵扣的增值税以外的各项税金及附加；损失是指企业在生产经营活动中发生的固定资产和存货的盘亏、毁损、报废损失，以及转让财产损失、呆账损失、坏账损失、自然灾害等不可抗力因素造成的损失和其他损失；其他支出是指除成本、费用、税金、损失外，企业在生产经营活动中发生的与生产经营活动有关的、合理的支出。

5.3.4.2　支出项目的扣除标准

（1）工资、薪金支出的扣除标准。企业发生的合理的工资、薪金支出准予扣除。合理的工资、薪金是指企业按照股东大会、董事会、薪酬委员会或相关管理机构制定的工资、薪金制度规定实际发放给员工的工资、薪金。企业每一纳税年度支付给在本企业任职或受雇员工的所有现金或非现金形式的劳动报酬，包括基本工资、奖金、津贴、补贴、年终加薪、加班工资，以及与员工任职或受雇有关的其他支出。

工资、薪金总额是企业实际发放的工资、薪金总和，但不包括企业的职工福利费、职工教育经费、工会经费，以及养老保险费、医疗保险费、失业保险费、工伤保险费、生育保险费等社会保险费和住房公积金。属于国有性质的企业，其工资、薪金不得超过政府有关部门给予的限定数额；超过部分，不得计入企业工资、薪金总额，也不得在计算企业应纳税所得额时扣除。

（2）三项经费支出的扣除标准。三项经费支出是指企业发生的职工福利费、工会经费和职工教育经费支出。按照税法的规定，企业发生的职工福利费支出、工会经费支出和职工教育经费支出，分别按不超过工资、薪金总额14%、2%和2.5%的部分，准予扣除。

需要说明的是：企业发生的职工教育经费支出，除国务院财政、税务主管部门另有规定外，不超过工资、薪金总额2.5%的部分，准予扣除；超过部分，准予在以后纳税年度结转扣除。软件生产企业发生的职工教育经费中的职工培训费用，可全额在企业所得税前扣除。软件生产企业应准确划分职工教育经费中的职工培训费支出，对于不能准确划分的，以及准确划分后职工教育经费中扣除职工培训费用的余额，一律按照规定的比例扣除。

【例题5-2】某电视机厂为居民企业，某纳税年度年实际发生的工资、薪金支出为100万元，本期“三项经费”实际发生额为15万元，其中福利费为10万元，拨缴的工会经费为2万元并已取得工会拨缴收据，实际发生职工教育经费3万元。该企业允许扣除的三项经费支出为：

福利费扣除限额=100×14%=14（万元）

实际发生10万元可据实扣除。

工会经费扣除限额=100×2%=2（万元）

实际发生2万元可据实扣除。

职工教育经费扣除限额=100×2.5%=2.5（万元），实际发生3万元，可扣除2.5万元，另0.5万元调增应纳税所得额，并结转下年继续抵扣。

允许扣除三项经费支出合计=10+2+2.5=14.5（万元）

（3）利息费用支出的扣除标准。企业在生产经营活动中发生的利息费用支出按下列规定扣除：

①非金融企业向金融企业借款的利息支出。企业在生产经营活动中发生的非金融企业向金融企业借款的利息、金融企业的各项存款利息和同业拆借利息支出、企业经批准发行债券的利息支出，可据实扣除。

②非金融企业向非金融企业借款的利息支出。企业在生产经营活动中发生的非金融企业向非金融企业借款的利息支出，不超过按照金融企业同期同类贷款利率计算的部分准予据实扣除，超过部分不准扣除。

③企业向关联企业借款的利息支出。企业向关联企业借款，实际支付给关联方的利息支出，不超过债权性投资与权益性投资2∶1（金融企业为5∶1）部分，准予扣除。但企业如果能按税法的有关规定提供相关资料，并证明相关交易活动符合独立交易原则的，或该企业的实际税负不高于境内关联方的，其实际支付给境内关联方的利息支出，在计算应纳税所得额时准予扣除。

④投资者投资未到位而发生的利息支出。凡企业投资者在规定期限内未缴足其应缴资本额的，该企业对外借款所发生的利息，相当于投资者实缴资本额与在规定期限内应缴资本额的差额应计付的利息，其不属于企业合理的支出，应由企业投资者负担，不得在计算企业应纳税所得额时扣除。

⑤企业经批准发行债券的利息支出。企业通过发行债券、取得贷款和吸收保户储金等方式融资而发生的合理的费用支出，符合资本化条件的，应计入相关资产成本；不符合资本化条件的，应作为财务费用，准予在企业所得税前据实扣除。

⑥企业向自然人借款发生的利息支出。企业向股东或其他与企业有关联关系的自然人借款的利息支出，应根据企业所得税法及企业关联方利息支出税前扣除标准有关规定，计算企业所得税扣除额。企业向内部职工及个人股东等非关联方个人以外的其他个人借款利息支出，其借款情况同时符合以下条件的，利息支出在不超过按照金融企业同期同类贷款利率计算的数额的部分准予扣除：企业与个人之间的借贷是真实、合法、有效的，且不具有非法集资目的或其他违反法律、法规的行为；企业与个人之间签订了借款合同。

【例题5-3】 某服装厂为居民企业，某纳税年度年实现利润总额为23万元。本年度共发生两笔借款：一是向银行借入流动资金200万元，借款期限6个月，支付利息费用4.5万元；二是经批准向其他企业借入流动资金50万元，借款期限9个月，支付利息费用2.6万元。该企业无其他纳税调整事项，应纳税所得额为：

向银行借入流动资金年利率=（4.5÷200）×2×100%=4.5%

向其他企业借款的费用扣除标准=50×4.5%÷12×9=1.6875（万元）

小于实际发生利息费用2.6万元，只能按标准扣除，应调增应纳税所得额0.9125万元（2.6−1.6875）。

应纳税所得额=23+0.9125=23.9125（万元）

（4）保险费用支出的扣除标准。企业依照国务院有关主管部门或省级人民政府规定的范围和标准为职工缴纳的“五险一金”，即基本养老保险费、基本医疗保险费、失业保险费、工伤保险费、生育保险费等基本社会保险费和住房公积金，准予扣除。

企业根据国家有关政策规定，为在本企业任职或受雇的全体员工支付的补充养老保险费、补充医疗保险费，分别在不超过职工工资总额5%标准内的部分，在计算应纳税所得额时准予扣除；超过的部分，不予扣除。

除企业依照国家有关规定为特殊工种职工支付的人身安全保险费和国务院财政、税务主管部门规定可扣除的其他商业保险费外，企业为投资者或职工支付的商业保险费，不得扣除。

此外，企业参加财产保险按照规定缴纳的保险费，准予扣除。

（5）公益性捐赠的扣除标准。公益性捐赠支出是指企业通过公益性社会团体或县级以上政府及其部门，用于《中华人民共和国公益事业捐赠法》规定的公益事业的捐赠支出。企业发生的公益性捐赠支出在年度利润总额12%以内的部分，准予在计算应纳税所得额时扣除。企业直接针对受赠人的捐赠和非公益性捐赠，不得在税前扣除。

①年度利润总额是指企业依照国家统一会计制度的规定计算的大于零的数额。

②公益事业是指下列事项：救助灾害、救济贫困、扶助残疾人等困难的社会群体和个人的活动；教育、科学、文化、卫生、体育事业；环境保护、社会公共设施建设；促进社会发展和进步的其他社会公共和福

利事业。

③公益性社会团体是指同时符合下列条件的基金会、慈善组织等社会团体：依法登记，具有法人资格；以发展公益事业为宗旨，且不以营利为目的；全部资产及其增值为该法人所有；收益和营运结余主要用于符合该法人设立目的的事业；终止后的剩余财产不归属任何个人或营利组织；不经营与其设立目的无关的业务；有健全的财务会计制度；捐赠者不以任何形式参与社会团体财产的分配；县级以上各级机构编制部门直接管理其机构编制；对接受捐赠的收入以及用捐赠收入进行的支出单独进行核算，且申请前连续3年接受捐赠的总收入中用于公益事业的支出比例不低于70%；国务院财政、税务主管部门会同国务院民政部门等登记管理部门规定的其他条件。

【例题5-4】 某工业企业纳税年度利润总额为4 000万元，全年发生公益性捐赠500万元、非公益性捐赠40万元。无其他调整项目，该企业的应纳税所得额为：

公益性捐赠扣除限额=4 000×12%=480（万元）

应纳税所得额=4 000+500+40−480=4 060（万元）

（6）业务招待费的扣除标准。企业发生的与生产经营活动有关的业务招待费支出，按发生额60%扣除，但最高不得超过当年销售（营业）收入的5‰。企业在计算业务招待费扣除限额时，其销售（营业）收入基数应包括主营业务、其他业务收入和视同销售（营业）收入。

对从事股权投资业务的企业（包括集团公司总部、创业投资企业等），其从被投资企业所分配的股息、红利及股权转让收入，可按规定的比例计算业务招待费扣除限额。

【例题5-5】 某化工厂为居民企业，2015年利润总额为200万元，按利润总额申报缴纳企业所得税。该企业当年产品销售收入5 000万元，业务招待费22万元。该企业无其他纳税调整项目，应纳税所得额为：

业务招待费扣除限额=5 000×5‰=25（万元）

扣除标准=22×60%=13.2（万元）

按13.2万元进行扣除。

应纳税所得额=200+22−13.2=208.8（万元）

（7）劳动保护费的扣除标准。企业发生合理的劳动保护费用，准予扣除。由企业统一制作并要求员工工作时统一着装所发生的工作服饰费用，可作为企业合理的支出予以税前扣除。

（8）支付管理费的扣除标准。非居民企业在中国境内设立的机构、场所，就其中国境外总机构发生的与该机构、场所生产经营有关的费用，能够提供总机构出具的费用汇集范围、定额、分配依据和方法等证明文件，并合理分摊的，准予扣除；企业之间支付的管理费、企业内营业机构之间支付的租金和特许权使用费，以及非银行企业内营业机构之间支付的利息，不得扣除。

（9）广告费和业务宣传费的扣除标准。企业发生的符合条件的广告费和业务宣传费支出，除财政部和国家税务总局另有规定外，不超过当年销售（营业）收入15%的部分，准予扣除；超过部分，准予在以后纳税年度结转扣除。

需要说明的是：对化妆品制造、医药制造和饮料制造企业发生的广告费和业务宣传费支出，不超过当年销售（营业）收入30%的部分准予扣除，超过部分准予在以后纳税年度结转扣除；对采取特许经营模式的饮料制造企业，饮料品牌使用方发生的不超过当年销售（营业）收入30%的广告费和业务宣传费支出可在本企业扣除，也可将其中的部分或全部归集至饮料品牌持有方或管理方，由饮料品牌持有方或管理方作为销售费用据实在企业所得税前扣除。

（10）固定资产租赁费的扣除标准。企业根据生产经营活动需要租入固定资产支付的租赁费，按照以下方法扣除：以经营租赁方式租入固定资产发生的租赁费支出，按照租赁期限均匀扣除；以融资租赁方式租入固定资产发生的租赁费支出，按照规定构成融资租入固定资产价值的部分应当提取折旧费用分期扣除。

【例题5-6】某汽车制造厂为居民企业，3月1日以经营租赁方式租入固定资产使用，租期1年，一次性支付年租金12万元；6月1日以融资租赁方式租入机器设备一台，租期2年，当年支付租金15万元。当年企业计算应扣除的租赁费用为：

（1）经营租赁方式的租赁费扣除额=12÷12×10=10（万元）

（2）融资租赁的租赁费不得税前扣除，但可通过折旧分期扣除。

（11）环保专项资金的扣除标准。企业依照法律、行政法规有关规定提取的用于环境保护、生态恢复等方面的专项资金，准予扣除。但专项资金提取后改变用途的，不得扣除。

（12）转让资产净值的扣除标准。转让资产净值是指资产计税基础（一般指资产原值）减除已按规定扣除的折旧、折耗、摊销、准备金等后的余额。企业转让资产的净值，准予在计算应纳税所得额时扣除。

（13）再保险业务赔款支出的扣除标准。从事再保险业务的保险公司（简称再保公司）发生的再保险业务赔款支出，应在收到从事直保业务公司（简称直保公司）再保险业务赔款账单时，作为企业当期成本费用扣除。

凡是在次年企业所得税汇算清缴之前，再保公司收到直保公司再保险业务赔款账单中属于上年度的赔款，准予调整作为上年度的成本费用扣除，同时调整已计提的未决赔款准备金；次年汇算清缴后收到直保公司再保险业务赔款账单的，按该赔款账单发生的赔款支出，在收单年度作为成本费用扣除。

（14）保险保障基金的扣除标准。保险公司按下列规定缴纳的保险保障基金准予在企业所得税前据实扣除：

①非投资型财产保险业务，不得超过保费收入的0.8%；投资型财产保险业务，有保证收益的不得超过业务收入的0.08%，无保证收益的不得超过业务收入的0.05%。

②有保证收益的人寿保险业务，不得超过业务收入的0.15%；无保证收益的人寿保险业务，不得超过业务收入的0.05%。

③短期健康保险业务，不得超过保费收入的0.8%；长期健康保险业务，不得超过保费收入的0.15%。

④非投资型意外伤害保险业务，不得超过保费收入的0.8%；投资型意外伤害保险业务，有保证收益的不得超过业务收入的0.08%，无保证收益的不得超过业务收入的0.05%。

⑤根据《财政部、国家税务总局关于保险保障基金有关税收政策问题的通知》（财税〔2016〕10号）的规定，对中国保险保障基金有限责任公司根据《保险保障基金管理办法》取得的下列收入，免征企业所得税：境内保险公司依法缴纳的保险保障基金；依法从撤销或破产保险公司清算财产中获得的受偿收入和向有关责任方追偿所得，以及依法从保

险公司风险处置中获得的财产转让所得；捐赠所得；银行存款利息收入；购买政府债券，中央银行、中央企业和中央级金融机构发行债券的利息收入；国务院批准的其他资金运用取得的收入。

【小思考5-1】 企业所得税法对手续费及佣金支出的扣除标准是如何规定的？

答：企业通过发行债券、取得贷款和吸收保户储金等方式融资发生的合理的费用支出，符合资本化条件的计入相关资产成本，不符合资本化条件的作为财务费用准予据实扣除。

从事代理服务，主营业务收入为手续费、佣金的企业（如证券、期货和保险代理等企业），为取得该类收入实际发生的营业成本（包括手续费及佣金支出）准予据实扣除。

电信企业在发展客户、拓展业务等过程中（如委托销售电话入网卡和电话充值卡等），需向经纪人、代办商支付手续费及佣金的，其实际发生的相关手续费及佣金支出不超过企业当年收入总额5%的部分准予据实扣除。

（15）证券企业准备金的扣除标准。对证券企业证券类准备金按证券交易所交易收取经手费20%、会员年费10%提取的证券交易所风险基金，在各基金净资产不超过10亿元的额度内准予扣除。按证券登记结算公司业务收入的20%提取证券结算风险基金，在各基金净资产不超过30亿元的额度内准予扣除；在风险基金分别达到上限后，按交易经手费的20%缴纳的证券投资者保护基金准予扣除。

对证券企业期货类准备金按向会员收取手续费收入的20%计提的风险准备金，在风险准备金余额达到规定的额度内准予扣除；从其收取交易手续费收入减去应付期货交易所手续费后净收入5%提取期货公司风险准备金准予扣除；按其向期货公司会员收取交易手续费的3%缴纳的期货投资者保障基金，在基金总额达到规定的额度内准予扣除。

（16）季节工、临时工等费用的扣除标准。企业因雇佣季节工、临时工、实习生、返聘离退休人员及接受外部劳务派遣用工所实际发生的费用，应区分为工资、薪金支出和职工福利费支出，并按企业所得税法的规定在企业所得税前扣除。其中，属于工资、薪金支出的，准予计入企业工资、薪金总额的基数，作为计算其他各项相关费用扣除的依据。

5.3.4.3 资产损失的税前扣除

资产损失是指企业在生产经营活动中实际发生的、与取得应税收入有关的资产损失，包括现金损失、存款损失、贷款损失、坏账损失和股权投资损失，固定资产或存货的盘亏、毁损、报废、被盗损失，以及自然灾害等不可抗力因素造成的损失和其他损失。

（1）现金损失的税前扣除。企业清查出的现金短缺减除责任人赔偿后的余额，作为现金损失在计算应纳税所得额时扣除。

（2）存款损失的税务处理。企业将货币性资金存入法定具有吸收存款职能的机构，因该机构依法破产、清算，或政府责令停业、关闭等原因，确实不能收回的作为存款损失在计算应纳税所得额时扣除。

【小思考5-2】 企业所得税法对金融企业贷款损失准备金的扣除标准是如何规定的？

答：对政策性银行、商业银行、财务公司、城乡信用社和金融租赁公司等金融企业提取的贷款损失准备金准予扣除，包括贷款（含抵押、质押、担保等贷款）；银行卡透支、贴现、信用垫款（含银行承兑汇票垫款、信用证垫款、担保垫款等）、进出口押汇、同业拆出、应收融资租赁款等各项具有贷款特征的风险资产；由金融企业转贷并承担对外还款责任的国外贷款，包括国际金融组织贷款、外国买方信贷、外国政府贷款、日本国际协力银行不附条件贷款和外国政府混合贷款等资产。

（3）坏账损失的税前扣除。企业除贷款类债权外的应收、预付账款符合下列条件之一的，减除可收回金额后确认的无法收回的应收、预付款项，可作为坏账损失在计算应纳税所得额时扣除：

①债务人依法宣告破产、关闭、解散、被撤销，或被依法注销、吊销营业执照，其清算财产不足清偿的。

②债务人死亡或依法被宣告失踪、死亡时财产或遗产不足清偿的。

③债务人逾期3年以上未清偿且有确凿证据证明无力清偿债务的。

④与债务人达成债务重组协议或法院批准破产重整计划后，无法追偿的。

⑤因自然灾害、战争等不可抗力导致无法收回的。

⑥国务院财政、税务主管部门规定的其他条件。

（4）股权投资损失的税前扣除。企业的股权投资符合下列条件之一的，减除可收回金额后确认的无法收回的股权投资，可作为股权投资损失在计算应纳税所得额时扣除：

①被投资方依法宣告破产、关闭、解散、被撤销，或被依法注销或吊销营业执照的。

②被投资方财务状况严重恶化，累计发生巨额亏损，已连续停止经营3年以上，且无重新恢复经营改组计划的。

③对被投资方不具有控制权，投资期限届满或投资期限已超过10年，且被投资单位因连续3年经营亏损导致资不抵债的。

④被投资方财务状况严重恶化，累计发生巨额亏损，已完成清算或清算期超过3年以上的。

⑤国务院财政、税务主管部门规定的其他条件。

（5）固定资产或存货损失的税前扣除。主要规定包括：

①对企业盘亏的固定资产或存货，以该固定资产的账面净值或存货的成本减除责任人赔偿后的余额，作为固定资产或存货盘亏损失在计算应纳税所得额时扣除。

②对企业毁损、报废的固定资产或存货，以该固定资产的账面净值或存货的成本减除残值、保险赔款和责任人赔偿后的余额，作为固定资产或存货毁损、报废损失在计算应纳税所得额时扣除。

③对企业被盗的固定资产或存货，以该固定资产的账面净值或存货的成本减除保险赔款和责任人赔偿后的余额，作为固定资产或存货被盗损失在计算应纳税所得额时扣除。

④企业因存货盘亏、毁损、报废、被盗等原因不得从增值税销项税额中抵扣的进项税额，可与存货损失一起在计算应纳税所得额时扣除。

（6）其他资产损失的税前扣除。主要规定包括：

①企业在货币交易及年终时将人民币以外的货币性资产、负债按照期末即期人民币汇率中间价折算为人民币时产生的汇兑损失，除已经计入有关资产成本及与向所有者进行利润分配相关的部分外准予扣除。

②企业在计算应纳税所得额时已扣除的资产损失，在以后纳税年度

收回时，其收回部分应当作为收入计入收回当期的应纳税所得额。

③企业境内、境外营业机构发生的资产损失应分开核算，对境外营业机构由于发生资产损失而产生的亏损，不得在计算境内应纳税所得额时扣除。

④企业对其扣除的各项资产损失，应提供能证明资产损失确属已实际发生的合法证据，包括具有法律效力的外部证据、具有法定资质的中介机构的经济鉴证证明、具有法定资质专业机构的技术鉴定证明等。

5.3.4.4　不准扣除的支出项目

在计算应纳税所得额时，不得扣除的支出项目主要包括：

（1）向投资者支付的股息、红利等权益性投资收益款项。

（2）企业所得税税款。

（3）税收滞纳金。

（4）罚金、罚款和被没收财物的损失。

（5）公益性、救济性以外的捐赠支出。

（6）赞助支出。赞助支出是指企业发生的与生产经营活动无关的各种非广告性质的支出。

（7）企业对外投资期间投资资产的成本。

（8）与取得收入无关的其他支出。

5.3.4.5　纳税年度的亏损弥补

亏损是指企业依照企业所得税法的规定将纳税年度的收入总额减除不征税收入、免税收入和各项扣除后小于零的数额，即按税法规定计算的亏损，而非企业会计核算的亏损。税法规定，企业纳税年度发生的亏损准予向以后年度结转，用以后年度的所得弥补，但结转年限最长不得超过5年。5年当中无论盈亏，均应作为实际弥补期连续计算，先亏先补、顺序弥补。但企业在汇总计算缴纳所得税时，其境外营业机构的亏损不得抵减境内营业机构的盈利。

【例题5-7】某企业7年来的经营情况见表5-1。

表5-1　**某企业7年来的经营情况**　单位：万元

年度	1	2	3	4	5	6	7
所得	−150	30	20	30	20	40	50

企业7年来应纳税所得额为：第1年亏损150万元，准予向以后年度结转至第6年。第2~6年的所得用于弥补第1年的亏损后无所得，不纳税。虽然亏损仍未补完，但因结转年限已到，不能再向以后年度结转。因此，第7年应纳税所得额为50万元。

应纳企业所得税=50×25%=12.5（万元）

5.3.5 各项资产的税务处理

企业所得税法关于资产的税务处理的规定与新会计准则的规定基本相同。企业所得税法规定纳税人资产的税务处理，其目的是要通过对资产的分类，区别资本性支出与收益性支出，确定准予扣除和不准扣除的项目，正确计算应纳税所得额。企业持有各项资产期间资产增值或减值，除国务院财政、税务主管部门规定可以确认损益外，不得调整该资产的计税基础。根据税法的规定，各项资产的税务处理如下：

5.3.5.1 固定资产的税务处理

固定资产是指企业为生产产品、提供劳务、出租或经营管理而持有的、使用时间超过12个月的非货币性资产，包括房屋、建筑物、机器机械、运输工具和其他与生产经营活动有关的设备、器具和工具等。

（1）固定资产的计税基础。外购的固定资产，以购买价款和支付的相关税费，以及直接归属于使该资产达到预定用途发生的其他支出为计税基础；自行建造的固定资产，以竣工结算前发生的支出为计税基础；融资租入的固定资产，以租赁合同约定的付款总额和承租人在签订租赁合同过程中发生的相关费用为计税基础，租赁合同未约定付款总额的，以该资产的公允价值和承租人在签订租赁合同过程中发生的相关费用为计税基础；盘盈的固定资产，以同类固定资产的重置完全价值为计税基础；通过捐赠、投资、非货币性资产交换、债务重组等方式取得的固定资产，以该资产的公允价值和支付的相关税费为计税基础；改建的固定资产，除已足额提取折旧的固定资产和租入固定资产外，以改建过程中发生的改建支出增加为计税基础。

（2）固定资产的折旧范围。企业在计算应纳税所得额时按规定计算的固定资产折旧准予扣除。下列固定资产不得扣除：房屋、建筑物以外未投入使用的固定资产；以经营租赁方式租入的固定资产；以融资租赁方式租出的固定资产；已足额提取折旧仍继续使用的固定资产；与经营活动无关的固定资产；单独估价作为固定资产入账的土地；其他不得计算折旧扣除的固定资产。

（3）固定资产的折旧方法。固定资产按照直线法计算的折旧，准予扣除。企业应当自固定资产投入使用月份的次月起计算折旧；停止使用的固定资产，应当自停止使用月份的次月起停止计算折旧。

（4）固定资产的预计净残值。企业应当根据固定资产的性质和使用情况，合理确定固定资产的预计净残值。固定资产的预计净残值一经确定，不得变更。

（5）固定资产的折旧年限。除国务院财政、税务主管部门另有规定外，固定资产折旧的最低年限规定为：房屋、建筑物20年，飞机、火车、轮船、机器、机械和其他生产设备10年，与生产经营活动有关的器具、工具、家具等5年，飞机、火车、轮船以外的运输工具4年，电子设备3年。

此外，从事开采石油、天然气等矿产资源的企业，在开始商业性生产前发生的费用和有关固定资产的折耗、折旧方法，由国务院财政、税务主管部门另行规定。

（6）固定资产的加速折旧。企业拥有并用于生产经营的主要或关键的固定资产，由于以下原因确需加速折旧的，可以缩短折旧年限或采取加速折旧的方法：由于技术进步，产品更新换代较快的；常年处于强震动、高腐蚀状态的。

企业采取缩短折旧年限或加速折旧方法的适用范围包括：一是企业过去没有使用过与该项固定资产功能相同或类似的固定资产，但有充分的证据证明该固定资产的预计使用年限短于规定的计算折旧最低年限；二是企业在原有的固定资产未达到规定的最低折旧年限前，使用功能相同或类似的新固定资产替代旧固定资产。

企业采取缩短折旧年限方法的，对其购置的新固定资产，最低折旧年限不得低于税法规定的折旧年限的60%；若为购置已使用过的固定资产，其最低折旧年限不得低于税法规定的最低折旧年限减去已使用年限后剩余年限的60%。最低折旧年限一经确定，一般不得变更。企业拥有并使用符合规定条件的固定资产采取加速折旧方法的，可采用双倍余额递减法或年数总和法，其折旧方法一经确定，一般不得变更。

（7）固定资产改扩建的处理。自2011年7月起，企业对房屋、建筑物在未足额提取折旧前进行改扩建的，如属于推倒重置的，该资产原值减除提取折旧后的净值，应并入重置后的固定资产计税成本，并在该固定资产投入使用后的次月起，按照税法规定的折旧年限一并计提折旧；如属于提升功能、增加面积的，该固定资产的改扩建支出并入该固定资产计税基础，并从改扩建完工投入使用后的次月起，重新按税法规定的该固定资产折旧年限计提折旧，如该改扩建后的固定资产尚可使用的年限低于税法规定的最低年限，可按尚可使用的年限计提折旧。

5.3.5.2　存货的税务处理

（1）存货原始成本的确定。存货是指企业持有以备出售的产品或商品、处在生产过程中的在产品、在生产或提供劳务过程中耗用的材料和物料等。通过支付现金方式取得的存货，以购买价款和支付的相关税费为成本；通过支付现金以外的方式取得的存货，以该存货的公允价值和支付的相关税费为成本；生产性生物资产收获的农产品，以产出或采收过程中发生的材料费、人工费和分摊的间接费用等必要支出为成本。

（2）存货计价方法的选择。企业使用或销售的存货的成本计算方法，可以在先进先出法、加权平均法、个别计价法中选用一种。计价方法一经选用，不得随意变更。

5.3.5.3　无形资产的税务处理

无形资产是指企业为生产产品、提供劳务、出租或经营管理而持有的、没有实物形态的非货币性的长期资产，包括专利权、商标权、著作权、土地使用权、非专利技术和商誉等。

（1）无形资产的计税基础。企业外购的无形资产，以购买价款和支付的相关税费及直接归属于使该资产达到预定用途发生的其他支出为计税基础；自行开发的无形资产，以开发过程中该资产符合资本化条件后至达到预定用途前发生的支出为计税基础；通过捐赠、投资、非货币性资产交换、债务重组等方式取得的无形资产，以该资产的公允价值和支付的相关税费为计税基础。

（2）无形资产的摊销范围。在计算应纳税所得额时，企业按照规定计算的无形资产摊销费用准予扣除，但下列无形资产不得计算摊销费用扣除：自行开发支出已在计算应纳税所得额时扣除的无形资产；自创商誉；与经营活动无关的无形资产；其他不得扣除的无形资产。

（3）无形资产的摊销方法。主要规定包括：无形资产按照直线法计算的摊销费用，准予扣除；无形资产的摊销年限不得低于10年；作为投资或受让的无形资产，有关法律规定或合同约定了使用年限的，可按照规定或约定的使用年限分期摊销；外购商誉的支出在企业整体转让或清算时，准予扣除。

5.3.5.4　投资资产的税务处理

（1）准予扣除的投资资产成本。投资资产是指企业对外进行权益性投资和债权性投资形成的资产。企业在转让或处置投资资产时，投资资产的成本准予扣除。投资资产按照以下方法确定成本：通过支付现金方式取得的投资资产，以购买价款为成本；通过支付现金以外的方式取得的投资资产，以该资产的公允价值和支付的相关税费为成本。

（2）不准扣除的投资资产成本。企业对外投资期间，投资资产的成本在计算应纳税所得额时不得扣除。

（3）投资企业撤回或减少投资。投资企业从被投资企业撤回或减少投资，其取得的资产中，相当于初始出资的部分，应确认为投资收回；相当于被投资企业累计未分配利润和累计盈余公积按减少实收资本比例计算的部分，应确认为股息所得；其余部分确认为投资资产转让所得。被投资企业发生的经营亏损，由被投资企业按规定结转弥补；投资企业不得调整减低其投资成本，也不得将其确认为投资损失。

5.3.5.5　长期待摊费用的税务处理

（1）长期待摊费用的界定。长期待摊费用是指不能全部计入当年损益，应在以后年度内较长时期摊销的除固定资产和无形资产以外的其他费用支出，包括开办费、经营租赁租入固定资产改良支出、固定资产大修理支出，以及建设部门转来在建设期内发生的不计入交付使用财产价值的生产职工培训费、样品样机购置费等。长期待摊费用与待摊费用的区别在于摊销期限不同。待摊费用的摊销期限不超过1年但大于1个月，超过1年摊销的费用就是长期待摊费用。

（2）长期待摊费用的扣除。税法规定，企业在计算应纳税所得额时，发生的下列支出作为长期待摊费用，按照规定摊销的，准予扣除：

已足额提取折旧的固定资产的改建支出；租入固定资产的改建支出；固定资产的大修理支出；其他应当作为长期待摊费用的支出。

5.3.5.6 生产性生物资产的税务处理

（1）生产性生物资产的计税基础。生产性生物资产是指企业为生产农产品、提供劳务或出租等而持有的生物资产。生物资产分为消耗性生物资产、生产性生物资产和公益性生物资产。税法规定，只有生产性生物资产可计提折旧。生产性生物资产包括经济林、薪炭林、产畜和役畜等。企业外购的生产性生物资产，以购买价款和支付的相关税费为计税基础；通过捐赠、投资、非货币性资产交换、债务重组等方式取得的生产性生物资产，以该资产的公允价值和支付的相关税费为计税基础。

（2）生产性生物资产的折旧方法。主要规定为：生产性生物资产按照直线法计算的折旧，准予扣除；企业应自生产性生物资产投入使用月份的次月起计算折旧，停止使用的生产性生物资产应自停止使用月份的次月起停止计算折旧；企业应根据生产性生物资产的性质和使用情况，合理确定生产性生物资产的预计净残值；生产性生物资产的预计净残值一经确定，不得变更。

（3）生产性生物资产的折旧年限。林木类生产性生物资产的折旧年限为10年；畜类生产性生物资产的折旧年限为3年。

【例题5-8】多选题：下列各项中，依据企业所得税法的相关规定可计提折旧的生产性生物资产有（　　）。

A.经济林　　B.薪炭林

C.防风固沙林　　D.存栏待售牲畜

【答案】ACD

5.3.6 特殊情形的纳税调整

特殊情形的纳税调整是指税务机关出于实施反避税目的而对纳税人特定纳税事项所作的税务调整。我国企业所得税法规定的特殊情形纳税调整的条款主要包括以下3种情形：

5.3.6.1 关联企业的纳税调整

关联企业通常是指联属企业和有关联关系的企业。关联企业的关联方之间业务往来使用的内部交易价格，称为转让定价。我国税法规定的关联企业之间特别纳税调整条款的内容如下：

（1）关联方的认定。关联方是指有下列关联关系之一的企业、其他组织或个人：一是在资金、经营、购销等方面存在直接或间接的控制关系；二是直接或间接地同为第三者控制；三是在利益上具有相关联的其他关系。所谓关联关系，是指企业与其他企业、组织或个人具有一定的关系。如一方直接或间接持有另一方的股份总和达25%以上，或双方直接或间接同为第三方所持有的股份达25%以上；一方的购买或销售活动主要由另一方控制；一方接受或提供劳务主要由另一方控制等。

（2）关联交易原则。关联方之间的交易称为关联交易，主要包括有形资产的购销、转让与使用，以及无形资产的转让与使用、融通资金和提供劳务等。关联企业间的关联交易及业务往来，应遵循独立交易原则：一是关联企业之间业务往来取得的收入和支付的费用应符合独立交易原则；二是企业与其关联方共同开发、受让无形资产，或共同提供、接受劳务发生的成本，在计算应纳税所得额时应按照独立交易原则进行分摊。

（3）纳税调整方法。企业与其关联方之间的业务往来不符合独立交易原则，而减少企业或其关联方应纳税收入或应纳税所得额的，税务机关有权进行调整。

①关联交易价格的调整方法。这类方法包括可比非受控价格法、再销售价格法、成本加成法、交易净利润法、利润分割法和其他方法。可比非受控价格法是指按照没有关联关系的交易各方进行相同或类似业务往来的价格进行定价的方法；再销售价格法是指按照从关联方购进商品再销售给没有关联关系的交易方的价格，减除相同或类似业务的销售毛利进行定价的方法；成本加成法是指按照成本加合理的费用和利润进行定价的方法；交易净利润法是指按照没有关联关系的交易各方进行相同或类似业务往来取得的净利润水平确定利润的方法；利润分割法是指将企业与其关联方的合并利润或亏损在各方之间采用合理标准进行分配的方法；其他方法是指符合独立交易原则的其他方法。

②关联交易成本的调整方法。这类方法主要包括：企业应按照独立交易原则与其关联方分摊共同发生的成本，并达成成本分摊协议；企业与其关联方分摊成本时，应按照成本与预期收益相配比的原则进行分

摊，并在税务机关规定的期限内，按照税务机关的要求报送有关资料；企业与其关联方分摊成本时违反上述两项规定的，其自行分摊的成本不得在计算应纳税所得额时扣除。

③核定企业应纳税所得额。企业不提供与其关联方之间业务往来资料或提供虚假、不完整资料，未能真实反映关联业务往来情况的，税务机关有权按下列方法核定其应纳税所得额：一是参照同类或类似企业的利润率水平核定；二是按企业成本加合理的费用和利润的方法核定；三是按关联企业集团整体利润的合理比例核定；四是按照其他合理的方法核定。企业对税务机关按上述方法核定的应纳税所得额有异议的，应提供相关证据，经税务机关认定后，调整核定的应纳税所得额。

5.3.6.2 受控外国子公司的纳税调整

（1）受控外国子公司的判定。受控外国子公司是指由居民企业或由居民企业和中国居民（自然人居民）控制的设立在实际税负明显低于法定税率水平的国家（地区）的企业。具体判定标准为：

①控股公司为中国居民。

②对子公司进行实质性控制。应符合以下3个条件之一：一是居民企业或居民企业与中国居民直接或间接单一持有外国企业10%以上有表决权的股份，且由其共同持有该外国企业50%以上的股份；二是居民企业或居民企业与中国居民持股比例没有达到规定的标准，但在股份、资金、经营和购销等对该外国企业构成实质性控制；三是受控子公司设在实际税负明显低于企业所得税法定税率50%的国家（地区）。

（2）受控外国子公司避税。受控外国子公司避税是指一国的居民公司利用居住国的延期纳税规定，在避税地设立受控外国子公司，将其实现的利润既不分配也不汇回，以此为基地累积利润，达到摆脱母公司所在居住国税法控制的目的。

（3）受控子公司的纳税调整方法。由居民企业或由居民企业和中国居民控制的受控外国子公司，并非由于合理的经营需要而对利润不作分配或减少分配的，上述利润中应归属于该居民企业的部分，应计入该居民企业的当期收入。

5.3.6.3 资本弱化的纳税调整

（1）融资方式与资本弱化。融资方式一般包括债权性投资和权益性投资。前者是指企业直接或间接从关联方获得的，需要偿还本金和支付利息或需要以其他具有支付利息性质的方式予以补偿的融资；后者是指为获取其他企业的权益或净资产所进行的投资，如对其他企业的普通股股票投资、为获取其他企业股权的联营投资等。按照企业所得税的基本原理，企业贷款支付的利息作为财务费用一般可在税前扣除，而为股份资本支付的股息不得在税前扣除。因此，有些企业为加大税前扣除而减少应纳税所得额，在筹资时多采用借贷款而不是募集股份的方式，以此来达到避税的目的，该种行为被称为资本弱化。

（2）债权性投资的判定。企业和企业的投资者在融资和投资方式的选择上，常通过降低股本比重、提高贷款比重的方式进行避税。债权性投资与权益性投资的比例超过一定限额，可判定为资本弱化避税。根据经济合作组织解释，企业权益资本与债务资本的比例应为1∶1，当权益资本小于债务资本时即为资本弱化。企业所得税法规定下列融资方式均属于债权性投资：关联方通过无关联第三方提供的债权性投资；无关联第三方提供的、由关联方担保且负有连带责任的债权性投资；其他间接从关联方获得的具有负债实质的债权性投资。

（3）资本弱化的纳税调整方法。我国企业所得税法规定，企业从其关联方接受的债权性投资与权益性投资的比例超过标准而发生的利息支出，不得在税前扣除。企业债权性投资与权益性投资的比例标准，由国务院财政、税务主管部门另行规定。

5.3.7 企业所得税应纳税额的计算

5.3.7.1 境内所得应纳税额的计算

居民企业来源于中国境内外的所得，在中国境内设立机构、场所的非居民企业来源于中国境内的所得，其应纳的企业所得税为应纳税所得额乘以适用税率，减除依照税法规定减免和抵免的税额后的余额。其计算公式为：

应纳税额=应纳税所得额×适用税率-减免税额-抵免税额

【例题5-9】某企业主要生产饮料，2015年生产经营情况如下：

（1）取得产品销售收入1 000万元，已扣除折扣销售20万元，销售额与折扣额在1张发票上注明。

（2）准予扣除的产品销售成本为640万元。

（3）发生产品销售费用80万元，其中广告费用25万元；管理费用120万元，其中业务招待费10万元；不需资本化的借款利息40万元，其中20万元为向非金融机构借款发生的利息，年利率为5.5%，同期金融机构贷款年利率为5%。

（4）应缴纳增值税30万元、其他销售税费80万元。

（5）营业外支出14万元，其中通过县政府向某农村义务教育捐款5万元，直接向遭受自然灾害学校捐款2万元，缴纳滞纳金4万元。

当年应纳的企业所得税为：

（1）企业年度利润总额=1 000−640−80−120−40−80−14=26（万元）

（2）广告费扣除限额=1 000×15%=150（万元）

实际发生广告费25万元，未超标准。

（3）业务招待费扣除限额=1 000×5‰=5（万元）

实际发生的业务招待费的60%=10×60%=6（万元）

超标准业务招待费为5万元（10−5）。

（4）向非金融机构借款发生利息扣除限额=20÷5.5%×5%=18.18（万元）

实际向非金融机构借款利息为20万元，超标准借款利息1.82万元（20−18.18）。

（5）公益性捐赠扣除限额=26×12%=3.12（万元）

通过县政府向山区某农村义务教育捐款5万元，超标准1.88万元（5−3.12）；直接向某小学捐款2万元，不符合税法规定的公益性捐赠要求，不得扣除。

（6）缴纳滞纳金4万元不得在税前扣除。

（7）应纳税所得额=26+5+1.82+1.88+2+4=40.70（万元）

（8）应纳企业所得税=40.70×25%=10.18（万元）

5.3.7.2 境外所得应纳税额的抵免

税额抵免是指国家对企业来自境外所得依法征收企业所得税时，允许企业将其已在境外缴纳的所得税税额从其应向本国缴纳的所得税税额中扣除。它是避免国家间对同一所得重复征税的一项重要措施。我国对境外所得应纳所得税抵免的规定如下：

（1）直接抵免。直接抵免是指居住国政府对本国居民直接向外国政府缴纳的或应由其直接缴纳的所得税税款所给予的抵免。主要适用于同一经济实体的跨国纳税人的税收抵免，即适用于同一跨国法人的总分支机构和同一跨国自然人的境外所得的抵免。

①分国（地区）别确定已缴纳境外所得税税额。可抵免境外所得税税额是指企业来源于中国境外的所得，依照中国境外税法规定应缴纳并已实际缴纳的企业所得税性质的税款。但可抵免境外所得税不包括下列项目：按照境外所得税法规定属于错缴或错征的境外所得税税款；按照税收协定规定不应征收的境外所得税税款；因少缴或迟缴境外所得税而追加的利息、滞纳金或罚款；境外所得税纳税人或其利害关系人从境外征税主体得到实际返还或补偿的境外所得税税款；按照《企业所得税法》及其实施条例的规定，已经免征我国企业所得税的境外所得负担的境外所得税税款；按照国务院财政、税务主管部门有关规定已经从企业境外应纳税所得额中扣除的境外所得税税款。

②分国（地区）别计算境外应纳税所得额。居民企业在境外投资设立不具有独立纳税地位的分支机构，其来源于境外所得以境外收入总额扣除与取得境外收入有关的各项合理支出后的余额为应纳税所得额。各项收支按《企业所得税法》及其实施条例的有关规定确定。居民企业在境外设立不具有独立纳税地位的分支机构取得的各项境外所得，无论是否汇回中国境内，均应计入该企业所属纳税年度的境外应纳税所得额。

③分国（地区）别计算境外税额的抵免限额。其计算公式为：

$$\text{某国（地区）所得税抵免限额} = \text{中国境内、外所得依照中国税法规定计算的应纳税总额} \times \text{来源于某国（地区）的应纳税所得额} \div \text{中国境内、外应纳税所得总额}$$

除国务院财政、税务主管部门另有规定外，该抵免限额应分国（地区）别不分项计算。上述公式中应纳税总额适用的税率，除国务院财政、税务主管部门另有规定外，应为法定税率25%。

企业按照《企业所得税法》有关规定计算的当期境内、境外应纳税所得总额小于零的，应以零计算当期境内、境外应纳税所得总额，其当期境外所得税的抵免限额也为零。

④分国（地区）别确定实际应抵免的境外已纳的企业所得税税额。在计算实际应抵免的境外已缴纳所得税税额时，企业在境外一国（地

区）当年缴纳所得税税额低于所计算的该国（地区）抵免限额的，以该项税额作为境外所得税抵免额从企业纳税总额中据实抵免；超过抵免限额的，当年应以抵免限额作为境外所得税抵免额进行抵免，超过抵免限额的余额允许从次年起在连续5个纳税年度内，用每年度抵免限额抵免当年应抵税额后的余额进行抵补。

⑤计算企业实际应纳所得税税额。企业抵免境外所得税税额后实际应纳所得税税额的计算公式为：

企业实际应纳所得税税额＝企业境内、外所得应纳税总额－企业所得税减免、抵免优惠税额－境外所得税抵免额

【例题5-10】 伟华贸易公司为居民企业，在甲、乙两国分别设有分支机构。某纳税年度境内所得100万元，甲国分支机构取得所得折合人民币为50万元，其中生产经营所得40万元，已纳甲国企业所得税12万元；特许权使用费所得10万元，已缴纳甲国企业所得税2万元。乙国分支机构取得所得折合人民币80万元，已纳乙国企业所得税16万元。该公司当年应纳企业所得税为：

（1）已缴纳境外企业所得税：已缴纳甲国企业所得税14万元（12+2），已缴纳乙国企业所得税16万元。

（2）境外应纳税所得额：甲国应纳税所得额50万元，乙国应纳税所得额80万元。

（3）境外税额的抵免限额为：

①甲国抵免限额＝（100+50+80）×25%×［50÷（100+50+80）］=12.5（万元）

②乙国抵免限额＝（100+50+80）×25%×［80÷（100+50+80）］=20（万元）

（4）确定实际应抵免的境外已缴纳的企业所得税税额：

①因为当年已缴纳甲国企业所得税税额>该国（地区）的抵免限额，所以应抵免的甲国已缴纳的企业所得税税额为12.5万元，超过抵免限额的1.5万元（14−12.5）可从次年起在连续5个纳税年度内，用该国每年度抵免限额抵免当年应抵税额后的余额进行抵补。

②因为当年已缴纳乙国企业所得税税额<该国（地区）的抵免限额，所以应抵免的乙国已缴纳的企业所得税税额为16万元。

（5）企业实际应纳税额=（100+50+80）×25%-（12.5+16）=29（万元）

（2）间接抵免。间接抵免适用于跨国母子公司之间的税收抵免。母子公司之间是一种参股或控股的不同经济实体之间的关系，母子公司分别核算盈亏、分别缴纳税款。作为对母公司的投资回报，子公司要按控股比例向母公司支付股息，股息是子公司向其所在国缴纳完所得税后利润的一部分，即属已税所得，母公司所在国要行使居民管辖权征税，自然要把包括收到子公司股息在内的来自各国的所得汇总计征所得税，股息部分因此而发生重复征税。母公司所在国对其来自外国子公司股息所承担的外国所得税要给予抵免，但该抵免不同于直接抵免，股息承担外国所得税并不是母公司直接缴纳的，只能以“视同母公司间接缴纳”而给予抵免处理，因此跨国母子公司之间的税收抵免被称为间接抵免。

①间接抵免的税法规定。居民企业从其直接或间接控制的外国企业分得的来源于中国境外的股息、红利等权益性投资收益，外国企业在境外实际缴纳的所得税税额中属于该项所得负担的部分，可以作为该居民企业的可抵免境外所得税税额，在规定的抵免限额内抵免。直接控制是指居民企业直接持有外国企业20%以上股份；间接控制是指居民企业以间接持股方式持有外国企业20%以上股份，具体认定办法为：

第一层：单一居民企业直接持有20%以上股份的外国企业。

第二层：单一第一层外国企业直接持有20%以上股份，且由单一居民企业直接持有或通过一个或多个符合本条规定持股条件的外国企业间接持有总和达到20%以上股份的外国企业。

第三层：单一第二层外国企业直接持有20%以上股份，且由单一居民企业直接持有或通过一个或多个符合本条规定持股条件的外国企业间接持有总和达到20%以上股份的外国企业。

②间接抵免的计算。居民企业应分得的股息、红利等权益性投资收益中，从最低一层外国企业起逐层计算的属于由上一层企业负担的税额，以一层间接抵免为例，即母公司仅有一层下属子公司，其计算步骤和公式如下：

第一，母公司应负担的子公司的企业所得税，其计算公式为：

$$\text{母公司应负担的子公司的企业所得税}=\left(\text{子公司利润和投资收益所实际缴纳的税额}+\text{符合规定的由子公司间接负担的税额}\right)\times\text{子公司向母公司分配的股息（红利）}\div\text{子公司所得税后利润额}$$

由于母公司仅有一层下属子公司，所以公式中符合规定的由子公司间接负担的税额为0。

第二，应归属母公司的所得，其计算公式为：

$$\text{应归属母公司的所得}=\text{子公司上交的股息}+\text{子公司所得税}\times(\text{子公司上交的股息}\div\text{子公司的税后利润})$$

第三，母公司的间接抵免限额，其计算公式为：

$$\text{母公司的间接抵免限额}=\text{中国境内、外所得依照《企业所得税法》及其实施条例的规定计算的应纳税总额}\times\text{来源于某国（地区）的应纳税所得额}\div\text{中国境内、外应纳税所得总额}$$

第四，确定母公司实际应抵免的间接负担的企业所得税税额：在确定母公司间接负担的企业所得税税额时，子公司所纳税额属于母公司负担的税额低于所计算的该国（地区）抵免限额的，应以该项税额作为境外所得税抵免额从企业应纳税总额中据实抵免；超过抵免限额的，当年应以抵免限额作为境外所得税抵免额进行抵免，超过抵免限额的余额允许从次年起在连续5个纳税年度内，用每年度抵免限额抵免当年应抵税额后的余额进行抵补。

第五，母公司实际应纳企业所得税税额，其计算公式为：

$$\text{母公司实际应纳企业所得税税额}=\text{企业境内、外所得应纳税总额}-\text{企业所得税减免、抵免优惠税额}-\text{境外所得税抵免额}$$

【例题5-11】甲国公司A拥有设在乙国公司B 60%的股份。A公司在纳税年度在甲国获利100万元；B公司在同一纳税年度在乙国获利200万元，缴纳企业所得税后，按股份比例向母公司支付股息，并缴纳预提所得税。甲国企业所得税税率为25%，乙国企业所得税税率为30%，乙国预提所得税税率为10%。计算甲国A公司的间接抵免额及向甲国应缴税额。

（1）子公司B向乙国政府纳税情况为：

子公司B向乙国缴纳企业所得税=200×30%=60（万元）

子公司B缴纳企业所得税后利润=200−60=140（万元）

子公司B支付给A公司的股息=140×50%=70（万元）

子公司B应缴纳的预提所得税=70×10%=7（万元）

（2）母公司应负担子公司的企业所得税=60×70÷140=30（万元）

（3）应归属母公司的所得=70+60×70÷140=100（万元）

（4）母公司抵免限额=（100+100）×25%×100÷（100+100）=25（万元）

（5）确定母公司实际应抵免的间接负担的企业所得税税额。因为属于母公司负担的税额37万元（30+7）>母公司的间接抵免限额25万元，所以母公司实际应抵免的间接负担的企业所得税税额为25万元。

（6）母公司实际应纳企业所得税税额=（100+100）×25%−25=25（万元）

为了简化判定，我国税法规定，中国居民企业或居民个人能够提供资料证明其控制的外国企业设立在美国、英国、法国、德国、日本、意大利、加拿大、澳大利亚、印度、南非、新西兰和挪威的，可免于将该外国企业不作分配或减少分配的利润视同股息分配额，计入中国居民企业的当期所得。

5.3.7.3　预提所得税应纳税额的计算

非居民企业在中国境内未设立机构、场所但有来源于中国境内的所得，以及非居民企业在中国境内设立机构、场所来源于中国境内与其所设机构、场所没有实际联系的所得，按下列公式计算缴纳预提所得税：

应纳预提所得税税额=应纳税所得额×适用税率

应纳税所得额按照下列方法计算确定：股息、红利等权益性投资收益和利息、租金、特许权使用费所得，以收入全额为应纳税所得额；转让财产所得以收入全额减除财产净值后的余额为应纳税所得额，所谓财产净值，是指财产的计税基础（一般指财产原值）减除已经按照规定扣除的折旧、折耗、摊销、准备金等后的余额；其他所得，参照上述两项规定的方法计算应纳税所得额。

【例题5-12】单选题：在中国境内未设立机构、场所的非居民企业从境内取得的下列所得不应按收入全额计征企业所得税的是（　　）。

A.股息　　B.转让财产所得

C.租金　　D.特许权使用费

【答案】B

5.3.7.4　核定征收企业所得税的计算

（1）核定征收的适用范围。核定征收是由税务机关审核确定纳税人的应纳税额或收入额、所得率等，并据以征收税款的一种方法。纳税人具有下列情形之一的，应采取核定征收方式征收企业所得税：依照税收法律、行政法规规定可以不设账簿的，或按照税收法律、行政法规规定应设置但未设置账簿的；只能准确核算收入总额或收入总额能够查实，但其成本费用支出不能准确核算的；只能准确核算成本费用支出或成本费用支出能够查实，但其收入总额不能准确核算的；收入总额及成本费用支出均不能正确核算，不能向主管税务机关提供真实、准确、完整纳税资料，难以查实的；账目设置和核算虽然符合规定，但并未按规定保存有关账簿、凭证及有关纳税资料的；发生纳税义务未按照税收法律、行政法规规定的期限办理纳税申报，经税务机关责令限期申报，逾期仍不申报的。

（2）核定征收的具体方法。核定征收的具体方法包括定额征收和核定应税所得率征收两种方法。定额征收是指税务机关按照一定的标准、程序和方法，直接核定纳税人年度应纳企业所得税税额，由纳税人按规定申报缴纳的办法。核定应税所得率征收是指税务机关按照一定的标准、程序和方法，预先核定纳税人的应税所得率，由纳税人根据纳税年度内的收入总额或成本费用等项目的实际发生额，按预先核定的应税所得率计算缴纳企业所得税的办法。其计算公式为：

应税收入额=收入总额-不征税收入-免税收入

应纳税所得额=应税收入额×应税所得率

或 $$=\frac{\text{成本费用支出额}}{(1-\text{应税所得率})}\times\text{应税所得率}$$

应纳企业所得税税额=应纳税所得额×适用税率

收入总额为企业以货币和非货币形式从各种来源取得的收入。应税所得率见表5-2。

【例题5-13】 滨海市某私营企业能准确核算收入总额，但其成本费用支出不能准确核算。经税务机关审定，纳税年度该企业收入总额为80万元，核定其应税所得率为12%。该企业应纳的企业所得税为：

应纳税所得额=80×12%=9.6（万元）

应纳税额=9.6×20%=1.92（万元）

（3）非居民企业所得税核定征收办法。非居民企业因会计账簿不健全，资料残缺难以查账，或因其他原因不能准确计算并据实申报其应纳税所得额的，税务机关有权采取以下方法核定其应纳税所得额：

第一，按收入总额核定应纳税所得额，适用于能正确核算收入或通过合理方法推定收入总额，但不能正确核算成本费用的非居民企业。其计算公式为：

表 5-2　　企业所得税应税所得率表

序号	行业	应税所得率
1	农、林、牧、渔业	3%~10%
2	制造业	5%~15%
3	批发和零售贸易业	4%~15%
4	交通运输业	7%~15%
5	建筑业	8%~20%
6	饮食业	8%~25%
7	娱乐业	15%~30%
8	其他行业	10%~30%

注：①房地产开发企业按照《房地产开发经营业务企业所得税处理办法》（国税发〔2009〕31号）的有关规定执行。②企业经营多业的，无论其经营项目是否单独核算，均由主管税务机关根据其主营项目，核定其适用某一行业的应税所得率。③纳税人年度应纳企业所得税税额或应税所得率一经核定，除发生下列情况外，一个纳税年度内一般不得调整：实行改组改制的；生产经营范围、主营业务发生重大变化的；遭受风、火、水、震等人力不可抗拒灾害的。

应纳税所得额=收入总额×经税务机关核定的利润率

第二，按成本费用核定应纳税所得额，适用于能够正确核算成本费用，但不能正确核算收入总额的非居民企业。其计算公式为：

$$\text{应纳税所得额}=\text{成本费用总额}\div\left(1-\text{经税务机关核定的利润率}\right)\times\text{经税务机关核定的利润率}$$

第三，按经费支出换算收入核定应纳税所得额，适用于能正确核算经费支出总额，但不能正确核算收入总额和成本费用的非居民企业。其计算公式为：

$$\text{应纳税所得额}=\text{经费支出总额}\div\left(1-\text{经税务机关核定的利润率}-\text{增值税税率}\right)\times\text{经税务机关核定的利润率}$$

第四，成本利润率的确定，税务机关可按照以下标准确定非居民企业的利润率：一是从事承包工程作业、设计和咨询劳务的，利润率为15%~30%；二是从事管理服务的，利润率为30%~50%；三是从事其他劳务或劳务以外经营活动的，利润率不低于15%。税务机关有根据认为非居民企业的实际利润率明显高于上述标准的，可以按照比上述标准更高的利润率核定其应纳税所得额。

5.3.7.5　清算所得应纳税额的计算

（1）清算所得的确认。清算所得是指企业的全部资产可变现价值或交易价格减除资产净值、清算费用以及相关税费等后的余额。投资方企业从被清算企业分得的剩余资产，其中相当于从被清算企业累计未分配利润和累计盈余公积中应当分得的部分，应确认为股息所得；剩余资产减除上述股息所得后的余额，超过或低于投资成本的部分，应确认为投资资产转让所得或损失。

（2）清算所得的企业。下列企业应进行清算的企业所得税处理：按《中华人民共和国公司法》《中华人民共和国企业破产法》等规定需要进行清算的企业；企业重组中需要按清算处理的企业。

（3）应纳税额的计算。税法规定，全部资产均应按可变现价值或交易价格，确认资产转让所得或损失；确认债权清理、债务清偿的所得或损失；改变持续经营核算原则，对预提或待摊性质的费用进行处理；依法弥补亏损，确定清算所得；计算并缴纳清算所得税；确定可向股东分配的剩余财产、应付股息等；企业应将整个清算期作为一个独立的纳税年度计算清算所得，企业在年度中间终止经营活动的，应自实际经营终止之日起60日内向税务机关办理当期企业所得税汇算清缴。其清算企业所得税的计算公式为：

①全部清算财产变现损益=存货变现损益+非存货资产变现损益+清算财产盘盈

②净资产或剩余财产=全部清算财产变现损益−应付未付职工工资、劳动保险费等−清算费用−拖欠的各项税金−尚未偿付的各项债务−收取债权损失+偿还负债的收入

③清算所得=净资产或剩余财产−累计未分配利润−税后提取的各项基金结余−企业的资本公积金−盈余公积金+法定财产估价增溢+接受捐赠的财产价值−企业的注册资本金

④清算所得应纳税额=清算所得×适用税率

【例题5-14】某服装服务公司因经营管理不善、严重亏损而宣布破产、实施解散清算。经过清算查证：该企业存货变现损益1 600万元，清算资产盘盈45万元，应付未付职工工资30万元，偿还负债100万元，发生清算费用28万元，企业累计未分配利润15万元，企业注册资本金1 000万元。该企业清算时应纳的企业所得税为：

清算所得=1 600+45−30+100−28−15−1 000=672（万元）

应纳税额=672×25%=168（万元）

5.3.7.6　企业重组的所得税处理

企业重组是指企业在日常经营活动以外发生的法律结构或经济结构重大改变的交易，包括企业法律形式改变、债务重组、股权收购、资产收购、合并和分立等。

（1）企业重组税务处理的一般规定。除特殊规定外，企业重组按以下规定进行税务处理：

①企业由法人转变为个人独资企业、合伙企业等非法人组织，或将登记注册地转移至中国境外（包括港澳台地区），应视同企业进行清算、分配，股东重新投资成立新企业。企业的全部资产及股东投资的计税基础，均应以公允价值为基础确定。企业发生其他法律形式简单改变的可直接变更税务登记，除另有规定外，有关企业所得税纳税事项（包括亏损结转、税收优惠等权益和义务）由变更后的企业承继。

②企业股权收购、资产收购重组交易应按以下规定处理：被收购方应确认股权、资产转让所得或损失；收购方取得股权或资产的计税基础应以公允价值为基础确定；被收购企业的相关所得税事项原则上保持不变。

③企业合并当事各方应按下列规定处理：合并企业应按公允价值确定接受被合并企业各项资产和负债的计税基础；被合并企业及其股东应按清算进行所得税处理；被合并企业的亏损不得在合并企业结转弥补。

④企业分立当事各方应按下列规定处理：被分立企业对分立出去的资产应按公允价值确认资产转让所得或损失；分立企业应按公允价值确认接受资产的计税基础；被分立企业继续存在时，其股东取得的对价应视同被分立企业分配进行处理；被分立企业不再继续存在时，被分立企业及其股东都应按清算进行所得税处理；企业分立相关企业的亏损不得相互结转弥补。

（2）企业重组税务处理的特殊规定。企业重组同时符合下列条件适用特殊性税务处理：具有合理的商业目的，且不以减少、免除或推迟缴纳税款为主要目的；被收购、合并或分立部分的资产或股权比例符合规定的比例；企业重组后连续12个月内不改变重组资产原来的实质性经营活动；重组交易对价中涉及股权支付金额符合规定比例；企业重组中取得股权支付的原主要股东，在重组后连续12个月内不得转让所取得的股权。企业重组符合规定条件的，交易各方对其交易中的股权支付部分，可按以下规定进行特殊性税务处理：

①纳税所得。企业债务重组确认的应纳税所得额占该企业当年应纳税所得额50%以上，可以在5个纳税年度的期间内，均匀计入各年度的应纳税所得额。企业发生债权转股权业务，对债务清偿和股权投资两项业务暂不确认有关债务清偿所得或损失，股权投资的计税基础以原债权的计税基础确定。企业的其他相关所得税事项保持不变。

②股权收购。收购企业购买的股权不低于被收购企业全部股权的75%，且收购企业在该股权收购发生时股权支付金额不低于其交易支付总额的85%，可以选择按以下规定处理：被收购企业的股东取得收购企业股权的计税基础，以被收购股权的原有计税基础确定；收购企业取得被收购企业股权的计税基础，以被收购股权的原有计税基础确定；收购企业、被收购企业的原有各项资产和负债的计税基础和其他相关所得税事项保持不变。

③资产收购。受让企业收购的资产不低于转让企业全部资产的75%，且受让企业在该资产收购发生时的股权支付金额不低于其交易支付总额的85%，可以选择按以下规定处理：转让企业取得受让企业股权的计税基础，以被转让资产的原有计税基础确定；受让企业取得转让企业资产的计税基础，以被转让资产的原有计税基础确定。

④企业合并。企业股东在该企业合并发生时取得的股权支付金额不低于其交易支付总额的85%，以及同一控制下且不需要支付对价的企业合并，可以选择按以下规定处理：合并企业接受被合并企业资产和负债的计税基础，以被合并企业的原有计税基础确定；被合并企业合并前的相关所得税事项由合并企业承继。

$$\begin{array}{c}\text{可由合并企业弥补的}\\\text{被合并企业亏损的限额}\end{array}=\begin{array}{c}\text{被合并企业}\\\text{净资产公允价值}\end{array}\times\begin{array}{c}\text{截至合并业务发生当年年末国家}\\\text{发行的最长期限的国债利率}\end{array}$$

被合并企业股东取得合并企业股权的计税基础，以其原持有的被合并企业股权的计税基础确定。

⑤企业分立。被分立企业所有股东按原持股比例取得分立企业的股权，分立企业和被分立企业均不改变原来的实质经营活动，且被分立企

业股东在该企业分立发生时取得的股权支付金额不低于其交易支付总额的85%，可选择按以下规定处理：一是分立企业接受被分立企业资产和负债的计税基础，以被分立企业的原有计税基础确定；二是被分立企业已分立出去资产相应的所得税事项由分立企业承继。

⑥重组交易。交易各方按上述①至⑤项规定对交易中股权支付暂不确认有关资产的转让所得或损失的，其非股权支付仍应在交易当期确认相应的资产转让所得或损失，并调整相应资产的计税基础。

$$\text{非股权支付对应的资产转让所得或损失} = (\text{被转让资产的公允价值} - \text{被转让资产的计税基础}) \times (\text{非股权支付金额} \div \text{被转让资产的公允价值})$$

（3）企业重组税务处理的其他规定。在企业吸收合并中，合并后的存续企业性质及适用税收优惠的条件未发生改变的，可继续享受合并前该企业剩余期限的税收优惠，其优惠金额按存续企业合并前一年的应纳税所得额（亏损计为零）计算。

在企业存续分立中，分立后的存续企业性质及适用税收优惠的条件未发生改变的，可继续享受分立前该企业剩余期限的税收优惠，其优惠金额按该企业分立前一年的应纳税所得额（亏损计为零）乘以分立后存续企业资产占分立前该企业全部资产的比例计算。

5.3.8 企业所得税的征收管理

5.3.8.1 企业所得税的缴纳办法

（1）企业所得税的纳税年度。企业所得税按纳税年度计算。纳税年度自公历1月1日起至12月31日止。

企业在一个纳税年度中间开业，或终止经营活动，使该纳税年度的实际经营期不足12个月的，应以其实际经营期为一个纳税年度；企业依法清算时，应当以清算期间作为一个纳税年度。

（2）企业所得税的缴纳准则。企业在纳税年度内无论盈利还是亏损都应按企业所得税法规定的期限，向税务机关办理纳税申报手续。

企业所得税实行分月或分季预缴，年终汇算清缴、多退少补的缴纳方法。企业应自月份或季度终了之日起15日内，向税务机关报送预缴企业所得税纳税申报表，预缴税款。企业应当自年度终了之日起5个月内，向税务机关报送年度企业所得税纳税申报表，并汇算清缴，结清应缴应退税款。

（3）企业所得税的预缴办法。企业分月或分季预缴企业所得税时应按照月度或季度的实际利润额预缴；按照月度或季度的实际利润额预缴有困难的，可按照上一纳税年度应纳税所得额的月度或季度平均额预缴或按照经税务机关认可的其他方法预缴。预缴方法一经确定，该纳税年度内不得随意变更。

【小资料5-3】　房地产开发企业所得税的预缴办法

房地产开发企业按当年实际利润据实分季（或月）预缴企业所得税的，对开发、建造的住宅、商业用房和其他建筑物、附着物、配套设施等开发产品，在未完工前采取预售方式销售取得的预售收入，按照规定的预计利润率分季（或月）计算出预计利润额，计入利润总额预缴，开发产品完工、结算计税成本后按照实际利润再行调整。预计利润率暂按以下规定的标准确定：

1.非经济适用房开发项目的预计利润率。位于省、自治区、直辖市和计划单列市人民政府所在地城区和郊区的，不得低于20%；位于地级市、地区、盟、州城区及郊区的，不得低于15%；位于其他地区的，不得低于10%。

2.经济适用房开发项目的预计利润率。经济适用房开发项目符合建设部、国家发展改革委员会、国土资源部、中国人民银行《关于印发〈经济适用房管理办法〉的通知》（建住房〔2004〕77号）等有关规定的，不得低于3%。

（4）企业所得税的汇算清缴。企业在报送企业所得税纳税申报表时，应按照规定附送财务会计报告和其他有关资料。企业在年度中间终止经营活动的，应自实际终止经营之日起60日内，向税务机关办理当期企业所得税汇算清缴。

5.3.8.2　企业所得税的纳税地点

（1）居民企业纳税地点。除国家税收法律法规另有规定外，居民企业以企业登记注册地为纳税地点；登记注册地在境外的，以实际管理机构所在地为纳税地点。居民企业在中国境内设立不具有法人资格的营业机构的，应汇总计算缴纳企业所得税。

（2）非居民企业纳税地点。主要规定包括：

①在中国境内设立机构、场所的非居民企业取得的来源于中国境内的所得和发生在中国境外但与其所设机构、场所有实际联系的所得，以机构、场所所在地为纳税地点。

②在中国境内未设立机构、场所的非居民企业取得的来源于中国境内的所得，或虽设立机构、场所但取得的来源于中国境内的与其所设机构、场所没有实际联系的所得，以扣缴义务人所在地为纳税地点。

③非居民企业在中国境内设立两个或两个以上机构、场所的，经税务机关审核批准，可选择由其主要机构、场所汇总缴纳企业所得税。主要机构、场所应同时符合下列条件：一是对其他各机构、场所的生产经营活动负有监督管理责任；二是设有完整的账簿、凭证，能够准确反映各机构、场所的收入、成本、费用和盈亏情况。

④非居民企业经批准汇总缴纳企业所得税后，需要增设、合并、迁移、关闭机构、场所或停止机构、场所业务的，应事先由负责汇总缴纳企业所得税的主要机构、场所向其所在地税务机关报告；需要变更汇总缴纳企业所得税的主要机构、场所的，依照前款规定办理。

⑤企业汇总计算缴纳企业所得税时应统一核算应纳税所得额，具体办法由国务院财政、税务主管部门另行制定。除国务院另有规定外，企业之间不得合并缴纳企业所得税。

5.3.8.3　跨地区经营汇总纳税

为有效解决法人所得税制度下税源跨省市转移问题，加强跨地区经营汇总纳税企业所得税的征收管理，国家税务总局制定了《跨地区经营汇总纳税企业所得税征收管理暂行办法》。

（1）汇总纳税的适用范围。居民企业在中国境内跨地区（即指跨省、自治区、直辖市和计划单列市，下同）设立不具有法人资格的营业机构、场所（以下称分支机构）的，该居民企业为汇总纳税企业（以下称企业），除另有规定外，适用本办法。

但下列缴纳企业所得税未纳入中央和地方分享范围的企业，不适用上述规定：铁路运输企业、国有邮政企业、中国工商银行股份有限公司、中国农业银行、中国银行股份有限公司、国家开发银行、中国农业发展银行、中国进出口银行、中央汇金投资有限责任公司、中国建设银行股份有限公司、中国建银投资有限责任公司、中国石油天然气股份有限公司和中国石油化工股份有限公司，以及海洋石油天然气企业（包括港澳台和外商投资、外国海上石油天然气企业）。

（2）汇总纳税的征收管理。企业实行“统一计算、分级管理、就地预缴、汇总清算、财政调库”的企业所得税征管办法。统一计算是指企业总机构统一计算包括企业所属各个不具有法人资格的营业机构、场所在内的全部应纳税所得额、应纳税额；分级管理是指总机构、分支机构所在地主管税务机关都有对当地机构进行企业所得税管理的责任，总机构和分支机构应分别接受机构所在地主管税务机关的管理；就地预缴是指总机构、分支机构应按规定分月或分季分别向所在地主管税务机关申报预缴企业所得税；汇总清算是指在年度终了后，总机构负责进行企业所得税的年度汇算清缴，统一计算企业的年度应纳企业所得税税额，抵减总机构、分支机构当年已就地分期预缴的企业所得税税款后，多退少补税款；财政调库是指财政部定期将缴入中央国库的跨地区总分机构的企业所得税待分配收入，按照核定的系数调整至地方金库。

（3）汇总纳税的税款预缴。企业应根据当期实际利润额，按照规定的预缴分摊方法计算总机构和分支机构的企业所得税预缴额，分别由总机构和分支机构分月或分季就地预缴。在规定期限内按实际利润额预缴有困难的，经总机构所在地主管税务机关认可，可按照上一年度应纳税所得额的1/12或1/4，由总机构、分支机构就地预缴企业所得税。预缴方式一经确定，当年度不得变更。总机构和分支机构应分期预缴的企业所得税，50%在各分支机构间分摊预缴，50%由总机构预缴。其汇总纳税税款预缴的计算步骤为：

第一，总机构计算企业当期实际应纳的企业所得税税额。

第二，分支机构应分摊应纳企业所得税税额的计算公式：

$$\frac{\text{分支机构应分摊应纳企业所得税税额}}{} = \frac{\text{企业当期实际应纳企业所得税税额}}{} \times 50\%$$

第三，分支机构的分摊比例。总机构应按照以前年度（1—6月按上上年度，7—12月按上年度）分支机构的经营收入、职工工资和资产总额3个因素计算各分支机构应分摊企业所得税税款的比例，3个因素的权重依次为0.35、0.35、0.30。其计算公式为：

$$\frac{\text{某分支机构}}{\text{分摊比例}}=0.35\times\left(\frac{\text{该分支机构}}{\text{营业收入}}\div\frac{\text{各分支机构}}{\text{营业收入之和}}\right)+0.35\times\left(\frac{\text{该分支机构}}{\text{工资总额}}\div\frac{\text{各分支机构}}{\text{工资总额之和}}\right)+0.30\times\left(\frac{\text{该分支机构}}{\text{资产总额}}\div\frac{\text{各分支机构}}{\text{资产总额之和}}\right)$$

第四，某分支机构应分摊的就地预缴数计算公式：

$$\frac{\text{某分支机构应分摊的}}{\text{就地预缴数}}=\frac{\text{分支机构应分摊}}{\text{应纳企业所得税税额}}\times\frac{\text{该分支机构}}{\text{分摊比例}}$$

各分支机构应在每月或季度终了之日起15日内，就其分摊的企业所得税税额向所在地主管税务机关申报预缴。

第五，总机构应分摊的就地入库的预缴数计算公式：

$$\frac{\text{总机构应分摊的}}{\text{就地入库的预缴数}}=\frac{\text{总机构计算企业当期}}{\text{实际应纳所得税税额}}\times 25\%$$

总机构应分摊的就地入库的预缴数，在每月或季度终了后15日内自行就地申报预缴。

第六，总机构缴入中央国库分配税款的预缴数计算公式：

$$\frac{\text{总机构缴入中央国库}}{\text{分配税款的预缴数}}=\frac{\text{总机构计算企业当期}}{\text{实际应纳所得税税额}}\times 25\%$$

总机构缴入中央国库分配税款的预缴数，在每月或季度终了后15日内自行就地申报预缴。

实行按上年数预缴所得税的计算步骤，与按实际数预缴的计算步骤基本相同，所不同的只在第一步，总机构计算企业当期应分摊的应纳所得税税额，是按照上年度应纳税所得额的1/12或1/4确定的。

（4）汇总纳税的汇算清缴。总机构在年度终了后5个月内，应依照法律、行政法规和其他有关规定进行汇总纳税企业的企业所得税年度汇算清缴。各分支机构不进行企业所得税汇算清缴。

当年应补缴的企业所得税税款，由总机构缴入中央国库。当年多缴的企业所得税税款，由总机构所在地主管税务机关开具“税收收入退还书”等凭证，按规定程序从中央国库办理退库。

企业所得税的其他征收管理事项，按照《税收征管法》及其实施细则等相关规定执行。

本章小结

● 企业所得税是指国家对企业在一定时期内的生产经营所得和其他所得征收的一种税。企业所得税法是指国家制定的用以调整国家与企业所得税纳税人之间征纳活动的权利与义务关系的法律规范。

● 我国企业所得税具有实行法人税制、符合税收中性、税基约束力强和税负不易转嫁的特点。其作用表现在：企业所得税是调控经济发展的重要方式；企业所得税是强化经济监督的重要工具；企业所得税是筹集财政收入的重要渠道；企业所得税是维护国家主权的重要手段。

● 企业所得税的纳税人是在中国境内的企业和其他取得收入的组织，包括企业、事业单位、社会团体和其他取得收入的组织，以及有来源于中国境内所得的依照外国法律法规在境外成立的个人独资企业和合伙企业，但不包括依照中国法律法规成立的个人独资和合伙企业。纳税人分为居民企业和非居民企业，前者负有无限纳税义务，后者负有有限纳税义务。

● 企业所得税的征税对象是企业的应税所得，主要包括销售货物所得、提供劳务所得、转让财产所得、股息红利所得、利息所得、租金所得、特许权使用费所得、接受捐赠所得和其他所得。

● 企业所得税的法定税率为25%；符合条件的小型微利企业（不包括非居民企业）税率为20%；预提所得税的税率为20%，目前减按10%的税率征收。

● 我国企业所得税实施以产业导向优惠政策为主、兼顾区域性的税收优惠政策，主要包括免税收入、特定产业的税收优惠、技术创新的税收优惠、循环经济的税收优惠、特定地区的税收优惠、其他税收优惠和税收优惠的过渡政策，以及新旧企业所得税优惠政策的衔接。

● 企业所得税以企业应纳税所得额为计税依据。应纳税所得额是企业每一纳税年度的收入总额，减除不征税收入、免税收入、各项扣除和允许弥补的以前年度亏损后的余额。

● 资产税务处理的规定与新会计准则的规定基本相同，主要包括固定资产、存货、无形资产、投资资产、长期待摊费用、生产性生物资产的税务处理；特别纳税调整包括关联企业、受控外国子公司和资本弱化的纳税调整。

● 居民企业来源于中国境内外的所得，在中国境内设立机构、场所的非居民企业来源于中国境内的所得，其应纳的企业所得税为应纳税所得额乘以适用税率，减除依照税法规定减免和抵免的税额后的余额。

● 我国对境外所得应纳企业所得税税额，实行限额抵免办法。其抵免限额为该项所得依照我国税法规定计算的应纳税额。超过抵免限额的余额允许从次年起在连续5个纳税年度内，用每年度抵免限额抵免当年应抵税额后的余额进行抵补。

● 核定征收是由税务机关审核确定纳税人的应纳税额或收入额、所得率等，并据以征收税款的一种方式。具体方法包括定额征收和核定应税所得率征收两种方法。企业所得税按纳税年度计算，纳税年度自公历1月1日起至12月31日止。

● 企业所得税实行分月或分季预缴，年终汇算清缴、多退少补的缴纳方法。居民企业以企业登记注册地为纳税地点；企业登记注册地在境外的，以实际管理机构所在地为纳税地点；居民企业在中国境内设立不具有法人资格的营业机构的，应当汇总计算缴纳企业所得税，并实行“统一计算、分级管理、就地预缴、汇总清算、财政调库”的征收管理办法。

主要观念和概念

★ 主要观念

企业观念　投资观念　利润观念

★ 主要概念

企业所得税　预提所得税　公益性捐赠　弥补亏损　关联企业

基本训练

★ 知识题

一、简答题

1.如何理解企业所得税的概念和特点？

2.企业所得税的优惠政策有哪些？

3.资产税务处理与会计处理有何异同？

4. 企业所得税的税额计算原理与方法是怎样的？

5. 如何加强企业所得税的征收管理工作？

二、应用题

1. 选择题（含单项选择题与多项选择题）

(1) 根据税法规定，下列企业中属于非居民企业的是（　　）。

A. 设立在中国黑龙江省哈尔滨市的某国有独资企业

B. 依照加拿大法律设立且管理机构在上海的某公司

C. 依照中国法律成立但主要控股方在外国的某公司

D. 依照美国法律成立在中国境内无机构但有来源于其所得的某公司

(2) 企业在计算应纳税所得额时，准予扣除的项目是（　　）。

A. 缴纳的增值税　　B. 欠税滞纳金

C. 火灾保险赔款　　D. 逾期还贷罚息支出

(3) 下列各项中属于企业所得税征税范围的有（　　）。

A. 居民企业来源于中国境内的所得

B. 居民企业来源于中国境外的所得

C. 非居民企业来源于中国境内所得

D. 非居民企业来源于中国境外但与所设机构没有实际联系的所得

(4) 企业的下列收入中属于企业所得税免税收入的是（　　）。

A. 国债利息收入

B. 金融债券利息收入

C. 居民企业直接投资于其他居民企业取得的投资收益

D. 在中国境内设立机构的非居民企业连续持有居民企业公开发行并上市流通的股票1年以上取得的与机构有实际联系的投资收益

2. 判断题

(1) 非居民企业在中国境内未设立机构、场所的，或虽设立机构、场所但取得的所得与其所设机构、场所没有实际联系的，可不征企业所得税。（　　）

(2) 国家需要重点扶持的高新技术企业，减按20%的税率征收企业所得税。（　　）

(3) 企业发生的公益性捐赠支出，在年度利润总额3%以内的部分

准予在计算应纳税所得额时扣除。 (　　)

★ 技能题

一、规则复习

1.企业所得税的税收优惠规则。

2.企业计算利润总额与应税所得规则。

二、操作练习

1.说明关联企业的纳税调整方法。

2.分析并计算企业所得税的应纳税额。

★ 能力题

一、计算题

经济特区某食品生产企业属于外商投资企业，2010年开业，2015年企业有关生产经营情况如下：

(1) 取得产品销售收入2 300万元，购买国库券利息收入50万元，从境内投资公司分回税后利润180万元（2010年投资）。

(2) 发生产品销售成本1 100万元；销售费用380万元，其中广告费50万元、业务宣传费30万元；产品销售税金及附加50万元。

(3) 发生财务费用220万元，其中1月1日以集资方式筹集生产经营性资金300万元，期限1年，支付利息费用30万元（同期银行贷款年利率6%）。

(4) 发生管理费用260万元，其中业务招待费190万元。

(5)“营业外支出”账户记载金额53.52万元。其中合同违约金4万元，通过民政局对灾区捐赠现金49.52万元。

(6) 该企业2011年属于减半政策执行第一年，2015年预缴企业所得税18.43万元。

要求：请根据上述资料，计算该企业2015年应纳的企业所得税。

二、分析题

某市一家小家电生产企业为增值税一般纳税人，某纳税年度有关经营业务如下：

(1) 销售小家电取得不含税收入8 600万元，与之配比的销售成本5 660万元。

(2) 转让技术所有权取得收入700万元，直接与技术所有权转让有关的成本和费用100万元。

(3) 出租设备取得租金收入200万元；接受原材料捐赠取得增值税专用发票，注明材料金额50万元、增值税进项税额8.5万元；取得国债利息收入30万元。

(4) 购进原材料共计3 000万元，取得增值税专用发票，注明进项税额510万元；支付购料运输费用共计230万元，取得运输发票。

(5) 销售费用1 650万元，其中广告费1 200万元。

(6) 管理费用850万元，其中业务招待费90万元。

(7) 财务费用80万元，其中含向非金融企业借款500万元所支付的年利息40万元（当年金融企业贷款的年利率为5.8%)。

(8) 计入成本费用的实发工资540万元；工会经费15万元、职工福利费82万元、职工教育经费18万元。

(9) 营业外支出300万元，其中包括通过公益性社会团体向贫困山区的捐款150万元。

(10) 其他相关资料：上述销售费用、管理费用和财务费用不涉及转让费用，取得的相关票据均通过主管税务机关认证。

要求：请根据上述资料，计算该企业当年应纳的增值税和企业所得税。

三、网上调研

利用电子图书馆和因特网资源收集有关企业所得税法的资料和案例，分析我国企业所得税法的优缺点，巩固所学知识与技能。

四、单元实践

以小组为单位，选择不同类型的企业进行调查，了解我国企业所得税尤其是优惠政策对企业的影响，对我国企业所得税纳税申报进行调查研究，形成简要的调查报告；针对企业所得税的典型偷逃税案例，进行分析讨论，并提出治理或防范的有效措施。

第6章

个人所得税法

学习目标

☆**知识目标**

——了解个人所得税的由来及特点。

——理解开征个人所得税的现实意义。

——掌握和理解个人所得税的基本法律规定。

——熟悉个人所得税的征收管理。

☆**技能目标**

——说明个人所得税要素的设计原理。

——掌握个人所得税应纳税额的计算与征收方法。

——运用个人所得税法的规定解决实际问题。

☆**能力目标**

——实地调研个人所得税的缴纳及申报情况。

——正确计算个人所得税的应纳税额并能进行案例分析。

2011年中国减征个税后收入总量增长

2011年中国税收收入完成89 720.31亿元，超过2010年全年财政收入总和。个税实现收入6 054.09亿元，占税收总额的6.7%（高于2010年的6.6%），同比增幅高达25.2%，如图6-1所示。中国2011年实施的个税改革，主要是提高工资、薪金所得，个体工商户生产、经营所得的费用减除标准及调整税率结构。在提高个税免征额和降低税率的背景下，收入总量及占比不降反增，引人关注。其主要原因：一是个税改革从2011年9月起实施，对当年个税收入影响较小；二是城乡居民实际收入增长；三是税务部门采取积极措施，如建立重点纳税人档案、公布高收入者名单等，进一步规范个税的征收管理，确保了相关个税税款的及时足额入库等。1994—2015年个人所得税收入增长趋势如图6-1所示。

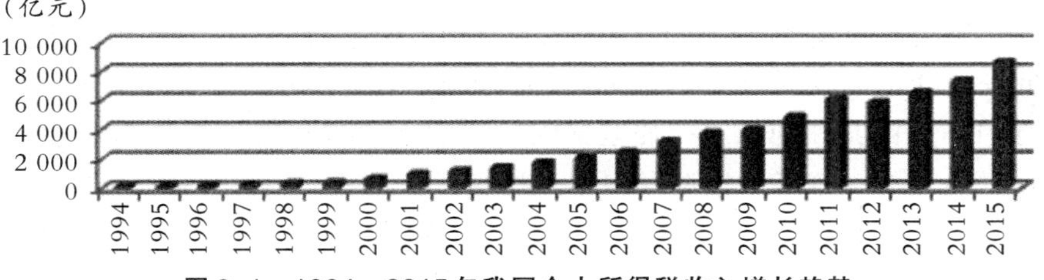

图6-1　1994—2015年我国个人所得税收入增长趋势

同期数据也显示，从2011年9月起实施的个税改革，在2011年最后3个月对个税收入的增长结构产生了明显的影响：第四季度对工资、薪金所得和个体工商户的生产、经营所得征收的个税出现了负增长，同比下降幅度较大，分别下降了11.1%和10.7%；自实施新税法提高个税免征额后，纳税人数由约8 400万人减至约2 400万人，相应增加居民可支配收入约600多亿元，有6 000万民众因此受益，提高低收入人群可支配收入、缩小贫富差距的税改目标初步显现。

个人所得税是世界各国参与个人收入分配、缓解贫富悬殊的重要手段。目前有140多个国家开征了个人所得税，在部分国家个人所得税已成为主体税种。我国的个人所得税法是税收实体法的重要组成部分，在税法体系中的地位逐年提高。2015年达到8 618亿元，同比增长16.8%。从收入规模上看，个人所得税已成为我国的主要税种之一，其收入占税收收入总额（124 892亿元）的比重也由1994年的1.6%提高为2015年的6.9%。

6.1 个人所得税法基础理论

6.1.1 个人所得税法的概念及演变

6.1.1.1 个人所得税法的概念

个人所得税一般是对个人应税所得征收的一种税。我国的个人所得税是指对中国居民来源于中国境内、外的全部所得和非中国居民来源于中国境内的所得征收的一种税。

个人所得税法是指国家制定的用以调整国家与个人所得税纳税人之间征纳活动的权利与义务关系的法律规范。其基本法律依据是2011年6月中华人民共和国第十一届全国人民代表大会常务委员会第21次会议修订通过的《中华人民共和国个人所得税法》（以下简称《个人所得税法》），以及2011年7月国务院修订通过的《中华人民共和国个人所得税法实施条例》（以下简称《个人所得税法实施条例》）等。

6.1.1.2 个人所得税的演变

个人所得税最早产生于1799年的英国，以纳税个人的综合所得为计税依据，税率为10%。我国对个人所得税的开征起步较晚，在1950年全国公布的14种税中包括对个人征收的薪给报酬所得税和存款利息所得税两个税种，但未能开征。

改革开放以后，来华并取得收入的外籍人员日益增多，为维护外籍人员的合法权益和国家的税收利益，我国于1980年制定了《个人所得税法》，统一适用于中国公民和在我国取得收入的外籍人员。根据经济发展的形势，为适应对个体工商业户和个人收入调节的需要，1986年和1987年国家又先后颁布了《中华人民共和国城乡个体工商业户所得税暂行条例》和《中华人民共和国个人收入调节税暂行条例》，形成了对个人所得征税“三税”并存的格局。

随着社会主义市场经济体制的确立，我国在原3个对个人所得课税制度的基础上，进行合并、修订与完善，1993年10月修订《个人所得税法》(第一次修订)，并于1994年1月起施行。此后，全国人大常务委员会分别于1999年、2005年、2007年（6月和12月）和2011年对《个人所得税法》进行了5次修订，使我国的个人所得税法建设走向了科学化、规范化和法制化的轨道。

6.1.2 个人所得税的类型和特点

6.1.2.1 个人所得税的类型

世界各国的个人所得税征收制度，大体上可分为分类所得税制、综合所得税制和混合所得税制3种类型。各类型的税制各有所长，各国可根据本国的具体情况选择运用。

（1）分类所得税制。分类所得税制是指对纳税人不同类型的所得规定不同税种的所得税制。这类税制的立法依据是纳税人获得不同性质所得时，所要付出的劳动不同，应在课税时对不同性质所得征收不同的税种，确定不同的税率，实行差别征税。

（2）综合所得税制。综合所得税制是指对纳税人各种类型的所得按照同一征收方式和同一税率征收的法律制度。其特点是：不论收入来源于何种渠道、采取何种形式，均按所得全额统一计税。其立法依据是课税考虑纳税人的综合负担能力，应税所得是纳税人的所得总额。

（3）混合所得税制。混合所得税制又称分类综合所得税制，是指兼有综合和分类两类所得税制性质的所得税制。其特点是：对纳税人收入综合计税，坚持量能负担原则；区分不同性质的收入分别计税，体现区别对待原则。分类综合所得税制为当今各国所普遍采用。

6.1.2.2 个人所得税的特点

我国个人所得税与其他税种相比，有一定的特殊性和优越性。其特点主要表现在：

（1）实行分类所得税制。目前我国实行的是分类所得税制，与另外两种征收制度相比，分类所得税制在体现区别对待、节约征收成本和灵活选择征税对象等方面有其独特性。

（2）个人所得税指数化。我国个人所得税指数化主要是免征额和纳税档次的指数调整，以避免个人因通货膨胀其收益贬值、税率档次爬升。根据指数化原理，我国个人所得税免征额从1994年的800元，提高到2006年的1 600元、2008年的2 000元和2011年的3 500元。

（3）累进税率与比例税率并用。我国个人所得税对11项应税所得，分别采取累进税率与比例税率计算征收。比例税率对个人收入征税影响均衡，累进税率对平衡贫富悬殊差异、合理调节收入更有成效。

（4）自行申报与源泉扣缴相结合。对个体工商户的生产、经营所得和企事业单位承包经营、承租经营所得，以及年所得12万元以上的纳税人等实行自行申报纳税，其他所得实行源泉扣缴征收。采取源泉扣缴和自行申报相结合的办法，有利于节约征收成本、提高征管效率。

6.1.3 个人所得税的原则和作用

6.1.3.1 个人所得税的原则

个人所得税的原则是内外一致、适当调节、合理负担。其含义为：

（1）内外一致。内外一致主要指不分国籍，只要成为我国个人所得税的纳税人，就要遵守我国税法缴纳个人所得税。

（2）适当调节。适当调节主要指个人所得税只对收入超过一定标准的纳税人征收，根据收入多少缴纳税款，无收入者不纳税。

（3）合理负担。合理负担主要指个人所得税采用超额累进税率和比例税率相结合的方式，根据纳税人所得性质划分不同的应税项目，分别适用不同的税率，收入项目不同税负也不同。

6.1.3.2 个人所得税的作用

我国个人所得税对各种应税所得，分别适用不同的费用减除、不同的适用税率和不同的计税方法，以体现国家不同的税收政策目标，在筹集财政收入、缩小分配差距等方面有着其他经济、法律手段无法代替的作用。主要表现在：

（1）税源广泛，收入稳定。个人所得税以纳税人取得的应税所得为征税对象，所涉及的范围几乎囊括了纳税人的全部所得。因此，个人所得税虽然只对列举项目征税，但涉税范围广泛，为国家稳定足额取得财政收入提供了保障。

（2）调节收入，税负合理。人们取得收入的能力不同，对财产的占有状况存在差异，在市场经济条件下形成的收入分配也存在着很大的差距。个人所得税通过设定累进税率、费用扣除标准，既可使纳税人在纳税后收入差距缩小，又能充分体现量能负担，纳税人易于接受。

（3）适当调节，稳定经济。实行超额累进税率和比例税率相结合，个人应纳的所得税会随经济增长而随之上升，个人纳税后的收益相对降低，从而约束纳税人的消费需求；反之，可相应增加需求，使供求趋于平衡。因此，个人所得税被看作经济的“内在稳定器”。

6.2 个人所得税法基本内容

个人所得税法基本内容包括个人所得税的纳税人、征税范围、税率和优惠政策等规定。

6.2.1 个人所得税的纳税人

6.2.1.1 税法基本规定

个人所得税的纳税人包括中国公民、个体工商业户、个人独资企业、合伙企业投资者、在中国境内有所得的外籍人员（包括无国籍人员）和港澳台同胞，但不包括法人或其他组织。所称中国境内是指中国大陆地区，目前尚不包括香港、澳门和台湾地区（下同）。

参照国际惯例和属人兼属地的税收管辖权原则，我国个人所得税法规定了住所标准和时间标准，据以判定纳税人的性质，即将纳税人分为居民纳税人和非居民纳税人。不同性质的纳税人纳税义务也不相同，居民纳税人负有无限纳税义务，非居民纳税人负有有限纳税义务。

【小资料6-1】 中国富豪为什么不是个人所得税的纳税大户

1999年胡润百富榜首次发布，荣毅仁家族以80亿元排在首位。2009年内地财富榜显示：中国内地有82.5万个千万富豪和5.1万个亿万富豪，平均每1万人中就有6人是千万富豪。在2016年内地百富榜中，王健林家族以1 700亿元、马云家族以1 400亿元、娃哈哈宗庆后家族以1 250亿元、腾讯马化腾以1 240亿元和小米雷军以920亿元排在前5名；在全球富豪榜中，中国十亿美元级富豪数量达到568人，首次超越美国，成为十亿美元富豪最多的国家；北京十亿美元级富豪100人，首次超越纽约成为世界最多十亿美元富豪居住的城市。自胡润百富榜推出以来，每年的放榜日总会引来国人的一阵议论。富豪们数以亿计的身价总是令普通老百姓羡慕，媒体也对此进行大肆渲染，但国人一直有所疑问：富豪们身价百亿，他们缴了多少个人所得税？他们也像我们这些工薪阶层那样申报缴纳个人所得税吗？

根据国家税务总局公布的数据，2015年全国税收收入为124 892亿元，其中个人所得税收入为8 618亿元，占全国税收收入的6.9%。另据世界经济组织估算，中国个人所得税的完税率仅有50%左右，也就是说，中国有一半的个人所得税流失。有评论认为：富豪们有逃税嫌疑。

我们认为，“中国（内地）私营企业纳税百强”是根据公司的营业额和利润来确定的，其营业额大、利润高才能纳税多。个人身价是根据其持有的股票市值计算出来的，也就是说他们的财富是通常而言的“纸上财富”，是未实现的所得。我国税法对“纸上财富”是不征税的，因此富豪未必一定是个人所得税的纳税大户，两者不能画等号。但作为中国的富豪们，在前期财富积累过程中是否做到了依法纳税？为什么他们拥有大量财富、过着富人生活，又不用缴纳更多的个人所得税呢？这是国人最大的疑问。

6.2.1.2　居民纳税人

居民纳税人是指在中国境内有住所或无住所而在中国境内居住满1年的个人。居民纳税人从中国境内和境外取得的所得，应依法缴纳个人所得税。

（1）住所标准。住所标准是自然人居民身份的判定标准之一，在中国境内有住所的个人就可以判定为居民纳税人。所称在中国境内有住所的个人是指因户籍、家庭、经济利益关系而在中国境内习惯性居住的个人，包括在中国境内定居的中国公民和外国侨民，但不包括虽具有中国国籍，却没有在中国大陆定居，而是侨居海外的华侨和居住在我国港澳台地区的同胞。

（2）时间标准。纳税人无住所就要看时间标准，其在中国境内居住满1年即可认定为居民纳税人。所称在境内居住满1年是指纳税人在一个纳税年度中在中国境内居住365日。在一个纳税年度中临时离境一次不超过30日，或多次累计离境不超过90日的不扣减日数，仍应当被视为全年在中国境内居住，从而应被判定为居民纳税人。

（3）纳税义务。居民纳税人负有无限纳税义务，应就其来源于境内外的所得依法缴纳个人所得税。所称从中国境内取得的所得是指来源于中国境内的所得，所称从中国境外取得的所得是指来源于中国境外的所得。

【小资料6-2】　　居民纳税人判定标准的国际惯例

一国政府在行使税收管辖权之前，首先要明确纳税人是否属于本国居民。根据国际惯例，确定为本国居民的标准主要包括3个方面：

（1）法律标准。凡是本国的公民和有居留证明的外国侨民都属本国居民，其他属于非居民。

（2）户籍标准（住所标准）。凡是在一国拥有永久性住所或习惯性住所的跨国自然人（包括该国公民和外国人）都是该国居民，未在该国拥有住所的人则为非居民。

（3）时间标准。在本国居住或停留超过（或达到）一定时间的跨国自然人（包括该国公民和外国人）为本国居民，没有达到居住时间的为非居民。

6.2.1.3　非居民纳税人

非居民纳税人是指在中国境内无住所又不居住或无住所而在境内居住不满1年的个人。非居民纳税人包括：一是在中国境内无住所且不居住，但从中国境内取得所得的个人；二是在中国境内无住所且居住不满1年的个人。

非居民纳税人负有有限纳税义务，应就其来源于境内的所得依法缴纳个人所得税。

6.2.1.4　扣缴义务人

为便于个人所得税的征收管理、源泉控制税源，我国税法规定，对除个体工商户的生产、经营所得以外的其他各项应税所得，其应纳的个人所得税均以支付应税所得的单位或个人为扣缴义务人。

上述支付应税所得的单位包括企业（公司）、事业单位、机关、社团组织、军队和驻华机构等。但这里所说的驻华机构，不包括外国驻华使领馆和联合国及其他依法享有外交特权和豁免的国际组织驻华机构。

6.2.2 个人所得税的应税所得

应税所得是指纳税人从中国境内或境外取得的应缴纳个人所得税的所得。按税法规定，个人所得税的应税所得项目主要有以下11项：

6.2.2.1 工资、薪金所得

（1）工资、薪金所得的征税范围。工资、薪金所得是指个人因任职或受雇而取得的工资、薪金、奖金、年终加薪、劳动分红、津贴、补贴及与任职或受雇有关的其他所得，即个人从任职或受雇单位取得的全部劳动报酬。根据税法规定，下列所得属于工资、薪金所得征税范围，应征收个人所得税：

①个人因退职、退养和解除劳动关系而取得的收入。

②个人因内部退养取得的一次性补偿收入。

③个人因劳动人事制度改革，与用人单位解除劳动关系而取得的一次性补偿收入。

④公司职工取得的用于购买企业国有股权的劳动分红，按工资、薪金所得项目缴纳个人所得税。

⑤出租汽车经营单位对出租车驾驶员采取单车承包或承租方式运营，其出租车从事客货营运取得的收入。

但税法规定下列所得不属于工资、薪金所得征税范围：一是独生子女补贴；二是托儿补助费；三是执行公务员工资制度未纳入基本工资总额的补贴、津贴差额和家属成员的副食品补贴；四是差旅费津贴、误餐补助；五是远洋运输船员的伙食费补贴等。

（2）境内外工资、薪金所得来源的判定。如果纳税人能够提供在境内外同时任职或受雇及工资、薪金标准的有效证明文件，可判定其所得是分别来自境内和境外，应分别扣减费用计税；纳税人不能提供有效证明文件时，则视为来源于一国所得计算纳税。

如果纳税人因任职、受雇、履约等而在中国境内提供劳务取得的所得，无论支付地点是否在中国境内，均视为来源于中国境内的所得；如果其任职或受雇单位在中国境外，应视为来源于中国境外的所得。

6.2.2.2 个体工商户的生产、经营所得

个体工商户的生产、经营所得是指个体工商户从事工业、手工业、

建筑业、交通运输业、商业、饮食业、服务业、修理业和其他行业取得的所得。属于本项目征税的，还包括以下特殊所得：

（1）个人经政府有关部门批准，取得执照，从事办学、医疗、咨询以及其他有偿服务活动取得的所得。

（2）个体工商户和个人取得的与生产、经营有关的各项应税所得。

（3）个人因从事彩票代销业务而取得的所得，应按照个体工商户的生产、经营所得项目计税。

（4）从事个体出租车运营的出租车驾驶员取得的收入，按个体工商户的生产、经营所得计税；出租车属个人所有，但挂靠出租汽车经营单位或企事业单位，驾驶员向挂靠单位缴纳管理费的，或出租汽车经营单位将出租车所有权转移给驾驶员的，出租车驾驶员从事客货运营取得的收入，比照个体工商户的生产、经营所得计税。

（5）个人独资、合伙企业的个人投资者用企业资金为本人、家庭成员及相关人员支付与企业生产、经营无关的消费性支出，以及购买汽车、住房等财产性支出，应看作企业对个人投资者的利润分配，作为投资者个人的生产、经营所得，按照个体工商户的生产、经营所得计算缴纳个人所得税。

此外，个体工商户，从事生产、经营的个人，个人独资和合伙企业的投资者取得的与生产、经营活动无关的其他各项应税所得，应分别按照其他应税项目的有关规定计算缴纳个人所得税。

6.2.2.3　企事业单位承包经营、承租经营所得

企事业单位承包经营、承租经营所得是指个人承包经营、承租经营及转包、转租取得的所得，包括个人按月或按次取得的工资、薪金性质的所得。由于实行承包经营、承租经营的形式较多，分配方式也不相同，税法对企事业单位承包经营、承租经营所得项目计征个人所得税，做了以下具体规定：承包、承租人对企业经营成果不拥有所有权，仅是按合同（协议）规定取得一定所得的，其所得按工资、薪金所得项目征税；承包、承租人按合同（协议）的规定只向发包、出租方缴纳一定费用后，企业经营成果归其所有的，承包、承租人取得的所得，按企事业单位承包经营、承租经营所得项目征税。

6.2.2.4　劳务报酬所得

劳务报酬所得是指个人独立从事非雇佣的各种劳务取得的所得，主要包括设计、装潢、安装、制图、化验、测试、医疗、法律、会计、咨询、讲学、新闻、广播、翻译、审稿、书画、雕刻、影视、录音、录像、演出、表演、广告、展览、技术服务、介绍服务、经纪服务、代办服务和其他劳务取得的所得。

除上述外，属于劳务报酬所得征税的项目还包括：企业和单位对其营销业绩突出的非雇员，以培训班、研讨会、工作考察等名义组织旅游活动，通过免收差旅费、旅游费等对个人实行的营销业绩奖励（包括实物、有价证券等），应根据所发生费用的全额并入该营销人员当期的劳务收入，按照劳务报酬所得计税，由提供上述费用的单位代扣代缴。

【小思考6-1】劳务报酬所得与工资、薪金所得的主要区别是什么？

答：劳务报酬所得是指个人以其所掌握的某种技艺或技能独立提供劳务所取得的独立劳动所得。其中，独立劳动是指个人独立从事非雇佣的各种劳动，包括独立的科学、文艺、艺术、教育或教学活动，以及独立从事医师、律师、工程师、建筑师和会计师等活动，但不包括个人独立从事工商业活动。而工资、薪金所得是属于非独立个人劳务活动，即在机关、团体、学校、部队、企业、事业单位及其他组织中任职、受雇而得到的报酬。

6.2.2.5　稿酬所得

稿酬所得是指个人因其作品以图书、报刊形式出版、发表而取得的所得，包括文学作品、书画作品、摄影作品等出版、发表取得的所得，以及财产继承人取得的遗作稿酬。不以图书、报刊形式出版、发表的翻译、审稿、书画所得，归为劳务报酬所得。

【小思考6-2】税法规定的稿酬所得为何不属于劳务报酬所得？

答：将稿酬所得独立列为一个征税项目，而不是将稿酬所得归为劳务报酬所得，主要是考虑到出版、发表作品的特殊性：一是稿酬所得是一种依靠较高智力创作的精神产品；二是具有普遍性；三是与社会主义精神文明和物质文明密切相关；四是报酬相对偏低。因此，稿酬所得应当与一般劳务报酬所得相区别，并给予适当的优惠照顾。

6.2.2.6　特许权使用费所得

特许权使用费所得是指个人提供专利权、商标权、著作权、非专利技术和其他特许权使用权取得的所得。但提供著作权使用权取得的所得，不包括稿酬所得。作者将自己的文学作品手稿原件或复印件公开拍卖取得的所得，应按本项目计税。特许权的含义是：

（1）专利权。专利权是指由国家专利主管机关依法授予专利申请人或其专利继承人在一定时期内享有的专有利用的权利。专利权具有专有性、地域性和时间性。

（2）商标权。商标权是指商标注册人享有的商标专用权。它是商标注册人依法在核定商品上使用其注册商标的独占使用权。

（3）著作权。著作权即版权，是指作者依法对文学、艺术和科学作品享有的专有权，包括发表权、署名权、修改权、保护权、使用权和获取报酬权等权利。

（4）非专利技术。非专利技术是指专利技术以外的专有技术，包括技术秘密、技术诀窍等。专有技术大多处于保密状态，仅为特定人员占有、未申请专利的先进技术。

6.2.2.7　利息、股息和红利所得

利息、股息和红利所得是指个人拥有债权、股权而取得的利息、股息和红利所得。利息指个人拥有债权而取得的利息，包括存款利息、贷款利息和各种债券的利息，不包括国债和国家发行的金融债券利息；股息指股东定期按一定的比率从上市公司分取的盈利；红利指在上市公司分派股息之后按持股比例向股东分配的剩余利润。除此之外，属于本项目征税的还包括：

（1）除个人独资、合伙企业以外的其他企业的个人投资者，以企业资金为本人、家庭成员及相关人员支付与企业生产经营无关的消费性支出及购买汽车、住房等财产性支出，视为企业对个人投资者的红利分配，依照本项目征税。

（2）纳税年度内个人投资者从其投资企业（个人独资、合伙企业除外）借款，在纳税年度终了后既不归还又未用于企业生产经营的，其未归还的借款可视为企业对个人投资者的红利分配，依照本项目征税。

6.2.2.8　财产租赁所得

财产租赁所得是指个人出租建筑物、土地使用权、机器设备、车船和其他财产取得的所得，但不包括分期收取的不属于租金的财产价款。

个人取得财产转租收入，属于转租人的财产租赁所得由财产转租人缴纳个人所得税。在确定纳税义务人时，应以产权凭证为依据；无产权凭证的，由主管税务机关根据实际情况确定。产权所有人在未办理产权继承手续期间死亡，该财产出租而有租金收入的，以领取租金的个人为纳税人。

6.2.2.9　财产转让所得

财产转让所得是指个人转让有价证券、股权、建筑物、土地使用权、机器设备、车船和其他财产取得的所得。具体规定为：

（1）股票转让所得。股票转让所得是指个人转让所持有上市公司在二级市场流通股票取得的所得。目前对个人转让上市公司股票取得的所得暂免征税，个人转让非上市公司股份取得所得征收个人所得税。

（2）量化资产股份转让所得。集体所有制企业在改制为股份合作企业时，对职工个人以股份形式取得的拥有所有权的企业量化资产，暂缓征收个人所得税；个人将股份转让时，就其转让收入额减除个人取得该股份时实际支付的费用支出和合理转让费用后的余额，按财产转让所得项目计征个人所得税。

（3）个人出售自有住房所得。个人出售自有住房所得按财产转让所得征税。个人出售自有住房包括：个人出售已购公有住房，个人出售职工以成本价出资的合作建房、安居工程住房、经济适用住房以及拆迁安置住房，个人出售其他自有住房。

【小案例6-1】　　零价格转让股权牵出逃税案

2010年1月，一家公司的财务人员来到深圳市宝安区地税局，代公司个人股东申报缴纳了财产转让个人所得税600多万元。原来，这是一家不久前被另一家公司吸收合并的股份公司，在公司财务人员到地税局咨询有关注销税务登记业务时，税务人员发现该公司个人股东与吸收合并方个人股东存在股权转让行为，但转让价格为零。根据税法规定，企业兼并过程中发生的个人股东股权转让行为，应当就股权增值部分按财产转让所得项目申报缴纳个人所得税。个人股东以零价格无偿转让股权，明显不合常理。

在对该公司有关财务报表、吸收合并协议和股权转让协议等资料进行了仔细阅读后，税务人员怀疑该公司想通过这种方式逃税，于是对公司股东进行了耐心细致的纳税辅导，并表明纳税人如果刻意隐瞒有关所得，税务机关有权参照每股净资产或个人股东享有的股权比例所对应的净资产份额核定计税依据。

税务人员随后多次上门向该公司个人股东讲解相关税收政策，最终得到了个人股东的理解和支持。经过核定，该公司个人股东应计缴个人所得税600多万元。

6.2.2.10 偶然所得

偶然所得是指个人得奖、中奖、中彩和其他偶然性质的所得。得奖是指参加各种有奖竞赛活动，取得名次得到的奖金；中奖、中彩是指参加各种有奖活动，如有奖销售、有奖储蓄，或购买彩票，经过规定程序，抽中、摇中号码而取得的奖金。偶然所得应纳的个人所得税，一律由发奖单位或机构代扣代缴。

6.2.2.11 其他所得

除上述列举的各项个人应税所得外，其他确有必要征税的个人所得由国务院财政部门确定。如个人为单位或他人提供担保获得报酬，应按照本项目缴纳个人所得税，税款由支付所得的单位或个人代扣代缴。

个人取得的所得难以界定应税所得项目的，由主管税务机关确定。

6.2.3 个人所得来源地的判定

所得来源地有发生地和支付地之分，由于所得的发生地与所得的支付地有时是一致的，有时是不一致的，各国对于所得来源地的判定也不同。根据国际惯例及我国的法律规定，下列所得不论支付地在何处，均应判定为来源于中国境内的所得：

（1）因任职、受雇、履约等而在中国境内提供劳务取得的所得。

（2）将财产出租给承租人在中国境内使用而取得的所得。

（3）转让中国境内的建筑物、土地使用权等财产或在中国境内转让其他财产取得的所得。

（4）许可各种特许权在中国境内使用而取得的所得。

（5）从中国境内的公司、企业以及其他经济组织或个人取得的利息、股息、红利所得。

【小案例6-2】 中秋节发给员工和客户代表的月饼也应当缴纳个人所得税

中秋节某公司给员工和客户代表发放了月饼，税务局在检查时做了补税处理，这使公司领导和会计人员感到吃惊。我国税法规定，个人取得的应纳税所得，包括现金、实物和有价证券；同时又规定，企业在业务往来中向其他单位的员工发放实物，由于对方员工与公司没有雇佣劳动关系，取得的实物所得不属于工资、薪金项目，属于“其他所得”，应按20%缴纳个人所得税，由公司代扣代缴。所以，同样是月饼，由于发放对象不同，不但要纳税，还要适用不同的个人所得税政策。

6.2.4 个人所得税的适用税率

我国个人所得税采用比例税率和超额累进税率两种形式，其中工资、薪金所得，个体工商户的生产、经营所得，个人独资企业和合伙企业生产、经营所得，以及企事业单位承包经营、承租经营所得适用超额累进税率；劳务报酬所得等其他所得适用比例税率。具体规定如下：

6.2.4.1 超额累进税率

（1）适用7级超额累进税率。工资、薪金所得适用3%~45%的7级超额累进税率，见表6-1。

表6-1 **个人所得税税率表（工资、薪金所得适用）**

级数	全月应纳税所得额 （含税级距）	全月应纳税所得额 （不含税级距）	税率	速算扣除数
1	不超过1 500元	不超过1 455元的	3%	0
2	超过1 500元至4 500元的部分	超过1 455元至4 155元的部分	10%	105
3	超过4 500元至9 000元的部分	超过4 155元至7 755元的部分	20%	555
4	超过9 000元至35 000元的部分	超过7 755元至27 255元的部分	25%	1 005
5	超过35 000元至55 000元的部分	超过27 255元至41 255元的部分	30%	2 755
6	超过55 000元至80 000元的部分	超过41 255元至57 505元的部分	35%	5 505
7	超过80 000元的部分	超过57 505元的部分	45%	13 505

注：表中全年全月应纳税所得额是指依照税法规定，以每月收入额减除费用3 500元后的余额或减除附加减除费用后的余额。

（2）适用5级超额累进税率。个体工商户的生产、经营所得，企事业单位承包经营、承租经营所得，个人独资企业和合伙企业生产、经营所得，适用5%~35%的5级超额累进税率，见表6-2。

表6-2 **个人所得税税率表（个体工商户的生产、经营所得，承包经营、承租经营所得，个人独资企业和合伙企业生产、经营所得适用）**

级数	（全年应纳税所得额）含税级距	（全年应纳税所得额）不含税级距	税率	速算扣除数
1	不超过15 000元的部分	不超过14 250元的	5%	0
2	超过15 000元至30 000元的部分	超过14 250元至27 750元的部分	10%	750
3	超过30 000元至60 000元的部分	超过27 750元至51 750元的部分	20%	3 750
4	超过60 000元至100 000元的部分	超过51 750元至79 750元的部分	30%	9 750
5	超过100 000元的部分	超过79 750元的部分	35%	14 750

注：表中全年应纳税所得额是指依照税法规定，以每一纳税年度的收入总额，减除成本、费用以及损失后的余额。

6.2.4.2　比例税率

除上述所得外，劳务报酬所得，稿酬所得，特许权使用费所得，财产租赁所得，财产转让所得，利息、股息、红利所得，偶然所得和其他所得，均适用20%的比例税率。

（1）劳务报酬所得的加成征收。对劳务报酬所得一次收入畸高的实行加成征收。一次收入畸高是指一次取得劳务报酬在按税法规定做了费用扣除以后的应纳税所得额超过20 000元的。所谓加成征收，是指对劳务报酬所得在按20%税率计算税额的基础上，再加征一部分税额。

具体规定为：应纳税所得额超过20 000元至50 000元部分，按其应纳税额加征五成（50%）；超过50 000元的部分，加征十成（100%）。综合来看，实行加成征收后，劳务报酬所得的税率已经演化为3级超额累进税率，见表6-3。

（2）稿酬所得的减征率。对稿酬所得按应纳税额减征30%，即按应纳税额的70%计税，因此实际适用税率为14%。

表6-3　　　　个人所得税税率表（劳务报酬所得适用）

级数	每次应纳税所得额	税率	速算扣除数
1	不超过20 000元的部分	20%	0
2	超过20 000元至50 000元的部分	30%	2 000
3	超过50 000元的部分	40%	7 000

（3）财产租赁所得的减征率。对个人按市场价格出租的居民住房取得的所得，暂减按10%的税率征税。

6.2.5　个人所得税的优惠政策

6.2.5.1　个人所得税的法定免税项目

（1）省级政府、国务院部委和中国人民解放军军以上单位，以及外国组织、国际组织颁发的科学、教育、技术、文化、卫生、体育、环境保护等方面的奖金。

（2）国债和国家发行的金融债券利息。

（3）按照国家统一规定发给的补贴、津贴。

（4）福利费、抚恤金、救济金。

（5）保险赔款。

（6）军人的转业费、复员费。

（7）按照国家统一规定发给干部、职工的安家费、退职费、退休工资、离休工资、离休生活补助费。

（8）依照我国有关法律规定应予免税的各国驻华使馆、领事馆的外交代表、领事官员和其他人员的所得。

（9）中国政府参加的国际公约、签订的协议中规定免税的所得。

（10）经国务院财政部门批准免税的所得。

6.2.5.2　个人所得税的补充免税项目

（1）经乡镇以上人民政府或经县以上人民政府主管部门批准成立的有机构、有章程的见义勇为基金或类似性质组织，奖励见义勇为者的奖金或奖品，经主管税务机关核准后免税。

（2）企业和个人按照省级人民政府规定的比例提取并缴付的住房公积金、医疗保险金、基本养老金和失业保险金，不计入个人当期的工资、薪金收入，免予征收个人所得税；超过规定的比例缴付的部分计征个人所得税。个人领取原提存的住房公积金、医疗保险金和基本养老金时免征个人所得税。

（3）储蓄存款利息所得，暂免征收个人所得税。

（4）个人通过扣缴单位统一向灾区的捐赠，由扣缴单位凭政府机关或非营利组织开具的汇总捐赠凭据、扣缴单位记载的个人捐赠明细表等，由扣缴单位在代扣代缴税款时依法据实扣除；个人直接通过政府机关、非营利组织向灾区的捐赠，采取扣缴方式纳税的，捐赠人应及时向扣缴单位出示政府机关、非营利组织开具的捐赠凭据，由扣缴单位在代扣代缴税款时依法据实扣除；个人自行申报纳税的，税务机关凭政府机关、非营利组织开具的接受捐赠凭据依法据实扣除。

（5）个人举报、协查各种违法、犯罪行为而获得的奖金，暂免征收个人所得税。

（6）个人取得单张有奖发票奖金所得不超过800元（含）的，暂免征税；超过800元的，应按照偶然所得项目全额计税。

（7）个人购买体育彩票和社会福利有奖募捐奖券，一次中奖收入不超过1万元暂免征税；超过1万元的，应按税法规定全额计税。

（8）个人办理代扣代缴税款手续按规定取得的扣缴手续费，暂免征收个人所得税。

（9）个人转让自用达5年以上且是唯一的家庭生活用房取得的所得免税。对出售自有住房并拟在现住房出售后1年内按市场价重新购房的纳税人，其出售现住房所得应缴纳的个人所得税，视其重新购房的价值可全部或部分予以免税。

6.2.5.3　个人所得税的法定减税项目

有下列情形之一的，经批准可以减征个人所得税：

（1）残疾、孤老人员和烈属的所得。

（2）因严重自然灾害造成重大损失的。

（3）其他经国务院财政部门批准减税的。

6.2.5.4　外籍个人收入的免税项目

（1）依照我国有关法律规定应予免税的各国驻华使馆、领事馆的外交代表、领事官员和其他人员的工资、薪金所得。有关法律是指《中华人民共和国外交特权与豁免条例》和《中华人民共和国领事特权与豁免条例》。

（2）中国政府参加的国际公约、签订的协议中所规定免税的所得。我国政府同外国政府之间订有避免重复征税协定的，按照协定的免税规定办理。

（3）外籍个人从外商投资企业取得的股息、红利所得。

（4）外籍专家取得的工资、薪金所得。外籍专家主要包括：根据世界银行专项贷款协议由世界银行直接派往我国工作的专家；联合国组织直接派往我国工作的专家；为联合国援助项目来华工作的专家；援助国派往我国专为我国无偿援助项目工作的专家；根据两国政府签订文化交流项目来华工作2年以内的文教专家（工资、薪金所得由该国负担）；根据我国大专院校国际交流项目来华工作2年以内的文教专家（工资、薪金所得由该国负担）；通过民间科研协定来华工作的专家（工资、薪金所得由该国负担）。

6.2.5.5　外籍个人的暂免征税项目

（1）以非现金或实报实销形式取得的住房补贴、伙食补贴、搬迁费和洗衣费。

（2）按合理标准取得的境内和境外出差补贴。

（3）取得的探亲费、语言训练费和子女教育费等，经当地税务机关审核批准为合理的部分。可以享受免征个人所得税优惠的探亲费，仅限于外籍个人在我国的受雇地与其家庭所在地（包括配偶或父母居住地）之间搭乘交通工具，且每年不超过两次的费用。

6.2.5.6　无住所个人工资、薪金免税项目

（1）无住所个人在一个纳税年度中在中国境内连续或累计居住不超过90日的，其来源于中国境内的所得，由境外雇主支付且不由该雇主在中国境内的机构、场所负担的部分，免征个人所得税。

（2）无住所个人在中国境内居住1年以上5年以下的，来源于中国境外的所得，经主管税务机关批准，可只就由中国境内公司、企业和其他经济组织或个人支付的部分缴纳个人所得税。

（3）无住所个人在中国境内居住超过5年的，从第6年起应就其来源于中国境内、境外的全部所得缴纳个人所得税。在中国境内居住满5

年是指个人在中国境内连续居住满5年，即在连续5年中的每一纳税年度内均居住满1年。

（4）无住所个人在中国境内居住满5年后，从第6年起以后年度中，凡在境内居住满1年的，应就其来源于境内、境外的所得申报纳税；凡在境内居住不满1年的，则仅就该年内来源于境内的所得申报纳税。如该个人在第6年起以后的某一纳税年度内在境内居住不足90天，可以按上述（1）的规定确定纳税义务，并从再次居住满1年的年度起重新计算5年期限（见表6-4）。

表6-4　　**中国境内无住所个人工资、薪金所得征免税简表**

居住时间	纳税人性质	境内所得		境外所得	
		境内支付	境外支付	境内支付	境外支付
90日（或183日）以内	非居民	√	×	—	—
90日（或183日）~1年	非居民	√	√	—	—
1~5年	居民	√	√	√	×
5年以上	居民	√	√	√	√

注：√表示征税，×表示免税，—表示不属于征税范围。

【小思考6-3】符合政策的个人所得税减免是否要先申请？

答：根据国家税务总局《关于个人所得税若干政策问题的批复》的规定，税收法规、行政法规、部门规章和规范性文件中，未明确规定纳税人享受减免税必须经税务机关审批的，无须经税务机关审批，纳税人可自行享受减免税。如按照国家统一规定发给的补贴与津贴，未规定需要税务机关审批，因此该补贴与津贴就不需要向税务机关申请。税法规定领取见义勇为的奖金，需经税务机关核准后免税，因此该奖金的领取者就应当到主管税务机关办理免税手续。

6.3　个人所得税的计税管理

个人所得税的计税管理主要包括所得项目应纳税所得额、应纳税额的计算和征收管理等。其中，工资、薪金所得，个体工商户的生产、经营所得和企事业单位承包经营、承租经营所得为按期计征，其他所得为按次计征。

6.3.1 工资、薪金所得个人所得税的计算

6.3.1.1 工资、薪金所得应纳个人所得税税额计算的一般规定

工资、薪金所得应纳的个人所得税，按应纳税所得额适用7级超额累进税率计算。其计算公式为：

应纳税额=应纳税所得额×适用税率-速算扣除数

应纳税所得额=应税工资、薪金收入-法定费用扣除额

应税工资、薪金收入=工资、薪金所得-不征税项目-减免税项目

上述法定费用扣除额是指个人所得税法规定有关个人生计费等费用的扣除。按照税法的规定，工资、薪金所得的费用扣除额为每月3 500元；对涉外人员的法定扣除费用是在上述标准的基础上，再扣除附加减除费用1 300元，总计4 800元。附加减除费用适用于在中国境内无住所而在中国境内取得工资、薪金，以及在中国境内有住所而在中国境外取得工资、薪金所得的纳税人。附加减除费用具体适用范围包括：

（1）在中国境内的外商投资企业和外国企业中工作的外籍人员。

（2）应聘在中国境内的企事业单位、社会团体、国家机关中工作的外籍专家。

（3）在中国境内有住所而在中国境外任职或受雇取得工资、薪金所得的个人。

（4）华侨和香港、澳门、台湾同胞，参照上述有关附加减除费用的规定执行。

（5）远洋运输船员（含国轮船员和外轮船员）的工资、薪金所得。

（6）财政部确定的其他人员。

【例题6-1】张先生为华新公司工程师，2016年4月工资、薪金收入总额为7 800元，其中托儿补助20元，出差伙食补助200元，独生子女补贴60元，缴纳住房公积金、医疗保险金、基本养老金和失业保险金500元，加班费1 800元。张先生当月应纳的个人所得税为：

应税工资、薪金所得=7 800-20-200-60-500-3 500=3 520（元）

应纳个人所得税=3 520×10%−105=247（元）

6.3.1.2　同时取得雇佣单位和派遣单位工资、薪金的税额计算

在外商投资企业、外国企业和外国驻华机构工作的中方人员取得的工资、薪金，凡是由雇佣单位和派遣单位分别支付的，先由支付单位分别扣缴应纳的个人所得税，然后由纳税人汇总申报纳税。计税方法如下：

（1）雇佣单位扣税。雇佣单位在支付雇员工资、薪金时，按税法规定的减除费用扣除后的余额计算扣缴所得税，对能提供有效合同或资料证明其工资、薪金所得应按有关规定上交派遣单位的，可按扣除其实际上交部分后的余额计税。

（2）派遣单位扣税。派遣单位支付的工资、薪金所得不再减除费用，以支付全额确定适用税率计算扣税。

（3）纳税人汇总纳税。纳税人应将当月全部工资、薪金所得汇总申报缴纳所得税，多退少补。

【例题6-2】某中国公民受雇于某外商投资企业，2016年3月取得雇佣单位工资10 000元，取得派遣单位工资1 800元。该公民应纳的个人所得税为：

雇佣单位应代扣代缴税额=（10 000−3 500）×20%−555=745（元）

派遣单位应代扣代缴税额=1 800×10%−105=75（元）

实际应纳税额=（10 000+1 800−3 500）×20%−555=1 105（元）

该公民应补缴税额=1 105−745−75=285（元）

6.3.1.3　在境内有住所的个人取得全年一次性奖金应纳税额的计算

全年一次性奖金是指机关、企事业单位等扣缴义务人，根据其全年经济效益和雇员全年工作业绩情况，向雇员发放的一次性奖金。纳税人取得全年一次性奖金基本计税方法是：将纳税人取得的全年一次性奖金单独作为一个月工资、薪金所得计算应纳的个人所得税，并由扣缴义务人发放时代扣代缴。其应纳税额分以下两种情况计算：

（1）雇员当月工资、薪金所得≥费用扣除额时。纳税人取得的当月工资与全年一次性奖金分别单独计税，当月工资减除费用扣除额后按适用税率与速算扣除数计算应纳税额；全年一次性奖金在确定税率与速算扣除数后，不作费用扣除直接计算应纳的个人所得税。其计算步骤为：

第一步，计算当月工资、薪金应纳的个人所得税。其计算公式为：

应纳税额=（当月工资、薪金-费用扣除额）×适用税率-速算扣除数

第二步，确定当月取得的全年一次性奖金适用税率。当月取得的全年一次性奖金÷12，按其商数确定适用税率和速算扣除数。

第三步，计算当月取得的全年一次性奖金应纳的个人所得税。其计算公式为：

应纳税额=当月取得的全年一次性奖金×适用税率-速算扣除数

【例题6-3】 中国公民王先生2015年在我国境内1—12月每月工资为4 600元，12月领取年终奖金15 000元。王先生12月应纳的个人所得税为：

（1）12月工资应纳税额=（4 600-3 500）×3%=33（元）

（2）确定年终奖金适用税率：

15 000÷12=1250（元）

适用税率为3%。

（3）年终奖金应纳税额=15 000×3%=450（元）

（4）王先生12月应纳个人所得税=33+450=483（元）

（2）雇员当月工资、薪金所得<费用扣除额时。应先将全年一次性奖金减除“雇员当月工资、薪金所得与费用扣除额的差额”，然后按其余额除以12，以其商数确定适用税率和速算扣除数，再以全年一次性奖金减除“雇员当月工资、薪金所得与费用扣除额的差额”为计税依据计算当月应纳的个人所得税。其计算步骤为：

第一步，确定当月工资、薪金及全年一次性奖金适用税率。[雇员当月取得的全年一次性奖金-（费用扣除额-雇员当月工资、薪金）]÷12，按其商数确定适用税率。

第二步，计算当月工资、薪金及全年一次性奖金应纳个人所得税。其计算公式为：

$$\text{应纳税额}=\left[\text{当月取得的全年一次性奖金}-\left(\text{费用扣除额}-\text{雇员当月工资、薪金}\right)\right]\times\text{适用税率}-\text{速算扣除数}$$

【例题6-4】 假定上例中国公民王先生当年在我国境内1—12月每月工资为3 000元，12月领取年终奖金15 000元。王先生12月应纳的个人所得税为：

（1）确定12月取得的工资及年终奖金所得适用税率：

［15 000－（3 500－3 000）］÷12=1 208.33（元）

适用税率为3%。

（2）12月取得的工资、薪金及年终奖金应纳个人所得税：

应纳税额=［15 000－（3 500－3 000）］÷12×3%=36.25（元）

需要注意的是：上述规定同时适用于年终加薪，实行年薪制和绩效工资的单位，以及个人取得年终兑现的年薪和绩效工资应纳个人所得税的计算。在一个纳税年度内该办法对一个纳税人只允许采用一次，即取得除全年一次性奖金以外其他各种名目的奖金，如半年奖、季度奖、加班奖、先进奖和考勤奖等，一律与当月工资、薪金收入合并按税法规定缴纳个人所得税。

6.3.1.4　在境内无住所的个人工资、薪金所得应纳税额的计算

（1）无住所个人1个月集中取得数月工资、薪金的，可单独作为1个月的工资、薪金所得计算纳税，但不再减除费用，以全额作为应纳税所得额，直接按适用税率计税。

（2）无住所个人来源于中国境内不满1个月的工资、薪金，应按全月工资、薪金所得计算当月应纳税额，再按实际工作日数换算计税。其计算公式为：

$$\text{应纳税额}=\left[\left(\text{当月工资、薪金收入}-\text{费用扣除额}\right)\times\text{适用税率}-\text{速算扣除数}\right]\times\text{当月实际在华日数}\div\text{当月日数}$$

如果上述个人取得的是日工资、薪金，应以日工资、薪金乘以当月天数换算成月工资、薪金后，按上述公式计算应纳税额。

【例题6-5】某外籍人员自2016年4月10日来华在某合资企业工作，其工资由外方企业支付，每月4 000美元（汇率1∶6.30）。在华工作时间2个月，但4月在华居住20天。该纳税人4月应纳的个人所得税为：

应纳税所得额=4 000×6.30－4 800=20 400（元）

应纳税额=（20 400×25%－1 375）×20÷30=2 483.33（元）

（3）无住所而在一个纳税年度中在中国境内连续或累计居住不超过90日，或在税收协定规定的期间，在中国境内连续或累计居住不超过183日的个人，由中国境外雇主支付且不是由该雇主在中国境内机构负担的工资、薪金免征个人所得税，仅就其实际在中国境内工作期间由中国境内企业或个人雇主支付或由中国境内机构负担的工资、薪金所得申

报纳税。

凡是该中国境内企业、机构属于采取核定利润方法计征企业所得税或没有营业收入而不征收企业所得税的，在该中国境内企业、机构任职、受雇的个人实际在中国境内工作期间取得的工资、薪金，不论是否在该中国境内企业、机构会计账簿中有记载，均应视为该中国境内企业支付或由该中国境内机构负担的工资、薪金计税。其计算公式为：

$$\text{应纳税额}=\text{当月境内、外工资、薪金应纳个人所得税税额}\times\frac{\text{当月境内支付工资}}{\text{当月境内、外支付工资总额}}\times\frac{\text{当月境内工作天数}}{\text{当月天数}}$$

（4）无住所而在一个纳税年度中在中国境内连续或累计居住超过90日，或在税收协定规定的期间，在中国境内连续或累计居住超过183日但不满1年的个人，其实际在中国境内工作期间取得的由中国境内企业或个人雇主支付和由境外企业或个人雇主支付的工资、薪金所得，均应征收个人所得税。除中国境内企业的高层管理人员外，个人在中国境外工作期间取得的工资、薪金所得不予征收个人所得税。其计算公式为：

$$\text{应纳税额}=\text{当月境内、外工资、薪金应纳个人所得税税额}\times\frac{\text{当月境内工作天数}}{\text{当月天数}}$$

（5）无住所但在境内居住满1年而不超过5年的个人，其在中国境内工作期间取得的由中国境内企业或个人雇主支付和由中国境外企业或个人雇主支付的工资、薪金，均应征收个人所得税；在临时离境工作期间的工资、薪金所得，仅就由中国境内企业或个人雇主支付的部分申报纳税，凡是中国境内企业、机构属于采取核定利润方法计征企业所得税或没有营业收入而不计征企业所得税的，在中国境内企业、机构任职、受雇的个人取得的工资、薪金，不论是否在中国境内企业、机构会计账簿中有记载，均应视为由其任职的中国境内企业、机构支付。

上述个人在1个月中既有在中国境内工作期间的工资、薪金所得，也有在临时离境期间由境内企业或个人雇主支付的工资、薪金所得的，应合并计算当月应纳税款，并按税法规定的期限申报缴纳。其计算公式为：

$$\text{应纳税额}=\text{当月境内、外工资、薪金应纳个人所得税税额}\times\left(1-\frac{\text{当月境外支付工资}}{\text{当月境内外支付工资总额}}\times\frac{\text{当月境外工作天数}}{\text{当月天数}}\right)$$

（6）个人在华居住满5年后从第6年起以后年度中，凡在境内居住满1年的，应就其来源于境内外的所得申报纳税；凡不满1年的，则仅就该年内来源于境内的所得申报纳税；不足90天的，其来源于境内的所得由境外雇主且不由该雇主在中国境内的机构、场所负担的部分免征个人所得税，另外从再次居住满1年的年度起重新计算5年期限。

（7）担任中国境内企业董事或高层管理职务的个人，取得的由该中国境内企业支付的董事费或工资、薪金，不适用以上第（3）、（4）条的规定，而应自其担任该中国境内企业董事或高层管理职务之日起，至其解除上述职务止的期间，不论其是否在中国境外履行职务，均应申报缴纳个人所得税；其取得的由中国境外企业支付的工资、薪金，应依照以上第（3）、（4）、（5）条的规定计征个人所得税。

（8）在1个月中既有在中国境内工作期间的工资、薪金所得，也有在临时离境期间由境内企业或个人雇主支付的工资、薪金所得的，应合并计算当月应纳税款，并按税法规定的期限申报纳税；如果个人取得的是日工资、薪金或不满1个月的工资、薪金，应以日工资、薪金乘以当月天数换算成月工资、薪金后，按照上述公式计算其应纳税额。

6.3.1.5　退职、退养等取得一次性补偿收入应纳税额的计算

（1）个人取得退职费收入应纳税额的计算。退职费是指被雇主辞退或自行辞职人员（简称退职人员）取得的收入。符合规定标准的退职费免税，个人取得不符合规定退职条件和退职费标准的退职费收入，应征收个人所得税。

退职人员一次取得较高退职费收入的，可视为其一次取得数月工资、薪金收入，并以原每月工资、薪金收入总额为标准划分为若干月份的工资、薪金收入计税。但按上述方法划分超过6个月工资、薪金收入的，应按6个月平均划分计算。

【例题6-6】在某外资公司担任部门主管的张女士获准移民英国，遂向公司提出辞职。公司按照合同约定，一次性支付给张女士9万元提前解约补偿，即退职费，张女士在公司的月平均工资为5 000元。张女士的

退职费应纳个人所得税为：

（1）退职费划分月份数=90 000÷5 000=18（个月）

超过规定的6个月，只能按6个月平均划分：

每月平均退职费收入=90 000÷6=15 000（元）

（2）退职费应纳税额=［（15 000−3 500）×25%−1005］×6=11 220（元）

（2）个人取得内部退养一次性补偿收入应纳税额的计算。内部退养是指在机构、人事制度改革期间，根据特殊政策在未达到法定退休年龄前离岗休养。实行内部退养个人在其办理内部退养手续后，至法定离退休年龄之间从原任职单位取得工资、薪金，应按工资、薪金所得计税。

个人在办理内部退养手续后从原任职单位取得的一次性收入，应与工资合并计算纳税。具体方法为：一是分摊补偿收入，将其按办理内部退养手续后至法定离退休年龄之间的所属月份进行平均；二是确定适用税率，将分摊后的补偿收入与领取当月的工资、薪金所得合并后减除当月费用扣除标准，以余额为基数确定适用税率；三是计算应纳税额，将当月工资、薪金加上取得的一次性收入，减去费用扣除标准，按确定的税率和速算扣除数计征个人所得税。

【例题6-7】 某县邮政局为减员增效，对距法定离退休年龄在5年以内的在职职工实行自愿申请内部退养并给予一次性补偿，以解决公司富余人员问题。王先生距退休还有5年，一次性取得补偿60 000元，另每月从公司领取工资2 800元。王先生应纳的个人所得税为：

（1）分摊补偿收入=60 000÷5÷12=1 000（元）

（2）确定适用税率与速算扣除数：

1 000+2 800−3 500=300（元），税率为3%，速算扣除数为0。

（3）应纳税额=（60 000+2 800−3 500）×3%=1 779（元）

（3）解除劳动关系取得的一次性补偿收入应纳税额的计算。个人因劳动人事制度改革，用人单位解除劳动关系而取得的一次性补偿收入，其收入在当地上年职工平均工资3倍数额以内的部分，免征个人所得税；超过的部分应计算纳税。

个人领取一次性补偿收入时按照国家和地方政府规定的比例实际缴纳的住房公积金、医疗保险费、基本养老保险费和失业保险费，可在计征一次性补偿收入的个人所得税时予以扣除。

具体计算办法为：个人取得的一次性补偿收入，超过标准的部分视为一次取得数月的工资、薪金收入，用超标部分除以个人在本企业的工作年限数，以其商数作为个人的月工资、薪金收入，按照税法的规定计算缴纳个人所得税。个人在本企业的工作年限数按实际工作年限数计算，超过12年的按12年计算。

6.3.1.6　兼职和退休等个人再任职取得收入应纳税额的计算

个人兼职取得的收入应按照劳务报酬所得项目缴纳个人所得税；退休人员再任职取得的收入，在减除法定费用扣除标准后，按工资、薪金所得缴纳个人所得税。

6.3.1.7　特定行业人员取得的工资、薪金所得应纳税额的计算

采掘业、远洋运输业和远洋捕捞业等特定行业，采取按年计算、分月预缴、年终多退少补的计征办法。其计算公式为：

$$\frac{\text{全年应纳}}{\text{所得税税额}}=\left[\left(\frac{\text{全年工资、}}{\text{薪金收入}}\div 12-\frac{\text{费用扣除}}{\text{标准}}\right)\times\text{税率}-\frac{\text{速算}}{\text{扣除数}}\right]\times 12$$

多退少补税额=全年应纳所得税税额-各月份预缴所得税总额

公式中的费用扣除标准为每月3 500元。远洋运输船员（含国轮船员和外轮船员）的工资、薪金在计征个人所得税时，允许在每月3 500元费用的基础上，再附加减除费用1 300元。船员的伙食费补贴，因统一集体用餐不发给个人，故不计入船员的应税工资、薪金所得。

6.3.2　生产、经营所得个人所得税的计算

6.3.2.1　税额计算的税法规定

（1）税额计算的一般规定。从事生产、经营的个体工商户、个人独资企业和合伙企业的投资者（简称纳税人），根据业务规模、经营性质和会计核算情况，分别按查账征收法和核定征收法两种方法计算征收个人所得税。实行查账征收的纳税人，以每一纳税年度的收入总额减除成本、费用及损失后的余额为应纳税所得额，计算缴纳个人所得税。其计算公式为：

应纳税额=应纳税所得额×适用税率-速算扣除数

应纳税所得额=收入总额-成本、费用及损失

个人独资企业的投资者，以全部生产、经营所得为应纳税所得额；合伙企业的投资者按合伙企业全部生产、经营所得和合伙协议约定的分

配比例确定应纳税所得额，协议没有约定分配比例的，以全部生产、经营所得和合伙人数量平均计算各投资者的应纳税所得额。所称生产、经营所得包括企业分配给投资者个人的所得和企业当年留存的所得（利润）。

（2）税额计算的特殊规定。个体工商户、个人独资企业和合伙企业因在纳税年度中间开业、合并、注销及其他原因，导致该纳税年度的实际经营期不足1年的，对个体工商户业主、个人独资企业投资者和合伙企业自然人合伙人的生产、经营所得计算个人所得税时，以其实际经营期为1个纳税年度。投资者本人的费用扣除标准，应按照其实际经营月份数，以每月3 500元的减除标准确定。计算公式如下：

$$\text{应纳税所得额}=\text{该年度收入总额}-\text{成本、费用及损失}-\text{当年投资者本人的费用扣除额}$$

$$\text{当年投资者本人的费用扣除额}=\text{月减除费用（3 500元/月）}\times\text{当年实际经营月份数}$$

应纳税额=应纳税所得额×税率-速算扣除数

6.3.2.2　查账征收法的收入总额

收入总额是指纳税人从事生产经营及有关活动取得的各项收入，应按权责发生制原则确定，包括商品（产品）销售收入、营运收入、劳务服务收入、工程价款收入、财产出租或转让收入、利息收入、其他业务收入和营业外收入。

6.3.2.3　查账征收法的列支项目

准予税前列支项目是指纳税人发生的与取得生产经营收入有关的各项支出，即成本费用及损失。成本费用是指纳税人从事生产经营所发生的各项直接支出，分配计入成本的间接费用及销售费用、管理费用和财务费用，包括纳税人支付给生产经营从业人员的工资；损失是指纳税人在生产经营过程中发生的营业外支出，包括固定资产盘亏、报废、毁损和出售的净损失，自然灾害或意外事故损失，公益救济性捐赠、赔偿金和违约金等。

6.3.2.4　查账征收法的扣除标准

（1）业主费用。业主费用扣除标准统一确定为42 000元/年（3 500元/月）。但个体工商户、个人独资企业和合伙企业业主的工资，不得扣除。

（2）员工工资。纳税人发生的向从业人员实际支付的合理的工资、薪金支出，允许在税前据实扣除。

（3）三项经费。纳税人发生的工会经费、职工福利费和职工教育经费支出，分别在工资、薪金总额2%、14%和2.5%的标准内据实扣除。

（4）开办费。纳税人发生的符合规定的开办费，自开始生产经营之日起，在不短于5年的期限分期均额扣除。

（5）借款利息。纳税人发生的在生产经营过程中的借款利息支出，未超过按中国人民银行规定的同期、同类贷款利率计算的数额部分，准予扣除；用于与取得固定资产有关的利息支出，在资产尚未交付使用之前发生的，应计入购建资产的价值，不得作为费用扣除。

（6）低值易耗品。纳税人发生的购入低值易耗品的支出原则上一次摊销，但一次性购入价值较大的，应分期摊销。分期摊销的价值标准和期限由各省、自治区、直辖市地方税务局确定。

（7）税控收款机。纳税人发生购置税控收款机的支出，应在2~5年内分期扣除。具体期限由各省、自治区、直辖市地方税务局确定。

（8）保险与统筹费用。纳税人发生的与生产经营有关的财产保险、运输保险，以及从业人员的养老、医疗和其他保险费用支出，按国家有关规定的标准计算扣除。

（9）修理费用。纳税人发生的与生产经营有关的修理费用据实扣除。修理费用发生不均衡或数额较大的，应分期扣除，其分期扣除标准和期限由各省、自治区、直辖市地方税务局确定。

（10）各项税金。纳税人按规定缴纳的消费税、增值税、城市维护建设税、资源税、城镇土地使用税、土地增值税、房产税、车船税、印花税、耕地占用税及教育费附加准予扣除。

（11）各项规费。纳税人按规定缴纳的工商管理费、个体劳动者协会会费、摊位费，按实际发生数扣除。缴纳的其他规费，其扣除项目和标准，由各省、自治区、直辖市地方税务局根据当地实际情况确定。

（12）租赁费。纳税人以经营租赁方式租入固定资产的租赁费据实扣除；以融资租赁方式租入固定资产而发生的租赁费应计入固定资产价值，不得直接扣除。

（13）开发费用。纳税人研究开发新产品、新技术、新工艺所发生的开发费用，以及研究开发新产品、新技术而购置单台价值在5万元以下的测试仪器和试验性装置的购置费准予在当期扣除；单台价值在5万元以上的测试仪器和试验性装置，以及购置费达到固定资产标准的其他设备，不得在当期扣除。

（14）财产损失。纳税人在生产经营过程中发生的固定资产和流动资产盘亏及毁损净损失，经主管税务机关审核后可在当期扣除。

（15）汇兑损益。纳税人在生产经营过程中发生的以外币结算的往来款项增减变动时，由于汇率变动而发生折合人民币的差额作为汇兑损益，计入当期所得或在当期扣除。

（16）坏账损失。纳税人发生的与生产经营有关的无法收回的账款，提供有效证明，报经主管税务机关审核后，按实际发生数扣除。上述已扣除的账款在以后年度收回时，应直接作收入处理。纳税人计提的各种准备金不得扣除。

（17）年度经营亏损。纳税人发生年度经营亏损经主管税务机关审核后，允许用下一年度经营所得弥补，下一年度所得不足弥补的，允许逐年延续弥补，但最长不得超过5年。兴办两个或两个以上企业的，企业的年度经营亏损不能跨企业弥补。

（18）广告费和业务宣传费。纳税人每一纳税年度发生的广告费和业务宣传费不超过当年销售（营业）收入15%的部分可据实扣除，超过部分准予在以后纳税年度结转扣除。

（19）业务招待费。纳税人每一纳税年度发生的与其生产经营业务直接相关的业务招待费支出，按照发生额的60%扣除，但最高不得超过当年销售（营业）收入的5‰。

（20）捐赠支出。纳税人通过中国境内的社会团体、国家机关向教育和其他社会公益事业，以及遭受严重自然灾害地区、贫困地区的捐赠，捐赠额不超过其应纳税所得额30%的部分，可据实扣除。纳税人直接给受益人的捐赠不得扣除。

（21）混用费用。纳税人在生产经营过程中发生与家庭生活混用的费用，由税务机关核定分摊比例，据此计算确定的属于生产经营过程中发生的费用准予扣除；生产经营者与家庭生活共用的固定资产难以划分的，由主管税务机关根据企业的生产经营类型、规模等具体情况，核定准予在税前扣除的折旧费用的数额或比例。

（22）资产税务处理。纳税人在生产经营过程中发生固定资产、存货和无形资产，与其关联企业之间的业务往来的税务处理，与企业所得税法的规定基本相同，参见第5章的相关内容。

（23）律师分成收入。自2013年1月起，作为律师事务所雇员的律师从其分成收入中扣除办理案件支出费用的标准，在当月分成收入的35%比例内确定。合伙人律师在计算应纳税所得额时，应凭合法有效凭据按照个人所得税法和有关规定扣除费用；对确实不能提供合法有效凭据而实际发生与业务有关的费用，经当事人签名确认后，可再按下列标准扣除费用：个人年营业收入不超过50万元的部分，按8%扣除；个人年营业收入超过50万元至100万元的部分，按6%扣除；个人年营业收入超过100万元的部分，按5%扣除。

（24）已纳境外所得税处理。投资者来源于中国境外的生产经营所得已在境外缴纳所得税的，可按照个人所得税法的有关规定计算扣除已在境外缴纳的所得税税款。

需要说明的是：税法还规定了不准税前列支的项目，主要包括：一是资本性支出；二是被没收的财物、支付的罚款；三是缴纳的个人所得税及各种税收的滞纳金、罚金和罚款等；四是各种赞助支出；五是自然灾害或意外事故损失有赔偿的部分；六是分配给投资者的股利；七是用于个人和家庭的支出；八是个体工商户业主、个人独资企业和合伙企业投资者的工资支出；九是与生产经营无关的其他支出；十是国家税务总局规定不准扣除的其他支出。

6.3.2.5 查账征收法的税额计算

纳税人应按其应纳税所得额和5级超额累进税率计算应纳的个人所得税，实行按年计算、分月预缴、年终汇算清缴、多退少补的办法。其基本计算公式为：

应纳税额=应纳税所得额×适用税率-速算扣除数

（1）投资者兴办一个企业应纳税额的计算。其计算公式为：

本月应纳税所得额=本月收入总额-本月成本、费用及损失

本月累计应纳税所得额=本月应纳税所得额+上月累计应纳税所得额

全年应纳税所得额=本月累计应纳税所得额×12÷本月月份数

全年应纳税额=全年应纳税所得额×适用税率-速算扣除数

本月累计预缴所得税税额=全年应纳税额×本月月份数÷12

本月预缴所得税税额=本月累计预缴所得税-上月累计预缴所得税

$$\text{全年应纳所得税税额}=\left(\text{全年收入总额}-\text{全年成本、费用损失}\right)\times\text{适用税率}-\text{速算扣除数}$$

$$\text{汇算清缴应补（退）的所得税税额}=\text{全年应纳所得税税额}-\text{1—11月份累计预缴所得税税额}$$

（2）投资者兴办两个或两个以上企业应纳税额的计算。投资者兴办两个或两个以上企业，且企业性质全部是独资的，年终应汇总其投资兴办的所有企业的经营所得作为应纳税所得额，以此确定适用税率，计算出全年经营所得的应纳税额，再根据每个企业的经营所得占所有企业经营所得的比例，分别计算出每个企业的应纳税额和应补缴税额。其计算公式为：

应纳税所得额= $\sum$ 各个企业的经营所得

应纳税额=应纳税所得额×税率-速算扣除数

本企业应纳税额=应纳税额×本企业的经营所得÷ $\sum$ 各个企业的经营所得

本企业应补缴的税额=本企业应纳税额-本企业预缴的税额

【例题6-8】赵先生在市区内开办一家餐馆和一个副食加工店，均为个人独资。2015年生产经营情况如下：餐馆销售收入400 000元，支出合计360 000元；副食加工店销售收入800 000元，支出合计650 000元。1—11月餐馆和副食加工店分别预缴个人所得税10 000元和40 000元。后经聘请的会计师事务所审计，餐馆核算无误，副食加工店下列各项未按税法规定处理：

（1）将加工的零售价为52 000元的副食品用于儿子婚宴，成本已列入支出总额，未确认收入。

（2）6月购置一台税控收款机，取得普通发票，价款3 510元。当月开始使用，但未做任何账务处理。

（3）支出总额中列支广告费20 000元、业务宣传费10 000元。

（4）支出总额中列支赵先生的工资费用58 000元，赵先生选择在副食品加工店扣除投资者费用。

（5）其他相关资料：副食加工店为小规模纳税人；税控收款机经税

务机关核准的使用年限为3年，无残值。

要求：根据上述资料，该年赵先生缴税情况如何？

解答：（1）应补增值税=[52 000÷(1+3%)×3%]−[3 510÷(1+17%)×17%]

=1 004.56（元）

（2）应补缴城市维护建设税和教育费附加=1 004.56×（3%+7%）

=100.46（元）

（3）副食品用于儿子婚宴应调增收入=52 000÷（1+3%）=50 485.44（元）

（4）税控收款机应调增扣除额=［3 510−3 510÷（1+17%）×17%］÷3×1÷2

=500（元）

（5）广告费和业务宣传费：

扣除限额=［800 000+52 000÷（1+3%）］×15%=127 572.82（元）

广告费和业务宣传费30 000元未超标，据实扣除。

（6）扣除生计费用应调增收入=58 000−3 500×12=16 000（元）

（7）副食品店应纳税所得额=800 000−650 000+50 485.44−100.46−500+16 000

=215 884.98（元）

（8）副食品店全年应纳所得税=215 884.98×35%−6 750=68 809.74（元）

（9）副食品店汇算清缴应补缴所得税=68 809.74−40 000=28 809.74（元）

（10）两个企业生产经营所得=215 884.98+（400 000−360 000）

=255 884.98（元）

（11）全年应纳税额=255 884.98×35%−6 750=82 809.74（元）

（12）餐馆汇算清缴情况：

餐馆应纳所得税=82 809.74×（400 000−360 000）÷255 884.98=12 944.84（元）

餐馆应补缴所得税=12 944.84−10 000=2 944.84（元）

（13）副食加工店汇算清缴情况：

副食加工店应纳所得税=82 809.74×215 884.98÷255 884.98=69 864.90（元）

副食加工店应补缴所得税=69 864.90−40 000=29 864.90（元）

6.3.2.6 核定征收法的税额计算

核定征收法包括定额征收、核定应税所得率征收和其他合理征收等方式。实行核定应税所得率征收方式的适用范围和计算方法规定为：

（1）核定应税所得率征收方式的适用范围。纳税人有下列情形之一的，主管税务机关应采取核定征收方式征收个人所得税：

①依照税收法律法规的规定可不设账簿的，或按照税收法律法规规定应设置但未设账簿的。

②能准确核算收入总额或收入总额能够查实，但其成本费用支出不能准确核算的。

③能准确核算成本费用支出或成本费用支出能够查实，但其收入总额不能准确核算的。

④收入总额及成本费用支出均不能准确核算，不能向主管税务机关提供真实、准确、完善的纳税资料，难以查实的。

⑤账目设置和核算虽然符合规定，但并未按规定保存有关账簿、凭证和有关纳税资料的。

⑥发生纳税义务未按照税收法律法规规定的期限办理纳税申报，经税务机关责令限期申报逾期仍不申报的。

⑦纳税人申报的计税依据明显偏低，又无正当理由的。

（2）核定应税所得率征收方式的计算公式。

应纳所得税税额=应纳税所得额×适用税率

应纳税所得额=收入总额×应税所得率

或　　　　=成本费用支出额÷（1-应税所得率）×应税所得率

上述应税所得率按表6-5规定的标准执行。

表6-5　　　　**个人所得税应税所得率表**

行　业	应税所得率
工业、交通运输业、商业	5%~20%
建筑业、房地产开发业	7%~20%
饮食服务业	7%~25%
娱乐业	20%~40%
其他行业	10%~30%

需要说明的是：企业经营多业的，无论其经营项目是否单独核算均应按主营项目确定其适用的应税所得率。实行核定征税的投资者，不能享受个人所得税的优惠政策。实行查账征税方式的个人独资企业和合伙企业改为核定征税方式后，在查账征税方式下认定的年度经营亏损未弥

补完的部分，不得再继续弥补。

6.3.3 承包经营、承租经营个人所得税的计算

6.3.3.1 承包经营、承租经营应纳税所得额的确定

承包经营、承租经营所得按期纳税，纳税人取得的对企事业单位承包经营、承租经营所得，以每一纳税年度的收入总额，减除必要费用后的余额为应纳税所得额。其计算公式为：

应纳税所得额=个人承包经营、承租经营收入总额-必要费用

=个人承包经营、承租经营收入总额-（3 500×12）

（1）收入总额。收入总额是指纳税人按照合同规定分得的所得或工资、薪金性质的所得。纳税人在一年内分次获得所得的，应在每次分得所得后，先预缴税款，年终汇算清缴，多退少补。

（2）必要费用。必要费用是指按月减除3 500元，即实际减除的是个人的生计及其他费用。

（3）纳税年度。实行承包经营、承租经营的纳税人，应以每一纳税年度的承包经营、承租经营所得计税。如果纳税人的承包承租期不足1年的，以实际经营月份数为一个纳税年度计算纳税。其计算公式为：

$$\frac{\text{应纳税}}{\text{所得额}}=\frac{\text{该年度承包经营、}}{\text{承租经营收入总额}}-(3\,500\times\frac{\text{该年度实际承包经营、}}{\text{承租经营月份数}})$$

6.3.3.2 承包经营、承租经营所得应纳税额的计算

承包经营、承租经营所得应纳的个人所得税税额，按纳税人取得的应纳税所得额性质，分别适用7级超额累进税率和5级超额累进税率。对纳税人在一年内分次取得承包经营、承租经营所得的，应在每次取得所得后预缴税额、年终汇算清缴、多退少补。

应纳税额=应纳税所得额×适用税率-速算扣除数

【例题6-9】 王先生2015年2月承包一家饮食店，按合同规定一年两次与发包方办理结算手续，上交一部分承包费后，该店的盈亏均归属于王先生。7月王先生取得承包收入240 00元，12月取得承包收入23 000元。2016年1月因政府征地搬迁停业，当月除上交承包费外无盈利。经营期内王先生每月从店里领取工资500元。王先生2015年和2016年应纳的个人所得税为：

（1）2015年7月应预缴个人所得税为：

当月累计应纳税所得额=24 000+500×6−3 500×6=6 000（元）

全年应纳税所得额=6 000×12÷6=12 000（元）

全年应纳税额=12 000×5%=600（元）

应预缴所得税税额=600×6÷12=300（元）

（2）2015年12月汇算清缴应补缴的个人所得税为：

全年应纳税所得额=24 000+23 000+500×11−3 500×11=14 000（元）

全年应纳税额=14 000×5%=700（元）

年终汇算清缴应补缴所得税税额=700−300=400（元）

（3）2016年1月无盈利，不纳税。

6.3.4 劳务报酬等个人所得税的计算

劳务报酬等4项所得是指劳务报酬所得、稿酬所得、特许权使用费所得和财产租赁所得，这4项所得均应按次纳税，其应纳税额的计算方法基本相同。按照税法的规定，劳务报酬等4项所得以纳税人每次取得的收入减除费用扣除额后的余额为应纳税所得额。其计算公式为：

应纳税所得额=每次收入额−费用扣除额

6.3.4.1 每次收入的确定

（1）劳务报酬所得每次收入的确定。每次收入规定为：属于只有一次性收入的，以完成一次劳务取得该项收入为一次；属于同一事项连续取得收入的，以同一辖区（指县级市、区）1个月内取得的收入为一次，但当月跨辖区的劳务报酬所得应分别计税。

（2）稿酬所得每次收入的确定。每次收入是指纳税人的作品每出版、发表一次取得的收入。具体规定包括：同一作品以图书、报刊方式出版、发表一次为一次收入；同一作品出版、发表后因添加印数追加稿酬的，应与以前出版、发表取得的稿酬合并作为一次收入计税；同一作品在多处出版、发表或再版的，可分别各处取得的收入分次计算；同一作品在报刊上连载，以连载完毕取得的全部收入为一次收入，连载之外出版的，与连载收入分开，应视同再版稿酬分次征税；作者去世后，对取得遗作稿酬的个人按稿酬所得征税。

（3）特许权使用费所得每次收入的确定。每次收入是指一项特许权一次许可使用所取得的收入。纳税人拥有多项特许权或将一项特许权多次转让、分别取得收入的，应分别作为一次征税；纳税人每次转让特许权取得的所得是分笔支付的，应将分笔支付收入合并为一次征税。个人从事技术转让中所支付的中介费，如能提供有效合法凭证的，允许从其所得中扣除。

（4）财产租赁所得每次收入的确定。每次收入以纳税人每月租金收入为一次。

6.3.4.2　费用扣除的确定

（1）基础扣除数额。税法规定，劳务报酬等4项所得按定额扣除法或定率扣除法进行基础扣除。每次收入不超过4 000元的，定额扣除费用扣除800元；每次收入超过4 000元的，定率扣除费用扣除20%。其计算公式为：

应纳税所得额=每次收入总额-800

或　　　　　=每次收入总额×（1-20%）

（2）增加扣除项目。财产租赁所得应纳税所得额，除规定进行定额扣除或定率扣除外，还可增加准予扣除项目。其计算公式为：

应纳税所得额=每次收入总额-准予扣除项目金额-800

或　　　　　=（每次收入总额-准予扣除项目金额）×（1-20%）

上述公式中的准予扣除项目金额包括：纳税人在出租财产过程中缴纳的税金和教育费附加；由纳税人负担的该出租财产实际开支的修缮费用，允许扣除的修缮费用以每次800元为限，一次扣除不完的，准予在下一次继续扣除，直到扣完为止。

（3）其他扣除项目。证券经纪人以一个月内取得的佣金收入为一次收入，扣除实际缴纳的税金及附加和展业成本，其余额为应纳税所得额。其中，展业成本为每次收入额的40%。

需要说明的是：在计算缴纳财产租赁个人所得税时，应按下列次序进行费用扣除：一是财产租赁过程中缴纳的税费；二是向出租方支付的租金；三是由纳税人负担的该出租财产实际开支的修缮费用；四是税法规定的费用扣除标准。

6.3.4.3　应纳税额的计算

劳务报酬所得、稿酬所得、特许权使用费所得和财产租赁所得，应分别按应纳税所得额和规定的税率计算应纳税额。其计算公式为：

应纳税额=应纳税所得额×适用税率

6.3.5 财产转让个人所得税的计算

6.3.5.1 财产转让所得应纳税额计算的一般规定

财产转让所得按次纳税，以纳税人每次转让财产取得的收入额减除财产原值和合理费用后的余额为应纳税所得额。其计算公式为：

应纳税额=应纳税所得额×适用税率（20%）

应纳税所得额=每次收入-财产原值-合理费用

（1）每次收入。每次收入是指一项财产的所有权一次转让取得的收入。

（2）财产原值。主要规定包括：有价证券的买入价及买入时按照规定缴纳的有关费用；建筑物的建造费或购进价格和其他有关费用；土地使用权，为取得土地使用权所支付的金额、开发土地的费用及其他有关费用；机器设备、车船的购进价格、运输费、安装费和其他有关费用；纳税人未提供完整、准确的财产原值凭证，不能正确计算财产原值的，由主管税务机关核定其财产原值；科研人员个人在科研机构、高等学校转化职务科技成果，以股份或出资比例等股权形式获得奖励后，获奖人又将其转让的，其财产原值为零。

（3）合理费用。合理费用指卖出财产时按规定支付的有关费用。

【例题6-10】工程师李先生月工资4 700元，在5月的一次招标中，取得为市政服务设施设计电脑操作程序的资格，并在规定的时间完成了设计和调试，取得市政府发放的26 000元报酬；7月转让一项非专利技术，取得收入85 000元；10月出版一部程序设计教科书，获得稿酬24 000元，年底该书获得教育部颁发的优秀教材奖5 000元；出租一处居民住房，每月租金1 300元，2月暖气漏水修缮费600元。李先生全年应纳的个人所得税为：

（1）工资、薪金应纳税额=（4 700-3 500）×3%×12=432（元）

（2）劳务报酬应纳税额=26 000×（1-20%）×30%-2 000=4 240（元）

（3）特许权使用费应纳税额=85 000×（1-20%）×20%=13 600（元）

（4）稿酬应纳税额=24 000×（1-20%）×20%×（1-30%）=2 688（元）

（5）教育部颁发的优秀教材奖免税。

（6）财产租赁所得应纳税额为：

2月应纳税所得额=1 300−1 300×5%×（1+7%+3%）−600=628.5（元）

不足扣除额不纳税；除2月外，其余11个月应纳所得税税额为：

应纳所得税税额=［1 300−1300×5%×（1+7%+3%）−800］×10%×11
=471.35（元）

6.3.5.2 个人转让住房所得应纳税额的计算

个人转让住房所得应纳个人所得税以实际成交价格为转让收入，纳税人可凭原购房合同、发票等有效凭证，经税务机关审核后，允许从其转让收入中减除房屋原值、转让住房过程中缴纳的税金和有关合理费用。具体规定为：

（1）收入确定。纳税人以实际成交价格为转让收入，纳税人申报的住房成交价格明显低于市场价格且无正当理由的，征收机关依法有权根据有关信息核定其转让收入，但必须保证各税种计税价格一致。

（2）房屋原值的确定。主要规定包括：商品房原值按购置该房屋时实际支付的房价款和缴纳的相关税费；自建住房原值按实际发生的建造费用及建造和取得产权时实际缴纳的相关税费；经济适用房（含集资合作建房、安居工程住房）原值按原购房人实际支付的房价款和相关税费，以及按规定缴纳的土地出让金；已购公有住房原值按原购公有住房标准面积按当地经济适用房价格计算的房价款，加上原购公有住房超标准面积实际支付的房价款以及按规定向财政部门（或原产权单位）缴纳的所得收益和相关税费。

（3）转让住房过程中缴纳的税金。税金按纳税人在转让住房时实际缴纳的增值税、城市维护建设税、教育费附加、土地增值税和印花税等税金。

（4）合理费用。合理费用是指纳税人按照规定实际支付的住房装修费用、住房贷款利息、手续费和公证费等费用。

（5）核定征税。纳税人未提供完整、准确的房屋原值凭证，不能正确计算房屋原值和应纳税额的，税务机关可对其实行核定征税，即按纳税人住房转让收入的一定比例核定。具体比例由省级地方税务局或省级地方税务局授权的地市级地方税务局，在住房转让收入1%~3%的幅度内确定。

6.3.5.3 个人销售无偿受赠不动产税额的计算

受赠人取得赠与人无偿赠与的不动产后再次转让该项不动产的，应按财产转让所得缴纳个人所得税。其计算公式为：

$$\text{应纳税额}=(\text{财产转让收入}-\text{受赠、转让住房过程中缴纳的税金及有关合理费用})\times20\%$$

6.3.5.4 个人处置打包债权应纳税额的计算

个人处置打包债权取得的所得应缴纳个人所得税。打包债权是指金融资产管理公司将若干个债权，合成一个拍卖标的进行拍卖。它是金融公司处理不良资产方式的一种。个人通过招标、竞拍或其他方式购置债权后通过相关司法或行政程序主张债权而取得的所得，应按财产转让所得项目缴纳个人所得税。其计算公式为：

应纳税额=（每次财产转让收入-当次处置债权成本费用-合理税费）×20%

如果个人通过上述方式取得打包债权，只处置部分债权的，以每次处置部分债权的所得，作为一次财产转让所得征税。其计算公式为：

应纳税额=（每次财产转让收入-当次处置债权成本费用-合理税费）×20%

$$\text{当次处置债权成本费用}=\text{个人购置打包债权实际支出}\times\frac{\text{当次处置债权账面价值(或拍卖机构公布价值)}}{\text{打包债权账面价值(或拍卖机构公布价值)}}$$

上述公式中，每次财产转让收入按照个人取得的货币资产和非货币资产的评估价值或市场价值的合计数确定；合理税费是指个人购买和处置债权过程中发生的拍卖招标手续费、诉讼费、审计评估费以及缴纳的税金等费用。

6.3.6 利息等所得个人所得税的计算

利息等所得包括利息、股息、红利所得及偶然所得和其他所得，其应纳税额的计算方法基本相同。按照税法的规定，利息等所得除减免税规定以外，其应纳税所得额为纳税人每次取得的收入额，不得从收入中扣除任何费用，并适用20%的比例税率计算应纳的个人所得税。其计算公式为：

应纳税额=应纳税所得额×适用税率（20%）

【例题6-11】 工程师周先生2015年取得收入如下：8月因一项科技成果向本单位转让获得奖励100 000元，折合股权10 000股；9月取得股息8 000元，同时将股权中5 000股转让给本单位同事，取得转让所得75 000元；10月取得中彩收入9 000元（系3月13日购买民政部门定额赈灾募捐专项福利彩票2 000元）；10月取得上年10月13日存入银行1年期定期存款利息1 188元。周先生应纳的个人所得税为：

（1）获得奖励折合股权10 000股，免征个人所得税。

（2）股息所得应纳税额=8 000×20%=1 600（元）

（3）股权转让所得应纳税额=75 000×20%=15 000（元）

（4）中彩所得因属民政部门定额赈灾募捐专项福利彩票，奖金低于1万元，免征个人所得税。

（5）取得存款利息1 188元，免征个人所得税。

（6）周先生应纳个人所得税=1 600+15 000=16 600（元）

6.3.7 境外个人所得的所得税计算

6.3.7.1 境外所得税的扣除限额

纳税人从中国境外取得的所得，准予其在应纳税额中扣除已在境外缴纳的个人所得税，但扣除额不得超过该纳税人境外所得依照我国税法规定计算的应纳税额。依照我国税法规定计算的应纳税额，是指纳税人从中国境外取得的所得区别不同国家或地区和不同应税项目，依照我国税法规定的费用减除标准和适用税率计算的应纳税额；同一国家或地区内不同应税项目，依照我国税法计算的应纳税额之和，为该国家或地区的扣除限额。

6.3.7.2 境外个人所得税的扣除

纳税人在中国境外一个国家或地区实际已经缴纳的个人所得税税额，低于依照上述规定计算出的该国家或地区扣除限额的，应当在中国缴纳差额部分的税款；超过该国家或地区扣除限额的，其超过部分不得在本纳税年度的应纳税额中扣除，但可在以后纳税年度的该国家或地区扣除限额的余额中予以补扣，补扣期限最长不得超过5年。

【例题6-12】吴先生2016年从A、B两国取得应税收入为：在A国某公司任职，取得工资、薪金收入（折合人民币，下同）15万元（平均每月12 500元），为其他公司提供一项工程设计，取得劳务报酬收入3.5万元，该两项收入在A国缴纳个人所得税1.8万元；在B国出版著作，获得稿酬收入（版税）2万元，在B国缴纳该项收入的个人所得税2 320元。上述收入的个人所得税处理为：

1.来源于A国所得的个人所得税处理：

（1）工资、薪金扣除限额=［（12 500−4 800）×20%−555］×12

=11 820（元）

（2）劳务报酬扣除限额=［35 000×（1−20%）］×30%−2 000=6 400（元）

（3）A国扣除限额合计=11 820+6 400=18 220（元）

（4）A国扣除限额合计18 220元>在A国缴纳个人所得税18 000元，应补缴所得税。

（5）来源于A国所得应补缴所得税=18 220−18 000=220（元）

2.来源于B国所得的个人所得税处理：

（1）稿酬所得扣除限额=［20 000×（1−20%）］×20%×（1−30%）

=2 240（元）

（2）因为B国扣除限额2 240元<在B国缴纳个人所得税2 320元，所以不需向中国补缴个人所得税，超限额的80元（2 320−2 240）可以在以后纳税年度的B国扣除限额的余额中补扣，补扣期限最长不得超过5年。

6.3.8 个人所得税计算的其他规定

6.3.8.1 捐赠的税务处理

（1）限额扣除。纳税人发生的下列捐赠，未超过纳税人申报的应纳税所得额30%的部分，准予从其应纳税所得额中扣除：

①纳税人将其所得通过中国境内的社会团体、国家机关向教育和其他社会公益事业，以及遭受严重自然灾害地区、贫困地区捐赠。

②纳税人通过中国人口福利基金会、光华科技基金会的公益和救济性捐赠。

③纳税人通过中国金融教育发展基金会、中国国际民间组织合作促进会、中国社会工作协会孤残儿童救助基金管理委员会、中国发展研究基金会、陈嘉庚科学奖基金会、中国友好和平发展基金会、中华文学基金会、中华农业科教基金会、中国少年儿童文化艺术基金会和中国公安英烈基金会用于公益救济性的捐赠。

（2）全额扣除。纳税人发生的下列捐赠，准予从其应纳税所得额中全额扣除：

①纳税人通过非营利社会团体和国家机关向农村义务教育捐赠，准予在缴纳个人所得税前所得额中全额扣除。农村义务教育的范围，是政府和社会力量举办的农村乡镇（不含县和县级市政府所在地的镇）、村的小学和初中，以及属于这一阶段的特殊教育学校。纳税人对农村义务教育与高中在一起的学校进行的捐赠，也享受此项所得税前扣除。

②个人的所得（不含偶然所得和经国务院财政部门确定征税的其他所得）用于资助非关联的科研机构和高等学校研究开发新产品、新技术、新工艺所发生的研究开发经费，经主管税务机关确定，可全额在下月（工资、薪金所得）或下次（按次计征的所得）或当年（按年计征的所得）计征个人所得税时，从应纳税所得额中扣除。但不足抵扣的，不得结转抵扣。

③个人通过公益性社会团体、县级以上人民政府及其部门向受灾地区的捐赠，允许在当年个人所得税前全额扣除。

6.3.8.2　建筑安装所得的税务处理

（1）承包建筑安装业各项工程作业的承包人取得的所得，经营成果归承包人个人所有或按合同规定将一部分经营成果留归个人的，按承包经营、承租经营所得项目征税；以其他分配方式取得的经营所得，按工资、薪金所得计税。

（2）从事建筑安装业的个体工商户，未领取营业执照承揽建筑安装业工程作业的建筑安装队和个人，以及建筑安装企业实行个人承包后工商登记改变为个体经济性质的，其从事建筑安装业取得的收入，应依照个体工商户的生产、经营所得计税。

（3）从事建筑安装业工程作业的其他人员取得的雇佣所得和非雇佣所得，应分别按工资、薪金所得和劳务报酬所得计税。

（4）建筑安装业的个人所得税，由扣缴义务人代扣代缴和纳税人自行申报缴纳。承揽建筑安装业工程作业的单位和个人是代扣代缴义务人，应在向个人支付收入时依法代扣代缴其应纳的个人所得税。在异地从事建筑安装业工程作业的单位，应在工程作业所在地扣缴个人所得税。但所得在单位所在地分配，并能向主管税务机关提供完整、准确的会计账簿和核算凭证的，经主管税务机关核准后，可回单位所在地扣缴个人所得税。

6.3.8.3 广告所得的税务处理

在广告设计、制作、发布过程中提供名义、形象及劳务并取得收入的个人为纳税人，直接向上述个人支付所得的广告主、广告经营者、受托从事广告制作的单位和广告发布者为扣缴义务人。其具体规定的计税项目为：纳税人在广告设计、制作、发布过程中提供名义、形象而取得的收入，应按劳务报酬所得计算纳税；纳税人在广告设计、制作、发布过程中提供其他劳务取得的收入，视情况分别按照税法规定的劳务报酬所得、稿酬所得、特许权使用费所得等应税项目计算纳税；扣缴义务人的本单位人员在广告设计、制作、发布过程中取得的由本单位支付的所得，按工资、薪金所得计算纳税。

上述项目所得除工资、薪金所得按月征收外，其他应税项目均实行按次征收或按次扣缴。劳务报酬所得以纳税人每参与一项广告的设计、制作、发布所取得的收入为一次；稿酬所得以在图书、报刊上发布一项广告时使用其作品而取得的收入为一次；特许权使用费所得以提供一项特许权在一项广告设计、制作、发布过程中使用而取得的收入为一次。上述所得采取分笔支付的，应合并为一次所得计算纳税。

6.3.8.4 演出所得的税务处理

参加演出（舞台演出、录音、录像、拍摄影视和在歌厅、舞厅、卡拉OK歌舞厅、夜总会、娱乐城参加演出）而取得报酬的演职员，为个人所得税的纳税人；支付报酬的单位和个人为扣缴义务人。

演职员参加非任职单位组织演出取得的报酬为劳务报酬所得，按次计算纳税；演职员参加任职单位组织演出取得的报酬为工资、薪金所得按月计算纳税。演职员取得的报酬中，按规定上交单位或文化行政部门的管理费及收入分成，经税务机关确认，可在计算应税所得额时扣除。

6.3.8.5 共获同一项目收入的税务处理

按照税法的规定，两人或两人以上共同获得同一项目收入的，应对每个人取得的收入分别按规定减除费用后，按先分、后扣、再税的顺序计算各纳税人应纳的税额。

6.3.8.6 为纳税人代付税款的税务处理

如果单位或个人为纳税人代付税款，那么纳税人取得收入为不含税收入，应将单位或个人支付给纳税人的不含税支付额（或称纳税人取得的不含税收入额）换算为应纳税所得额，然后按规定计算应代付的个人所得税税款。

（1）雇主为雇员全额负担税款。其方法是：先将雇员取得的不含税收入换算为应纳税所得额（含税），然后再计算雇主应代扣代缴的个人所得税。

①应纳税所得额= $\dfrac{\text{不含税收入额}-\text{费用扣除标准}-\text{速算扣除数}}{1-\text{个人所得税税率}}$

②应纳税额=应纳税所得额×适用税率−速算扣除数

公式①中税率为不含税所得对应的税率，公式②中税率为含税所得对应的税率。

（2）雇主为雇员定率负担部分税款。其方法是：先将雇员取得的不含税收入换算为应纳税所得额（含税），然后再计算雇主应代扣代缴的个人所得税。

①应纳税所得额= $\dfrac{\left(\text{未含雇主负担税款的收入额}-\text{费用扣除标准}-\text{速算扣除数}\right)\times\text{负担比例}}{1-\text{个人所得税税率}\times\text{负担比例}}$

②应纳税额=应纳税所得额×适用税率−速算扣除数

公式①中税率为不含税所得对应的税率，公式②中税率为含税所得对应的税率。

（3）雇主为雇员定额负担部分税款。其方法是：先将雇员取得的不含税收入换算为应纳税所得额（含税），然后再计算公司应代扣代缴的个人所得税。

应纳税所得额=雇员取得的工资+雇主代雇员负担的税款−费用扣除标准

应纳税额=应纳税所得额×适用税率−速算扣除数

（4）代付劳务报酬所得税的税务处理。

不含税收入额不超过3 360元的：

①应纳税所得额=（不含税收入额−800）÷（1−税率）

②应纳税额=应纳税所得额×适用税率

不含税收入额超过3 360元的：

① 应纳税所得额=［（不含税收入额−速算扣除数）×（1−20%）］÷［1−税率×（1−20%）］

或 =［（不含税收入额−速算扣除数）×（1−20%）］÷当级换算系数

②应纳税额=应纳税所得额×适用税率-速算扣除数

公式①中的税率均指不含税劳务报酬收入所对应的税率，公式②中的税率均指应纳税所得额按含税级距所对应的税率。

6.3.8.7　个人股票期权所得的税务处理

股票期权是指上市公司按照规定的程序授予本公司及控股企业员工的一项权利，该权利允许被授权员工在未来时间内以某一特定价格购买本公司一定数量的股票。其计税规定为：

（1）员工接受股票期权不征税。员工接受实施股票期权计划企业授予的股票期权时，除可公开交易的股票期权，不作为应税所得征税。

（2）员工在行权前转让纳税。员工在行权日之前股票期权一般不得转让，因特殊情况转让，以股票期权的转让净收入，作为工资、薪金所得缴纳个人所得税。

（3）员工行权时纳税。员工行权认购时，从企业取得股票的实际购买价（施权价）低于购买日公平市场价（指该股票当日的收盘价，下同）的差额，按照工资、薪金所得计税。

①员工以在一个公历月份中取得的股票期权形式工资、薪金所得为一次，其在该纳税年度内首次取得股票期权应纳税额的计算公式为：

$$\text{股票期权形式工资、薪金应纳税所得额}=\left(\text{行权股票的每股市场价}-\text{员工取得该股票期权支付的每股施权价}\right)\times\text{股票数量}$$

$$\text{股票期权形式工资、薪金应纳税额}=\left(\text{股票期权形式工资、薪金应纳税所得额}\div\text{规定月份数}\times\text{适用税率}-\text{速算扣除数}\right)\times\text{规定月份数}$$

上述公式中的规定月份数是指员工取得来源于中国境内的股票期权形式工资、薪金所得的境内工作期间月份数（授权日至行权日的月份数），长于12个月的，按12个月计算；其适用税率和速算扣除数按工资、薪金所得适用7级超额累进税率表确定。

②员工在一个纳税年度中多次取得股票期权形式工资、薪金所得，在该纳税年度内首次取得股票期权形式的工资、薪金所得，应按上述①规定的公式计算应纳税额；年度内以后每次取得股票期权形式的工资、薪金所得应按以下公式计算应纳税额：

$$\text{本纳税年度内取得股票期权形式工资、薪金所得累计应纳税所得额} = (\text{本纳税年度内股票期权形式工资、薪金所得累计已纳税额} \div \text{规定月份数} \times \text{适用税率} - \text{速算扣除数}) \times \text{规定月份数} - \text{本纳税年度内股票期权形式工资、薪金所得累计已纳税额}$$

③员工多次或一次多项取得股票期权应纳税额的计算。员工多次取得或一次取得多项来源于中国境内的股票期权形式工资、薪金所得，且各次或各项股票期权形式工资、薪金所得的境内工作期间月份不相同的，以境内工作期间月份数的加权平均数为规定月份数，但最长不超过12个月。其计算公式为：

$$\text{规定月份数} = \sum \text{各次或各项股票期权形式工资、薪金应纳税所得额与该次或该项所得境内工作期间月份数的乘积} \div \sum \text{各次或各项股票期权形式工资、薪金应纳税所得额}$$

【例题6-13】 2015年8月1日某内资上市公司实施员工期权鼓励计划，孔女士获得10 000股的配额，单价1元/股；12月1日该企业实施第2次期权鼓励计划，孔女士因职位晋升获得30 000股的配额，单价1元/股。次年6月1日孔女士将两次期权同时行权，当日市场价格为每股6元。孔女士应纳的个人所得税为：

$$\text{规定月份数} = [(6-1)\times 10\,000\times 10+(6-1)\times 30\,000\times 6]\div[(6-1)\times 10\,000+(6-1)\times 30\,000]=7$$

$$\text{应纳税额} = \{[(6-1)\times 10\,000+(6-1)\times 30\,000]\div 7\times 25\%-1\,375\}\times 7$$
$$=40\,375\text{（元）}$$

（4）员工行权后转让股票征免税。个人将行权后的境内上市公司股票再行转让而取得的收入，暂不征收个人所得税；个人转让境外上市公司的股票而取得的收入，应按规定计征个人所得税。

（5）员工行权后分得税后利润纳税。员工因拥有股权而参与企业税后利润分配取得的所得，应按照利息、股息、红利所得计算缴纳个人所得税。

（6）员工接受可公开交易股票期权的税务处理。主要规定包括：

①取得时应纳税。员工取得可公开交易的股票期权，属于员工已实际取得有确定价值的财产，应按授权日股票期权的市场价格，作为员工授权日所在月份的工资、薪金所得计算缴纳个人所得税。如果员工以折价购入方式取得股票期权，可按授权日股票期权的市场价格，扣除折价购入股票期权时实际支付的价款后的余额，作为授权日所在月份的工资、薪金所得。

②行权时不再纳税。员工取得可公开交易的股票期权后实际行使该股票期权购买股票时，不再计算缴纳个人所得税。

③转让时征免税规定。员工取得上述可公开交易股票期权后，转让该股票期权所取得的收入属于财产转让所得，按上述“员工行权转让股票征免税”的规定处理。

（7）企业高管人员股票期权的税务处理。企业高管人员行使股票认购权所得的税务处理，与上述规定基本相同。

①企业高管人员在行使股票认购权时的实际购买价（行权价）低于购买日（行权日）公开市场价之间的数额，按工资、薪金所得纳税。

②企业高管人员在行使股票认购权前，将其股票认购权转让所取得的所得，按工资、薪金所得纳税。

③企业高管人员在行使股票认购权后，将已认购的股票转让所取得的所得，按上述“员工行权转让股票征免税”的规定纳税。

6.3.8.8　佣金收入的税务处理

证券经纪人佣金收入由展业成本和劳务报酬构成，对展业成本部分不征收个人所得税。目前证券经纪人展业成本的比例暂定为每次收入额的40%。证券经纪人以一个月内取得的佣金为一次收入，其每次收入先减去实际缴纳的税金及附加，再减去规定的展业成本，余额按个人所得税法的规定计算缴纳个人所得税。

6.3.8.9　个人持股的税务处理

个人从公开发行市场和转让市场取得的上市公司股票，持股期限在1个月（含）以内的，其股息、红利所得全额计入应纳税所得额；持股期限在1个月以上至1年（含）的，暂减按50%计入应纳税所得额；持股期限超过1年的，暂减按25%计入应纳税所得额。按上述标准计算的应纳税所得额，统一适用20%的税率计征个人所得税。

6.3.8.10　年金缴费的税务处理

企业年金和职业年金缴费按如下规定征税：

（1）计入个人账户的企业年金。企业和事业单位（以下统称单位）根据国家有关政策规定的办法和标准，为在本单位任职或受雇的全体职工缴付的企业年金或职业年金（以下统称年金）单位缴费部分在计入个人账户时，个人暂不缴纳个人所得税。

（2）个人按照规定缴付的企业年金。个人按照规定缴付的部分在不超过本人缴费工资计税基数4%标准内的部分，暂从个人当期的应纳税所得额中扣除。

（3）个人超过规定缴付的企业年金。超过上述第（1）、（2）项规定标准缴付的年金单位缴费和个人缴费部分，应并入个人当期的工资、薪金所得依法计征个人所得税。税款由建立年金的单位代扣代缴，并向主管税务机关申报解缴。

（4）企业年金个人缴费工资计税基数为本人上一年度月平均工资。月平均工资按国家统计局的规定列入工资总额项目计算。月平均工资超过职工工作地所在设区城市上一年度职工月平均工资300%以上的部分，不计入个人缴费工资计税基数。

（5）职业年金个人缴费工资计税基数为职工岗位工资和薪级工资之和。职工岗位工资和薪级工资之和超过职工所在设区城市上一年度职工月平均工资300%以上的部分，不计入个人缴费工资计税基数。年金基金投资运营收益分配计入个人账户时，个人暂不缴纳个人所得税。

6.3.8.11 应税所得的形式

个人取得的现金、实物和有价证券形式的所得，均应按规定缴纳个人所得税。所得为实物的，应按照取得凭证上所注明的价格计算应纳税所得额；无凭证的实物或凭证上所注明的价格明显偏低的，由主管税务机关参照当地的市场价格核定应纳税所得额；所得为有价证券的，由税务机关根据票面价格和市场价格核定应纳税所得额。

6.3.9 个人所得税的征收管理

个人所得税的纳税办法有自行申报纳税和代扣代缴两种。个人所得税以所得人为纳税人，以支付所得的单位或个人为扣缴义务人。

6.3.9.1 自行申报纳税

（1）自行申报纳税的范围。主要内容包括：

①取得生产经营所得的纳税人。这是指取得生产、经营所得的个体工商户和个人独资、合伙企业的投资者。

②取得承包经营、承租经营所得的纳税人。这是指取得企事业单位的承包经营和承租经营所得的个人。

③年所得12万元以上的纳税人。年所得12万元以上的纳税人，无论取得的各项所得是否已足额缴纳了个人所得税，均应在纳税年度终了后向主管税务机关办理纳税申报。但不包括在中国境内无住所且在一个纳税年度中在中国境内居住不满1年的个人。

④从两处或两处以上取得收入的纳税人。从中国境内两处或两处以上取得工资、薪金所得的，取得所得后向主管税务机关办理纳税申报。

⑤从中国境外取得收入的纳税人。这是指在中国境内有住所或无住所而在一个纳税年度中在中国境内居住满1年的个人从中国境外取得收入的纳税人。

⑥取得应税所得无扣缴义务人的纳税人。取得应税所得没有扣缴义务人的，于取得所得后向主管税务机关办理纳税申报。

⑦国务院规定的其他情形。除上述规定以外应当自行申报纳税的纳税人，但不包括免税所得、暂免征税所得和来源于中国境外免税所得的纳税人。

（2）自行申报纳税的计算方法。主要内容包括：

①工资、薪金所得按照未减除费用（每月3 500元）及附加减除费用（每月1 300元）的收入额计算。

②劳务报酬所得和特许权使用费所得，不得减除纳税人在提供劳务或让渡特许权使用权过程中缴纳的有关税费。

③财产租赁所得不得减除纳税人在出租财产过程中缴纳的有关税费；对纳税人一次取得跨年度财产租赁所得的，全部视为实际取得年度所得。

④个人转让房屋所得采取核定征收个人所得税的，按照实际征收率（1%、2%和3%）分别换算为应税所得率（5%、10%和15%），据此计算年所得。

⑤个人储蓄存款利息所得和企业债券利息所得，全部视为纳税人实际取得的年度所得。

⑥对个体工商户、个人独资企业投资者按照征收率核定个人所得税的，将征收率换算为应税所得率，据此计算应纳税所得额。

⑦股票转让所得在1个纳税年度内，个人股票转让所得与损失盈亏相抵后的正数为申报所得数额，盈亏相抵为负数按“零”填写。

（3）自行申报纳税的期限。主要内容包括：

①年所得12万元以上的纳税人，在纳税年度终了后3个月内向主管税务机关办理纳税申报。

②纳税人取得的生产经营所得应纳税款分月预缴的，应在每月终了后7日内办理纳税申报；分季预缴的，应在每个季度终了后7日内办理纳税申报。纳税人在纳税年度终了后，在3个月内进行汇算清缴。

③纳税人在年终一次性取得企事业单位承包经营、承租经营所得的，自取得所得之日起30日内办理纳税申报；在1个纳税年度内分次取得承包经营、承租经营所得的，在每次取得所得后的次月7日内申报预缴，纳税年度终了后3个月内汇算清缴。

④从中国境外取得所得的纳税人，在纳税年度终了后30日内向中国境内主管税务机关办理纳税申报。

⑤除以上规定情形外，纳税人取得其他各项所得须申报纳税的，在取得所得的次月7日内向主管税务机关办理纳税申报。

⑥纳税人不能按照规定期限办理纳税申报需要延期的，按照《税收征管法》及其实施细则的有关规定办理。

（4）自行申报纳税的地点。主要内容包括：

①在中国境内有任职、受雇单位的，向任职、受雇单位所在地主管税务机关申报纳税。

②在中国境内有两处或两处以上任职、受雇单位的，选择并固定向其中一处单位所在地主管税务机关申报纳税。

③在中国境内无任职、受雇单位，年所得项目中有个体工商户的生产、经营所得或企事业单位承包经营、承租经营所得（以下统称生产经营所得）的，向其中一处实际经营所在地主管税务机关申报纳税。

④在中国境内无任职、受雇单位，年所得项目中无生产经营所得的，向户籍所在地主管税务机关申报纳税。在中国境内有户籍，但户籍所在地与中国境内经常居住地不一致的，选择并固定向其中一地主管税务机关申报纳税。在中国境内没有户籍的，向中国境内经常居住地主管税务机关申报纳税。

⑤其他所得的纳税人，纳税申报地点分别为：

第一，从中国境外取得所得的，向中国境内户籍所在地主管税务机关申报纳税；在中国境内有户籍，但户籍所在地与中国境内经常居住地不一致的，选择并固定向其中一地主管税务机关申报纳税；在中国境内没有户籍的，向中国境内经常居住地主管税务机关申报纳税。

第二，个体工商户向实际经营所在地主管税务机关申报纳税。

第三，个人独资、合伙企业投资者兴办两个或两个以上企业，兴办企业全部是个人独资性质的，分别向各企业的实际经营管理所在地主管税务机关申报纳税；兴办企业中含有合伙性质的，向经常居住地主管税务机关申报纳税；兴办企业中含有合伙性质，个人投资者经常居住地与其兴办企业的经营管理所在地不一致的，选择并固定向其参与兴办的某一合伙企业的经营管理所在地税务机关申报纳税；除以上情形外，纳税人应当向取得所得所在地主管税务机关申报纳税。

需要说明的是：纳税人不得随意变更纳税申报地点，因特殊情况变更纳税申报地点的，须报原主管税务机关备案。

6.3.9.2　个人所得税的代扣代缴

（1）代扣代缴的适用范围。负有代扣代缴税款义务的单位和个人，向纳税人支付除个体工商户所得项目以外的各项应税所得均应代扣代缴税款。但不包括外国驻华使领馆和联合国及其他依法享有外交特权和豁免的国际组织驻华机构。

（2）扣缴义务人的法定义务。主要内容包括：

①扣缴义务人应按税收法律法规的规定代扣代缴税款。在向个人支付应纳税所得时，不论纳税人是否属于本单位人员，均应代扣代缴其应纳的个人所得税。

②扣缴义务人依法履行代扣代缴税款义务时，纳税人不得拒绝。纳税人拒绝的，扣缴义务人应在一日之内报告税务机关处理，并暂时停止支付其应纳税所得，由税务机关直接向纳税人追缴税款、滞纳金；否则，纳税人应缴纳的税款由扣缴义务人负担。

③扣缴义务人应主动向税务机关申领代扣代收税款凭证，据以向纳税人扣税。提供非正式扣税凭证的，纳税人可以拒收。

（3）代扣代缴的手续费。税务机关按税法规定付给扣缴义务人所扣缴税额2%的手续费。扣缴义务人可将其用于代扣代缴费用开支，奖励代扣代缴工作做得较好的办税人员。但由税务机关查出，扣缴义务人补扣的个人所得税税款，不向扣缴义务人支付手续费。

个人所得税的其他征收管理事项，按照《税收征管法》及其实施细则等相关规定执行。

本章小结

●个人所得税一般是对个人应税所得征收的一种税。我国的个人所得税是指对中国居民来源于中国境内、外的全部所得和非中国居民来源于中国境内的所得征收的一种税。个人所得税法是指国家制定的用以调整国家与个人所得税纳税人之间征纳活动的权利与义务关系的法律规范。

●世界各国的个人所得税征收制度可分为分类所得税制、综合所得税制和混合所得税制3种类型。我国个人所得税实行分类所得税制，具有税源广泛、调节收入和稳定经济的特点，其原则是内外一致、适当调节、合理负担。

●个人所得税的纳税人包括中国公民、个体工商业户、个人独资企业、合伙企业投资者、在中国境内有所得的外籍人员（包括无国籍人员）和港澳台同胞，但不包括法人或其他组织。

●个人所得税的征税范围是纳税人从中国境内和境外取得应纳个人所得税的所得，主要包括工资、薪金所得，个体工商户的生产、经营所得，企事业单位承包经营、承租经营所得，劳务报酬所得，稿酬所得，特许权使用费所得，利息、股息和红利所得，财产租赁所得，财产转让所得，偶然所得和经国务院财政部门确定征税的其他所得等11项个人所得。

●个人所得税采用比例税率和超额累进税率两种形式，按应税项目的不同分别适用。工资、薪金所得适用3%~45%的7级超额累进税率；个体工商户的生产、经营所得，企事业单位承包经营、承租经营所得，个人独资企业和合伙企业生产、经营所得，适用5%~35%的5级超额累进税率；上述所得以外的其他所得，适用20%的比例税率；对劳务报酬等所得，另有加成征收等特殊规定。

●工资、薪金所得，个体工商户的生产、经营所得和企事业单位承包经营、承租经营所得为按期纳税，其他所得为按次纳税。适用超额累进税率计算应纳税额的计算公式为：应纳税额=应纳税所得额×适用税率-速算扣除数；适用比例税率计算应纳税额的计算公式为：应纳税额=应纳税所得额×适用税率。

●个人所得税的优惠政策包括免税奖金，免税利息，免税补贴，免税基金，免税股权，外籍个人收入免税项目和暂免征税所得，无住所个人工资、薪金免税项目，其他所得免税项目和减税项目等规定。个人所得税的纳税办法，有自行申报纳税和代扣代缴两种。

主要观念和概念

★ 主要观念

收入观念　义务观念　纳税观念

★ 主要概念

个人所得税　居民纳税人　非居民纳税人

基本训练

★ 知识题

一、简答题

1.什么是个人所得税？如何理解其特点与原则？

2.我国开征个人所得税有何现实意义？

3.个人所得税规定的应税所得项目有哪些？

4.个人所得税自行申报办法是如何规定的？

5.如何确定扣缴义务人的适用范围和法定义务？

二、应用题

1.选择题（含单项选择题与多项选择题）

(1) 下列各项中，计算个人所得税自行申报的年所得时允许扣除的项目有（　　）。

A.财产保险赔款

B.国家发行的金融债券利息

C.国际组织颁发的环境保护奖金

D.商场购物取得的中奖所得

(2) 下列各项所得中，应当征收个人所得税的是（　　）。

A.外籍个人取得现金住房补贴

B.个人取得的保险赔款

C.个人取得单张有奖发票奖金800元

D.个人取得拆迁补偿款

(3) 下列各项所得在计算应纳税所得额时不允许扣减任何费用的包括（　　）。

A.偶然所得　　B.特许权使用费所得

C.利息、股息所得　　D.财产租赁所得

(4) 个人对企事业单位的承包经营、承租经营所得，在计算其应纳税所得额时要扣除必要费用，其必要费用是指（　　）。

A.按月减除法定生计费　　B.承包者的工资

C.企业所得税　　D.上交的承包费

(5) 下列各项中，可暂免征收个人所得税的所得有（　　）。

A.外籍个人按照合理标准取得的出差补贴收入

B.残疾人从事个体工商业生产经营取得的收入

C.外籍个人从外商投资企业取得的股息、红利

D.企业在年会向本单位以外的个人赠送的礼品

(6) 下列各项中纳税人应自行申报缴纳个人所得税的有（　　）。

A.年所得12万元以上的

B.从中国境外取得所得的

C.取得应税所得有扣缴义务人的

D.从中国境内两处取得工资、薪金所得的

2.判断题

(1) 张某承包经营一国有企业，每年上缴承包费用5万元，该承包费用在计算企业所得税时不允许税前扣除，但在计算个人所得税时允许扣除。（　　）

(2) 单位按低于购置或建造成本价格出售住房给职工，职工因此而少支出的差价部分免征个人所得税。（　　）

(3) 应聘在中国境内的企业、事业单位、社会团体、国家机关的外籍专家取得的工资、薪金所得适用附加费用减除标准。（　　）

(4) 个人独资企业生产、经营所得实行核定应税所得率征收方式的，可以享受个人所得税的优惠政策。（　　）

(5) 在确定财产租赁所得的纳税义务人时，应以产权凭据为依据；对无产权凭据的，以实际取得租金的个人为纳税义务人。（　　）

(6) 我国个人所得税属于分类综合所得税制类型。 ( )

(7) 根据《个人所得税法》的规定，个人从境外取得的工资、薪金收入一律自行申报纳税。 ( )

(8) 员工对股票期权行权时，从企业取得股票的实际购买价（施权价）低于购买日公开市场价（指该股票当日的收盘价）的差额，应按工资、薪金所得适用的规定计算缴纳个人所得税。 ( )

★ 技能题

一、规则复习

1. 个人所得税的税率规定。

2. 居民纳税人和非居民纳税人判定标准。

3. 个人所得税应纳税额的基本计算公式。

二、操作练习

1. 确定个人所得税的特殊应税所得额。

2. 分析并计算个人所得税的应纳税额。

★ 能力题

一、计算题

1. 中国公民张某为在华外商投资企业的职员，2015年收入情况如下：每月工资8 000元；2月为某高校提供就业咨询宣讲活动，获得报酬50 000元，当即拿出10 000元用于资助高校作研发费用；4月从国内一单位分三次取得工程设计费，共计30 000元；从国外一次取得特许权使用费收入，折合人民币18 000元，并提供了来源国纳税凭证，纳税折合人民币1 800元；8月企业为该个人支付商业保险金5 000元；将任职时认购境外上市公司股票转让，取得转让收益50 000元。

要求：请根据上述资料，计算张某当年应纳的个人所得税。

2. 中国公民李某2015年收入情况如下：8月出版一本著作取得出版社稿酬8 000元；在此之前部分章节6—7月被某晚报连载，6月取得稿酬1 000元，7月取得稿酬1 500元；因该书畅销，9月出版社增加印数，又取得追加稿酬4 000元；后被电影公司拍成电影，取得报酬10 000元；7月将境内一处门面房出租，租赁期限1年，月租金4 000元，发生修缮费1 500元（不考虑其他税费）；10月从A国某大学取得演讲收入30 000元，在A国已纳个人所得税5 000元，同时从A国取得彩票中奖收入2 000元，该收入在A国已纳个人所得税500元；每月工资收入4 200元；年终单位一次发放全年奖金25 000元。

要求：请根据上述资料，计算李某2015年应纳的个人所得税。

二、分析题

1.有数据资料表明，中国富豪并不是个人所得税的纳税大户，分析其原因；同时，结合我国个人所得税的法律制度规定，探讨个人所得税法调整与改革的政策措施。

2.中国公民李某为某外资公司的职员，2015年收入情况如下：

(1) 单位每月支付工资、薪金10 000元。

(2) 12月底，单位和李某协商，解除劳动合同，单位除支付当月工资外，另外一次支付李某补偿金20万元（李某在该单位任职5年，该地区上年平均工资3.8万元/年）。

(3) 业余撰写中篇财经小说，在一家晚报上连载，3个月的稿酬收入分别为20 000元、40 000元和20 000元。

(4) 将其所持有的一项专利的使用权分别转让给甲和乙两个厂商，分别取得转让收入4 000元和6 000元。

(5) 8月取得企业发放的购货券2 000元。

(6) 9月将年初认购境内上市公司的限售股转让，取得转让收益50 000元。

要求：请根据上述资料，计算李某应纳的个人所得税。

三、网上调研

1.利用电子图书馆和因特网资源收集有关各国个人所得税法的相关资料，分析中外个人所得税法的异同及对我国税制改革的启示。

2.网上查询，收集有关我国个人所得税的资料与案例，通过整理与分析，准确掌握知识的基本点，巩固所学知识与技能。

四、单元实践

以小组为单位，选择有关税务部门进行调查，了解个人所得税政策对我国个体经济和社会发展的影响；剖析典型偷逃个人所得税案例，针对我国偷逃个人所得税的普遍性和严重性，讨论其危害及原因，并提出有效的解决或防范思路。

第7章

资源类税法

学习目标

☆**知识目标**

——理解资源类税法各税的基本概念和特点。

——掌握资源类税法各税的征税范围、纳税人和税率。

——重点掌握资源类税法各税应纳税额的计算。

——熟悉资源类税法各税的优惠政策。

——了解资源类税法各税的纳税时限和申报要求。

☆**技能目标**

——正确分析应税项目适用的税种与税率。

——准确把握和计算资源类税法各税的应纳税额。

☆**能力目标**

——实地调研并分析资源类税法各税的实际缴纳情况。

——调研某税务机构，了解实际工作中资源类税法各税的征管情况。

可持续发展与我国资源税的完善

可持续发展是满足现代人的需求又不以损害后代人满足需求为代价的能力。其重要标志是资源的永续利用和良好的生态环境。可持续发展是以自然资源为基础的，它要求人类选择的生活方式必须尊重并不得超过自然的承受力。目前我国经济增长方式依然属于粗放型增长，以牺牲环境、过度消耗资源为代价来发展经济。从能耗问题来看，我国能源消耗增长高于经济增长的势头没有得到扭转，还存在资源储备相对不足、资源开采和利用效率较低等问题。鉴于税收对经济具有调控作用，应充分运用税收政策进行调整，以促进资源得到合理配置和利用。

我国资源税自1994年税制改革以来调整较少，导致出现弃劣开优、弃小开大、弃难开易、滥开滥采甚至掠夺性开采等现象，亟待进行改革和完善。其问题主要包括：一是征收范围过窄，不能体现税收的效率和公平；二是计税依据采取从量定额，不能显现资源的稀缺性特征；三是税收负担总体过轻，且税额与资源价格长期脱钩；四是现行资源税收入主要分配给中央，地方政府及民众不能从其丰富的矿产资源中得到合理收益。

针对我国资源税存在的问题，应当从以下几个方面进行改革和完善：一是扩大征税范围，如将不可再生的资源或可再生但影响环境的资源纳入征税范围；二是改革资源税的计税依据，即由现行的按应税产品的销售数量和自用数量征收改为按划分给企业的资源可采储量征收；三是提高资源税的税负，将税率与资源回采率挂钩，限制掠夺性开采，提高资源的开发利用率；四是中央应适当让利于地方，建立资源开发和环境保护补偿机制，促进资源省区真正发挥其资源优势。

资源是指一切为人类所开发和利用的各种客观存在，其来源一般是天然的财源。相对于人类无穷的欲望而言，资源总是显得稀缺。为合理、有效利用，保护有限的自然资源，调节因资源禀赋差异而形成的级差收入，世界各国普遍开征了资源类税种。总体来看，我国资源类税还是狭义上的资源税，即仅对有限的资源，如部分矿产（或非矿产）资源、盐和部分土地征收，而森林、草场、海洋、河流等众多自然资源尚未纳入资源类税的征税范围。目前，我国已开征与资源相关的税种，包括资源税、土地使用税、耕地占用税和土地增值税4种。

7.1 资源税法

7.1.1 资源税法基础理论

7.1.1.1 资源税法的概念

一般认为，资源税是指对开发和利用各种自然资源的单位和个人征收的一种税。在我国，资源税是指对在中国境内及管辖海域开采应税矿产品或生产盐的单位和个人，就其销售数量或销售额征收的一种税。

资源税法是指国家制定的用以调整国家与资源税纳税人之间征纳活动的权利与义务关系的法律规范。其基本法律依据是2011年9月国务院修订的《中华人民共和国资源税暂行条例》、同年10月财政部和国家税务总局制定的《中华人民共和国资源税暂行条例实施细则》、同年11月国家税务总局印发的《资源税若干问题的规定》，以及2016年5月财政部、国家税务总局制定的《关于资源税改革具体政策问题的通知》等。

7.1.1.2 资源税的演变

我国对资源征税有着悠久的历史。春秋时期的“官山海”，就是以专卖之名、行征税之实。以后各代相沿，国民党政府时期是以盐资源的专卖收入或征税收入作为主要财政收入之一。对矿产品征税，可追溯到明代，即“坑治之课”，主要是对金、银、铜、铁、铅、汞、朱砂等矿产品征收，其中银税收入最多，但矿税时废时兴。清代（1675年）后，矿税才成为经常税。北洋政府、南京国民政府时期的矿税分为矿区税、矿产税和矿统税征收。

新中国成立后，在全国统一开征的14种税中，盐税作为一个独立的税种，在1973年税制改革时并入工商税中征收。1980年第五届全国人大三次会议通过的《1981年国家概算的报告》中，提出了独立开征资源税的问题。1984年工商税制全面改革时，工商税一分为四，盐税又成为独立的税种；同时对原油、天然气、煤炭、金属矿产品和非金属矿产品（后两种暂缓征收）开始征收资源税，税率从1984年开始实施时的超率累进税率到1986年改为实行定额税率。

随着市场经济体制的建立和发展，盐税和资源税原有的一些规定已不适应，同时为适应新税制简化与规范的要求，1993年12月国务院发布了《中华人民共和国资源税暂行条例》，将矿产品、盐合并征收资源税，1994年1月国家税务总局印发了《资源税若干问题的规定》。为适应新形势发展的需要，2010年6月开始进行资源税改革试点，2011年9月国务院颁布了修改后的《中华人民共和国资源税暂行条例》，为实现绿色发展、完善节能减排及地方税体系奠定了良好的基础。

从2010年起，我国实施资源税从价计征改革，分品目、分地区逐步推开。2010年6月率先在新疆开展原油、天然气资源税从价计征改革试点，同年12月起推广到其他西部地区，2011年11月起推广到全国，2014年12月起在全国范围实施煤炭资源税从价计征改革，2015年5月起在全国范围实施稀土、钨、钼资源税从价计征改革，并清理相关收费基金。

7.1.1.3　资源税的特点

资源税主要是对自然资源因地理环境条件、蕴藏量、品位质量，以及开发技术设备和交通运输等优劣差异而形成的级差收入进行调节。与其他各税相比，具有以下特点：

（1）征税范围的有限性。从理论上讲，资源税的征税范围应包括一切可以开发和利用的资源，但我国只规定对矿产品和盐进行征税。

（2）纳税环节的一次性。资源税以开采者取得的原料产品级差收入为征税对象，不包括经过加工的产品，因而具有一次课征的特点。

（3）计税方法的复合性。资源税按应税产品销售额从价计征和按应税产品销售数量从量计征，采取比例税率和定额税率计算应纳税额。

7.1.1.4　资源税的作用

资源税的上述特点决定了它具有调节级差收入、促使企业在市场经济条件下公平竞争、鼓励企业合理开发并充分利用和节约国有资源等特定作用，客观上起到了对国家与纳税人间利益分配关系进行调节的作用，同时也有利于增加财政收入。

2015年我国资源税收入为1 035亿元，占全国税收收入（124 892亿元）的0.83%，约占地方税收入（5 750亿元）的1.8%，成为资源富集地区重要的税收来源。

【小思考7-1】我国开征资源税的目的何在?

答：我国的自然资源虽然比较丰富，但分布情况很不均衡。由于资源自然条件和社会条件的差别较大，开采者的盈利水平也因此而相差悬殊。为防止开采者追逐利大资源而弃置利小资源，促进国家资源合理、有效地开发与利用，作为流转税和所得税法律制度的重要补充，有必要设置资源税来调节因开发条件差异而产生的级差收入，以体现公平税负的税收原则。同时，这也可以促进企业加强经济核算，使企业的盈利能真正反映其经营成果和水平。

7.1.2 资源税法基本内容

7.1.2.1 资源税的征税范围

从理论上说，资源税的征税范围包括一切可以开发和利用的国有资源。但因开征资源税缺乏经验或条件不成熟，我国只将矿产品和盐列入其征税范围，主要包括以下6类：

（1）原油。原油是指开采的天然原油，不包括人造石油。

（2）天然气。天然气是指专门开采或与原油同时开采的天然气，暂不包括煤矿生产的天然气。

（3）煤炭。煤炭是指原煤和以未税原煤加工的洗选煤。

（4）金属矿。金属矿主要包括铁矿、金矿、铜矿、铝土矿、铅锌矿、镍矿和锡矿等。铝土矿包括耐火级矾土、研磨级矾土等高铝黏土。

（5）非金属矿。非金属矿主要包括石墨、硅藻土、高岭土、萤石、石灰石、硫铁矿、磷矿、氯化钾、硫酸钾、井矿盐、湖盐、提取地下水晒制的盐、煤层（成）气和黏土、砂石等。

（6）海盐。海盐是指海水晒制的盐，不包括提取地下卤水晒制的盐。

【小资料7-1】　　国外资源税的类型

1.产出型资源税。以加工过的矿石或未加工的原矿为课税对象，从量定额或从价定率征收。典型代表是跨州税，跨州税的纳税人虽然是在本州从事矿山开采的居民或企业，但其负税人是资源的消费者。

2.利润型资源税。以开采企业实现的利润为课税对象，对亏损企业不征税。与产出型资源税相比，这种税既考虑开采企业的运营成本，也考虑资源耗减因素。

3.财产型资源税。以矿产这种财富作为课税对象，按该财富的价值征收，实际上是一种从价税。受矿产财富在未来价格、成本和矿产地理特征等不确定因素的影响，矿产价值很难衡量，而且当地的税收估价员通常缺乏评价这些参数的素质培训。

7.1.2.2　资源税的纳税人

（1）纳税人。在中国境内从事开采或生产应纳资源税产品的单位和个人，为资源税的纳税人。单位是指企业、行政单位、事业单位、军事单位、社会团体及其他单位。个人是指个体工商户和其他个人。其他单位和其他个人包括外商投资企业、外国企业和外籍个人。

根据《关于调整原油、天然气资源税有关政策的通知》（财税〔2014〕73号）的规定，开采海洋或陆上油气资源的中外合作油气田，在2011年11月1日前已签订的合同继续缴纳矿区使用费、不缴纳资源税；自同年11月1日起新签订的合同缴纳资源税、不再缴纳矿区使用费。开采海洋油气资源的自营油气田，自2011年11月1日起缴纳资源税、不再缴纳矿区使用费。

（2）扣缴义务人。独立矿山、联合企业和其他收购未税矿产品的单位，为资源税的扣缴义务人。

7.1.2.3　资源税的税率

根据税法的规定，资源税按照应税资源的地理位置、资源优劣和开采条件等情况，实行地区差别幅度比例税率和定额税率，见表7-1。

自2015年5月起，稀土、钨、钼资源税由从量定额改为从价定率计征。轻稀土按地区执行不同的适用税率：内蒙古为11.5%，四川为9.5%，山东为7.5%；中重稀土资源税适用税率为27%；钨资源税适用税率为6.5%；钼资源税适用税率为11%。

纳税人具体适用税率，在资源税税目税率表规定的税率幅度内，根据纳税人所开采或生产应税产品的资源品位等情况，由财政部商国务院有关部门确定；财政部未列举名称且未确定具体适用税率的其他非金属矿原矿和有色金属矿原矿，由省、自治区、直辖市人民政府根据实际情况确定，报财政部和国家税务总局备案。

表7-1　　　　　　　　**资源税税目税率表**

税目		征税范围	税率幅度
一、原油			6%~10%
二、天然气			6%~10%
三、煤炭			2%~10%
四、金属矿	铁矿	精矿	1%~6%
	金矿	金锭	1%~4%
	铜矿	精矿	2%~8%
	铝土矿	原矿	3%~9%
	铅锌矿	精矿	2%~6%
	镍矿	精矿	2%~6%
	锡矿	精矿	2%~6%
	未列举名称的其他金属矿产品	原矿或精矿	税率不超过20%
五、非金属矿	石墨	精矿	3%~10%
	硅藻土	精矿	1%~6%
	高岭土	原矿	1%~6%
	萤石	精矿	1%~6%
	石灰石	原矿	1%~6%
	硫铁矿	精矿	1%~6%
	磷矿	原矿	3%~8%
	氯化钾	精矿	3%~8%
	硫酸钾	精矿	6%~12%
	井矿盐	氯化钠初级产品*	1%~6%
	湖盐	氯化钠初级产品	1%~6%
	提取地下卤水晒制的盐	氯化钠初级产品	3%~15%
	煤层（成）气	原矿	1%~2%
	黏土、砂石	原矿	每吨或立方米0.1~5元
	未列举名称的其他非金属矿产品	原矿或精矿	从量税率每吨或立方米不超过30元；从价税率不超过20%
六、海盐		氯化钠初级产品	1%~5%

注：*氯化钠初级产品是指井矿盐、湖盐原盐、提取地下卤水晒制的盐和海盐原盐，包括固体和液体形态的初级产品。

纳税人开采或生产不同税目应税产品的，应当分别核算不同税目应税产品的销售额或销售数量；未分别核算或不能准确提供不同税目应税产品的销售额或销售数量的，从高适用税率。

7.1.2.4　资源税的优惠政策

资源税贯彻有限征收、级差调节的原则，因此税法规定的减免税较为严格，优惠项目较少。主要有以下规定：

（1）开采原油过程中用于加热、修井的原油免税。

（2）纳税人开采或生产应税产品过程中，因意外事故或自然灾害等原因遭受重大损失的，由省、自治区、直辖市政府酌情决定减免税。

（3）铁矿石资源税减按40%征收资源税。

（4）尾矿再利用的，不再征收资源税。

（5）对地面抽采煤层气暂不征收资源税。煤层气是指赋存于煤层及其围岩中与煤炭资源伴生的非常规天然气，也称煤矿瓦斯。

（6）纳税人在新疆开采的原油和天然气，自用于连续生产原油、天然气的，不缴纳资源税；自用于其他方面的，视同销售，依照税法的规定计算缴纳资源税。

（7）对依法在建筑物下、铁路下、水体下通过充填开采方式采出的矿产资源，资源税减征50%。充填开采是指随着回采工作面的推进，向采空区或离层带等空间充填废石、尾矿、废渣和建筑废料，以及专用充填合格材料等采出矿产品的开采方法。

（8）对实际开采年限在15年以上的衰竭期矿山开采的矿产资源，资源税减征30%。衰竭期矿山是指剩余可采储量下降到原设计可采储量的20%（含）以下或剩余服务年限不超过5年的矿山，以开采企业下属的单个矿山为单位确定。

（9）对鼓励利用的低品位矿、废石、尾矿、废渣、废水、废气等提取的矿产品，由省级人民政府根据实际情况确定是否给予减税或免税。

（10）国务院规定的其他减免税项目。

需要说明的是：纳税人的减免税项目，应单独核算销售额或销售数量；未单独核算或不能准确提供销售额或销售数量的，不予减免税。

【小思考7-2】矿产资源税费改革的难点何在？

答：矿产资源税费改革的核心是扩大范围、提高现有征税资源的税负，其实质是一次利益的重新调整，涉及众多利益主体。改革难点主要表现在：一是以垄断企业为首的矿业企业，可能会提出种种理由阻碍改革；二是目前各级地方政府的有关部门对矿业企业有繁多的收费，若改革推进后会使收费行为规范，可能引发既得利益部门的阻挠；三是矿产资源税费改革以后，矿山企业会将改革的代价后移而提高产品售价，诸如水、煤、石油、电等资源是人们生活的必需资源，如果只涨价不涨工资（或进行补贴），将影响人们的生活水平，尤其对弱势群体来说，甚至可能造成生活困难，因此改革可能遭到弱势群体的反对。

7.1.3 资源税的税额计算

资源税的应纳税额按照从价定率法或从量定额法，分别以应税产品的销售额乘以适用的比例税率或以应税产品的销售数量乘以适用的定额税率计算。其计算公式为：

从价定率法的应纳税额=应税产品的销售额×适用比例税率

从量定额法的应纳税额=应税产品的销售数量×适用定额税率

7.1.3.1 从价定率法的销售额

（1）销售额的一般规定。按照资源税法的规定，销售额为纳税人销售应税产品向购买方收取的全部价款和价外费用，但不包括收取的增值税销项税额。价外费用包括价外向购买方收取的手续费、补贴、基金、集资费、返还利润、奖励费、违约金、滞纳金、延期付款利息、赔偿金、代收款项、代垫款项、包装费、包装物租金、储备费、优质费、运输装卸费以及其他各种性质的价外收费。但不包括下列两个项目：

①同时符合以下条件的代垫运输费用：一是承运部门的运输费用发票开具给购买方的；二是纳税人将该项发票转交给购买方的。

②同时符合以下条件且代为收取的政府性基金或行政事业性收费：一是由国务院或财政部批准设立的政府性基金，由国务院或省级政府及其财政、价格主管部门批准设立的行政事业性收费；二是收取时开具省级以上财政部门印制的财政票据；三是所收款项全额上缴财政。

（2）销售额的特殊规定。主要内容包括：

①纳税人以人民币以外的货币结算销售额，应折合成人民币计算。其销售额的人民币折合率可选择销售额发生的当天或当月1日的人民币汇率中间价。纳税人应事先确定采用何种折合率计算方法，确定后1年内不得变更。

②纳税人开采或生产不同税目应税产品的，应当分别核算不同税目应税产品的销售额；未分别核算或不能准确提供不同税目应税产品销售额的，从高适用税率。

（3）核定销售额的方法。纳税人申报的应税产品销售额明显偏低并且无正当理由的，有视同销售应税产品行为而无销售额的，除财政部、国家税务总局另有规定外，按下列顺序确定销售额：

第一，按纳税人最近时期同类产品的平均销售价格确定。

第二，按其他纳税人最近时期同类产品的平均销售价格确定。

第三，按组成计税价格确定。其组成计税价格为：

组成计税价格=成本×（1+成本利润率）÷（1-税率）

上述中的成本是指应税产品的实际生产成本；成本利润率由省、自治区、直辖市税务机关确定。

（4）煤炭从价征收资源税。煤炭应税产品包括原煤和以未税原煤加工的洗选煤。

①应纳税额的计算。其计算公式为：

原煤应纳税额=原煤销售额×适用税率

纳税人开采原煤直接对外销售的，以原煤销售额作为应税销售额计算缴纳资源税。销售额不含从坑口到车站、码头等的运输费用。

②纳税人将开采的原煤自用于连续生产洗选煤的，在原煤移送使用环节不缴纳资源税；自用于其他方面的，视同销售原煤计算缴纳资源税。

③纳税人将开采的原煤加工为洗选煤销售的，以洗选煤销售额乘以折算率作为应税销售额计算缴纳资源税；洗选煤自用的，视同销售洗选煤。其折算公式为：

洗选煤应纳税额=洗选煤销售额×折算率×适用税率

④原煤及洗选煤销售额中包含的运输费用、建设基金及随运销产生

的装卸、仓储、港杂等费用应与煤价分别核算，凡取得相应凭据的，允许在计算煤炭计税销售额时予以扣减。

⑤纳税人同时以自采未税原煤和外购已税原煤加工洗选煤的，应当分别核算；未分别核算的，按洗选煤对外销售计算缴纳资源税。

（5）金属矿、非金属矿、海盐从价征收资源税。其应税产品包括原矿和以自采原矿加工的精矿。

①以精矿销售额计算资源税。其计算公式为：

应纳税额=精矿销售额×适用税率

②纳税人开采并销售原矿的，将原矿销售额（不含增值税）换算为精矿销售额计算缴纳资源税。原矿销售额与精矿销售额换算包括成本法和市场法。成本法换算公式为：

精矿销售额=原矿销售额+原矿加工为精矿的成本×（1+成本利润率）

市场法换算公式为：

精矿销售额=原矿销售额×换算比

精矿和原矿销售额均不包括洗选厂到车站、码头或用户指定运达地点的运输费用。

③纳税人将开采的原矿加工为精矿销售的，在销售环节计算缴纳资源税；纳税人将开采的原矿自用于连续生产精矿的，在原矿移送使用环节不缴纳资源税，加工为精矿后按规定计算缴纳资源税。

④纳税人将自采原矿加工为精矿自用或进行投资、分配、抵债及以物易物等情形的，视同销售精矿计算缴纳资源税；纳税人将开采的原矿对外销售的，在销售环节缴纳资源税；纳税人将开采的原矿连续生产非精矿产品的，视同销售原矿计算缴纳资源税。

7.1.3.2　从量定额法的销售数量

按照税法的规定，销售数量包括纳税人开采或生产应税产品的实际销售数量和视同销售的自用数量。纳税人不能准确提供应税产品销售数量的，以应税产品的产量或主管税务机关确定的折算比换算成的数量为计税的销售数量。扣缴义务人代扣代缴资源税，以收购数量为计税的销售数量。

7.1.3.3　资源税的税额计算案例

【例题7-1】 滨海油田某采油厂某月对外销售原油450万吨，收取不含税价款2 250 000万元，工业锅炉烧用5万吨；对外销售天然气2 000千万立方米，共收取不含税价款500万元。该油田原油和天然气适用税率均为6%。则应纳的资源税为：

应纳税额=（2 250 000+2 250 000÷450×5）×6%+500×6%=136 530（万元）

【例题7-2】 某盐场某月对外直接销售井矿盐（氯化钠初级产品）1 000吨，开具的增值税专用发票上注明金额18 000万元；直接销售湖盐（氯化钠初级产品）2 000吨，开具的增值税专用发票上注明金额38 000万元。当地井矿盐（氯化钠初级产品）和湖盐（氯化钠初级产品）的资源税税率均为5%。则该盐场当月应纳的资源税为：

应纳税额=（18 000+38 000）×5%=2 800（万元）

【例题7-3】 某煤炭开采企业某月销售洗煤50万吨，开具的增值税专用发票上注明金额5 000万元；另取得从洗煤厂到码头不含增值税的运费收入50万元。假设洗煤的折算率为80%，资源税税率为10%，该企业销售洗煤应缴纳的资源税为：

应纳税额=5 000×80%×10%=400（万元）

7.1.4 资源税的征收管理

7.1.4.1 纳税义务发生时间

（1）纳税人采取分期收款结算方式的，其纳税义务发生时间，为销售合同规定的收款日期的当天。

（2）纳税人采取预收货款结算方式的，其纳税义务发生时间，为发出应税产品的当天。

（3）纳税人采取其他结算方式的，其纳税义务发生时间，为收讫销售款或取得索取销售款凭据的当天。

（4）纳税人自产自用应税产品的纳税义务发生时间，为移送使用应税产品的当天。

（5）扣缴义务人代扣代缴税款的纳税义务发生时间，为支付首笔货款或首次开具支付货款凭据的当天。

7.1.4.2 资源税的纳税期限

由主管税务机关根据纳税人或扣缴义务人应纳税额的大小，分别核定为1日、3日、5日、10日、15日或1个月。

纳税人或扣缴义务人以1个月为一期的，于期满后10日内申报纳税；以1日、3日、5日、10日、15日为一期的，纳税期满后5日内预缴税款，次月1日起10日内结清上月税款并申报纳税。纳税人或扣缴义务人不能按固定期限纳税的，可以按次计算纳税。

7.1.4.3 资源税的纳税地点

（1）纳税人应纳的资源税，一般应向应税产品的开采或生产所在地缴纳。

（2）纳税人在本省、自治区、直辖市范围内开采或生产应税产品的，其纳税地点需要调整的，由省、自治区、直辖市税务机关确定。

（3）跨省、自治区、直辖市开采或生产应税产品的纳税人，下属生产单位与核算单位不在同一省、自治区、直辖市的，其开采或生产的应税产品一律在开采地或生产地纳税。实行从量计征的应税产品，其应纳税款一律由独立核算的单位按每个开采地或生产地的销售量及税率计算划拨；实行从价计征的应税产品，其应纳税款一律由独立核算的单位按每个开采地或生产地的销售量、单位销售价格及税率计算划拨。

（4）扣缴义务人代扣代缴的资源税，应当向收购地主管税务机关缴纳。

7.1.4.4 资源税的纳税申报

资源税的纳税人，应按规定的纳税期限进行纳税申报，并如实填写资源税纳税申报表。

资源税的其他征收管理事项，按照《税收征管法》及其实施细则等相关规定执行。

7.2 土地使用税法

7.2.1 土地使用税法基础理论

7.2.1.1 土地使用税法的概念

土地使用税全称城镇土地使用税，是指以城镇土地为征税对象，对拥有土地使用权的单位和个人征收的一种税。

土地使用税法是指国家制定的用以调整国家与土地使用税纳税人之间征纳活动的权利与义务关系的法律规范。其基本法律依据是2013年12月国务院修订的《中华人民共和国城镇土地使用税暂行条例》和1988年10月国家税务总局签发的《关于城镇土地使用税若干具体问题的解释和暂行规定》及各省、直辖市、自治区制定的城镇土地使用税暂行条例细则等。

7.2.1.2　土地使用税的演变

我国最早对城镇土地征税始于民国时期，1928年在广州开征土地税。1930年国民党政府颁布了土地法，依据该法在部分城市和地区开征地价税和土地增值税。

新中国成立后，地产税是一个独立税种，1951年8月与房产税合并为城市房地产税；1973年将工商业缴纳的城市房地产税并入工商税；1984年第二步利改税时，国务院决定单独开征土地使用税，但由于时机不成熟暂缓征收，直到1988年9月国务院才正式发布了《中华人民共和国城镇土地使用税暂行条例》。但对外商投资企业、在华的外国企业及外籍个人所使用的土地，仍按城市房地产税的规定征税。

为适应对涉外企业使用土地的征税需要，国务院于2006年12月和2013年12月发布了《关于修改〈中华人民共和国城镇土地使用税暂行条例〉的决定》，对城镇土地使用税的纳税人和适用税率等进行了修订。

【小资料7-2】　新中国土地制度的改革历程

新中国成立至今，我国的土地制度进行了一系列改革。主要改革历程为：1949年确立了土地的社会主义公有制，《宪法》明确规定，任何组织或个人不得侵占、买卖、出租或以其他形式非法转让土地；1979年开始以场地使用权作为出资兴办中外合资企业或向中外合资企业收取场地使用费，土地使用权可作为合资企业中方合营者的投资股本；1986年制定实施土地管理法，成立了国家土地管理局；1987年国务院提出土地使用权可有偿转让，深圳率先试行，并先后颁布了《城镇土地定级规程（试行）》和《城镇土地估价规程（试行）》；1988年国务院决定在全国城镇普遍收取土地使用费（税）；1992年邓小平南方谈话和党的十四大确立了经济体制改革和土地市场培育的进程；1995年国家土地管理局公布了《协议出让国有土地使用权最低价确定办法》，提出培育和发展土地市场的具体办法；2003年实施《中华人民共和国农村土地承包法》，界定了农民在承包期内拥有土地使用权、收益权和土地使用权的转让权或流转权等。

7.2.1.3　土地使用税的作用

土地使用税是国家利用经济手段对土地进行有效的管理，其作用主要表现在：通过征税可以促进土地资源的合理配置和有效使用；调节土地级差收入，促进城镇建设合理布局；增加地方收入，保证城市建设的资金来源；理顺国家和土地使用者之间的分配关系。

2015年我国城镇土地使用税收入2 142亿元，同比增长7.5%，占全国税收收入（124 892亿元）的1.72%。

7.2.2　土地使用税的基本要素

7.2.2.1　土地使用税的征税范围

土地使用税的征税范围为城市、县城、建制镇和工矿区。

（1）城市。城市是指经国务院批准设立的市，其征税范围为市区和郊区。

（2）县城。县城是指县人民政府所在地，其征税范围为县人民政府所在的县城。

（3）建制镇。建制镇是指经省、自治区、直辖市人民政府批准建立的建制镇，其征税范围为镇人民政府所在地。

（4）工矿区。工矿区是指经省、自治区、直辖市政府批准，工商业比较发达、人口比较集中、符合国务院规定的建制镇标准，但尚未建立建制镇的大中型工矿企业所在地。

上述城市、县城、建制镇、工矿区的具体征税范围，由各省、自治区、直辖市政府划定。如大中型企业生产、办公、生活区，海关特殊监管区域以及各类产业聚集园区所在地纳入工矿区征收范围。

【小资料7-3】　　土地的所有权与使用权

按现有土地法律制度，我国对土地的所有权与使用权做了明确的规定：城市市区的土地属于国家所有；农村和城市郊区的土地，除由法律规定属于国家所有的以外，属于农民集体所有，宅基地和自留地、自留山，属于农民集体所有；国有土地和农民集体所有的土地，可以依法确定给单位或个人使用。使用土地的单位和个人有保护、管理和合理利用土地的义务。

7.2.2.2　土地使用税的纳税人

土地使用税的纳税人是在征税范围内使用土地的单位和个人。单位包括国有企业、集体企业、私营企业、股份制企业、外商投资企业、外国企业，以及其他企业和事业单位、社会团体、国家机关、军队及其他单位；个人包括个体工商户及其他个人。

（1）土地属国家所有，纳税人为拥有土地使用权的单位和个人。

（2）土地属集体所有，纳税人为土地使用单位和个人。

（3）拥有土地使用权的纳税人不在土地所在地的，纳税人为代管人或实际使用人。

（4）土地使用权未确定或权属纠纷未解决的，纳税人为实际使用人。

（5）土地使用权共有的，由共有各方按实际使用面积占总面积的比例分别计算纳税。

7.2.2.3　土地使用税的税率

（1）法定定额税率。土地使用税实行从量定额计征，采用分类幅度税额，即按大城市、中等城市、小城市、县城、建制镇和工矿区4个档次，规定不同的每平方米年幅度税额。具体规定见表7-2。

表7-2　**城镇土地使用税税率表**

土地所在地区	人口（人）	幅度税额（元）
大城市	50万以上	1.5~30
中等城市	20万~50万	1.2~24
小城市	20万以下	0.9~18
县城、建制镇、工矿区	—	0.6~12

【小资料7-4】　我国城镇土地使用税法中有关城市划分的标准

土地使用税法中规定的大、中、小城市，以公安部门登记在册的非农业正式户口人数为依据，按照国务院颁布的《中华人民共和国城市规划法》规定的标准划分。划分标准为：大城市为市区及近郊区非农业人口总计在50万以上的城市；中等城市为市区及近郊区非农业人口总计在20万以上不满50万的城市；小城市为市区及近郊区非农业人口总计不满20万的城市。

（2）地方自定税率。由省、自治区、直辖市政府，在上述所列法定定额税率的幅度内，根据市政建设状况、经济繁荣程度等条件，确定所辖地区税额的适用幅度。市、县人民政府应根据实际情况，将本地区土地划分为若干等级，在省、自治区、直辖市政府规定的税额幅度内制定相应的适用税额标准，报省、自治区、直辖市政府批准执行。

经省、自治区、直辖市政府批准，经济落后地区土地使用税的适用税额标准可适当降低，但降低额不得超过规定最低税额的30%；经济发达地区土地使用税的适用税额标准可适当提高，但须报财政部批准。

7.2.3 土地使用税的优惠政策

7.2.3.1 土地使用税的法定免税

（1）国家机关、人民团体、军队自用的土地。

（2）由国家财政部门拨付事业经费的单位自用的土地。

（3）企业办的学校、医院、托儿所、幼儿园，其用地能与其他用地明确区分的土地。

（4）宗教寺庙、公园、名胜古迹自用的土地。自2009年1月起公园、名胜古迹内的索道公司经营用地应按规定纳税。

（5）直接用于农、林、牧、渔业的生产用地。但不包括农副产品加工场地和生活办公用地。

（6）经批准开山填海整治的土地和改造的废弃土地，从使用的月份起免缴土地使用税5~10年。

（7）由财政部另行规定的免税的能源、交通、水利设施用地和其他用地，以及城市公交站场道路、客运站场。

（8）市政街道、广场、绿化地带等公共用地免税，但企业内部的街道、广场、绿化用地不属于公共用地，应按规定征税。

（9）非营利性医疗机构、疾病控制机构和妇幼保健机构等卫生机构自用的土地。

（10）对行使国家行政管理职能的中国人民银行总行（含国家外汇

管理局）所属分支机构自用的土地。

（11）免税单位无偿使用纳税单位的土地（如公安、海关等单位使用铁路和民航等单位的土地）。但纳税单位无偿使用免税单位的土地，纳税单位应照章纳税。纳税单位与免税单位共同使用、共有使用权土地上的多层建筑，对纳税单位可按其占用的建筑面积占建筑总面积的比例计征土地使用税。

7.2.3.2 土地使用税的减免优惠

（1）对石油、电力、煤炭等能源用地，民用港口、铁路等交通用地和水利设施用地，三线调整企业、盐业、采石场、邮电等一些特殊用地，给予划分土地使用税的征免税界限和政策性减免税照顾。

（2）向居民供热并向居民收取采暖费的供热企业，暂免征收土地使用税；对既向居民供热又向非居民供热的企业，可按向居民供热收取的收入占其总供热收入的比例划分土地使用税的征免税界限；对兼营供热的企业，可按向居民供热收取的收入占其生产经营总收入的比例划分土地使用税的征免税界限。

（3）对在一个纳税年度内月平均实际安置残疾人就业人数占单位在职职工总数的比例高于25%（含25%）且实际安置残疾人人数高于10人（含）的单位，可减征或免征该年度土地使用税。

（4）自2016年1月起，体育场馆自用的房产和土地房产税减免优惠规定为：

①国家机关、军队、人民团体、财政补助事业单位、居民委员会、村民委员会拥有的体育场馆，用于体育活动的房产、土地，免征土地使用税。

②经费自理事业单位、体育社会团体、体育基金会、体育类民办非企业单位拥有并运营管理的体育场馆，同时符合下列条件的，其用于体育活动的房产、土地，免征土地使用税：向社会开放，用于满足公众体育活动需要；体育场馆取得的收入主要用于场馆的维护、管理和事业发展；拥有体育场馆的体育社会团体、体育基金会及体育类民办非企业单位，除当年新设立或登记的以外，前一年度登记管理机关的检查结论为“合格”。

③企业拥有并运营管理的大型体育场馆，其用于体育活动的房产、

土地，减半征收土地使用税。

（5）自2015年1月1日起至2016年12月31日止，对物流企业自有的（包括自用和出租）大宗商品仓储设施用地，减按所属土地等级适用税额标准的50%计征土地使用税。

（6）其他经国家税务总局批准，缴纳土地使用税确实有困难需要定期减免的。

7.2.3.3　省级地方税务局的减免税

（1）个人所有的居住用房及院落用地。

（2）免税单位职工家属的宿舍用地。

（3）房产管理部门在房租调整改革前经租的居民住房用地。

（4）民政部门举办的安置残疾人占一定比例的福利工厂用地。

（5）集体和个人办的各类学校、医院、托儿所、幼儿园用地。

（6）企业搬迁后原场地不使用的、企业范围内荒山等尚未利用的土地。

（7）对于各类危险品仓库、厂房所需的防火、防爆、防毒等安全防范用地。

7.2.3.4　土地使用税的征免界定

（1）免税单位无偿使用纳税单位的土地（如公安、海关等使用铁路和民航等单位的土地）。但纳税单位无偿使用免税单位的土地，纳税单位应照章纳税。纳税单位与免税单位共同使用、共有使用权土地上的多层建筑，对纳税单位可按其占用的建筑面积占建筑总面积的比例计征土地使用税。

（2）企业的铁路专线、公路等用地，除另有规定外，在企业厂区（包括生产、办公、生活区）以内的，应照章征收土地使用税；在厂区以外、与社会公共地段未加隔离的，暂免征收土地使用税。

（3）城镇内的集贸市场用地，按规定应征收土地使用税。为促进集贸市场的发展，照顾各地的不同情况，各省、自治区、直辖市税务局可根据具体情况，自行确定对集贸市场用地征收或免征土地使用税。

（4）房地产开发公司建造商品房的用地，原则上应按规定缴纳土地使用税。但在商品房出售之前纳税确有困难的，其用地是否给予减征或缓征、免税照顾，可由省级地方税务局从严确定。

（5）基建项目在建期间的用地，原则上应征收土地使用税。但对有些基建项目，特别是国家产业政策扶持发展的大型基建项目，占地面积大、建设周期长、在建期间没有经营收入，对纳税人纳税确有困难的，可由省级地方税务局予以减免税；对已完工或已经使用的基建项目，其用地应照章征收土地使用税。

除上述规定外，纳税人缴纳土地使用税确有困难需要定期减免的，由县以上地方税务机关批准。

7.2.4 土地使用税的计税管理

7.2.4.1 土地使用税的税额计算

土地使用税以纳税人实际占用的土地面积为计税依据，采用从量定额法计算应纳税额。其计算公式为：

应纳税额=实际占用土地面积×适用税额

纳税人实际占用的土地面积是指省、自治区、直辖市人民政府确定的由测量工作单位测定的土地面积。对尚未组织测量的，凡纳税人持有政府部门核发的土地使用证书，以证书确定的土地面积为准；尚未核发土地使用证书的，由纳税人据实申报土地使用面积，待土地面积测定后，按测定的面积进行调整。

【例题7-4】兴隆购物中心实行统一核算，土地使用证书上载明，该购物中心实际占用土地情况为：中心店占地8 200平方米，一分店占地3 600平方米，二分店占地5 800平方米，企业仓库占地6 300平方米，企业自办托儿所占地360平方米。经税务机关确认，该企业所占用土地分别适用市政府确定的以下税额：中心店位于一等地段，每平方米年税额15元；一、二分店位于三等地段，年税额7元；仓库位于五等地段，年税额4元。该市政府规定，企业自办托儿所、幼儿园、学校用地免征土地使用税。该购物中心应纳的土地使用税为：

应纳税额=8 200×15+（3 600+5 800）×7+6 300×4=214 000（元）

7.2.4.2 土地使用税的征收管理

（1）土地使用税实行按年计算、分期缴纳的征收方法。具体纳税期限由省、自治区、直辖市人民政府确定。

（2）土地使用税在土地所在地缴纳。纳税人使用的土地不属于同一省、自治区、直辖市管辖的，由纳税人分别向土地所在地的税务机关缴纳土地使用税；在同一省、自治区、直辖市管辖范围内，纳税人跨地区使用的土地，其纳税地点由各省、自治区、直辖市地方税务局确定。

（3）土地使用税纳税人应按税法规定，及时办理纳税申报，并如实填写城镇土地使用税纳税申报表。

（4）凡缴纳耕地占用税的，从批准之日起满1年时征收土地使用税；征用非耕地因不需缴纳耕地占用税，应从批准征用次月起征收土地使用税。

土地使用税的其他征收管理事项，按照《税收征管法》及其实施细则等相关规定执行。

7.3 耕地占用税法

7.3.1 耕地占用税法基础理论

7.3.1.1 耕地占用税法的概念

耕地占用税是指对占用耕地建房或从事其他非农业建设的单位和个人，就其占用的耕地面积征收的一种税。

耕地占用税法是指国家制定的用以调整国家与耕地占用税纳税人之间征纳活动的权利与义务关系的法律规范。其基本法律依据是2007年12月国务院发布的《中华人民共和国耕地占用税暂行条例》（修订）。

7.3.1.2 耕地占用税的演变

为合理利用土地资源，加强土地管理，保护农用耕地，国务院于1987年4月发布了《中华人民共和国耕地占用税暂行条例》，但不适用于对外商投资企业、外国企业和外籍个人的征收。这对保护耕地、促进合理利用土地资源起到了积极的作用。

随着经济的发展，上述条例越来越不适应新形势的需要，保护耕地的作用日益弱化。因此，财政部、国家税务总局拟订了《中华人民共和国耕地占用税暂行条例（修订草案）》报国务院审批，国务院法制办征求了国务院有关部门和地方政府的意见后，于2006年8月下发了《关于加强土地调控有关问题的通知》。党的十七大也提出要严格保护耕地，为此国务院于2007年12月发布了《中华人民共和国耕地占用税暂行条例》（修订），从2008年1月1日起实施。

7.3.1.3 耕地占用税的特点

我国耕地占用税作为一种资源税，其特点主要表现在以下4个方面：

（1）税收用途的补偿性。耕地占用税实质是补偿农民因土地被占用而短缺的用于发展农业生产的资金，通过补偿行为增加农民收入，保障农业健康、良性、有序发展。

（2）征收环节的一次性。耕地占用税只在耕地占用环节一次性征税，以后不再重复征税。

（3）征收标准的灵活性。各省、自治区、直辖市可以根据本地区具体情况，在国家规定税率的基础上，制定和调整耕地占用税的计征标准，灵活处理本地区的特殊情况。

（4）计征方法的从量性。耕地占用税以县为单位，以人均耕地面积为标准，分别规定单位税额，实行从量定额计征。

7.3.1.4 耕地占用税的意义

耕地是从事农业生产的基本条件，开征耕地占用税是加强土地管理、防止乱占耕地、综合治理非农业占用耕地的法律和经济手段；同时也有利于增加财政收入。2015年我国耕地占用税收入2 097亿元，同比增长1.9%，占全国税收收入（124 892亿元）的1.68%。

根据“取之于民、用之于民”的税收原则，征收的耕地占用税税款还要返还于发展农业，增加农业投资，特别是用于开垦宜农荒地，开发利用滩涂草场，改造治理中、低产田，改善农田灌溉条件，加强农田基本建设，提高土地质量，以此来弥补占地给农业生产带来的损失。

7.3.2 耕地占用税法基本内容

7.3.2.1 耕地占用税的征税范围

（1）征税范围的基本规定。耕地占用税以占用农用耕地从事其他非农业建设为征税范围。所谓耕地，是指用于种植农作物的土地，包括菜地、园地。其中，园地包括花圃、苗圃、茶园、果园、桑园和其他种植经济林木的土地。占用鱼塘及其他农用土地建房或从事其他非农业建设，也视同占用耕地。

（2）征税范围的前提条件。这主要包括：一是占用土地的性质为农用耕地；二是占用土地的目的是建房或从事其他非农业建设。两个条件同时具备的，属于耕地占用税的征税范围；以非耕地或占用耕地用于农业生产建设的，则不属于该税的征税范围。

7.3.2.2 耕地占用税的纳税人

耕地占用税的纳税人是占用耕地建房或从事其他非农业建设的单位和个人。这里所称单位包括国有企业、集体企业、私营企业、股份制企业、外商投资企业、外国企业以及其他企业和事业单位、社会团体、国家机关、部队以及其他单位；所称个人包括个体工商户和其他个人。

7.3.2.3 耕地占用税的税率

耕地占用税实行定额幅度税率，见表7-3。国务院财政、税务主管部门根据人均耕地面积和经济发展情况，确定各省、自治区、直辖市的平均税额。根据2007年12月财政部、国家税务总局制定的《关于耕地占用税平均税额和纳税义务发生时间问题的通知》的规定，各省、自治区、直辖市每平方米平均税额见表7-4。

表7-3 **耕地占用税税额表**

级别	人均耕地标准（以县级行政区域为单位）	税额幅度（元）	计税单位
1	人均耕地不超过1亩的地区	10~50	每平方米
2	人均耕地超过1亩但不超过2亩的地区	8~40	每平方米
3	人均耕地超过2亩但不超过3亩的地区	6~30	每平方米
4	人均耕地超过3亩的地区	5~25	每平方米

各地区制定或确定适用税率时，需要注意以下问题：

（1）各地适用税额，由省、直辖市、自治区政府在规定的税额幅度内，根据本地区情况核定。各省、直辖市、自治区政府核定的适用税额的平均水平，不得低于财政部、国家税务总局规定的平均税额。

表7-4　　耕地占用税单位和等级税额表

序号	适用地区	税额标准（元）
1	上海市	45
2	北京市	40
3	天津市	35
4	浙江（含宁波市）、福建、江苏、广东（含广州市）	30
5	湖北（含武汉市）、湖南、辽宁（含沈阳市、大连市）	25
6	河北、山东（含青岛市）、江西、安徽、河南、四川（含重庆市）	22.5
7	广西、陕西（含西安市）、贵州、云南	20
8	山西、黑龙江（含哈尔滨市）、吉林	17.5
9	甘肃、宁夏、内蒙古、青海、新疆	12.5

（2）经济特区、经济技术开发区和经济发达且人均耕地特别少的地区，适用税额可以适当提高，但提高的部分最高不得超过各省、直辖市、自治区政府规定的当地适用税额的50%。

（3）占用基本农田的，适用税额应当在上述规定的当地适用税额的基础上提高50%。

（4）经省级人民政府批准，确定县级行政区占用耕地的适用税额，占用林地、牧草地、农田水利用地、养殖水面及渔业水域滩涂等其他农用地的适用税额，可适当低于占用耕地的适用税额。各地确定的县级行政区适用税额须报财政部、国家税务总局备案。

7.3.2.4　耕地占用税的优惠政策

（1）军事设施占用耕地免税。

（2）学校、幼儿园、敬老院、医院占用耕地免税。

（3）铁路线路、公路线路、飞机场跑道、停机坪、港口、航道占用耕地，减按每平方米2元的税额征收耕地占用税。

（4）农村居民占用耕地新建住宅，可按规定税额减半征收。

（5）农村革命烈士家属、革命残废军人和鳏寡孤独，以及在老革命根据地、少数民族聚居地区和边远贫困山区生活困难的农户，在规定用地标准以内新建住宅，纳税确有困难的，由纳税人提出申请，经所在地乡（镇）政府审核，报经县级政府批准后，可给予减免税。

需要说明的是：按规定免征或减征耕地占用税后，纳税人改变原占地用途，不再属于免征或减征耕地占用税情形的，应当按照当地适用税额补缴耕地占用税。

7.3.3 耕地占用税的计税管理

7.3.3.1 耕地占用税的税额计算

耕地占用税以纳税人实际占用的耕地面积为计税依据，按规定的单位税额计算应纳税额。其计算公式为：

应纳税额=实际占用应税耕地面积×单位税额

【例题7-5】滨海市某公司2015年有关资料如下：

（1）土地使用证书上记载公司总部占地面积4 000平方米，其中企业自办托儿所占地面积1 000平方米。

（2）公司下属A、B两个分公司，其中A公司占地2 000平方米（含占有学校免税土地700平方米）；B公司在郊区占地3 000平方米，其中包括2004年占用耕地800平方米。

（3）经批准在郊区占用一块耕地，面积1 200平方米，用于扩建C公司。

公司采取汇总纳税办法，适用城镇土地使用税税率为市区5元/平方米、郊区3元/平方米，耕地占用税税率17.5元/平方米。该公司2015年应纳的土地使用税和耕地占用税分别为：

应纳土地使用税=（4 000−1 000）×5+2 00×5+3 000×3=34 000（元）

应纳耕地占用税=1 200×17.5=21 000（元）

7.3.3.2 耕地占用税的征收管理

经批准占用耕地的，耕地占用税纳税义务发生时间为纳税人收到土地管理部门办理占用农用地手续通知的当天。未经批准占用耕地的，耕地占用税纳税义务发生时间为实际占用耕地的当天。

耕地占用税由地方税务机关负责征收。土地管理部门在通知单位或个人办理占用耕地手续时，应同时通知耕地所在地地方税务机关。获准占用耕地的单位或个人应在收到土地管理部门的通知之日起30日内缴纳耕地占用税。土地管理部门凭耕地占用税完税凭证或免税凭证和其他有关文件发放建设用地批准书。

纳税人临时占用耕地，应当依照规定缴纳耕地占用税。纳税人在批准临时占用耕地的期限内恢复所占用耕地原状的，全额退还已经缴纳的耕地占用税。

7.4 土地增值税法

7.4.1 土地增值税法基础理论

7.4.1.1 土地增值税法的概念

土地增值税是对转让国有土地使用权、地上建筑物及其附着物并取得收入的单位和个人，就其转让房地产所取得的增值额征收的一种税。

土地增值税法是指国家制定的用以调整国家与土地增值税纳税人之间征纳活动的权利与义务关系的法律规范。其基本法律依据是1993年12月国务院颁布的《中华人民共和国土地增值税暂行条例》和1995年1月财政部制定的《土地增值税暂行条例实施细则》等。

【小资料7-5】 西方国家征收土地增值税的理论依据

西方国家较为提倡对土地增值课税，其理论依据：一是土地的自然增值应通过课税而归社会全体所有，不能为土地所有者独占；二是就土地增值部分课税，可达到抑制地价居奇抬高和投机的目的；三是随着现代社会地价的日益增长，课征土地增值税可为财政提供可靠的收入来源。因此，目前世界上有60多个国家和地区直接对土地（有的连同地上建筑物）转让收入课税。

7.4.1.2 开征土地增值税的必要性

1987年我国对国有土地实行有偿出让、转让的土地使用制度进行改革，使得国内房地产业得到了迅速发展，房地产市场已初具规模，这对改善人民居住条件、合理配置土地资源、充分发挥国有土地的资产效益、改善投资环境等起到了很大作用。但也出现了一些问题，主要包括：土地供给计划性不强，成片成批租地量过大、价格过低；房地产开发公司增长过快，价格上涨过猛，房地产投资开发规模偏大；盲目设立开发区，占用耕地多，开发利用率低；房地产市场机制不完善，市场行为不规范，“炒”风过盛；浪费国家财力，加剧了社会分配不公等。

上述问题的主要原因在于房地产管理制度不健全、不严密，特别是国有土地的出让价格太低，使得转让土地及炒买炒卖者能获得暴利。解决这一问题，必须加强对土地出让环节的管理，健全产权登记制度，还应运用法律、经济手段，特别是要发挥税收杠杆的特殊调节作用，以达到促进国有土地合理而有效利用的目的。为规范土地、房地产市场交易秩序，调节土地增值收益，1993年12月国务院发布了《中华人民共和国土地增值税暂行条例》，并决定自1994年1月起对转让土地及地上建筑物的单位和个人征收土地增值税。

近年来，我国土地增值税收入稳定增长。2015年我国土地增值税收入3 832亿元，同比下降2.1%，占全国税收收入（124 892亿元）的3.1%。

【小资料7-6】　　我国台湾的土地增值税

我国台湾对土地增值课税较早，始于1954年公布的《都市平均地权条例》，是以土地所有权人申报地价后土地自然涨价为征税依据，采用5级超额累进税率。1977年公布了专门的土地税法，税率调整为40%、50%和60%，并于1979年和1989年做了进一步修正。其税法规定，纳税人为原土地所有权人、土地无偿转移的继承人、出典人和土地管理者或代理人，按照土地涨价总数额实行超额累进税率征收，其减除项目包括土地原始地价或者前次转移现值和改良土地已支付的全部费用。我国台湾土地增值税自开征以来，来自该税的收入增长很快，在支持各县（市）地方财政中发挥了重大作用。

7.4.2　土地增值税法基本内容

7.4.2.1　土地增值税的征税范围

土地增值税是以有偿转让的国有土地使用权、地上建筑物及其附着物（简称土地权属）为征税范围。地上建筑物及其附着物是指建于土地上的一切建筑物、地上地下的各种附属设施，以及附着于该土地上的不能移动、一经移动即遭损坏的物品。确定土地增值税的征税范围是征税的关键，土地增值税的征税范围必须同时满足下列条件，缺一不可：

（1）转让的是否为国有土地使用权。土地增值税仅对转让国有土地使用权及地上建筑物征税。法律规定对集体土地实行征用，依法被征用后的土地属于国家所有。对属于国家所有的土地，其土地使用权在转让时应纳入土地增值税的征税范围。

（2）国有土地使用权的产权是否转让。土地增值税仅对产权转让征税，但不包括下列两项：一是国有土地使用权出让所取得的收入；二是未转让房产、土地使用权的行为，如房地产的出租。

（3）国有土地使用权的转让是否取得收入。土地增值税只对有偿转让土地使用权并取得的收入征税，也不论是单独转让还是与房屋产权一并转让，只要取得收入，均要征收土地增值税。但不包括房地产的权属虽转让但未取得收入行为，如房地产的继承，尽管房地产权属发生了变更，但权属人并未取得收入，所以不征收土地增值税。

7.4.2.2　土地增值税的征免界定

根据上述土地增值税征税范围的判定标准，可对以下若干具体情况是否属于土地增值税的征税范围进行界定：

（1）以出售方式转让土地权属。这包括3种情形：一是出售国有土地使用权的，属于国有土地使用权的有偿转让，应纳入征税范围；二是取得国有土地使用权后进行房屋开发建造然后出售的，应纳入征税范围；三是在存量房地产的买卖中，对已建成并已投入使用的房地产，其房屋所有人将房产、土地使用权一并转让给其他单位和个人，应纳入土地增值税征税范围。

（2）以继承、赠与方式转让房地产。只发生房地产产权的转让而没有取得相应的收入，属无偿转让房地产的行为，所以不应将其纳入征税范围。但赠与应符合两个条件：一是房产、土地使用权所有人将房产、土地使用权赠与直系亲属或承担直接赡养义务的人；二是房产、土地使用权所有人通过中国境内非营利的社会团体、国家机关，将房产、土地使用权赠与教育、民政和其他社会福利、公益事业。

（3）房地产的出租。这是指房地产的产权所有人、依法取得土地使用权的土地使用人将房产、土地使用权租赁给承租人使用，由承租人向出租人支付租金的行为。房地产的出租人虽取得了收入，但没有发生房产、土地使用权的转让，因此房地产出租不属于土地增值税征税范围。

（4）房地产的抵押。这是指房地产的产权所有人、依法取得土地使用权的土地使用人作为债务人或第三人向债权人提供不动产作为清偿债务的担保而不转移权属的法律行为。由于房产、土地使用权在抵押期间并没有发生权属变更，因此对房地产在抵押期间不征收土地增值税。待抵押期满后，视该房地产是否转移确定是否征收土地增值税。对以房地产抵债而发生房地产权属转让的，应列入土地增值税征税范围。

（5）房地产的交换。这是指一方以房地产与另一方的房地产进行交换的行为。房地产交换既发生了房产产权、土地使用权的转移，交换双方又取得了实物形态的收入，因此房地产交换属于其征税范围。但对个人之间互换自有居住用房地产的，经当地税务机关核实，可以免征土地增值税。

（6）房地产的投资。这是指以房地产形式投资、联营的行为。对投资或联营的一方，以土地（房地产）作价入股进行投资或作为联营条件将房地产转让到所投资、联营的企业中，在房地产投出时暂免征收土地增值税；对投资、联营企业将房地产再转让的，应征收土地增值税。

（7）房地产的合建。这是指一方出地，另一方出资金，双方合作建房，建成后按比例分房自用的行为。按照税法的规定，自用的合作建房暂免征收土地增值税；建成后转让的，应征收土地增值税。

（8）房地产的代建。这是指房地产公司代客户进行房地产开发，开发完成后向客户收取代建房收入的行为。房地产开发公司虽取得收入但没有发生房地产权属的转移，其收入属于劳务收入性质，因而对房地产开发公司不征土地增值税。

（9）房地产的征用。这是指因国家收回土地权属而使房地产权属发生转让的行为。原房产所有人、土地使用权人虽因国家征用取得了一定的收入，但其收入属于补偿性质，因此可免征土地增值税。对因城市实施规划、国家建设的需要而搬迁，由纳税人自行转让原房地产的，也可免征土地增值税。

（10）房地产的兼并。按照税法的规定，对被兼并企业将房地产转让到兼并企业中的，暂免征收土地增值税。

（11）房地产的评估。国有企业在清产核资、重新评估后升值的房地产，因没有发生房地产权属转移，房产所有人、土地使用权人也未取得收入，所以评估增值的房地产不属于土地增值税的征税范围。

7.4.2.3　土地增值税的纳税人

土地增值税以有偿转让国有土地使用权、地上建筑物及其附着物并取得收入的单位和个人为纳税人。其中单位包括各类企事业单位、国家机关、社会团体和其他组织。概括地说，不分法人与自然人、不分经济性质、不分内资与外资、不分部门，只要有偿转让房地产，都是土地增值税的纳税人。

7.4.2.4　土地增值税的税率

土地增值税实行4级超率累进税率，具体规定见表7-5。

表7-5　**土地增值税税率表**

级数	土地增值额占扣除项目金额的比例	税率	速算扣除率
1	未超过50%（含）的部分	30%	0
2	超过50%未超过100%（含）的部分	40%	5%
3	超过100%未超过200%（含）的部分	50%	15%
4	超过200%的部分	60%	35%

7.4.2.5　土地增值税的优惠政策

（1）纳税人建造普通标准住宅出售，其增值额未超过扣除项目金额20%的，免征土地增值税。普通标准住宅是指按所在地一般民用住宅标准建造的居住用住宅，但高级公寓、别墅、度假村等不属于普通标准住宅。

（2）国家建设需要依法征用、收回的房地产免税。依法征用、收回的房地产是指因城市实施规划、国家建设的需要而被政府批准征用的房产或收回的土地使用权。

（3）个人因工作调动或改善居住条件而转让原自用的住房，经向税务机关申报核准，凡居住满5年或5年以上的予以免税；居住满3年未满5年的减半征税；居住未满3年的，应按规定计征土地增值税。

需要说明的是：在前述土地增值税征税范围11种行为界定中，规定了其中征税或不征税的项目，见表7-6。

表7-6　　　　**土地增值税征免范围简表**

有关事项	界定	适用范围	
		征收	不征
1.继承、赠与	征免	非公益性赠与	继承及公益性赠与
			赠与直系亲属或承担直接赡养义务人
2.房地产出租	不征		因无权属转移
3.房地产抵押	征免	抵押期满房地产抵债	抵押期及期满偿还债务本息
4.房地产交换	征免	单位之间换房	个人互换自住房
5.房地产投资	征免	将投资联营房地产再转让	房地产转让到投资联营企业
6.合建房地产	征免	建成后转让	建成后自用
7.代建房地产	不征		因无权属转移
8.征用房地产	不征		国家依法征用，权属发生转让
9.兼并房地产	不征		未取得收入
10.评估房地产	不征		未取得收入

7.4.3　土地增值税的税额计算

土地增值税应纳税额的计算，可以利用速算扣除率，按照简易办法计算。其计算公式为：

应纳土地增值税=土地增值额×适用税率-扣除项目金额×速算扣除率

土地增值额=应税收入-扣除项目金额

7.4.3.1　应税收入的确定

按照税法的规定，纳税人转让房地产取得的应税收入应包括转让房地产的全部价款及有关的经济收入，包括货币收入、实物收入和其他

（无形资产收入或具有财产价值的权利）收入。

7.4.3.2　扣除项目金额的确定

（1）转让新开发房地产的扣除项目金额，包括以下内容：

①取得土地使用权所支付的金额。这是指纳税人为取得土地使用权所支付的地价款和按国家统一规定缴纳的有关费用。其中有关费用是指按国家统一规定缴纳的有关登记费、过户手续费等。

②房地产开发成本。这是指纳税人房地产开发项目实际所发生的成本，包括土地征用费、拆迁补偿费、前期工程费、建筑安装工程费、基础设施费、公共配套设施费和开发间接费。房地产开发企业销售已装修的房屋，其装修费用可以计入房地产开发成本。

③房地产开发费用。这是指与房地产开发项目有关的销售费用、管理费用和财务费用。财务费用中的利息支出，凡能够按转让房地产项目计算分摊并能提供金融机构证明的，允许据实扣除，但最高不能超过按商业银行同类同期贷款利率计算的金额；其他房地产开发费用按上述两项，即①和②规定计算金额之和的5%以内计算扣除；凡不能按转让房地产项目计算分摊利息支出或不能提供金融机构证明的，房地产开发费用按上述两项规定计算金额之和的10%以内计算扣除。

上述计算扣除的具体比例，由各省、自治区、直辖市政府规定。上述利息上浮幅度按国家有关规定执行，超过上浮幅度的部分不允许扣除。对超过贷款期限的利息部分和加罚的利息不允许扣除。

④与转让房地产有关的税金。这是指在转让房地产时缴纳的城市维护建设税、印花税及教育费附加。但房地产开发企业不得扣除印花税，其他纳税人可按产权转移书据所载金额的5‰扣除印花税。

⑤加计扣除。根据税法的规定，对从事房地产开发的纳税人，可按上述①、②两项金额之和的20%加计扣除。

（2）转让旧房地产的扣除项目金额，包括以下内容：

①房屋及建筑物的评估价格。这是指在转让已使用的房屋及建筑物时由政府批准设立的房地产评估机构评定的重置成本，乘以成新度折扣率后的价格。评估价格须经当地税务机关确认。

房地产的评估价格是指由政府批准设立的房地产评估机构根据相同地段、同类房地产进行综合评定，并经当地税务机关确认的价格。

重置成本是指对旧房及建筑物，按转让时的建材价格及人工费用计算，建造同样面积、同样楼层、同样结构、同样建设标准的新房及建筑物所需花费的成本费用。

成新度折扣率是指按旧房的新旧程度作一定比例的折扣。如一栋房屋已使用近8年，建造时的造价为2 000万元，按转让时的建材及人工费用计算，建同样的新房需花费5 000万元。该房有6成新。则该房的评估价格为3 000万元（5 000×60%）。

②取得土地使用权所支付的地价款和按国家统一规定缴纳的有关费用。对取得土地使用权时未支付地价款或不能够提供已支付的地价款凭据的，在计征土地增值税时不允许扣除。

③在转让环节缴纳的税金，包括城市维护建设税、教育费附加和印花税。

（3）特殊情形的房地产评估价格。税法规定，纳税人有下列情形之一的，按房地产评估价格计算征收土地增值税：隐瞒、虚报房地产成交价格的；提供扣除项目金额不实的；转让房地产的成交价格低于房地产评估价格，又无正当理由的。

需要注意的是：土地增值税纳税人转让房地产取得的收入不含增值税。土地增值税扣除项目涉及的增值税进项税额，允许在销项税额中计算抵扣的，不计入扣除项目；不允许在销项税额中计算抵扣的，可以计入扣除项目。

7.4.3.3 土地增值额的确定

土地增值额为纳税人的应纳税收入与扣除项目金额的差额。其计算公式为：

土地增值额=应纳税收入-扣除项目金额

7.4.3.4 土地增值额占扣除项目金额的比率

土地增值额占扣除项目金额的比率=土地增值额÷扣除项目金额×100%

纳税人应依据上述比例确定税率和速算扣除率，按公式计算应纳土地增值税税额。

【小资料7-7】　　土地增值税应纳税额的计算

土地增值税应纳税额的计算涉及应税收入、扣除项目金额、土地增值额和适用税率等因素，其联系和次序等见表7-7。

表 7-7　　　　　　　　**土地增值税应纳税额的计算**

计算步骤		内容
1.房地产转让收入		包括货币、实物和其他收入
2.扣除项目金额		
转让新房产	（1）支付地价款	地价款和有关费用
	（2）房地产开发成本	房地产开发项目实际发生的成本
	（3）房地产开发费用	销售费用、管理费用和财务费用
	（4）与转让房地产有关的税金	增值税、城市维护建设税、印花税和教育费附加
	（5）加计扣除（房地产开发企业）	（1）、（2）两项之和的 20%
转让旧房产	（1）房屋及建筑物的评估价格	重置成本乘以成新度折扣率
	（2）地价款和有关费用	支付的有关凭证
	（3）转让环节缴纳的税金	增值税、城市维护建设税、印花税和教育费附加
3.土地增值额		3=1−2
4.适用税率		（1）3÷2×100%；（2）查表
5.应纳税额		5=3×税率−2×速算扣除率

【例题 7-6】 某房地产开发公司 2016 年 5 月签订转让一栋写字楼合同，并取得收入 5 100 万元，公司按规定缴纳了有关税金。该公司为取得土地使用权而支付的地价款和有关费用为 510 万元，投入的房地产开发成本为 1 550 万元；房地产开发费用中的利息支出为 120 万元（能按房地产项目分摊，并提供金融机构证明），比按工商银行同类同期贷款利率计算的利息多出 10 万元。公司所在地政府规定的其他房地产开发费用的计算扣除比例为 5%，增值税税率 11%，城市维护建设税税率 7%，教育费附加费率 3%，印花税税率 5‰。该公司应纳的土地增值税计算过程为：

（1）收入额=5 100万元

（2）扣除项目金额为：

①取得土地使用权支付的地价款=510万元

②房地产开发成本=1 550万元

③房地产开发费用=（120−10）+（510+1550）×5%=213（万元）

④与转让房地产有关的城市维护建设税和教育费附加=5 100×11%×（7%+3%）=56.1（万元）

签订转让房地产合同应缴纳印花税=5 100×5‰=2.55（万元）

⑤加计扣除=（510+1 550）×20%=412（万元）

扣除项目金额合计=510+1550+213+56.1+412=2741.1（万元）

（3）土地增值额=5 100−2741.1=2 358.9（万元）

（4）土地增值额占扣除项目金额比例=2 358.9÷2 741.1×100%=86.06%

适用税率为40%，速算扣除率为5%。

（5）应纳土地增值税税额=2 358.9×40%−2 741.1×5%=806.51（万元）

7.4.4 土地增值税的征收管理

7.4.4.1 土地增值税的纳税申报

纳税人应于转让房地产合同签订之日起7日内向房地产所在地主管税务机关办理纳税申报，同时提交土地使用权、房屋及建筑物产权证书，土地转让、房产买卖合同，房地产评估报告及其他与转让房地产有关的资料。纳税人经常发生房地产转让难以在每次转让后申报的，经税务机关批准并规定具体期限，可定期进行纳税申报。

纳税人在项目全部竣工结算前转让房地产取得的收入，因涉及成本确定及其他原因而无法据以计算土地增值税的，可预征土地增值税，待该项目全部竣工、办理结算后再进行清算。具体办法由各省、自治区和直辖市地方税务局根据当地情况制定。

7.4.4.2 土地增值税的纳税地点

土地增值税由土地所在地地方税务机关负责征收。房地产管理部门应向当地主管税务机关提供有关房屋及建筑物产权、土地使用权、土地出让金数额、土地基准地价、房地产市场交易价格及产权变更等方面的资料，并协助税务机关做好征收管理工作。纳税人未按规定缴纳土地增值税的，土地、房产管理部门不得办理有关的权属变更手续。

7.4.4.3 房地产开发企业土地增值税的征管制度

（1）建立房地产交易管理和权属登记制度。各地税务主管部门应在当地建设、房地产管理等有关部门的配合下，建立房地产交易管理和权属登记制度。房地产管理部门应根据需要向税务部门提供全面准确的房地产权属及转让时间、价格等征税资料，并按照有关规定严格核算房地产的开发成本和费用，配合税务部门做好土地增值税扣除项目金额的审查工作，防止由于成本费用不实等原因造成土地增值税流失。

（2）建立土地评估和地价管理制度。各级税务部门和土地管理部门应共同做好土地使用权的产权管理与土地增值税征管的衔接工作。按照土地评估价格计税的纳税人，可委托经省级以上土地管理部门授予评估资格的土地评估机构评估，其结果应报告房地产所在地税务机关作为确认计税依据的参考。税务机关应根据有关规定对应纳税土地的评估结果进行严格审核和确认，并将评估结果抄送土地管理部门备案。

7.4.4.4 房地产开发企业土地增值税的清算管理

（1）土地增值税的清算单位。土地增值税以国家有关部门审批的房地产开发项目为单位进行清算，对分期开发的项目以分期项目为单位清算。开发项目包含普通住宅和非普通住宅的，应分别计算增值额。

（2）土地增值税的清算条件。符合下列情形之一的，纳税人应进行土地增值税清算：一是房地产开发项目全部竣工、完成销售的；二是整体转让未竣工决算房地产开发项目的；三是直接转让土地使用权的。

符合下列情形之一的，主管税务机关可要求纳税人进行土地增值税清算：一是已竣工验收的房地产开发项目，已转让的房地产建筑面积占整个项目可售建筑面积的比例在85%以上，或该比例虽未超过85%但剩余的可售建筑面积已经出租或自用的；二是取得销售（预售）许可证满3年仍未销售完毕的；三是纳税人申请注销税务登记但未办理土地增值税清算手续的；四是省级税务机关规定的其他情况。

（3）土地增值税清算项目的审核鉴证。税务中介机构受托对清算项目审核鉴证时，应按照税务机关规定的格式对审核鉴证情况出具鉴证报告。对符合要求的鉴证报告，税务机关可以采信。税务机关应对从事土地增值税清算鉴证工作的税务中介机构，在准入条件、工作程序、鉴证内容、法律责任等方面提出明确要求，并做好必要的指导和管理工作。

（4）土地增值税的核定征收办法。房地产开发企业有下列情形之一的，税务机关可参照与其开发规模和收入水平相近的当地企业的土地增值税税负情况，按不低于预征率的征收率核定征收土地增值税：依照法律、行政法规的规定应当设置但未设置账簿的；擅自销毁账簿或拒不提供纳税资料的；虽设置账簿，但账目混乱或成本资料、收入凭证、费用凭证残缺不全，难以确定转让收入或扣除项目金额的；符合土地增值税清算条件，未按照规定的期限办理清算手续，经税务机关责令限期清算逾期仍不清算的；申报的计税依据明显偏低，又无正当理由的。

（5）清算后再转让房地产的处理。在土地增值税清算时未转让的房地产，清算后销售或有偿转让的，纳税人应按规定进行土地增值税的纳税申报，扣除项目金额按清算时的单位建筑面积成本费用乘以销售或转让面积计算。其计算公式为：

单位建筑面积成本费用=清算时的扣除项目总金额÷清算的总建筑面积

土地增值税的其他征收管理事项，按照《税收征管法》及其实施细则等相关规定执行。

本章小结

●资源类税是以自然资源为课税对象征收的一种税。我国与资源相关的税种，包括资源税、土地使用税、耕地占用税和土地增值税。

●一般认为，资源税是指对开发和利用各种自然资源的单位和个人征收的一种税。在我国，资源税是指对在中华人民共和国领域及管辖海域开采应税矿产品或生产盐的单位和个人，就其销售数量或销售额征收的一种税。

●资源税的纳税人是在中国境内从事开采或生产应纳资源税产品的单位和个人。列入征税范围的资源仅限于矿产品和盐，包括原油、天然气、煤炭、金属矿、非金属矿、海盐6类产品，并采用从价定率或者从量定额征收。

●土地使用税是以土地为征税对象征收的一种税。其征税范围是城市、县城、建制镇和工矿区，以在征税范围内使用土地的单位和个人为纳税人。按纳税人实际占用的土地面积，从量定额征收。

●耕地占用税是对占用耕地建房或从事其他非农业建设的单位和个

人，就其占用的耕地面积征收的一种税。以占用耕地建房或从事其他非农业建设的单位和个人为纳税人。按纳税人实际占用的耕地面积，实行从量定额征收耕地占用税。

●土地增值税是对转让国家土地使用权、地上建筑物及其附着物并取得收入的单位和个人，就其转让房地产所取得的增值额征收的一种税。实行4级超率累进税率，从价定率征收土地增值税。

主要观念和概念

★ 主要观念

资源观念　发展观念　纳税观念

★ 主要概念

资源税　土地使用税　耕地占用税　土地增值税

基本训练

★ 知识题

一、简答题

1.如何理解资源税的特点?

2.资源税的征税范围有哪些?

3.如何确定土地使用税的纳税人?

4.开征耕地占用税有何现实意义?

5.土地增值税的征税范围有哪些?

二、应用题

1.选择题（含单项选择题与多项选择题）

(1) 某铁矿山某月销售铁矿石精矿3万吨，取得含增值税收入3 510万元，适用资源税税率5%，增值税税率17%。该铁矿山当月应缴纳的资源税为（　　）万元。

A.26　　B.85

C.150　　D.122.5

(2) 下列各项中，属于资源税应税产品的有（　　）。

A.石灰石　　B.煤矿瓦斯

C.井矿盐　　D.黄金矿石

(3) 自然人转让的房地产坐落地与其居住地不在同一地的，土地增值税的纳税地点是（　　）。

A.个人工作单位所在地　　B.个人生活居住地

C.房地产过户手续所在地　　D.个人户籍所在地

(4) 下列情况中应当缴纳土地使用税的有（　　）。

A.企业办的幼儿园用地　　B.水库的生产用地

C.中国银行的自用土地　　D.某盐场盐滩用地

(5) 下列属于耕地占用税征税范围的是（　　）。

A.占用花圃地用于建房　　B.鱼塘用地

C.种植经济林木的土地　　D.果园用地

2.判断题

(1) 纳税人在开采主矿产品中伴采的其他应税产品，凡未单独规定适用税额的，一律按照或视同主矿产品征收资源税。（　　）

(2) 税法规定，土地使用税的纳税人是在征税区拥有土地的单位和个人。（　　）

(3) 税法规定，耕地占用税以占用农用耕地从事其他非农业建设为征税范围，其耕地包括占用前曾用于种植农作物的土地，以及鱼塘、园地、菜地和其他农用地。（　　）

(4) 税法规定，对房地产抵押期满后以房地产抵债的，应征收土地增值税。（　　）

(5) 房地产开发企业销售商品房，计征土地增值税时允许扣除的税金包括城市维护建设税、教育费附加和印花税。（　　）

★ 技能题

一、规则复习

1.资源类税各税的税率。

2.资源类税各税的优惠政策。

3.资源类税各税应纳税额的基本计算公式。

二、操作练习

1.确定资源类税各税的计税依据。

2.分析并计算资源类税各税的应纳税额。

★ 能力题

一、计算题

1.某油田2016年5月生产原油20万吨，加热、修井用0.5万吨，当月销售19.5万吨，取得不含税收入1 800万元；开采天然气1 000万立方米，当月销售900万立方米，取得含税销售额187.2万元。按照当地规定，原油资源税税率为6%，天然气资源税税率为6%。

要求：请根据上述资料，计算该油田应纳的资源税。

2.某市房地产开发公司2015年5月通过竞拍取得市区一处土地的使用权，支付土地出让金6 000万元，缴纳相关费用240万元；以上述土地开发建设高档商品房和精装修写字楼，占地面积各为1/2；高档商品房开发成本3 000万元，分摊到商品房的利息支出306万元，能提供金融机构贷款证明；精装修写字楼开发成本3 400万元，分摊到写字楼的利息支出300万元，包括加罚利息40万元；2016年5月全部竣工验收后，公司将高档商品房出售取得收入12 000万元；将精装修写字楼转为对外租赁，当年收取租金（不含增值税）1 200万元。当地同类房产市场价格为8 000万元，公司所在地规定按最高限额计算扣除房地产开发费用。

要求：请根据上述资料，计算该公司应纳的土地增值税。

二、分析题

某市2016年5月一家外资房地产开发公司与某外商投资企业签订售房合同，将一栋房屋出售给该外商投资企业，取得收入4 000万元。双方另签订补充协议，由外商投资企业以一块土地使用权作价1 000万元交给房地产开发公司以弥补房款不足部分。该栋房屋的开发成本为2 000万元，支付土地出让金及有关费用1 000万元，其利息支出不能准确分摊，交易发生后缴纳了有关税费。外商投资企业取得土地使用权时所支付的金额为500万元，并缴纳了契税，该块土地尚未开发即转让给该房地产开发公司。该地区房地产开发费用的扣除比例为10%，增值税税率11%，城市维护建设税税率为7%，教育费附加费率为3%，印花税税率为5‱。

要求：请根据上述资料，分析双方应缴纳的税种，说明计算过程，并计算各自应缴纳的税额。

三、网上调研

利用电子图书馆和网上资源收集有关各国资源类课税的相关资料和案例，分析各国资源类各税制的优缺点及对我国资源税制改革的启示。

四、单元实践

以小组为单位，选择部分资源企业进行调查，了解资源开采、土地管理及纳税情况，分析我国资源税法对保护资源、促进土地有效利用的实际影响，分小组讨论我国资源类税法的调整取向。

第8章

财产类税法

学习目标

☆**知识目标**

——理解和掌握财产类税法各税的概念及意义。

——掌握财产类税法各税的纳税人和税率。

——熟悉财产类税法各税的计税依据。

——理解财产类税法各税的优惠政策。

——掌握财产类税法各税的征收管理。

☆**技能目标**

——分析说明财产类税法各税要素的设计原理。

——熟练掌握财产类税法各税应纳税额的计算。

☆**能力目标**

——调查相关企业对财产类税法各税的认识。

——正确计算财产类税法各税税额并进行案例分析。

——实地考察财产类税法各税种征纳中存在的问题。

世界各国财产税的类型及启示

财产税是对纳税人所有财产课征的税种的总称。财产税按征税范围或计征方式，可分为一般财产税和个别财产税：前者是对纳税人所有财产的综合征收；后者是对纳税人所有的土地、房屋、资本或其他财产分别课征。按课征财产状态，可分为动态财产税和静态财产税：前者是对财产的转移、变动进行的一次性课征，如遗产税、继承税等；后者是对财产占有者的定期征收，不管财产的来源和未来的变化。

一般财产税和个别财产税是世界各国的普遍划分方法，为各国所重视和研究。一般财产税在征税时应当考虑日常生活必需品免税、一定货币数量以下的财产免征和负债的扣除等，在征收技术上较为困难；个别财产税主要包括对土地课征的土地税，对房屋课征的房产税，对土地与房屋合并课征的房地产税，对土地、房屋同其他不动产合并课征的不动产税，对车、船、金融资产等动产课征的动产税等，在征收技术上较为简便易行。

财产税有悠久的历史，各国人民都有纳税习惯。较之开办新税种更容易被接受，省力易行。财产税可为地方财政提供稳定的收入来源，许多国家把财产税作为地方税，甚至视其为地方财政收入的主要来源。我国目前只开征了个别财产税，如房产税、车船税和契税等，尚未开征一般财产税。在新一轮税制改革中，完善地方税制应以具有相对独立税基的财产税制改革为突破口，并在财产法律法规制度建立、税收管理权限分割及财产评估制度等方面进行配套改革。

财产是测量社会成员财富水平和纳税能力的重要尺度，征收财产税可以充分调节财产收入水平。财产税的实质是对涉及财产相关权利（如财产所有权、使用权等）的征税，而有别于对财产征税的其他税种，如区别对财产转让征收的流转税、对财产所得征收的所得税、对财产资源征收的收益税等，以体现能力纳税、平等负担的税收原则，为世界各国所重视和运用。我国的财产类税法包括房产税法、车船税法和契税法，并与其他各类税法共同构成了现行税收法律体系。

8.1 房产税法

8.1.1 房产税法基础理论

8.1.1.1 房产税法的概念

房产税是以房产为征税对象，依据房产价格或租金收入向房产所有人征收的一种税。

房产税法是指国家制定的用以调整国家与房产税纳税人之间征纳活动的权利与义务关系的法律规范。其基本法律依据是1986年9月国务院发布的《中华人民共和国房产税暂行条例》和财政部、国家税务总局制定的《关于房产税若干具体问题的解释和暂行规定》，以及各省、直辖市和自治区制定的房产税暂行条例实施细则等。

8.1.1.2 房产税的演变

房产税是一个历史悠久的税种，最早始于周朝“廛布”，唐朝开征的“间架税”、清初开征的“市廛输钞”以及清末和国民党政府的“房捐”等，均属房产税的范畴。

新中国成立后，政务院于1950年1月公布了《全国税政实施要则》，规定全国统一征收房产税和地产税，同年6月将房产税和地产税合并为房地产税。1951年8月政务院颁布了《城市房地产税暂行条例》。1973年工商税制改革时，把对企业征收的城市房地产税并入工商税，只对拥有房产的个人、外商独资企业和房产管理部门继续征收城市房地产税。

1984年10月工商税制全面改革时，国务院确定将城市房地产税分为房产税和土地使用税两个独立税种分别征收。1986年9月国务院颁布了《中华人民共和国房产税暂行条例》，同年10月1日起对国内的单位和个人全面征收房产税，但不包括涉外企业和外籍个人。2008年12月31日国务院废止了《城市房地产税暂行条例》。自2009年1月1日起，外商投资企业、外国企业和组织，以及外籍个人（包括港澳台资企业和组织以及华侨、港澳台同胞）应依法缴纳房产税。

【小资料8-1】　上海市和重庆市开展房产税改革试点

根据国务院第136次常务会议有关精神，上海市和重庆市自2011年1月28日起开展对部分个人住房征收房产税改革试点。

1.试点范围。上海市的试点范围为本市行政区域。重庆市试点区域为渝中区、江北区、沙坪坝区、九龙坡区、大渡口区、南岸区、北碚区、渝北区、巴南区（简称主城九区）。

2.征税对象。

上海市的征税对象为：施行之日起本市居民家庭在本市新购且属于该居民家庭第二套及以上的住房（包括新购的二手存量住房和新建商品住房，下同）和非本市居民家庭在本市新购的住房（以下统称“应税住房”）。除上述征税对象以外的其他个人住房，按国家制定的有关个人住房房产税规定执行。

重庆市的征税对象为：个人拥有的独栋商品住宅；个人新购的高档住房，指建筑面积交易单价达到上2年主城九区新建商品住房成交建筑面积均价2倍（含）以上的住房；在重庆市同时无户籍、无企业、无工作的个人新购的第二套（含第二套）以上的普通住房。未列入征税范围的个人高档住房、多套普通住房，将适时纳入征税范围。

3.纳税人。纳税人均为应税住房产权所有人。产权所有人为未成年人的，由其法定监护人纳税。

4.计税依据。以房产评估值为计税依据。上海市试点初期暂按应税住房市场交易价格的70%计算缴纳，重庆市暂按房产交易价格计税。

5.适用税率。

上海市的适用税率暂定为0.6%。应税住房每平方米市场交易价格低于本市上年度新建商品住房平均销售价格2倍（含2倍）的，税率暂减为0.4%。

重庆市对独栋商品住宅和高档住房建筑面积交易单价在上两年主城九区新建商品住房成交建筑面积均价3倍以下的住房，税率为0.5%；3倍（含3倍）至4倍的，税率为1%；4倍（含4倍）以上的税率为1.2%。在重庆市同时无户籍、无企业、无工作的个人新购第二套（含第二套）以上的普通住房，税率为0.5%。

8.1.1.3　房产税的作用

房产税对地方政府筹集财政资金、支持地方市政建设、提高房屋使用效益、促进生产发展和提高人民生活水平等方面，都具有积极的现实意义。其作用主要表现在：

（1）运用税收杠杆调节，理顺分配关系。国家用房产税方式参与房产收益的分配，将一部分资金收归地方财政，改变了在国家投资建房方面形成的只投入、无税收的局面，这不仅理顺了财政分配关系、调节产权所有人的收入，也开拓了城镇建设资金的来源。

（2）加强房产监督管理，提高使用效益。房产是社会财产的一部分，必须管好、用好。征收房产税，能有效地配合有关部门加强对私房出租的管理，取缔违法活动。同时，用经济与税收法律手段来管理房产，可以减少房产的闲置和浪费，提高房屋的使用效益。

（3）控制固定资产投资，促进住房改革。对已建成的房屋征收房产税，不管利用情况如何和收益多少，均应按规定缴纳房产税，这在一定程度上制约了固定资产的盲目投资；同时，通过某些减免税优惠措施，可鼓励个人和单位积极参加房改，支持和促进住房制度改革。

（4）征收较为简便易行，保证地方收入。房产税按房产原值或租金收入从价定率征收，计税简便，易于操作。房屋是人们最基本的生产和生活资料，房产税税源广泛、稳定。2014年我国房产税收入1 851.64亿元，同比增长17.08%，占全国税收收入（119 175.31亿元）的1.55%。

【小资料8-2】　　　　美国的房地产税制

美国对土地和房屋直接征收的是房地产税，又称不动产税，归在财产税项下，目前美国有50个州都征收房地产税。各州和地方政府规定的税基是房地产评估值的一定比例，比例为20%~100%不等。税率也不同，平均为1%~3%。除马里兰州外，其他49个州都是由地方政府征收。其他有关税种主要是根据房地产交易、继承和赠与以及所得，分别归在交易税、遗产赠与税和所得税项下。

8.1.2　房产税的征税范围

8.1.2.1　房产税的征税对象

房产税的征税对象是房产。房产是指有屋面和围护结构（有墙或两边有柱），能遮风避雨，可供人们在其中生产、学习、工作、娱乐、居住或储藏物资的场所，包括与房屋不可分割的各种附属设备或一般不单独计价的配套设施。

8.1.2.2　征税范围的基本规定

房产税的征税范围为城市、县城、建制镇和工矿区。

（1）城市是指国务院批准设立的市。

（2）县城是指县人民政府所在地的地区。

（3）建制镇是指经省、自治区、直辖市政府批准设立的建制镇。

（4）工矿区是指工商业比较发达、人口比较集中、符合国务院规定的建制镇标准而尚未设立建制镇的大中型工矿企业所在地。但对工矿区的开征须经省、自治区、直辖市政府批准。

8.1.2.3　征税范围的特定释义

不是所有的房产都征收房产税，即不属房屋的性质、在税法规定范围之外的房产等，诸如水塔、室外游泳池、玻璃暖房、围墙等独立于房屋之外的建筑物则不属于房屋的范畴，因而不征房产税。

房产税征税范围不包括农村，主要是为减轻农民的负担。因为农村房屋除农业生产用房外，大部分是农民居住用房。对农村房屋不纳入其征收范围有利于支持农业发展，繁荣农村经济，促进社会稳定。

8.1.3　房产税的纳税人

8.1.3.1　纳税人的一般规定

房产税的纳税人是房屋的产权所有人，主要包括：产权属于国家所有的，由经营管理单位缴纳；产权属于集体和个人所有的，由集体单位和个人缴纳；产权出典的，由承典人缴纳；产权的所有人、承典人不在房产所在地的，或产权未确定及租典纠纷未解决的，由房产代管人或使用人缴纳。

8.1.3.2　纳税人的法律界定

房产税的纳税人具体包括产权所有人、经营管理单位、承典人、代管人和使用人。其含义如下：

（1）产权所有人。简称产权人、业主或房东，是指拥有房产的单位和个人，即房产的使用、收益、出卖、赠送等权利归其所有。

（2）经营管理单位。经营管理单位是指虽不具有房屋产权但拥有其经营管理权的人。

（3）承典人。承典人是指以押金形式并付出一定费用，在一定期限内享有典当房产使用权、收益权的人。

（4）代管人和使用人。代管人是接受产权人、承典人的委托代为管理房产或虽未受委托而在事实上已代管房产的人；使用人是直接使用房产的人。

8.1.4 房产税的税率

房产税采用比例税率，即从价计税的，税率为1.2%；从租计税的，税率为12%。

从2001年1月起，对个人按市场价格出租的居民住房，用于居住的，可暂减按4%的税率进行征税；从2008年3月起，对个人出租住房不区分用途，按4%的税率征收房产税。

8.1.5 房产税的优惠政策

8.1.5.1 房产税的法定免税

（1）国家机关、人民团体、军队自用的房产。但免税单位的出租房产及非自身业务使用的生产、营业用房，不属于免税范围。人民团体是经国务院授权的政府部门批准设立或备案并由国家拨付行政事业费的各种社会团体；自用的房产是指上述单位的办公用房和公务用房。

（2）国家财政部门拨付事业经费的单位自用的房产。如学校、医疗卫生单位、托儿所、幼儿园、敬老院、文化、体育和艺术等实行全额或差额预算管理的事业单位所有的，本身业务范围内使用的房产免征房产税。但不包括上述单位所属的附属工厂、商店、招待所等的用房。

（3）宗教寺庙、公园、名胜古迹自用的房产。宗教寺庙自用的房产是指举行宗教仪式等的房屋和宗教人员使用的生活用房屋；公园、名胜古迹自用的房产是指供公共参观游览的房屋及管理单位的办公用房屋。但上述单位中附设的营业单位，如影剧院、饮食部、茶社、照相馆等所使用的房产及出租的房产，不属于免税范围。

（4）个人所有非营业用房（指居民住房，不分面积多少）。但对个人拥有的营业用房或出租的房产，应照章征税。

（5）对行使国家行政管理职能的中国人民银行总行（含国家外汇管理局）所属分支机构自用的房产。

8.1.5.2 房产税的其他减免

房产税的其他减免是指经财政部、国家税务总局批准减免税的其他房产。这类房产情况特殊、范围较小，是根据实际情况确定的。

（1）为鼓励事业单位经济自立，对国家财政部门拨付事业经费的单位，其经费来源实行自收自支后，从实行自收自支的年度起，免征房产税3年。

（2）损坏不堪使用的房屋和危险房屋，经有关部门鉴定后，可免征房产税。

（3）房产大修停用半年以上的，经税务机关审核批准，在大修期间可免征房产税。

（4）非营利性医疗、疾病控制和妇幼保健等卫生机构自用的房产免征房产税；非营利性科研机构自用的房产免征房产税。

（5）老年服务机构自用的房产，包括老年社会福利院、敬老院（养老院）、老年服务中心、老年公寓等，免征房产税。

（6）坐落在城市、县城、建制镇和工矿区以外的，尚在县邮政局内核算的房产，在单位财务账中能划分清楚的，不再征收房产税。

（7）向居民供热并向居民收取采暖费的供热企业，暂免征收房产税。但不包括从事热力生产但不直接向居民供热的企业。

（8）对微利企业和亏损企业的房产，企业纳税确有实际困难，可由地方根据实际情况在一定期限内暂免征收房产税。

（9）在基建工地为基建工地服务的各种工棚、材料棚、休息棚和办公室、食堂、茶炉房、汽车房等临时性房屋，在施工期间一律免征房产税。但工程结束后，施工企业将这种临时性房屋交还或估价转让给基建单位的，应从基建单位接受的次月起照章纳税。

（10）对按政府规定价格出租的公有住房和廉租住房，暂免征收房产税，包括企业和自收自支事业单位向职工出租的单位自有住房、房管部门向居民出租的公有住房、落实私房政策中带户发还产权并以政府规定租金标准向居民出租的私有住房等。

（11）2011—2020年为支持国家天然林资源保护工程二期工程的实

施，对东北和内蒙古等国有林区天然林二期工程实施企业和单位，专门用于天然林保护工程的房产免征房产税。但对上述企业和单位用于其他生产经营活动的房产、土地应征收房产税、土地使用税。

（12）自2016年1月起，体育场馆自用的房产和土地房产税减免优惠规定为：

①国家机关、军队、人民团体、财政补助事业单位、居民委员会、村民委员会拥有的体育场馆，用于体育活动的房产、土地，免征房产税。

②经费自理事业单位、体育社会团体、体育基金会、体育类民办非企业单位拥有并运营管理的体育场馆，同时符合下列条件的，其用于体育活动的房产、土地，免征房产税：向社会开放，用于满足公众体育活动需要；体育场馆取得的收入主要用于场馆的维护、管理和事业发展；拥有体育场馆的体育社会团体、体育基金会及体育类民办非企业单位，除当年新设立或登记的以外，前一年度登记管理机关的检查结论为"合格"。

③企业拥有并运营管理的大型体育场馆，其用于体育活动的房产、土地，减半征收房产税。

除上述免纳房产税外，如纳税人确有困难的，可由省、自治区、直辖市政府确定定期减征或免征房产税。

8.1.6 房产税的税额计算

房产税的计税依据是房产余值或房产租金收入，即按照房产余值从价计征、按照房产租金收入从租计征。

8.1.6.1 房产税的从价计征

房产税法规定，房产税依照房产原值一次减除10%~30%后的余值计算缴纳。房产原值是指纳税人按照会计制度的规定，在账簿"固定资产"科目中记载的房屋造价（或原价），包括与房屋不可分割的各种附属设备或一般不单独计算价值的配套设备，以及给排水、采暖、消防、中央空调、电气及智能化楼宇设备等房屋内不可随意移动的附属设备和配套设施的价值。房产原值的具体规定如下：

（1）对依照房产原值计税的房产，不论是否记载在会计账簿"固定资产”科目中，均应按照房屋原价计算缴纳房产税。对纳税人未按会计制度规定记载原值的，应按规定调整房产原值计征房产税；对房产原值明显不合理的，应重新评估；对没有房产原值的，应由房屋所在地的税务机关参考同类房屋的价值核定。

（2）对属于征税范围内的具备房屋功能的地下建筑，包括与地上房屋相连的地下建筑及完全建在地面以下的建筑、地下人防设施等，均应计入房产原值；与地上房屋相连的地下建筑，应将地下部分与地上房屋视为整体按照地上的房屋建筑计算征收；出租的地下建筑，按照出租的地上房屋建筑计算征收。

（3）对更换房屋附属设备和配套设施的，可扣减已计入房产原值相应设备和设施的价值；对附属设备和配套设施中易损坏、需要经常更换的零配件，更新后不再计入房产原值。

（4）对房地产开发企业建造的商品房在售出前不征收房产税。但对售出前房地产开发企业已使用或出租、出借的商品房，应按规定计征房产税。

（5）对投资联营的房产，在计税时应予以区别对待。对以房产投资联营，投资者参与投资利润分红、共担风险的，按房产原值计税；对以房产投资，收取固定收入、不承担联营风险的，实际上是以联营名义取得房产租金，由出租方按租金收入计税。

（6）对融资租赁的房屋，其租赁费包括购进房屋的价款、手续费和借款利息等，当租赁期满承租方偿还最后一笔租赁费时，房屋产权要转移到承租方，这实际是一种变相的分期付款购买固定资产的形式，因此应按房产余值计算征税。

（7）自用的地下建筑按以下方式计税：一是工业用途房产，以房屋原价的50%~60%作为应税房产原值；二是商业和其他用途房产，以房屋原价的70%~80%作为应税房产原值。房屋原价折算为应税房产原值的具体比例，由各省、自治区、直辖市和计划单列市财政和地方税务部门在上述幅度内自行确定。

（8）对居民住宅区内业主共有的经营性房产，由实际经营（包括自营和出租）的代管人或使用人缴纳房产税。其中自营的，依照房产原值减除10%~30%后的余值计征，没有房产原值或不能将业主共有房产与其他房产的原值准确划分开的，由房产所在地地方税务机关参照同类房产核定房产原值；出租的，依照租金收入计征。

8.1.6.2 房产税的从租计征

房产出租的，以房产租金收入为房产税的计税依据。所谓房产的租金收入，是指房屋产权所有人出租房产使用权所得的报酬，包括货币收入和实物收入。如以劳务或其他形式为报酬抵付房租收入的，应根据当地同类房产的租金水平，确定一个标准租金额从租计征。

值得注意的是：房产出租的，计征房产税的租金收入不含增值税。纳税人对个人出租房屋的租金收入申报不实或申报数与同一地段、同类房屋的租金收入相比明显不合理的，税务机关可按《税收征管法》的规定，采取科学合理的方法核定其应纳税款。具体办法由各省、自治区、直辖市地方税务局结合当地的实际情况制定。

8.1.6.3 房产税应纳税额的计算

（1）从价计征应纳税额的计算。从价计征按房产的原值，减除一定比例后的余值计征。其计算公式为：

应纳税额=应税房产原值×（1-扣除比例）×1.2%

上述公式中的扣除比例为10%~30%，具体比例由省、自治区、直辖市人民政府根据当地的实际情况确定。

【例题8-1】 某写字楼由国家某机关和某投资公司共同使用，其中国家机关使用面积占总面积的2/3，另外1/3归投资公司使用。该楼经核准原值为6 000万元，当地规定允许减除房产原值的30%。其应纳房产税税额为：

应纳税额=6 000×（1-30%）×1/3×1.2%=16.8（万元）

（2）从租计征应纳税额的计算。从租计征是按房产的租金收入（不含增值税）计算征收。其计算公式为：

应纳税额=租金收入×12%

【例题8-2】 某公司2015年自用房屋原值1 000万元；出租门市房年租金（不含增值税）80万元，年底全部结清；10月新购置一处房屋200万元，已投入使用；另委托施工单位建设的房屋造价500万元，11月验收手续办理完毕，当月出租给某中外合资经营企业，月收取租金（不含增值税）25万元。当地房产原值扣除比例为20%。该公司当年应纳房产税为：

自用房屋应纳税额=1 000×（1−20%）×1.2%=9.6（万元）

新购置房屋应纳税额=200×（1−20%）×1.2%×2÷12=0.32（万元）

出租房屋应纳税额=80×12%+25×12%=12.6（万元）

（3）应纳税额计算的其他规定。自2009年12月起，无租使用其他单位房产的应税单位和个人，依照房产余值缴纳房产税；产权出典的房产，由承典人依照房产余值缴纳房产税。

8.1.7 房产税的征收管理

8.1.7.1 房产税的纳税义务发生时间

（1）纳税人将原有房产用于生产经营，从生产经营之月起缴纳房产税。

（2）纳税人自行新建房屋用于生产经营，从建成之次月起缴纳房产税。

（3）纳税人委托施工企业建设的房屋，从办理验收手续之次月起缴纳房产税。纳税人在办理手续前，已使用或出租、出借的新建房屋应从使用或出租、出借的当月起缴纳房产税。

（4）纳税人购置新建商品房屋，从办理验收手续之次月起缴纳房产税。

（5）纳税人购置存量房，自办理房屋权属转移、变更手续，房地产权属登记机关签发房屋权属证书之次月起缴纳房产税。

（6）纳税人出租、出借房产，自交付出租、出借房产之次月起缴纳房产税。

（7）房地产开发企业自用、出租、出借本企业建造的商品房，自房屋使用或交付之次月起缴纳房产税。

（8）融资租赁的房产，由承租人自融资租赁合同约定开始日的次月起依照房产余值缴纳房产税。合同未约定开始日的，由承租人自合同签订的次月起依照房产余值缴纳房产税。

8.1.7.2 房产税的缴纳办法

（1）房产税实行按年计算、分期缴纳的征收方法。其具体纳税期限由省、自治区、直辖市人民政府确定。

（2）房产税在房产所在地缴纳。纳税人房产不在同一地点的，应按房产的坐落地点分别向房产所在地的税务机关纳税。

（3）房产税纳税人应按税法的有关规定，及时办理纳税申报，并如实填写房产税纳税申报表。

（4）纳税人应依法将现有房屋的坐落地点、数量、房屋的原值或租金收入等情况，以及住址变更、产权转移、房屋原值或租金收入有变化时，要及时向税务机关申报。

8.1.7.3　房产税的档案管理

税务机关应利用房地产交易与权属登记信息，建立并完善房地产税收税源登记档案和税源数据库，并及时更新税源登记档案和税源数据库的信息；要定期比对权属登记资料信息与房地产税收征管信息，查找漏征税款，建立催缴制度，及时查补税款。

房产税的其他征收管理事项，按照《税收征管法》及其实施细则等相关规定执行。

【小思考8-1】我国房地产税收体系设置了哪些税种？

答：我国房地产税收体系按在房地产流通（购置、销售、出租）和保有2个阶段、4个环节设置了以下税种：

（1）购置环节。设置的税种有契税和印花税。

（2）销售环节。设置的税种有增值税、印花税、企业所得税和个人所得税，以及按增值税税额计征的城市维护建设税和教育费附加。

（3）出租环节。设置的税种有增值税、房产税、土地使用税、印花税、企业所得税、个人所得税、城市维护建设税和教育费附加。

（4）保有环节。设置的税种有房产税、土地使用税和耕地占用税。

8.2　车船税法

8.2.1　车船税法基础理论

8.2.1.1　车船税法的概念

车船税是指对在中国境内的车辆和船舶按照规定的税目税率计算征

收的一种税。

车船税法是指国家制定的用以调整国家与车船税纳税人之间征纳活动的权利与义务关系的法律规范。其基本法律依据是2011年2月第十一届全国人民代表大会常务委员会第19次会议通过的《中华人民共和国车船税法》和2011年11月国务院发布的《中华人民共和国车船税暂行条例实施细则》。

8.2.1.2　车船税的演变

我国对车船征税历史悠久。公元前129年汉武帝开始对商人用作运输货物的车船征收“算商车”，明清两代对内河商船征收的“船钞”和国民党政府对车船征收的“牌照税”，均属车船税的征税范畴。

新中国成立后，1951年政务院颁布了《车船使用牌照税暂行条例》，在全国范围内征收车船使用牌照税；1986年国务院颁布了《中华人民共和国车船使用税暂行条例》，开征车船使用税，但对外商投资企业、外国企业及外籍个人仍征收车船使用牌照税；2006年12月国务院制定了《中华人民共和国车船税暂行条例》，对包括外资企业和外籍个人在内的各类纳税人统一征收车船税。

为适应社会经济发展的新形势与新要求，以科学发展观为指导，引导车辆、船舶的生产与消费，体现国家在促进节能减排、保护环境等方面的政策导向，2011年2月第十一届全国人民代表大会常委会第19次会议通过《中华人民共和国车船税法》，自2012年1月起施行。车船税的正式立法，对进一步完善车船税、提升税收法律级次和规范调整车船收益等方面，具有良好的、积极的现实意义。

8.2.1.3　车船税的作用

车船税属于财产税性质，国家征收车船税不仅有利于增加地方财政收入和提高车船使用效率，还能有效地配合交通部门加强车船管理，支持交通运输事业的发展。主要表现为：

（1）开辟财产税源，增加地方财政收入。对车船征税能够将分散在车船使用人手中的部分收入通过再分配形式集中起来，缓解地方财政收入紧张状况。2014年我国车船税收入为541.06亿元，同比增长14.16%，占全国税收收入（119 175.31亿元）的0.45%。

（2）运用税收杠杆，提高车船使用效率。纳税人购置车船数量越多、档次越高，应纳的车船税就越多，这样就可以引导车船消费和体现节能减排的政策导向，促使纳税人合理购置车船，并对已有车船加强管理、节约使用，提高车船的使用效率。

（3）配合有关部门，加强交通车船管理。开征车船税在一定程度上制约了车船的盲目购置，能够配合交通部门加强车船管理。同时，增加了地方财力，使地方能及时进行市政建设、道路维修和航道保养等交通建设，从而增强了车船行驶的安全性。

8.2.2 车船税的征税对象

车船税的征税对象是车船税法规定的应税车辆和船舶，包括依法应在车船登记管理部门登记的机动车辆和船舶，依法不需要在车船登记管理部门登记的在单位内部场所行驶或作业的机动车辆和船舶。

8.2.2.1 应税车辆

应税车辆是指机动车，包括乘用车、商用车、挂车、其他车辆和摩托车，不包括拖拉机。

（1）乘用车是指在设计和技术特性上主要用于载运乘客、随身行李及核定载客人数的用车，包括驾驶员在内不超过9人的汽车，不包括纯电动乘用车和燃料电池乘用车。纯电动乘用车和燃料电池乘用车由财政部、国家税务总局、工业和信息化部通过联合发布《不属于车船税征收范围的纯电动、燃料电池乘用车车型目录》实施管理。

（2）商用车是指除乘用车以外，在其设计和技术特性上用于载运乘客、货物的汽车，分为客车和货车。客车包括电车，货车包括半挂牵引车、三轮汽车和低速载货汽车。半挂牵引车是指装备有特殊装置用于牵引半挂车的商用车；三轮汽车是指最高设计车速不超过每小时50千米，具有三个车轮的货车；低速载货汽车是指以柴油机为动力，最高设计车速不超过每小时70千米，具有四个车轮的货车。

（3）挂车是指就其设计和技术特性需由汽车或拖拉机牵引才能正常使用的一种无动力的道路车辆。

（4）其他车辆包括专用作业车、轮式专用机械车，不包括拖拉机。专用作业车是指在设计和技术特性上用于特殊工作的车辆；轮式专用机械车是指有特殊结构和专门功能，装有橡胶车轮，可自行行驶，最高设计车速大于每小时20千米的轮式工程机械车。

（5）摩托车是指无论采用何种驱动方式，最高设计车速大于每小时50千米，或使用内燃机，其排量大于50毫升的两轮或三轮车辆。

8.2.2.2　应税船舶

应税船舶是指各类机动、非机动船舶以及其他水上移动装置，但船舶上装备的救生艇筏和长度小于5米的艇筏除外，包括机动船舶、拖船、非机动驳船和游艇。机动船舶是指用机器推进的船舶；拖船是指专门用于拖（推）动运输船舶的专业作业船舶；非机动驳船是指在船舶登记管理部门登记为驳船的非机动船舶；游艇是指具备内置机械推进动力装置，长度在90米以下，主要用于游览观光、休闲娱乐、水上体育运动等活动，并具有船舶检验证书和适航证书的船舶。

8.2.3　车船税的纳税人

8.2.3.1　纳税义务人

车船税的纳税义务人是车船的所有人或管理人。所有人是在我国境内拥有车船的单位和个人；管理人是对车船具有管理权或使用权，不具有所有权的单位。

单位包括在中国境内成立的行政机关、企业、事业单位、社会团体和其他组织；个人包括个体工商户和其他个人。

8.2.3.2　扣缴义务人

从事机动车交通事故责任强制保险（以下简称交强险）业务的保险机构为机动车车船税的扣缴义务人，应在收取保险费时按照规定的税目税额代收车船税，并在机动车交强险的保险单及保费发票上注明已收税款的信息，作为代收税款凭证。扣缴义务人具体规定为：

（1）已完税或依法减免税的车辆，纳税人应向扣缴义务人提供登记地主管税务机关出具的完税凭证或减免税证明。

（2）纳税人没有按照规定期限缴纳车船税的，扣缴义务人在代收代缴税款时，可一并代收代缴欠缴税款的滞纳金。

（3）扣缴义务人已代收代缴车船税的，纳税人不再向车辆登记地主管税务机关申报缴纳车船税。

（4）没有扣缴义务人的，纳税人应向主管税务机关自行申报缴纳车船税。

（5）纳税人缴纳车船税时，应提供反映排气量、整备质量、核定载客人数、净吨位、千瓦、艇身长度等与纳税相关信息的相应凭证，以及税务机关根据实际需要要求提供的其他资料。纳税人以前年度已经提供前款所列资料信息的，可以不再提供。

8.2.4 车船税的税目税率

8.2.4.1 车船税的法定税率

车船税实行幅度定额税率，具体税率见表8-1。

8.2.4.2 车辆适用税额的确定

车辆的具体适用税额由省、自治区、直辖市人民政府依照车船税税目税额表规定的税额幅度和国务院的规定确定，省、自治区、直辖市人民政府确定的车辆具体适用税额应当报国务院备案。确定车辆具体适用税额，应当遵循以下原则：

（1）乘用车依排气量从小到大递增税额。

（2）客车按照核定载客人数20人以下和20人（含）以上两档划分，递增税额。

8.2.4.3 船舶适用税额的确定

船舶的具体适用税额由国务院在车船税税目税额表规定的税额幅度内确定。机动船舶具体适用税额为：

（1）净吨位不超过200吨的，每吨3元。

（2）净吨位超过200吨但不超过2 000吨的，每吨4元。

（3）净吨位超过2 000吨但不超过10 000吨的，每吨5元。

（4）净吨位超过10 000吨的，每吨6元。

（5）拖船、非机动驳船分别按照机动船舶税额的50%计算，拖船按照发动机功率每1千瓦折合净吨位0.67吨计算征收车船税。

8.2.4.4 游艇适用税额的确定

（1）艇身长度不超过10米的，每米600元。

（2）艇身长度超过10米但不超过18米的，每米900元。

（3）艇身长度超过18米但不超过30米的，每米1 300元。

（4）艇身长度超过30米的，每米2 000元。

表8-1 **车船税税目税额表**

<table>
<tr><th colspan="2">税　目</th><th>计税单位</th><th>年基准税额（元）</th><th>备　注</th></tr>
<tr><td rowspan="7">乘用车</td><td>1.0升（含）以下的</td><td rowspan="7">每辆</td><td>60~360</td><td rowspan="7">核定载客人数9人（含）以下</td></tr>
<tr><td>1.0升以上至1.6升（含）的</td><td>300~540</td></tr>
<tr><td>1.6升以上至2.0升（含）的</td><td>360~660</td></tr>
<tr><td>2.0升以上至2.5升（含）的</td><td>660~1 200</td></tr>
<tr><td>2.5升以上至3.0升（含）的</td><td>1 200~2 400</td></tr>
<tr><td>3.0升以上至4.0升（含）的</td><td>2 400~3 600</td></tr>
<tr><td>4.0升以上的</td><td>3 600~5 400</td></tr>
<tr><td rowspan="2">商用车</td><td>客　车</td><td>每辆</td><td>480~1 440</td><td>核定载客人数9人以上，包括电车</td></tr>
<tr><td>货　车</td><td>整备质量每吨</td><td>16~120</td><td>包括半挂牵引车、三轮汽车和低速载货汽车等</td></tr>
<tr><td>挂车</td><td></td><td>整备质量每吨</td><td>按货车税额的50%计算</td><td></td></tr>
<tr><td rowspan="2">其他车辆</td><td>专用作业车</td><td rowspan="2">整备质量每吨</td><td>16~120</td><td rowspan="2">不包括拖拉机</td></tr>
<tr><td>轮式专用机械车</td><td>16~120</td></tr>
<tr><td>摩托车</td><td></td><td>每辆</td><td>36~180</td><td></td></tr>
<tr><td rowspan="2">船舶</td><td>机动船舶</td><td>净吨位每吨</td><td>3~6</td><td>拖船、非机动驳船按机动船舶税额的50%计算</td></tr>
<tr><td>游艇</td><td>艇身长度每米</td><td>600~2 000</td><td>辅助动力帆艇税额为600元</td></tr>
</table>

（5）辅助动力帆艇，每米600元。

8.2.4.5　适用税额的其他规定

车辆整备质量尾数在0.5吨以下（含）的，按照0.5吨计算；超过0.5吨的，按照1吨计算。船舶净吨位尾数在0.5吨以下（含）的不予计算，超过0.5吨的按照1吨计算。1吨以下的小型车船，一律按照1吨计算。

车船税法所涉及的排气量、整备质量、核定载客人数、净吨位、千瓦和艇身长度，以车船登记管理部门核发的车船登记证书或行驶证所载数据为准。依法不需要办理登记的车船和依法应当登记而未办理登记或不能提供车船登记证书、行驶证的车船，以车船出厂合格证明或进口凭证标注的技术参数、数据为准；不能提供车船出厂合格证明或者进口凭证的，由主管税务机关参照国家相关标准核定，没有国家相关标准的参照同类车船核定。

8.2.5　车船税的优惠政策

8.2.5.1　车船税的法定免税

（1）捕捞、养殖渔船。这是指在渔业船舶登记管理部门登记为捕捞船或养殖船的船舶。

（2）军队、武装警察部队专用的车船。这是指按照规定在军队、武装警察部队车船登记管理部门登记，并领取军队、武警牌照的车船。

（3）警用车船。这是指公安机关、国家安全机关、监狱、劳动教养管理机关，以及人民法院、人民检察院领取警用牌照的车辆和执行警务的专用船舶。

（4）依照法律规定应予以免税的外国驻华使领馆、国际组织驻华代表机构及其有关人员的车船。

8.2.5.2　车船税的其他减免

（1）对节约能源的车船减半征收车船税，对使用新能源的车船免征车船税。减免车船税的节约能源、使用新能源车船，由财政部、国家税务总局、工业和信息化部通过联合发布的《节约能源、使用新能源车辆（船舶）减免车船税的车型（船型）目录》实施管理。

（2）对受地震、洪涝等严重自然灾害影响纳税困难和其他特殊原因确需减免税的车船，可在一定期限内减征或免征车船税。具体减免期限和数额由省、自治区、直辖市人民政府确定，报国务院备案。

（3）省、自治区、直辖市人民政府根据当地实际情况，可对公共交通车船，农村居民拥有并主要在农村地区使用的摩托车、三轮汽车和低速载货汽车，定期减征或免征车船税。

（4）经批准临时入境的外国车船和我国香港、澳门特别行政区、台湾地区的车船，不征收车船税。

（5）按照规定缴纳船舶吨税的机动船舶，自车船税法实施之日起5年内免征车船税。

（6）依法不需要在车船登记管理部门登记的机场、港口、铁路站场内部行驶或作业的车船，自车船税法实施之日起5年内免征车船税。

【小资料8-3】　新车船税法实施，多数机动车降税

北京市政府于2011年12月颁布了车船税法实施办法，根据新车船税法的规定，乘用车税额从目前按辆征收改为按排气量计征，并依照排气量大小分别进行了税额降低、不变和提高的结构性调整。排气量在2.0升（含）以下的乘用车税额略有降低或维持不变，排气量为2.0~2.5升（含）的乘用车税额略有提高，占总量6%的2.5升以上的乘用车税额有较大提高，体现了节能减排和对汽车消费的政策导向。

该办法还规定，在北京市实施交通管理限行措施期间，乘用车辆按年减征两个月税款。据此统计，2012年北京市2.0升（含）以下的乘用车税额比2011年有所下降，约占全市机动车总量的70%。此外，为支持北京市交通运输业、物流业发展，对货车、专用作业车和轮式专用机械车的税额维持不变。

值得关注的是：除国家法定减免车船税外，北京市在税法规定的减免税范围内，为缓解交通压力，倡导公交出行、绿色出行，对公交客运和公路客运车辆给予免税优惠；为减轻农民负担，对农村居民拥有并主要在农村地区使用的摩托车、三轮汽车和低速载货汽车予以全额免税。

8.2.6　车船税的税额计算

车船税采用从量定额征收，其计算公式为：

应纳税额=计税依据×适用单位年基准税额

=计税数量×计税单位×适用单位年基准税额

8.2.6.1　车船税的计税单位

车船税以规定的应税车船为征税对象，按照征税对象的计税单位从量计征。计税单位按车船的种类和性能，分别确定为辆、吨和米。

（1）乘用车、商用车（客车）、摩托车以“每辆”为计税单位。

（2）商用车（货车）、挂车、专用作业车、轮式专用机械车以“整备质量每吨”为计税单位。汽车的整备质量是指汽车按出厂技术条件装备完整（如备胎、工具等安装齐备），各种油水添满后的重量，亦即惯称的“空车重量”。

（3）机动船舶以“净吨位每吨”为计税单位。净吨位是指额定或预定装运货物的船舱（或车厢）所占用的空间容积。机动船的净吨位一般是额定装运货物和载运旅客的船舱所占用的空间容积，即船舶各个部位的总容积，扣除按税法规定的非营业用所占容积，包括驾驶室、轮机间、业务办公室、船员生活用房等容积后的容积。

（4）游艇，以“艇身长度每米”为计税单位。

8.2.6.2　车船税的计算公式

根据上述车船税应纳税额的基本计算公式和计税单位，各类应税车船应纳税额计算公式为：

（1）乘用车、商用车（客车）、摩托车应纳税额=车辆数×适用单位年基准税额

（2）商用车（货车）、挂车、专用作业车、轮式专用机械车应纳税额=整备质量吨位数×适用单位年基准税额

（3）机动船舶应纳税额=净吨位数×适用单位年基准税额

（4）拖船和非机动驳船应纳税额=净吨位数×适用单位年基准税额×50%

（5）游艇应纳税额=艇身长度×适用单位年基准税额

车船税法及其涉及的整备质量、净吨位、艇身长度等计税单位，有尾数的一律按照含尾数的计税单位据实计算车船税应纳税额。计算得出的应纳税额小数点后超过两位的可四舍五入保留两位小数。

【例题8-3】某公司拥有运货卡车10辆，每辆整备质量4吨；拥有轿车3辆，其中排气量1.8升的1辆、排气量3.0升的2辆；拥有客车5辆；拥

有机动船4艘，每艘净吨位500吨；拥有拖船2条，每条净吨位10吨；拥有观光非机动船10条，每条净吨位0.1吨。卡车年税额整备质量100元/吨，排气量1.8升的轿车年税额360元/辆，排气量3.0升的轿车年税额1 500元/辆，客车年税额500元/辆，机动船年税额4元/吨，拖船年税额3元/吨。该公司应纳的车船税为：

运货卡车应纳税额=10×4×100=4 000（元）

轿车应纳税额=1×360+2×1 500=3 360（元）

客车应纳税额=5×500=2 500（元）

机动船应纳税额=4×500×4=8 000（元）

拖船应纳税额=2×10×3×50%=30（元）

观光非机动船，免征车船税。

公司应纳税总额=4 000+3 360+2 500+8 000+30=17 890（元）

8.2.7 车船税的征收管理

8.2.7.1 纳税义务发生时间

车船税纳税义务发生时间为取得车船所有权或管理权的当月，即纳税人购买车船的发票或其他证明文件所载日期的当月。

（1）购置的新车船的纳税义务自购置当月起按月计算。应纳税额为年应纳税额除以12再乘以应纳税月份数。其计算公式为：

应纳税额=年应纳税额÷12×应纳税月份数

（2）在一个纳税年度内已完税的车船被盗抢、报废、灭失的，纳税人可以凭有关管理机关出具的证明和完税凭证，向纳税所在地主管税务机关申请退还自被盗抢、报废、灭失月份起至该纳税年度终了期间的税款。已办理退税的被盗抢车船失而复得的，纳税人应从公安机关出具相关证明的当月起计算缴纳车船税。

8.2.7.2 车船税的纳税地点

车船税的纳税地点为车船的登记地或车船税扣缴义务人所在地。依法不需要办理登记的车船，车船税的纳税地点为车船的所有人或管理人所在地。税务机关可以在车船登记管理部门、车船检验机构的办公场所集中办理车船税征收事宜。公安机关交通管理部门在办理车辆相关登记和定期检验手续时，经核查，对没有提供依法纳税或免税证明的，不予办理相关手续。

8.2.7.3　车船税的其他管理

（1）车船税的征收缴纳。车船税由地方税务机关负责征收，实行源泉控制，按年申报，分月计算，一次性缴纳。

（2）车船税的扣缴征收。从事机动车交强险业务的保险机构，应依法代收代缴车船税。纳税人在购买机动车交强险时缴纳车船税的，不再向地方税务机关申报纳税。

扣缴义务人应及时解缴代收代缴的税款和滞纳金，并向主管税务机关申报。扣缴义务人向税务机关解缴税款和滞纳金时，应同时报送明细的税款和滞纳金扣缴报告。扣缴义务人解缴税款和滞纳金的具体期限由省、自治区、直辖市地方税务机关依照法律、行政法规的规定确定。

车船税的其他征收管理，依照《税收征管法》的有关规定执行。

8.3　契税法

8.3.1　契税法基础理论

8.3.1.1　契税法的概念

契税是以在中国境内出让、转让、买卖、赠与、交换发生权属转移的土地、房屋为征税对象而征收的一种税。

契税法是指国家制定的用以调整国家与契税纳税人之间征纳活动的权利与义务关系的法律规范。其基本法律依据是1997年7月国务院发布的《中华人民共和国契税暂行条例》，同年10月财政部制定的《中华人民共和国契税暂行条例实施细则》和同年11月国家税务总局印发的《关于契税征收管理若干具体事项的通知》等。

8.3.1.2　契税的演变

我国契税历史悠久，最早起源于东晋的“估税”。南朝的宋齐梁陈等国将其作为定制。此后，历代封建王朝对不动产的买卖、典当等产权转移都要征收契税，但征税范围和税率不尽相同。

新中国成立以后，废止了旧中国的契税。1950年4月政务院公布了《契税暂行条例》，此条例一直沿用40多年，已不能适应经济发展的要求。1997年7月7日国务院重新制定了《中华人民共和国契税暂行条例》，并决定于当年10月1日实施。契税一次性征收，并且普遍适用于内外资企业和中国公民、外籍人员。

8.3.1.3 契税的特点和意义

契税属于地方税种，对产权承受者征收而不是对转让方征收；采用有幅度的比例税率，税负较轻。契税对公平税负、规范房地产市场、促进房地产经济的发展和建立良好的房地产市场秩序，以及增加财政收入等方面，都有十分重要的现实意义。

近年来，受房地产成交量增加带动，我国契税收入稳定增长。2015年我国契税实现收入23 899亿元，占全国税收收入（124 892亿元）的3.12%，是2012年（2 874亿元）的7.3倍。

8.3.2 契税的征税对象

8.3.2.1 征税对象的一般规定

契税的征税对象是在中国境内转移土地、房屋权属。所谓土地、房屋权属，是指土地使用权和房屋所有权。

（1）国有土地使用权出让。国有土地使用权出让是指土地使用者向国家交付土地使用权出让费用，国家将其使用权在一定年限内让与土地使用者的行为。对以国家作价出资（入股）方式转移国有土地使用权的行为，应视同土地使用权转让，由土地使用权的承受方按规定缴纳契税。

（2）土地使用权的转让。土地使用权的转让是指土地使用者以出售、赠与、交换或其他方式将土地使用权转移给其他单位和个人的行为。不包括农村集体土地承包经营权的转移。

（3）房屋买卖。房屋买卖是指房屋所有者将其房屋出售，由承受者交付货币、实物、无形资产或其他经济利益的行为。以房产抵债或实物交换房屋、以房产作投资或作股权转让视同买卖房屋。

（4）房屋赠与。房屋赠与是指房屋所有者将房屋无偿转让受赠者的行为。

（5）房屋交换。房屋交换是指房屋所有者之间互相交换房屋的行为。

8.3.2.2 征税对象的特殊规定

随着市场经济的发展，有些特殊方式转移土地、房屋权属的，也应视同土地使用权转让、房屋买卖或房屋赠与缴纳契税，主要包括：

（1）以土地、房屋权属作价投资、入股。

（2）以土地、房屋权属抵债。

（3）以获奖方式承受土地、房屋权属。

（4）以预购方式或预付集资建房款方式承受土地、房屋权属。

8.3.3 契税的纳税人

在中国境内转移土地、房屋权属承受的单位和个人，为契税的纳税人。所谓单位，是指企业单位、事业单位、国家机关、军事单位、社会团体和其他组织；个人是指个体经营者及其他个人。

【小思考8-2】如何确定土地、房屋权属交换的纳税人？

答：土地、房屋权属交换是指土地使用者之间、房屋所有者之间相互交换土地使用权或房屋所有权，交换双方土地、房屋权属均发生转移，且都是权属承受者，因此都是契税的纳税人，在确定计算征收税额时，是按照差额计算征收契税的。交换价格不相等的，由多交付货币、实物、无形资产或其他经济利益的一方缴纳税款。交换价格相等，双方均免征契税。

8.3.4 契税的税率

契税实行3%~5%的幅度税率。各省、自治区、直辖市政府可在规定的幅度税率范围内，按照本地区的实际情况决定具体适用的税率。

8.3.5 契税的优惠政策

8.3.5.1 优惠政策的一般规定

（1）国家机关、事业单位、社会团体、军事单位承受土地、房屋用于办公、教学、医疗、科研和军事设施的，免征契税。但不包括中国农业发展银行各级机构购买的办公用房。

（2）城镇职工按规定第一次购买公有住房，免征契税。此项规定仅限于第一次，并且是经县以上人民政府批准，在国家规定标准面积以内购买的公有住房。

（3）对个人购买普通住房，且该住房属于家庭（成员范围包括购房人、配偶及未成年子女，下同）唯一住房的，面积为90平方米及以下的，减按1%的税率征收契税；面积为90平方米以上的，减按1.5%的税率征收契税。

（4）对个人购买家庭第二套改善性住房，面积为90平方米及以下的，减按1%的税率征收契税；面积为90平方米以上的，减按2%的税率征收契税。家庭第二套改善性住房是指已拥有一套住房的家庭，购买的家庭第二套住房。北京市、上海市、广州市、深圳市暂不适用该项契税优惠政策。

（5）因不可抗力灭失住房而重新购买住房的，酌情减免。不可抗力是指自然灾害、战争等不能预见、不可避免并不能克服的客观情况。

（6）土地、房屋被县级以上人民政府征用、占用后，重新承受土地、房屋权属的，由省级人民政府确定是否减免税。

（7）承受荒山、荒沟、荒丘、荒滩土地使用权，并用于农、林、牧、渔业生产的，免征契税。

（8）经外交部确认，依照我国有关法律规定以及我国缔结或参加的双边和多边条约或协定，应当予以免税的外国驻华使馆、领事馆，联合国驻华机构及其外交代表，领事官员和其他外交人员承受土地、房屋权属，免征契税。

（9）公租房经营单位购买住房作为公租房的，免征契税。

8.3.5.2　优惠政策的特殊规定

（1）依法继承土地、房屋权属免征契税。

（2）经国务院批准实施债权转股权的企业，对债权转股权后新设立的公司承受原企业的土地、房屋权属免征契税。

（3）政府部门对国有资产进行行政性调整和划转过程中发生的土地、房屋权属转移不征契税。

（4）对中国农业银行股份有限公司以国家作价出资方式承受原中国农业银行划拨用地不征契税。

（5）对拆迁重新购置住房成交价格中相当于拆迁补偿款的部分免征契税；成交价格超过拆迁补偿款的，对超过部分征收契税。

（6）债权人承受依法关闭、破产企业抵债的土地、房屋权属免征契税。非债权人承受依法关闭、破产企业的土地、房屋权属，凡妥善安置原企业30%以上职工的，减半征收契税；全部安置原企业职工的，免征契税。

（7）对个人首次购买90平方米及以下普通住房的，税率暂统一下调到1%。首次购房证明由住房所在地县（区）住房建设主管部门出具；对个人购买经济适用住房的，在法定税率基础上减半征收契税。

（8）对廉租住房经营管理单位购买住房作为廉租住房、经济适用住房经营管理单位回购经济适用住房继续作为经济适用住房房源的，免征契税。

（9）对承受国有土地使用权支付的土地出让金，要计征契税。不得因减免土地出让金而减免契税。

以上经批准减免税的纳税人改变有关土地、房屋的用途，不在减免税之列，应当补缴已减免的税款。

8.3.6 契税的税额计算

8.3.6.1 契税的计税依据

总体上说，契税的计税依据为不动产的价格。根据不动产转移方式不同，契税的计税依据具体规定为：

（1）国有土地使用权出让、土地使用权出售、房屋买卖，以成交价格为计税依据。成交价格是指土地、房屋权属按照转移合同确定的价格，包括承受者应交付的货币、实物、无形资产或其他经济利益。

（2）土地使用权赠与、房屋赠与，由征收机关参照土地使用权出售和房屋买卖的市场价格核定。

（3）土地使用权、房屋交换，为所交换的土地使用权、房屋的价格差额。它是指交换价格相等时免征契税，交换价格不等时由多交付的一方缴纳契税。

（4）以划拨方式取得土地使用权，经批准转让房地产时由房地产转让者补缴契税。计税依据为补交的土地使用权出让费用或土地收益。

此外，对成交价格明显低于市场价格且无正当理由的，或所交换土地使用权、房屋的价格差额明显不合理，且无正当理由的，征收机关可以参照市场价格核定计税依据。

【小思考8-3】分期支付房屋成交价款应如何计征契税?

答：契税以转移土地、房屋为征收对象，发生一次权属转移即征收一次契税。分期支付房屋成交价款，其权属转移行为在合同生效的同时已经发生，与付款方式无关。因此，无论房屋付款为多少次(期)，都是一次房屋权属转移，应在合同生效时一次性征收契税。

8.3.6.2　契税应纳税额的计算

契税采用幅度比例税率从价计征。其计算公式为：

应纳税额=计税依据×适用税率

需要注意的是：计征契税的成交价格不含增值税。

【例题8-4】庆华公司2016年5月出售一处位于郊区的仓库，取得收入（不含增值税）150万元；10月购入一处位于市区繁华地段的门市房，成交价（不含增值税）为850万元；12月与另一单位互换经营用房产，庆华公司的房产价格（不含增值税）为490万元，另一单位的房产价格（不含增值税）为600万元，当地契税税率为3%。庆华公司应纳的契税为：

（1）出售位于郊区的仓库不纳契税。

（2）购入门市房应纳契税=850×3%=25.5（万元）

（3）与另一单位互换经营用房应纳契税=（600−490）×3%=3.3（万元）

8.3.7　契税的征收管理

8.3.7.1　纳税义务发生时间

纳税人在签订土地和房屋权属转移合同的当天，或取得其他具有土地和房屋权属转移合同性质凭证的当天，为纳税义务发生时间。经批准减免税的纳税人改变有关土地、房屋用途的，为其改变的当天。

8.3.7.2　契税的申报与征收

纳税人应当自纳税义务发生之日起10日内，向土地和房屋所在地税务机关办理纳税申报，并在税务机关核定的期限内缴纳税款，索取完税凭证。各级税务机关应直接征收契税，不得委托其他单位代征。另外，对已缴纳契税的购房单位和个人，在未办理房屋权属变更登记前退房的，退还已纳契税；在办理房屋权属变更登记后退房的，不予退还已纳契税。

本章小结

● 房产税是以房产为征税对象，依据房产价格或租金收入向房产所有人征收的一种税。其征税范围是在城市、县城、建制镇和工矿区的房屋（不包括农村房屋）。按房产余值12%或租金1.2%的比例税率从价计征房产税，并实行按年计算、分期缴纳的征收办法。

● 车船税是依照法律规定，对在我国境内的车辆、船舶，按照规定的税目、计税单位和年税额标准计算征收的一种税。车船税的纳税义务人是车船的所有人或管理人。车船税的计税单位按车船的种类和性能，分别确定为辆、吨和米。车船税采用从量定额征收。

● 契税是以在中国境内出让、转让、买卖、赠与、交换发生权属转移的土地、房屋为征税对象而征收的一种税。以在中国境内转移土地、房屋权属承受的单位和个人为纳税人。按不动产价格3%~5%的幅度比例税率从价计征，其适用税率由各省、自治区、直辖市人民政府在规定的幅度税率范围内确定。

主要观念和概念

★ 主要观念

财产观念　权属观念　纳税观念

★ 主要概念

房产税　车船税　契税

基本训练

★ 知识题

一、简答题

1.开征房产税有何现实意义?

2.如何确定房产税的纳税人?

3.如何理解车船税的征税范围?

4.如何确定契税的纳税人?

5.如何掌握财产类税法各税的征收管理?

二、应用题

1.选择题（含单项选择题与多项选择题）

(1) 下列各项中符合房产税纳税人规定的是（　　）。

A.产权属于集体的，由承典人缴纳

B.房屋产权出典的，由出典人缴纳

C.产权纠纷未解决的，由代管人或使用人缴纳

D.产权属于国家所有的，不用缴纳

(2) 下列各项中符合房产税优惠政策规定的有（　　）。

A.大修停用3个月的房产在停用期间免征房产税

B.对高校学生公寓实行免征房产税政策

C.公园中的冷饮屋

D.由国家财政部门拨付事业经费单位的自用房产

(3) 下列需要征收契税的包括（　　）。

A.以获奖方式取得房屋产权

B.承受荒山、荒沟、荒丘、荒滩土地使用权并用于农、林、牧、渔业生产

C.以实物交换房屋

D.等价交换的房屋

(4) 下列以整备质量每吨作为车船税计税标准的是（　　）。

A.摩托车　　B.三轮汽车

C.乘用车　　D.拖船

(5) 甲、乙两人交换房产，甲房产价值500万元，乙房产价值450万元，乙支付补价50万元。当地政府规定的契税是3%，上述业务共需要缴纳契税（　　）万元。

A.5　　B.28.5

C.1.5　　D.57

(6) 下列表述符合车船税法规定的有（　　）。

A.燃料电池汽车不征车船税　　B.半挂牵引车不需缴纳车船税

C.人力三轮车不征车船税　　D.纯电动乘用车不征收车船税

2.判断题

(1) 房产税实行比例税率，分情况适用12%和1.2%的税率从价或

从租计征。 (　　)

(2) 国家财政部门拨付事业经费的单位业务用房免征房产税，但其经费来源实行自收自支年度起，免征房产税5年。 (　　)

(3) 已缴纳车船税的车船在同一纳税年度内办理转让过户的，不另纳税，同时已经缴纳的车船税可申请退回。 (　　)

(4) 车船税的纳税义务发生时间为车船管理部门核发的车船登记证书或行驶证书所记载日期的当月。 (　　)

(5) 契税采取一次性征收办法，适用于内外资企业和中国公民以及外籍人员。 (　　)

★ 技能题

一、规则复习

1.财产类税法各税的税率设计。

2.财产类税法各税的减免优惠。

3.财产类税法各税应纳税额的基本计算公式。

二、操作练习

1.熟练确定财产类税法各税的计税依据。

2.分析并正确计算财产类税法各税的应纳税额。

★ 能力题

一、计算题

1.某公司2015年拥有乘用车10辆，其中发动机汽缸容量（排气量）在1.0升以上至1.6升（含）的5辆，年税额400元/辆；2.0升以上至2.5升（含）的3辆，年税额900元/辆；3.0升以上至4.0升（含）的2辆，年税额3 000元/辆。商用车货车5辆，每辆整备质量4吨，年税额100元/吨。机动船舶5艘，其中净吨位1 000吨的3艘、5 000吨的2艘。游艇2艘，游艇身长分别为15米和20米。

要求：请根据上述资料，计算该公司当年应纳的车船税。

2.某公司有房屋原值1 000万元，其中职工食堂用房100万元，出租的门市房80万元。门市房每月收取租金（不含增值税）0.3万元。5月末由于业务需要收回出租的门市房，租金已结清；12月新购置一处房屋300万元，已投入使用。另委托施工单位建设的房屋造价800万元，11月验收手续办理完毕，当月出租给某中外合资经营企业，每月收取租金（不含增值税）30万元。当地房产原值扣除比例为20%。

要求：请根据上述资料，计算该公司当年应纳的房产税。

二、分析题

某商业企业2015年发生有关税收的经济业务包括：自有房产原值1 000万元，4月1日将其中500平方米的房产出租给某个体户，年租金（不含增值税）700元/平方米，该出租房产原值30万元；当年有载货汽车6辆，每辆整备质量5吨；另有4辆商用客车；年末又购进一套商品房用于办公，买价20万元。当地政府规定房产原值扣除比例为20%；载货汽车年税额80元/吨，商用客车600元/辆；契税税率3%。

要求：请根据上述资料，计算该企业当年应纳的房产税、车船税和契税，并说明计算过程。

三、网上调研

利用电子图书馆和因特网资源收集有关国家财产类税各税法律制度，尤其是美国、英国和日本等典型国家的财产类税收的法律制度，分析这些国家财产类税收的特点及在各国税制结构中所起的作用，进而研究各国财产类税法对我国财产类税法改革的启示。

四、单元实践

以重庆、上海房产税试点改革为背景，分小组选择不同收入阶层的民众进行调查访问，分析房产税改革对居民个人生活产生的影响。

第9章

行为目的类税法

学习目标

☆知识目标

——掌握行为目的类税法各税的基本概念。

——掌握行为目的类税法各税的征税范围、纳税人和税率。

——熟悉行为目的类税法各税的有关减免规定。

——重点掌握行为目的类税法各税的计税依据。

——了解行为目的类税法各税的征收管理。

☆技能目标

——解释说明本章各税要素的设计原理。

——熟练掌握本章各税应纳税额的计算。

☆能力目标

——调查某企业对行为目的类税的认识。

——实地调研印花税、车辆购置税征收与缴纳中所存在的问题。

——正确计算印花税、车辆购置税的应纳税额并进行案例分析。

从印花税税率变动看我国财政政策的运用

我国印花税收入占财政收入的比重较小，由1993年的0.51%提高到2015年的1.68%。因此，调整印花税税率不是基于财政收入的考虑，而是对股市走向起到一种政策导向作用。在多数情况下，印花税税率的每次调整对上证指数的涨跌、刺激作用是非常明显的，甚至是巨大的。

我国对股票交易征收印花税始于深圳股市。在深圳股市初期，为平抑暴涨的股价，1990年6月28日深圳市政府开征股票交易印花税，由卖出股票者按成交金额的0.6%缴纳；次年6月，税率调整为0.3%。

我国股市印花税税率曾经有过数次调整，主要包括：1997年5月12日，针对当时股市不断攀升、“泡沫”严重的状况，税率由3‰提高到5‰；1998年6月12日，由于1997年税率提高及政府同时出台多种政策，“打压”力度过大，股市持续低迷，交易量萎缩，税率不得不进行调整，从5‰降为4‰；1999年6月1日，国家税务总局将B股交易税税率降为3‰；2001年11月16日，因股市持续震荡低迷，股指跌幅高达30%，证券交易印花税收入比上年同期减少近40%，税率从4‰降为2‰；2005年1月23日，股指持续下跌，在历史低位徘徊，股市几近崩盘，税率由2‰下调为1‰；2007年5月30日，因股市狂涨并屡创历史新高，政府出台的多种政策对股市施压无效，税率由1‰上调至3‰；2008年4月23日，因前次税率调整引起股票市场剧烈震荡，股指持续急速下挫，税率重新下调到1‰；2008年9月18日，因股市低迷，又受国际金融危机冲击，证券交易印花税取消双向征收，改为单向征收（对卖方征收），税率仍为1‰。

行为目的类税是政府为特定社会经济政策目的和意图而设计征收的税种，具有征收对象单一、税源分散、收入零星的特点。各国开征的行为目的类税名目繁多，如赌博税、彩票税和狩猎税等。国家征收该类税的目的，具体到不同税种是不同的，有的是限制某些行为，有的在于开辟财源，有的则是基于对某种经济活动或权益的认可等。我国行为目的类税法包括印花税法、车辆购置税法、城市维护建设税法和教育费附加征收制度。

9.1 印花税法

9.1.1 印花税法基础理论

9.1.1.1 印花税法的概念

印花税是指对经济活动和经济交往中书立、使用、领受具有法律效力的凭证的单位和个人征收的一种税。

印花税法是指国家制定的用以调整国家与印花税纳税人之间征纳活动的权利与义务关系的法律规范。其基本法律依据是1988年8月国务院发布的《中华人民共和国印花税暂行条例》和同年9月财政部制定的《中华人民共和国印花税暂行条例实施细则》等。

9.1.1.2 印花税的演变

印花税是一个古老的税种，1624年创始于荷兰，旧中国也曾开征印花税。1950年12月政务院发布了《印花税暂行条例》，在全国开征印花税，以后又随着经济发展变化，对印花税税率进行多次调整。1958年税制改革时将印花税并入工商统一税。党的十一届三中全会以来，经济活动中依法书立和领受各种凭证已成为普遍现象，为建立社会主义经济新秩序，保护凭证的法律效力，1988年8月国务院颁布了《中华人民共和国印花税暂行条例》，并决定从同年10月起施行。

2015年我国证券交易印花税收入为2 553亿元，占全国税收收入（124 892亿元）的2.04%，同比增长2.8倍。

9.1.1.3 印花税的特点

（1）税源广泛，征收普遍。凡税法列举的合同或具有合同性质的凭证、产权转移书据、营业账簿及权利、许可证照等，都必须依法缴纳印花税。印花税应税凭证共有5大类、13个税目，涉及经济活动的各个领域和各个环节，充分体现了税源的广泛性和征收的普遍性。

（2）税率极低，税负从轻。印花税采用从价定率和从量定额进行征收，比例税率最高为1‰、最低为0.5‱，按定额税率征税每件只有5元。同时采用自行贴花、汇贴或汇缴和委托代征3种纳税办法。与其他税种相比，印花税税负极低，计算方便，易为征纳双方所接受。

（3）自行完税，征收简便。纳税人在书立、使用、领受应税凭证时自行计算应纳税额、购买印花税票、一次足额粘贴在应税凭证上，并由纳税人对已粘贴的税票自行注销或划销。而其他税种一般先由纳税人申报纳税，由税务机关审核、稽查，由纳税人办理缴纳税款手续。

【小思考9-1】 印花税的作用有哪些？

答：主要表现为：增加地方财政收入，为经济建设积累资金；加强经济合同的管理和监督，提高合同的兑现率；在对外经济交往中贯彻税收政策的互惠原则，维护国家的经济权益，促进对外经济关系的发展；加强法制建设，增加人们依法纳税的观念和意识等。

9.1.2 印花税的基本内容

9.1.2.1 印花税的征税范围

印花税对列举的凭证征收，没有列举的不征收。具体征收范围分为以下5大类：

（1）经济合同，包括购销、加工承揽、建设工程承包、财产租赁、货物运输、仓储保管、借款、财产保险、技术等合同或具有合同性质的凭证。

（2）产权转移书据，包括财产所有权、版权、商标专用权、专利权、专有技术使用权等转移书据。

（3）营业账簿，包括单位和个人从事生产经营活动所设立的各种账册，即记载资金的账簿和其他账簿。

（4）权利、许可证照，包括房屋产权证、工商营业执照、商标注册证、专利证、土地使用证。

（5）财政部确定征收的其他凭证。

需要说明的是：目前同一性质的凭证名称各异、不统一，但不论以何种形式或名称书立，只要其性质属于税法中列举的征税范围，均应照章征税。有些业务部门将货物运输、仓储保管、银行借款、财产保险等单据作为合同使用的，应按合同凭证纳税。

纳税人以电子形式签订的各类应税凭证，按规定征收印花税。

9.1.2.2　印花税的纳税人

印花税以在中国境内书立、使用、领受应税凭证的单位和个人为纳税人。所称单位和个人是指国内各类企业、事业单位、机关、团体、部队和中外合资企业、中外合作企业、外资企业、外国公司和其他经济组织及其在华机构等单位和个人。上述单位和个人，按照书立、使用、领受应税凭证的不同，可分别确定为立合同人、立据人、立账簿人、领受人和使用人。

（1）立合同人。立合同人是指合同的当事人。当事人是指对凭证有直接权利义务关系的单位和个人，但不包括合同的担保人、证人和鉴定人。各类合同的纳税人是立合同人，包括立合同的各方。当事人的代理人有代理纳税的义务，与纳税人负有同等的税收法律义务。

（2）立据人。产权转移书据的纳税人是立据人。2008年9月19日起对买卖、继承、赠与所书立的A股、B股股权转让书据的出让方按1‰的税率征收证券（股票）交易印花税，对受让方不再征收印花税。

（3）立账簿人。营业账簿的纳税人是立账簿人，即指设立并使用营业账簿的单位和个人。

（4）领受人。权利、许可证照的纳税人是领受人，即指领取或接受并持有该凭证的单位和个人。

（5）使用人。在国外书立、领受，但在国内使用的应税凭证，其纳税人是使用人。

对应税凭证，凡由两方或两方以上当事人共同书立的，其当事人各方都是印花税的纳税人，应就其所持凭证的计税金额各自纳税。

【小思考9-2】意向性协议是否征收印花税？

答：根据税法规定，对某些经济事项，先订立意向性协议，然后签订正式合同的，其意向性协议可不贴花，待签订正式合同时按规定贴花。但以意向性协议作为正式合同使用的，或不能确定将来是否签订正式合同的，应就其意向性协议贴花。

9.1.2.3　印花税的税目

印花税的税目实行列举法，即列入税目的征税，未列入税目的不征税。印花税包括以下13个税目：

（1）购销合同，包括供应、预购、采购、购销、协作、调剂、补偿和贸易等合同，出版单位与发行单位之间订立的图书、报纸、期刊和音像制品的应税凭证（如订购单、订数单等），还包括发电厂与电网之间、电网与电网之间（国家电网公司系统、南方电网公司系统内部各级电网互供电量除外）签订的购销电合同。但电网与用户之间签订的供电合同不属于印花税列举征税的凭证，不征收印花税。

（2）加工承揽合同，包括加工、定作、修缮、修理、印刷、广告、测绘和测试等合同。

（3）建设工程勘察设计合同，包括勘察、设计合同。

（4）建筑安装工程承包合同，包括建筑、安装工程承包合同。其中承包合同包括总承包合同、分包合同和转包合同。

（5）财产租赁合同，包括租赁房屋、飞机、机动车辆、机械、器具和设备等及企业、个人出租门店、柜台等签订的合同。

（6）货物运输合同，包括民用航空、铁路运输、海上运输、公路运输和联运合同，以及作为合同使用的单据。

（7）仓储保管合同，包括仓储、保管合同，以及作为合同使用的仓单和栈单等。

（8）借款合同。银行及其他金融组织与借款人（不包括银行同业拆借）所签订的合同（包括融资租赁合同），以及只填开借据并作为合同使用、取得银行借款的借据。

（9）财产保险合同，包括财产、责任、保证、信用保险合同及作为合同使用的单据。财产保险分为企业财产保险、机动车辆保险、货物运输保险、家庭财产保险（家庭财产两全保险）和农牧业保险。

（10）技术合同，包括技术开发、转让、咨询、服务等合同，以及作为合同使用的单据。其中，技术转让合同包括专利申请权转让和非专利技术转让。

（11）产权转移书据，指单位和个人产权的买卖、继承、赠与、交换、分割等所立的书据，包括财产所有权和版权、商标专用权、专利权和专有技术使用权等转移书据。其征税范围是指经政府管理机关登记注册的动产、不动产的所有权转移所立的书据，以及企业股权转让所立的书据。

（12）营业账簿，是指单位或个人记载生产经营活动的财务会计核算账簿。营业账簿按反映内容不同，可分为记载资金的账簿和其他账簿。记载资金的账簿是指反映生产经营单位资本金数额增减变化的账簿；其他账簿是指除上述账簿以外的有关其他生产经营活动内容的账簿，包括日记账簿和各明细分类账簿。但对金融系统的营业账簿，要结合金融系统财务会计核算的实际情况进行具体分析。

（13）权利、许可证照，包括政府部门发给的房屋产权证、工商营业执照、商标注册证、专利证和土地使用证。

9.1.2.4　印花税的税率

印花税的税率设计遵循“税负从轻、共同负担”的原则。设有比例税率和定额税率两种形式。

（1）比例税率。在印花税的13个税目中，各类合同和具有合同性质的凭证、产权转移书据、营业账簿中记载资金的账簿，适用比例税率，共4个档次，分别为0.5‰、3‰、5‰和1‰。

（2）定额税率。在印花税的13个税目中，权利、许可证照和营业账簿税目中的其他账簿，适用按件贴花，税额为每件5元。

印花税的税率见表9-1。

表9-1　**印花税税率表**

税率形式	具体税率	适用范围
比例税率	0.5‰	借款合同
	3‰	购销合同、建筑安装工程承包合同、技术合同
	5‰	加工承揽合同、建筑工程勘察设计合同、货物运输合同，产权转移书据，营业账簿中记载资金的账簿
	1‰	财产租赁合同、仓储保管合同、财产保险合同
定额税率	每件5元	权利、许可证照和营业账簿中的其他营业账簿

9.1.3　印花税的优惠政策

9.1.3.1　印花税的免税项目

（1）已缴纳印花税的凭证的副本或抄本。

（2）财产所有人将财产赠与政府、福利单位和学校所立的书据。

（3）国家指定的收购部门与村民委员会、农民个人书立的农副产品收购合同。

（4）无息、贴息贷款合同。

（5）外国政府或国际金融组织向我国政府及国家金融机构提供优惠贷款所书立的合同。

（6）房地产管理部门与个人签订的用于生活居住的租赁合同。

（7）农牧业保险合同和特殊货运合同。

9.1.3.2　印花税的补充免税

（1）个人销售或购买住房，以及对个人出租、承租住房签订的租赁合同。

（2）期货保障基金公司新设立的资金账簿、期货保障基金参加被处置期货公司的财产清算而签订的产权转移书据，以及期货保障基金以自有财产和接受的受偿资产与保险公司签订的财产保险合同等。但对上述应税合同和产权转移书据的其他当事人，照章征收印花税。

（3）企业集团内部执行计划使用的、不具有合同性质的凭证。但对企业集团内具有平等法律地位的主体之间自愿订立、明确双方购销关系、据以供货和结算、具有合同性质的凭证，应按规定征收印花税。

（4）与高校学生签订的高校学生公寓租赁合同。

（5）商品储备管理公司及其直属库资金账簿，以及对其承担商品储备业务过程中书立的购销合同。但对合同其他各方当事人应缴纳的印花税照章征收。

（6）廉租住房、经济适用住房经营管理单位与廉租住房、经济适用住房，以及廉租住房承租人、经济适用住房购买人涉及的合同。开发商在经济适用住房、商品住房项目中配套建造廉租住房，在商品住房项目中配套建造经济适用住房，如能提供政府部门出具的相关材料，可按廉租住房、经济适用住房建筑面积占总建筑面积的比例免征印花税。

9.1.3.3　印花税的暂免项目

（1）农林作物、牧业畜类保险合同；

（2）书、报、刊发行单位之间，发行单位与订阅单位、个人之间书立的凭证；

（3）投资者买卖证券投资基金单位；

（4）经国务院和省级人民政府决定或者批准进行政企脱钩、对企业（集团）进行改组和改变管理体制、变更企业隶属关系，国有企业改制、盘活国有企业资产，发生的国有股权无偿划转行为；

（5）个人销售、购买住房。

9.1.3.4 特殊货运凭证免税

（1）军事物资运输凭证，即附有军事运输命令或使用专用的军事物资运费结算凭证。

（2）抢险救灾物资运输凭证，即附有县级以上（含县级）人民政府抢险救灾物资运输证明文件的运费结算凭证。

（3）新建铁路的工种临管线运输凭证，即为新建铁路运输施工所需物料，使用工程临管线专用的运费结算凭证。

【小思考9-3】 企业改制过程中如何征收印花税？

答：企业在改制过程中，涉及的企业资金账簿、应税合同和产权转移书据的印花税征免问题，税法有以下规定：

（1）实行公司制的企业在改制过程中成立的新企业（重新办理法人登记），其新启用的账簿记载的资金或因企业建立资金纽带关系而增加的资金，凡原已经贴花部分免征，未贴花部分和以后新增资金按规定征收印花税。

（2）以合并或分立方式成立的新企业，其新启用的资金账簿记载的资金，凡原已经贴花部分免征，未贴花部分和以后新增资金按规定征收印花税。

（3）企业债转股新增资金和改制中经评估增加的资金，按规定征收印花税。

（4）企业其他会计科目记载的资金转为实收资本或资本公积的资金，按规定征收印花税。

（5）企业改制前签订但尚未履行完的各类应税合同，改制后需要变更执行主体的，对仅改变执行主体、其余条款未作变更且改制前已贴花的，免征印花税。

（6）企业因改制签订的产权转移书据，免征印花税。

9.1.4 印花税的计税依据

9.1.4.1 计税依据的一般规定

（1）购销合同为购销金额。

（2）加工承揽合同为加工或承揽收入额。所谓加工或承揽收入额，是指合同规定的受托方的加工费收入和提供的辅助材料金额之和。具体规定为：

对于由受托方提供原材料的加工、定做合同，凡在合同中分别记载加工费金额和原材料金额的，应分别按“加工承揽合同”“购销合同”计税，两项税额相加数即为合同应贴花数；若合同中未分别记载，则应就全部金额依照加工承揽合同计税贴花。

对于由委托方提供主要材料或原料，受托方只提供辅助材料的加工合同，无论加工费和辅助材料金额是否分别记载，均以辅助材料和加工费的合计数，依照加工承揽合同计税贴花。对委托方提供的主要材料或原料金额不计税贴花。

（3）建设工程勘察设计合同为收取的费用。

（4）建筑安装工程承包合同为承包金额。

（5）财产租赁合同为租赁金额；经计算税额不足1元的，按1元贴花。

（6）货物运输合同为运输费用，但不包括所运货物的金额、装卸费和保险费等。

（7）仓储保管合同为仓储保管费用。

（8）借款合同为借款金额。

（9）财产保险为保险费收入。

（10）技术合同为合同所载价款、报酬或使用费。

（11）产权转移书据为所载金额。

（12）营业账簿税目中记载资金账簿的，为实收资本与资本公积两项的合计金额。实收资本包括现金、实物、无形资产和材料物资；资本公积包括接受捐赠、法定财产重估增值、资本折算差额和资本溢价等。

（13）营业账簿中除记载资金账簿以外的其他账簿，以及权利、许可证照，为应税凭证件数。

9.1.4.2　计税依据的具体规定

（1）为鼓励技术研究开发，对技术开发合同只就合同所载的报酬金额计税，研究开发经费不计税。但对合同约定按研究开发经费一定比例作为报酬的，应按其报酬金额贴花。

（2）由受托方提供原材料的加工、定做合同，凡在合同中分别记载加工费金额和原材料金额的，应分别按加工承揽合同和购销合同计税，两项税额合计即为应贴印花；若合同中未分别记载，则应就全部金额依照加工承揽合同计税贴花。

（3）委托方提供主要材料或原料，受托方只提供辅助材料的加工合同，无论加工费和辅助材料金额是否分别记载，以辅助材料与加工费的合计数按加工承揽合同计税贴花，对委托方提供的主要材料或原料金额不计税贴花。

（4）一项信贷业务既签订借款合同，又填开借据的，只以借款合同所载金额计税贴花；凡只填开借据并作为合同使用的，应以借据所载金额计税贴花。

（5）借贷双方签订的流动资金周转性借款合同，一般按年（期）签订，按规定最高限额在签订时贴花一次。在限额内随借随还不签订新合同的，不再另贴印花。

（6）借款方以财产作抵押，从贷款方取得一定数量抵押贷款的合同应按借款合同贴花；在借款方因无力偿还借款而将抵押财产转移给贷款方时，应再按双方书立的产权书据及有关规定计税贴花。

（7）银行及其他金融组织的融资租赁业务签订融资租赁合同，应按合同所载租金总额，暂按借款合同计税贴花。

（8）在贷款业务中如果贷方由若干银行组成的银团，银团各方均承担一定的贷款数额，借款合同由借款方与银团各方共同书立、各执一份合同正本，其借款方与银团各方应分别按各自借款金额计税贴花。

（9）基本建设贷款按年度用款计划分年签订借款合同，在最后一年按总概算签订借款总合同，且总合同的借款金额包括各个分合同的借款金额应按分合同分别贴花，最后签订的总合同只就借款总额扣除分合同借款金额后的余额计税贴花。

（10）技术转让、财产租赁等合同签订时无法确定计税金额的，可先按定额5元贴花，以后结算时再按实际金额计税。

（11）对有经营收入的事业单位，属于国家财政拨付事业经费并实行差额预算管理的单位，其记载经营业务账簿按其他账簿定额贴花，不记载经营业务的账簿不贴花；属于经费来源实行自收自支的单位，应对记载资金的账簿和其他账簿分别计税贴花。

（12）采用以货换货方式进行商品交易签订的合同，应按合同所载的购销合计金额计税贴花；合同未列明金额的，应按合同所载购销数量依照国家牌价或市场价格计税贴花。

（13）施工单位将其承包的建设项目分包或转包给其他施工单位所签订的分包或转包合同，应按新的分包或转包合同所载金额计税贴花。

（14）对国内的货物联运，凡在起运地统一结算全程运费的，以全程运费作为计税依据，由起运地进行运费结算的双方计税贴花；凡分程结算运费的，以分程的运费作为计税依据，分别由办理运费结算的各方计税贴花。

（15）股份制试点企业向社会公开发行的股票，因购买、继承、赠与所书立的股权转移书据，均依书立时证券市场当日实际成交价格计算的金额计税贴花。

9.1.4.3 计税依据的补充规定

（1）上述凭证以金额、收入、费用作为计税依据的，应全额计税，不得作任何扣除。

（2）同一凭证载有两个或两个以上经济事项而适用不同的税目税率时，如分别记载金额的，应分别计算应纳税额，相加后按合计税额贴花；未分别记载金额的，按税率高的计税贴花。

（3）按金额比例贴花的应税凭证，未标明金额的，应按照凭证所载数量及国家牌价计算的金额作为计税依据；没有国家牌价的，按市场价格计算的金额作为计税依据。

（4）应税凭证为外国货币并未标明金额的，应按照凭证所载数量及国家外汇牌价计算的金额作为计税依据；没有国家外汇牌价的，按市场价格计算的金额作为计税依据。

（5）对未能建立应税凭证登记簿或未如实登记和完整保存应税凭证的，拒不提交应税凭证或者不如实提供应税凭证致使计税依据明显偏低的，采用汇总缴纳办法但未及时报送汇总缴纳情况报告经税务机关责令改正仍无效的，地方税务机关可核定其计税依据。

9.1.5 印花税的税额计算

印花税纳税人的应纳税额，根据应纳税凭证的计税金额或件数，采取从价定率或从量定额方法进行计算。其计算公式为：

应纳税额=应税凭证计税金额（或件数）×适用税率（或单位税额）

应注意的是：应纳税额不足1角的，免纳印花税；1角以上的，其税额尾数不满5分的不计，满5分的按1角计算。

【例题9-1】 某外贸公司于2016年3月18日开业，领受工商营业执照、房产证、商标注册证各一件；注册资本480万元，实收资本300万元，除记载资金的账簿外，还建有7本营业账簿；开业当月签订财产保险合同一份，投保金额123万元，保险费2.5万元；向银行借款签订合同一份，借款金额50万元（利率8%）；签订购销合同两份：一份为外销合同，所载金额185万元，另一份为内销合同，所载金额150万元。4月该企业与某公司签订技术转让合同一份，金额30万元；与货运公司签订运输合同一份，支付运输费7万元、装卸费0.4万元。营业账簿册数未变，只是记载资金的实收资本数额增加到380万元。该企业3月和4月应纳的印花税为：

1.公司3月应纳的印花税为：

（1）领受权利、许可证照应纳税额=3×5=15（元）

（2）资金账簿应纳税额=3 000 000×5‱=1 500（元）

（3）其他营业账簿应纳税额=7×5=35（元）

（4）财产保险合同应纳税额=25 000×1‰=25（元）

（5）借款合同应纳税额=500 000×0.5‱=25（元）

（6）购销合同应纳税额=（1 850 000+1 500 000）×3‱=1 005（元）

（7）5月应纳印花税合计=15+1 500+35+25+25+1 005=2 605（元）

2.公司4月应纳的印花税为：

（1）技术转让合同应纳税额=300 000×3‱=90（元）

（2）货物运输合同应纳税额=70 000×5‱=35（元）

（3）资金账簿应纳税额=（3 800 000−3 000 000）×5‱=400（元）

（4）6月应纳印花税额合计=90+35+400=525（元）

【小资料9-1】　　　我国2015年发行的印花税票

根据2015年12月25日国家税务总局发布的《关于发行2015年印花税票的公告》的有关事项，2015年印花税票以“中国古代税收思想家”为题材，一套9枚，各面值及图名分别是：1角（中国古代税收思想家·管仲）、2角（中国古代税收思想家·商鞅）、5角（中国古代税收思想家·桑弘羊）、1元（中国古代税收思想家·傅玄）、2元（中国古代税收思想家·杨炎）、5元（中国古代税收思想家·王安石）、10元（中国古代税收思想家·耶律楚材）、50元（中国古代税收思想家·张居正）、100元（中国古代税收思想家·黄宗羲）。2015年印花税票以9位中国古代税收思想家半身像为票面图案；左侧印有税票题材名称，左下角印有“2015”表明版别；右侧由边及里依次印有“中国印花税票”字样、票面人物历史时期及姓名、面值、票面人物简介，右下角印有“9-X”表明按票面金额从小到大的顺序号。

9.1.6　印花税的征收管理

9.1.6.1　印花税的征收方法

印花税根据税额的大小、贴花的次数和征管的需要，分别采用以下3种征收方法：

（1）自行贴花。纳税人书立、领受或使用印花税法列举的应税凭证，应根据应税凭证的性质和适用的税率，自行计算应纳税额、自行购买印花税票、自行一次贴足印花税票，并加以注销或划销。该办法一般适用于应税凭证较少或贴花次数较少的纳税人。

对已贴花的凭证增加所载金额的，其增加部分应补贴印花税票。凡多贴印花税票者，不得申请退税或抵用。

（2）汇贴或汇缴。对一份凭证应纳税额超过500元的，应向当地税务机关申请填写缴款书或完税证，将其中一联粘贴在凭证上或由税务机关在凭证上加注完税标记代替贴花，即汇贴。

同一种类应税凭证需频繁贴花的，应向当地税务机关申请按期汇总缴纳印花税。汇总缴纳的期限由当地税务机关确定，但最长期限不得超过1个月。

实行印花税按期汇总缴纳单位对征税凭证和免税凭证汇总时，分别汇总的，按本期征税凭证的汇总金额计税；凡确属不能分别汇总的，应按本期全部凭证的实际汇总金额计税。汇总缴纳印花税的凭证应加注税务机关指定的汇缴戳记并编号装订成册后，将已贴印花或缴款书的一联粘附册后，盖章注销，保存备查。

印花税的汇贴或汇缴方法，一般适用于应纳税额较大或贴花次数频繁的纳税人。

（3）委托代征。通过税务机关的委托，由发放或办理应税凭证的单位代为征收印花税税款。税务机关应选择适当的单位或个人委托代售印花税票，并加强指导、检查和监督。税务机关委托代售印花税票，应按代售金额5%的比例支付代售手续费。

纳税人不论采用哪一种纳税办法，均应妥善保存纳税凭证。凭证的保存期限，凡国家已有明确规定的，按规定办理；其余凭证均应在履行完毕后保存1年。

9.1.6.2　印花税的纳税管理

（1）各级地方税务机关应要求纳税人统一设置印花税应税凭证登记簿，制定本单位的应税凭证登记管理办法，有条件的纳税人应指定专门部门、专人负责应税凭证的管理。

（2）印花税一般实行就地纳税。对于全国性展销会、博览会上所签订的合同，可由纳税人回其所在地申报纳税。

（3）印花税的纳税人应按税法的有关规定及时办理纳税申报，并如实填写印花税纳税申报表。

9.1.6.3　印花税的违规处罚

（1）纳税人应税凭证上未贴或少贴印花税票或已粘贴在应税凭证上的印花税票未注明或未划销的，除追缴所欠税款、滞纳金外，并处不缴或少缴税款50%以上5倍以下罚款。

（2）纳税人已贴用税票揭下重用未缴或少缴税款的，除追缴所欠税款、滞纳金外，并处不缴或少缴税款50%以上5倍以下罚款；构成犯罪的，追究刑事责任。

（3）纳税人伪造印花税票的，处2 000元以上1万元以下罚款；情节严重的，处1万元以上5万元以下罚款；构成犯罪的，追究刑事责任。

（4）汇总缴纳的纳税人超过纳税期限未缴或少缴印花税款的，除追缴所欠税款、滞纳金外，并处不缴或少缴税款50%以上5倍以下罚款；情节严重的，撤销其汇缴许可证；构成犯罪的，追究刑事责任。

（5）纳税人违反以下规定的，由税务机关责令限期改正，可处以2 000元以下的罚款；情节严重的，处以2 000元以上1万元以下的罚款：

①凡汇总缴纳印花税的凭证，应加注税务机关制定的汇缴戳记，编号并装订成册，将已贴花或缴款书的一联粘附册后盖章注销，保存备查。

②纳税人对纳税凭证应妥善保存，凭证的保存期限按国家的有关规定办理；没有明确规定的其余凭证，均应在履行完毕后保存1年。

（6）代售户所收税款逾期不缴或挪作他用或违反合同将所领印花税票转托他人代售或转至其他地区销售，或未详细提供领、售印花税票情况的，视其情节轻重给予警告或取消其代售资格的处罚。

印花税的其他征收管理事项，按照《税收征管法》及其实施细则等相关规定执行。

9.2　车辆购置税法

9.2.1　车辆购置税法基础理论

9.2.1.1　车辆购置税法的概念

车辆购置税是指对在中国境内购买应税车辆的单位和个人征收的一种税。

车辆购置税法是指国家制定的用以调整国家与车辆购置税纳税人之间征纳活动的权利与义务关系的法律规范。其基本法律依据是2000年10月国务院发布的《中华人民共和国车辆购置税暂行条例》。

9.2.1.2　车辆购置税的意义

车辆购置税的前身是1985年经国务院批准在全国范围内征收的专项用于国家公路建设的政府性基金——车辆购置附加费。可以说，车辆购置税是税费改革的产物。

将车辆购置附加费改为车辆购置税，要求纳税人依法缴纳税款，有利于理顺政府分配关系，增强政府宏观调控能力。车辆购置税作为中央财政收入，按照“保证重点和向西部地区倾斜”的原则统筹安排，用于国道、省道干线公路建设，这对我国公路建设具有重要的现实意义。

2015年我国车辆购置税收入2 793亿元，同比增长3.2%，占全国税收收入（124 892亿元）的2.24%。

9.2.2 车辆购置税的基本内容

9.2.2.1 车辆购置税的征税范围

车辆购置税的征税范围包括汽车、摩托车、电车、挂车和农用运输车等。主要规定如下：

（1）汽车包括各类汽车。

（2）摩托车包括轻便摩托车、二轮摩托车、三轮摩托车3种。轻便摩托车是指最高设计时速不大于50千米/小时，发动机气缸总排量不大于50立方厘米的两个或三个车轮的机动车；二轮摩托车是指最高设计时速大于50千米/小时，或发动机气缸总排量大于50立方厘米的两个车轮的机动车；三轮摩托车是指最高设计时速大于50千米/小时，或发动机气缸总排量大于50立方厘米，空车质量不大于400千克的三个车轮的机动车。

（3）电车包括无轨电车和有轨电车2种。无轨电车是指以电能为动力，由专用输电电缆线供电的轮式公共车辆；有轨电车是指以电能为动力，在轨道上行驶的公共车辆。

（4）挂车包括全挂车和半挂车2种。全挂车是指无动力设备，独立承载，由牵引车牵引行驶的车辆；半挂车是指无动力设备，与牵引车共同承载，由牵引车牵引行驶的车辆。

（5）农用运输车包括三轮和四轮农用运输车2种。三轮农用运输车是指发动机为柴油，功率不大于7.4千瓦，载重量不大于500千克，最高时速不大于40千米/小时的三个车轮的机动车；四轮农用运输车是指发动机为柴油，功率不大于28千瓦，载重量不大于1 500千克，最高时速不大于50千米/小时的四个车轮的机动车。

9.2.2.2　车辆购置税的纳税人

在中国境内购买应税车辆的单位和个人，均为车辆购置税的纳税人。所称单位包括国有企业、集体企业、私营企业、股份制企业、外商投资企业、外国企业及其他企业、事业单位、社会团体、国家机关、部队和其他单位；个人包括个体工商户以及其他个人。

9.2.2.3　车辆购置税的税率

车辆购置税实行单一比例税率，即10%。车辆购置税税率的调整由国务院决定并公布。

【小资料9-2】　　　车辆购置税应税行为的分类

1.购买使用行为。这包括购买使用国产应税车辆和购买使用进口应税车辆。当纳税人购置应税车辆时，就发生了应税行为而应依法纳税。

2.进口使用行为。这是指直接进口使用应税车辆的行为。

3.受赠使用行为。受赠是指接受他人馈赠。作为受赠人在接受使用（包括接受免税车辆）后，就发生了应税行为，就要承担纳税义务。

4.自产自用行为。自产自用是指纳税人将自己生产的应税车辆作为最终消费品用于自己的消费使用，其消费行为已构成了应税行为。

5.获奖使用行为。这包括从各种奖励形式中取得并使用车辆的行为。

6.其他使用行为。这是指除上述以外其他方式取得并使用应税车辆的行为，如拍卖、抵债、罚没等方式取得并自用的应税车辆。

9.2.3　车辆购置税的优惠政策

9.2.3.1　车辆购置税的减免

（1）外国驻华使馆、领事馆和国际组织驻华机构及其外交人员自用的车辆免税。

（2）中国人民解放军和中国人民武装警察部队列入军队武器装备订货计划的车辆免税。

（3）设有固定装置的非运输车辆免税。

（4）对农用三轮运输车免税。

（5）回国服务的在外留学人员购买的1辆国产小汽车免税。

（6）长期来华定居的专家进口1辆自用小汽车免税。

（7）防汛部门和森林消防等部门购置的由指定厂家生产的指定型号

的用于指挥、检查、调度、防汛（警）、联络的专用车辆免税。

（8）国务院规定免税或减税的其他情形，按照规定免税或减税。

9.2.3.2 车辆购置税的退税

纳税人已纳车辆购置税，但在办理车辆登记注册手续前，因下列原因需要办理退还车辆购置税的，由纳税人申请，征收机构审查后办理退税手续：一是公安机关车辆管理机构不予办理车辆登记注册的，凭公安机关车辆管理机构出具的证明办理退税手续；二是因质量等原因发生退回所购车辆的，凭经销商的退货证明办理退税手续。

9.2.4 车辆购置税的计税管理

9.2.4.1 车辆购置税的计税价格

（1）纳税人购买自用应税车辆的计税价格，为纳税人购买应税车辆而支付给销售者的全部价款和价外费用，但不包括增值税税款。

（2）纳税人进口自用的应税车辆以组成计税价格为计税价格。其计算公式为：

计税价格=关税完税价格+关税+消费税

或 =（关税完税价格+关税）÷（1-消费税税率）

（3）纳税人购买自用或进口自用应税车辆，申报的计税价格低于同类型应税车辆最低计税价格又无正当理由的，税务机关有权按照最低计税价格对纳税人征收车辆购置税。国家税务总局参照应税车辆市场平均交易价格，核定发布不同类型应税车辆的最低计税价格。

（4）纳税人自产、受赠、获奖和以其他方式取得并自用的应税车辆的计税价格，由主管国税机关参照国家税务总局规定的最低计税价格核定。

（5）免税条件消失的车辆，自初次办理纳税申报之日起，使用年限未满10年的，计税依据为最新核发的同类型车辆最低计税价格按每满1年扣减10%；未满1年的，计税依据为最新核发的同类型车辆最低计税价格；使用年限10年（含）以上的，计税依据为零。

9.2.4.2 车辆购置税的税额计算

车辆购置税按计税价格和适用税率计算应纳税额。其计算公式为：

应纳税额=计税价格×适用税率

【例题9-2】某市职工技术协作站2016年3月购买国产汽车一辆，购进价格为198 000元；向来华定居专家购进免税进口小汽车1辆（已使用2年），该车最新同类型车辆最低价格为234 000元，1年扣减10%。该站应纳的车辆购置税为：

应纳税额=198 000×10%+234 000×（1−20%）×10%=38 520（元）

9.2.4.3 车辆购置税的征收管理

（1）车辆购置税的纳税期限。纳税人购买的应税车辆，应自购买之日起60日内申报纳税；进口自用应税车辆应自进口之日起60日内申报纳税；自产、受赠、获奖和以其他方式取得并自用应税车辆的，在投入使用前60日内申报纳税。

（2）车辆购置税的纳税地点。车辆购置税由各地国家税务局负责征收。需要办理车辆登记注册手续的纳税人，向车辆登记注册地的主管税务机关办理纳税申报；不需要办理车辆登记注册手续的纳税人，向所在地征收车辆购置税的主管税务机关办理纳税申报。

（3）车辆购置税的纳税申报。车辆购置税实行一次课征制，并实行一车一申报制度。纳税人办理纳税申报时，应填写车辆购置税纳税申报表，并同时提供车主身份证明、车辆价格证明、车辆合格证明及税务机关要求提供的其他资料。

（4）车辆购置税的退税管理。纳税人申请退税时，需提供退车证明和退车发票、完税证明正本和副本等资料，对已作过车辆登记注册的还需提供注销车辆号牌证明。符合免税条件但已征税的设有固定装置的非运输车辆，应予以办理退税。因质量原因车辆被退回的，自纳税申报之日起按已缴税款每满1年扣减10%计算退税额；未满1年的，按已缴纳税款全额退税。对不予办理车辆登记注册手续的车辆，退还全部已缴税款。

（5）车辆购置税的其他事项。税务机关应与公安机关车辆管理机构定期交换信息，对已办理纳税申报的车辆建立管理档案，当车辆发生过户、转籍、变更时，车主应在办理车辆变动手续之日起30日内，办理档案变动手续。

车辆购置税的其他征收管理事项，按照《税收征管法》及其实施细则等相关规定执行。

9.3 城市维护建设税法

9.3.1 城市维护建设税法基础理论

9.3.1.1 城市维护建设税法的概念

城市维护建设税简称城建税，是指对缴纳增值税、消费税（以下简称“两税”）的单位和个人，按其增值税、消费税实缴税额为计税依据征收的一种税。

城市维护建设税法是指国家制定的用以调整国家与城市维护建设税纳税人之间征纳活动的权利与义务关系的法律规范。其基本法律依据是1985年1月国务院发布实施的《中华人民共和国城市维护建设税暂行条例》。

9.3.1.2 城市维护建设税的特点

城建税是国家为加强城市维护建设、扩大和稳定城市维护建设资金的来源而采取的一项税收措施，属于特定目的税。具有以下两个特点：

（1）具有附加税性质。城建税以纳税人实缴“两税”税额为计税依据，附加于“两税”税额，其本身没有独立的征税对象。

（2）具有特定的目的。城建税规定专门用途，其税款主要用于城市的公用事业和公共设施的维护建设。

9.3.1.3 城市维护建设税的作用

（1）扩大城乡建设资金来源。城建税征税范围包括大中城市，以及小城市、县城、乡镇和广大农村，征收面大，可为城市维护建设提供较为稳定、可靠的资金来源，也为乡镇建设广开资金来源。

（2）加速改变城乡建设面貌。城建税的全部收入专项用于城乡公用事业和公共设施的维护建设，有利于加强城市维护建设，同时也为乡镇的建设与开发、改变乡镇企业的生产环境奠定良好的基础。

（3）调动城乡建设的积极性。城建税收入由地方政府安排，其收入与当地城乡建设直接挂钩，这也促使地方各级政府更多关心城建税的征收管理，并争取多收税、多建设。

（4）有利于完善地方税体系。城建税收入在地方税中比重较大，是地方税体系的骨干税种。开征城建税是增加地方财力的重要手段，有利于建立和完善地方税体系。

9.3.2 城市维护建设税的基本内容

9.3.2.1 城市维护建设税的纳税人

城建税的纳税人是指负有缴纳“两税”义务的单位和个人，包括企业和行政、事业、军事单位，社会团体和其他单位，以及个体工商户及其他个人。

9.3.2.2 城市维护建设税的征税范围

城建税的征税范围包括城市和县城、镇，以及城市和县城、镇以外的地区。或者说，只要缴纳增值税和消费税的，一律都要缴纳城建税。

9.3.2.3 城市维护建设税的适用税率

城建税，按纳税人所在地的不同，设置了3档差别比例税率。纳税人所在地为市区的，税率为7%；纳税人所在地为县城、镇的，税率为5%；纳税人所在地不在市区、县城或镇的，税率为1%。

城建税的适用税率应按纳税人所在地的规定税率执行。但对下列两种情况，可按缴纳“两税”所在地的规定税率就地缴纳城建税：一是由受托方代征代扣“两税”的单位和个人，其代征代扣的城建税按受托方所在地适用税率；二是流动经营等无固定纳税地点的单位和个人，在经营地缴纳“两税”的，其城建税的缴纳按经营地适用税率。

9.3.2.4 城市维护建设税的优惠政策

城建税原则上不单独减免，但因城建税具有附加税性质，当主税发生减免时，势必要影响城建税而相应发生税收减免。城建税的税收优惠具体包括：

（1）海关对进口货物代征的增值税和消费税，不征城建税。

（2）对“两税”实行先征后返、先征后退、即征即退办法的，除另有规定外，对随“两税”附征的城建税一律不予退（返）还。

（3）对个别缴纳城建税确有困难的企业和个人，由市县人民政府审批，酌情给予减免税照顾。

9.3.3 城市维护建设税的税额计算

9.3.3.1 城市维护建设税的计算公式

应纳税额=纳税人实缴的增值税、消费税税额×适用税率

9.3.3.2 城市维护建设税的应纳税额

（1）城建税的计税依据是纳税人实际缴纳的“两税”税额。

（2）纳税人违反“两税”有关税法而加收的滞纳金和罚款，是税务机关对纳税人违法行为的经济制裁，不作为城建税的计税依据。

（3）纳税人在被查补“两税”和被处以罚款时，应同时对其偷逃的城建税进行补税和罚款。

（4）城建税与“两税”同时征收，如减免“两税”就要同时减免城建税。

（5）出口产品退还增值税、消费税的，不退还已缴纳的城建税。

（6）自2005年1月起，经国家税务局正式审核批准的当期免抵的增值税税额纳入城建税和教育费附加的计征范围，分别按规定的税费率征收城建税和教育费附加。2005年1月前，已按免抵的增值税税额征收的城建税和教育费附加不再退还，未征的不再补征。

【例题9-3】某市区一家化工公司2016年3月缴纳增值税24.5万元、消费税8.3万元。其应纳的城建税为：

应纳城建税=（24.5+8.3）×7%=2.296（万元）

9.3.4 城市维护建设税的征收管理

9.3.4.1 城市维护建设税的纳税地点

城建税以纳税人实际缴纳的“两税”税额为计税依据，与“两税”同时缴纳，因此纳税人缴纳“两税”的地点即为缴纳城建税的地点。但下列情况除外：

（1）代征代扣“两税”的单位和个人，其城建税的纳税地点在代扣代征地。

（2）跨省开采的油田，其下属生产单位与核算单位不在一个省内的，各油井应纳的城建税由核算单位计算，随同增值税一并汇拨油井所在地，由油井在缴纳增值税的同时一并缴纳城建税。

（3）对流动经营等无固定缴纳税地点的单位和个人，应随同“两税”在经营地缴纳城建税。

9.3.4.2　城市维护建设税的纳税期限

由于城建税是由纳税人在缴纳“两税”的同时缴纳的，所以其纳税期限与“两税”的纳税期限一致。“两税”纳税人的具体纳税期限，由主管税务机关根据税法规定和纳税人应纳税额的大小分别核定；不能按照固定期限纳税的，可以按次纳税。

城建税的其他征收管理事项，按照《税收征管法》及其实施细则等相关规定执行。

9.4　教育费附加办法

9.4.1　教育费附加基础理论

教育费附加是对缴纳增值税和消费税的单位和个人，就其实际缴纳的税额为计算依据征收的一种附加费。

为加快地方教育事业、扩大地方教育经费的资金来源，1984年国务院颁布了《关于筹措农村学校办学经费的通知》，开征农村教育事业经费附加。1985年中共中央作出的《关于教育体制改革的决定》中指出：必须在国家增拨教育基本建设投资和教育经费的同时，开辟多种渠道筹措经费。为此，1986年4月国务院颁布了《征收教育费附加的暂行规定》，同年7月1日开始在全国范围内征收教育费附加。2010年财政部下发了《关于统一地方教育附加政策有关问题的通知》，对各省、市、自治区的地方教育附加进行了统一。

9.4.2　教育费附加的基本内容

9.4.2.1　教育费附加的计征办法

教育费附加对缴纳“两税”的单位和个人征收，以其实际缴纳的“两税”为计征依据，分别与“两税”同时缴纳。

9.4.2.2　教育费附加的计征比率

教育费附加的计征比率曾几经变化，1986年规定为1%，1990年规定为2%。按照1994年2月国务院《关于教育费附加征收问题的紧急通知》的规定，教育费附加征收比率为3%。但对生产卷烟和烟叶的单位减半征收教育费附加。

为贯彻落实《国家中长期教育改革和发展规划纲要（2010—2020年）》，2010年11月财政部制定实施了《关于统一地方教育附加政策有关问题的通知》，地方教育附加征收比率确定为2%。

9.4.2.3 教育费附加的减免政策

教育费附加的减免政策主要包括：对海关进口产品征收的增值税、消费税不征收教育费附加；对由于减免“两税”而发生退税的，可同时退还已征收的教育费附加，但对出口产品退还增值税、消费税的，不退还已征的教育费附加；对“两税”实行先征后返、先征后退和即征即退办法的，除另有规定外，对随“两税”附征的教育费附加不予退（返）还；对国家重大水利工程建设基金，免征教育费附加。

9.4.3 教育费附加计算公式

应纳教育费附加=纳税人实缴的增值税、消费税税额×征收比率

【小案例9-1】 某企业应补缴的税款

某市税务机关稽查局于2015年10月30日对一家企业进行税务检查时发现下列问题：该企业2014年7月应纳增值税52万元，但未按规定缴纳城建税和教育费附加；为他人代开增值税专用发票5份，价款20万元。根据该情况，稽查局作出处罚决定：依法按规定补缴增值税、城建税和教育费附加，并加征滞纳金；按代开专用发票应纳增值税处2倍罚款。其计算过程及结果如下：

（1）按应纳增值税52万元补缴城建税和教育费附加：

补缴城建税=520 000×7%=36 400（元）

补缴教育费附加=520 000×3%=15 600（元）

（2）按代开专用发票20万元补缴各税：

补缴增值税=200 000×17%=34 000（元）

补缴城建税=34 000×7%=2 380（元）

补缴教育费附加=34 000×3%=1 020（元）

（3）按上述补缴各税处以滞纳金：

应缴各税滞纳金=（36 400+15 600+34 000+2 380+1 020）×5‰×112

=5 006.4（元）

（4）按代开专用发票20万元补缴增值税处以罚款：

增值税罚款=34 000×2=68 000（元）

本章小结

● 印花税是指对经济活动和经济交往中书立、使用、领受具有法律效力的凭证的单位和个人征收的一种税。印花税具体征收范围分为5类、13个税目，分别采用从价定率和从量定额进行征收。根据税额的大小、贴花次数及征管需要，分别采用自行贴花、汇贴或汇缴和委托代征3种纳税办法。

● 车辆购置税是指对在中国境内购买应税车辆的单位和个人征收的一种税。其征收范围包括汽车、摩托车、电车、挂车、农用运输车。适用10%的单一比例税率。车辆购置税实行一次课征制，并实行一车一申报制度。

● 城市维护建设税是对缴纳增值税和消费税的单位和个人，按其增值税和消费税实缴税额为计税依据而征收的一种税。其税率按纳税人所在地的不同，设置了3档（7%、5%和1%）差别比例税率。

● 教育费附加是指对缴纳增值税和消费税的单位和个人，就其实际缴纳的税额为计算依据征收的一种附加费。以纳税人实际缴纳的增值税和消费税的3%计算，地方教育费附加2%，并与其同时缴纳。

主要观念和概念

★ 主要观念

合同观念　行为观念　政策观念

★ 主要概念

印花税　车辆购置税　城市维护建设税　教育费附加

基本训练

★ 知识题

一、简答题

1. 如何理解印花税的特点？

2. 印花税对股市经济有何影响？

3. 开征车辆购置税有何现实意义？

4. 城市维护建设税的作用有哪些？

5. 城市维护建设税与流转税“两税”有何联系？

二、应用题

1. 选择题（含单项选择题与多项选择题）

(1) 下列各项中不属于印花税征税范围的是（　　）。

A. 企业购买货物取得的金融机构贷款合同

B. 发电厂与电网之间签订的电力购售合同

C. 财产所有人将财产赠与福利单位的书据

D. 银行内部管理需要设置现金收付登记簿

(2) 采用自行贴花方法缴纳印花税的，纳税人应（　　）。

A. 自行申报应税行为

B. 自行计算应纳税额

C. 自行购买印花税票

D. 自行一次贴足印花税票并注销

(3) 下列行为中不属于车辆购置税应税行为的是（　　）。

A. 进口使用应税车辆的行为　　B. 购买应税车辆的行为

C. 自产自用应税车辆的行为　　D. 销售应税车辆的行为

(4) 下列各项中符合城市维护建设税规定的有（　　）。

A. 按照规定对国家重大水利工程建设基金免征城建税

B. 因减免税而需进行“两税”退库可同时退还城建税

C. 对出口产品退还增值税、消费税的，不退还城建税

D. 海关对进口产品代征增值税、消费税，不征城建税

(5) 某企业地处市区，2016年5月被税务机关查补增值税45 000元、消费税25 000元、所得税30 000元；加收滞纳金20 000元，被处罚款50 000元。该企业应补缴城建税和教育费附加（　　）元。

A. 5 000　　B. 7 000

C. 8 000　　D. 10 000

2. 判断题

(1) 对软件开发企业即征即退的增值税，可在增值税退还时同时退还随增值税附征的城建税。（　　）

(2) 同一应纳税凭证需频繁贴花的，纳税人可自行决定是否采用

按期汇总缴纳印花税的方式，汇总缴纳的期限为3个月。（　）

(3) 车辆购置税在购买应税车辆当年缴纳，以后年度不需要再缴纳车辆购置税。（　）

★ 技能题

一、规则复习

1. 行为目的类各税的税率。

2. 印花税的减免规则。

3. 行为目的类各税应纳税额的基本计算公式。

二、操作练习

1. 确定行为目的类各税的计税依据。

2. 分析并计算行为目的类各税的应纳税额。

★ 能力题

一、计算题

1. 某汽车贸易公司2016年3月进口10辆小轿车，海关审定关税完税价格为35万元/辆，当月销售7辆，取得含税销售收入240万元；2辆企业自用、1辆用于抵偿债务。合同约定的含税价格为30万元。小轿车关税税率28%，消费税税率9%。

要求：请根据上述资料，计算该公司应纳的车辆购置税。

2. 某交通运输企业2016年5月签订以下合同：与某银行签订融资租赁合同购车15辆，合同载明租赁期限为3年，每年支付租金100万元；与某客户签订货物运输合同，合同载明货物价值500万元，运输费用65万元（含装卸费5万元，货物保险费10万元）；与某运输企业签订租赁合同，合同载明将本企业闲置的总价值300万元的10辆货车出租，每辆车月租金为4 000元，租期未定；与某保险公司签订保险合同，合同载明为本企业的50辆车上第三方责任险，每辆车每年支付保险费4 000元。

要求：请根据上述资料，计算该企业应纳的印花税。

二、分析题

位于某市的某公司主要经营农产品采摘、销售及观光业务，公司占地5万平方米，其中采摘、观光的种植用地3.5万平方米，职工宿舍和办公用地1.5万平方米；房产原值500万元。该公司2015年发生以下经营业务：

（1）全年取得旅游观光业务收入200万元、农产品零售收入180万元。

（2）6月30日签订房屋租赁合同，将价值100万元的办公室从7月1日起出租给他人使用，租期12个月，月租金0.4万元，每月收取租金一次。

（3）8月与保险公司签订农业保险合同，支付保险费3万元。

（4）9月与租赁公司签订融资租赁合同，租赁价值60万元的鲜果拣选机一台，租期5年，租金共计80万元，每年支付16万元。

该公司所在省规定计算房产余值的扣除比例为30%。

要求：请根据上述资料分析该公司2015年应缴纳的税种，并计算各税的应纳税额。

三、网上调研

利用电子图书馆和网上资源收集有关各国行为目的税的资料和案例，分析各国行为目的税的种类及对我国新设行为目的类税的借鉴。

四、单元实践

以小组为单位，选择部分企业、厂矿进行调查访问，了解我国行为目的类各税基本制度，尤其是优惠政策对我国经济社会发展的影响，形成简要的调查报告，讨论我国行为目的类各税制改革的取向。

第10章

税收征收管理法

学习目标

☆**知识目标**

——理解和明确税务登记的种类、范围。

——掌握账证管理、发票管理的基本内容。

——熟悉和掌握纳税申报的内容和方式。

——掌握税款征收的方式与措施。

——理解税务检查的权责和税务违法的内涵及处理依据。

——了解税务文书送达的内容和送达方式。

☆**技能目标**

——熟悉和掌握税务登记、账证管理、发票管理、纳税申报、税款征收、税务检查、税务违法处理和税务文书送达的内容及要求。

☆**能力目标**

——能准确、依法处理好税收保全和强制执行措施、违法行为定性及处理等征管业务。

金税工程建设

金税工程是指利用防伪税控系统对增值税专用发票的开具和抵扣等使用情况进行全面监控的系统。金税工程是我国增值税乃至新税制的“生命线”，是打击偷骗税的“杀手锏”，由国家税务总局于1994年开始实施。

金税工程的内容可概括为“一个平台、两级处理、三个覆盖、四个系统”。“一个平台”是指建立一个包含网络硬件和基础软件的统一技术基础平台；“两级处理”是指依托统一的技术基础平台，根据国家税务总局和省级税务局管理上对数据的不同要求，逐步实现税务系统的数据信息在总局和省局集中处理；“三个覆盖”是指应用内容逐步覆盖所有税种，覆盖所有工作环节，覆盖各级国税、地税机关，并与有关部门联网；“四个系统”是指通过业务的重组、优化和规范，逐步形成一个以征管业务为主，包括行政管理、外部信息和决策支持在内的信息管理应用系统。这就是“金税工程一期”。

“金税工程二期”建设于1998年启动，即增值税征收管理信息系统建设。其建设内容从“金税工程一期”建设的3个子系统扩展到4个子系统，即增值税防伪税控开票子系统、增值税防伪税控认证子系统、增值税交叉稽核子系统和发票协查信息管理子系统。

“金税工程三期”建设于2002年启动，建设内容主要包括建立管理、征收、稽查、处罚、执行、救济、监控7个子系统，共计35个模块。7个子系统的管理子系统主要用于税前的事务处理，包括税务登记等9个模块；征收子系统用于税中的事务处理，包括纳税申报等8个模块；稽查子系统用于税后的事务处理，包括稽查选案等5个模块；处罚子系统用于税前、税中、税后违法违章处罚的事务处理；执行子系统用于前4个子系统产生的税务决定的执行与保全事务处理，包括一般执行等3个模块；救济子系统用于对纳税争议的事务处理，包括行政复议等3个模块；监控子系统用于市局、省局、总局的纵向监控、指导和协调，包括日常业务等6个模块。

“金税工程三期”可使“金税工程二期”的发票管理功能与涉税管理功能紧密结合、融为一体，从而全面覆盖基层国税、地税机关的所有税种、各个环节、各个方面的税收业务处理。2005年9月7日国务院审议通过“金税工程三期”项目建议书；2008年9月24日发改委正式批准“金税工程三期”初步设计方案和中央投资概算；2010年进入全面建设阶段。金税工程这项具有重要战略地位的国家级信息系统工程，融合了税收业务变革和技术创新，具有6大创新点：一是运用先进的税收管理理念和信息技术做好总体规划；二是统一全国征管数据标准和口径；三是实现全国征管数据应用大集中；四是统一国税与地税征管应用系统版本；五是统一规范纳税服务系统；六是建立统一的网络发票系统。

税收征收管理是指国家征税机关依据国家税收法律、行政法规的规定对纳税人应纳税额组织入库的一种行为活动。税收征收管理法是指有关税收征收管理工作的法律规范的总称，其核心是管理、征收、检查与责任四位一体。1992年9月第七届全国人大常委会第27次会议通过了《税收征管法》，1995年2月、2001年4月、2013年6月和2015年4月经全国人大常委会修正，共分总则、税务管理、税款征收、税务检查、法律责任和附则6章94条。2016年2月国务院又修订颁布了《中华人民共和国税收征收管理法实施细则》（以下简称《税收征管法实施细则》）。《税收征管法》及其实施细则的颁布与实施，是依法行政、依法治税和以德治国思想在社会主义市场经济条件下的新发展，对打击税收违法行为，整顿规范市场经济秩序，进一步保护纳税人合法权益，规范税务机关执法行为，促进经济发展和社会进步等具有重要的现实意义。

10.1 税务管理

税务管理有广义与狭义之分。从广义上看，税务管理是国家及其税务机关，依据客观经济规律和税收分配特点，对税收分配活动的全过程进行决策、计划、组织、监督和协调，以保证税收职能得以实现的行为活动；从狭义上看，税务管理是税务机关对税收征纳过程实施的基础性的管理制度和管理行为。本章所称的税务管理是狭义的，主要包括税务登记、账证管理、发票管理和纳税申报等内容。税务管理是税收征收管理工作的基础环节，是做好税款征收和税务检查的前提工作。

【小资料 10-1】《税收征管法》的体系、目的、主体与适用

1.基本体系。《税收征管法》共6章94条，包括总则1~14条、税务管理15~27条、税款征收28~53条、税务检查54~59条、法律责任60~88条和附则89~94条。

2.立法目的。《税收征管法》规定，为了加强税收征收管理，规范税收征收和缴纳行为，保障国家税收收入，保护纳税人的合法权益，促进经济和社会发展，制定本法。此条规定对《税收征管法》的立法目的做了高度概括。

3.执行主体。执行主体包括税务行政执行主体、税收征管的相对人和税收征管协管单位。

（1）税务行政执行主体。《税收征管法》规定，国务院税务主管部门主管全国税收征收管理工作，各地国家税务局和地方税务局应按照国务院规定的税收征管范围分别进行征收管理。其中国务院税务主管部门是财政部和国家税务总局。

（2）税收征管的相对人。《税收征管法》规定，纳税人、扣缴义务人和其他有关单位是税收征管的相对人，必须按照《税收征管法》的有关规定接受税务管理，并享受合法权益。

（3）税收征管协管单位。《税收征管法》规定，地方各级人民政府、有关单位和部门是税收征收管理的协管单位，必须遵守《税收征管法》的有关规定。

4.适用范围。税收征收机关有税务、财政和海关等部门，其中税务机关是指各级税务局、税务分局、税务所和按照国务院规定设立并向社会公告的税务机构。《税收征管法》只适用于由税务机关征收的各种税收的征收管理。

10.1.1 税务登记

10.1.1.1 税务登记的意义

税务登记又称“纳税登记”，是指税务机关对纳税人的生产经营活动进行登记并据此对纳税人实施税务管理的一种法定制度。建立税务登记制度便于税务机关掌握和控制经济税源，对纳税人履行纳税义务的情况进行监督和管理，也有利于增强纳税人依法纳税的观念，保护纳税人的合法权益。

税务登记主要依据《国家税务总局关于修改〈税务登记管理办法〉的决定》，自2015年3月1日起施行。自2015年9月29日起，实行“三证合一”登记制度改革。所谓“三证合一”登记制度，是指企业分别由工商行政管理部门核发工商营业执照、质量技术监督部门核发组织机构代码证、税务部门核发税务登记证，改为一次申请、由工商行政管理部门核发一个加载法人和其他组织统一社会信用代码营业执照的登记制度。“三证合一”推行后，新办企业及换发证照的企业将取得工商登记部门核发的载有18位“统一社会信用代码”的营业执照。这18位“统一社会信用代码”既是企业的工商登记号，又是税务登记号。

根据国家税务总局印发的《关于落实“三证合一”登记制度改革的通知》的规定，新设立企业、农民专业合作社领取加载法人和其他组织统一社会信用代码的“三证合一”营业执照后，无须再次进行税务登记。企业办理涉税事宜时，在税务机关完成补充信息采集后，可凭加载统一代码的营业执照代替税务登记证使用。

10.1.1.2　开业税务登记

（1）开业税务登记的适用对象。

①企业，即指从事生产经营的单位或组织，包括国有、集体、私营企业，中外合资、合作企业和外商独资企业，以及各种联营、联合、股份制企业等。

②企业在外地设立的分支机构和从事生产经营的场所。

③个体工商户。

④从事生产经营的事业单位。

⑤除临时取得应税收入或发生应税行为，以及只缴纳个人所得税和车船税外，不从事生产经营，但依照法律法规的规定负有纳税义务的单位和个人。

（2）开业税务登记的时间和地点。

①从事生产经营的纳税人，应自领取营业执照之日起或首次发生纳税义务起30日内，向生产经营地或纳税义务发生地的主管税务机关申报办理登记。

②除国家机关、个人和上述从事生产经营以外的其他纳税人外，原则上应自纳税义务发生之日起30日内，持有关证件向所在地主管税务机关申报办理登记。

③扣缴义务人应自扣缴义务发生之日起30日内，向所在地的主管税务机关申报办理扣缴税款登记，领取扣缴税款登记证件；对已办理税务登记的扣缴义务人，可只在其税务登记证件上登记扣缴税款事项，不再发给扣缴税款登记证件。

④跨地区的非独立核算分支机构应自设立之日起30日内，向所在地税务机关申报办理登记。

⑤从事生产经营的纳税人外出经营，在同一地点连续12个月内累计超过180天的，应自期满之日起30日内，向生产经营所在地税务机关申报办理登记。

⑥有独立生产经营权、在财务上独立核算并定期向发包人或出租人上交承包费或租金的承包承租人，应自承包承租合同签订之日起30日内，向其承包承租业务发生地税务机关申报办理登记。

⑦境外企业在中国境内承包建筑、安装、装配、勘探工程和提供劳务的，应自项目合同或协议签订之日起30日内，向项目所在地税务机关申报办理登记。

企业在工商行政管理部门登记，取得“三证合一、一照一码“证照后，30日内未去税务机关报到，不属于逾期登记。

（3）开业税务登记的材料要求。纳税人办理税务登记时应根据不同情况向税务机关如实提供以下证件和资料：营业执照或其他核准执业证件；有关合同、章程、协议书；法定代表人和董事会成员名单；法定代表人（负责人）或业主居民身份证、护照或其他证明身份的合法证件；住所或经营场所证明；委托代理协议书复印件等。其他需要提供的有关证件、资料，由省、自治区、直辖市税务机关确定。

10.1.1.3　变更税务登记

变更税务登记是指纳税人税务登记内容发生重要变化，向税务机关申报办理的税务登记。《关于落实“三证合一”登记制度改革的通知》对市场主体设立、变更、注销等环节工作流程进行了细化和规范。实行“三证合一、一照一码”登记模式后的企业到工商登记“一个窗口”统一受理申请后，其申请材料和登记信息在部门间共享，各部门数据互换、档案互认。对于工商登记已采集信息，税务机关不再重复采集；其他必要涉税基础信息，可在企业办理有关涉税事宜时，及时采集，陆续补齐。发生变化的，由企业直接向税务机关申报变更，税务机关及时更新税务系统中的企业信息。

（1）变更税务登记的范围。纳税人办理税务登记之后，如发生下列情形之一的，应办理变更税务登记手续：发生改变企业名称、法定代表人、经济性质或经济类型、住所和经营地点（不涉及主管税务机关变动的）、隶属关系、增减注册资金（资本）、生产经营或经营方式和生产经营期限，以及改变或增减银行账号、生产经营权属和其他税务登记内容的。

（2）变更税务登记的时间。纳税人办理税务登记内容发生变化时应自工商行政管理机关或其他机关办理变更登记之日起30日内，持有关证件向原税务登记机关申报办理变更税务登记；纳税人税务登记内容发生变化，不需要到工商行政管理机关或其他机关办理变更登记的，应自发生变化之日起30日内，持有关证件向原税务登记机关申报办理变更税务登记。

10.1.1.4　停业、复业登记

停业、复业税务登记是指纳税人发生停业、复业情形时，向税务机关申报办理的税务登记，主要包括停业税务登记和复业税务登记。

（1）停业税务登记。纳税人在营业执照核准的经营期限内需要停业的，应向税务机关提出停业税务登记申请，说明理由、时间及停业前的纳税情况和发票的领、用、存情况，并如实填写申请停业登记表。

税务机关经过审核（必要时可以实地审查），应责成申请停业的纳税人结清税款，收回发票领购簿和发票，并办理停业登记。纳税人停业期间发生纳税义务的，应及时向主管税务机关申报，并依法补缴应纳税款。

（2）复业税务登记。纳税人在停业后恢复生产经营的，应于恢复生产经营之前向税务机关提出复业税务登记申请，经确认后办理复业税务登记。领回或启用发票领购簿及领购的发票，纳入正常的税收征收管理。

纳税人停业期满不能及时恢复生产经营的，应在停业期满前向税务机关提出延长停业登记。纳税人停业期满未按期复业又不申请延长停业的，税务机关应视为已恢复营业，实施正常的税收征收管理。

10.1.1.5　注销税务登记

注销税务登记是指纳税人发生解散、破产、撤销和其他情形终止纳税义务时，向税务机关申报办理的税务登记。主要规定包括：

（1）注销税务登记的范围。纳税人因经营期限届满而自动解散；企业由于改组、分立、合并等原因而被撤销；企业资不抵债而破产；纳税人住所、经营地址迁移而涉及改变原主管税务机关；纳税人被工商行政管理部门吊销营业执照；纳税人依法终止履行纳税义务的其他情形。

（2）注销税务登记的时间。

①纳税人发生解散、破产、撤销和其他情形应当依法终止纳税义务的，应在向工商行政管理机关办理注销登记前，持有关证件向原税务登记管理机关申报办理注销税务登记；按照规定不需要在工商行政管理机关办理注销登记的，应自有关机关批准或宣告终止之日起15日内，持有关证件向原税务登记机关办理注销税务登记；纳税人被工商行政管理机关吊销营业执照的，应自营业执照被吊销之日起15日内向原税务登记机关办理注销税务登记。

②纳税人因住所、生产经营场所发生变动而涉及改变主管税务登记机关的，应在向工商行政管理机关申请办理注销登记前，或住所、生产经营场所变动前，向原税务登记机关申报办理注销税务登记，并在30日内向迁达地主管税务登记机关申报办理注册税务登记手续。

（3）注销税务登记的程序。主要步骤包括：

第一，注销税务登记的申报。纳税人办理注销税务登记时，应向原税务登记机关领取注销税务登记申请审批表（以下简称审批表），如实填写注销登记事项和原因。

第二，注销税务登记的受理。主管税务机关接到纳税人填写的审批表，审阅其填报内容是否符合要求，所附资料是否齐全后，审查发票管理环节是否符合规定等。对符合规定条件的，予以受理。

第三，注销税务登记的核准。税务登记管理环节对审批表确认后填制税务文书传递单（以下简称传递单）并附审批表送税务稽查环节；稽查环节确定需对申请注销的纳税人进行实地稽查的，在传递单上注明批复期内的稽查期限，在审批表上签署税款清算情况，并及时将其返还税务登记环节。登记部门在纳税人结清税款（包括滞纳金、罚款）后，据以办理注销税务登记。

【例题10-1】 多选题：下列各项中，必须办理税务登记事项的有（　　）。

A.新办饮食企业　　B.改变企业名称

C.经营期间复业　　D.外地销售产品

【答案】ABCD

【小案例10-1】　老丁开店需要办理的税务手续

老丁是某国有企业职工，因企业不景气下岗了。老丁由于自家住房临街，就将自家住房改造后开了个小食杂店。半年经营下来，小食杂店效益一般。这期间老丁发现附近有一些高档饭店，但缺少价格低廉的快餐店，一些学生、打工族要到很远的地方去买吃的，于是老丁决定不再经营食杂店而是开小吃店。说干就干，很快老丁就去工商行政管理部门办理了营业执照的变更登记。接下来，老丁需要办理什么税务手续?

分析："三证合一"推行后，换发证照的企业将取得工商登记部门核发的载有18位"统一社会信用代码"的营业执照。这18位"统一社会信用代码"既是企业的工商登记号，又是税务登记号。老丁的申请材料和登记信息在部门间共享，各部门数据互换、档案互认，税务机关将及时更新税务系统中的企业信息。

10.1.2　账证管理

账证管理是账簿、凭证管理的简称，是指税务机关对纳税单位的账簿和凭证进行监督管理的一项法定制度。为保证纳税人真实记录其生产经营活动，客观反映有关纳税的信息资料，防止纳税人伪造、变造、隐匿、擅自销毁账簿和记账凭证，《税收征管法》等对账簿和凭证的管理做了严格、明确的规定。

10.1.2.1　账簿设置

根据《税收征管法》等有关规定，所有纳税人和扣缴义务人都必须按有关法律法规和国务院财政、税务主管部门的规定设置账簿。所称账簿是指总账、明细账、日记账和其他辅助性账簿，总账、日记账应采用订本式。其账簿设置的基本要求包括：

（1）从事生产经营的纳税人应自领取营业执照或发生纳税义务之日起15日内，设置账簿。

（2）扣缴义务人应自税收法律法规规定的扣缴义务发生之日起10日内，按照代扣代收的税种分别设置代扣代缴、代收代缴税款账簿。

（3）生产经营规模小又确无建账能力的纳税人，可聘请经批准从事会计代理记账业务的专业机构或经税务机关认可的财会人员，代为建账和办理账务；聘请上述机构或人员有实际困难的，经县以上税务机关批准，可按照税务机关的规定建立收支凭证粘贴簿、进货销货登记簿或使用税控装置。

10.1.2.2　账证使用

根据《税收征管法》等规定，所有纳税人和扣缴义务人都必须根据合法、有效的凭证进行账务处理，主要包括：

（1）纳税人建立的会计电算化系统应符合国家的有关规定，并能正确、完整核算其收入或所得。

（2）纳税人使用计算机记账的，应在使用前将会计电算化系统的会计核算软件、使用说明书及有关资料报送主管税务机关备案。

（3）纳税人和扣缴义务人会计制度健全，能通过计算机正确、完整计算其收入和所得或代扣代缴、代收代缴税款情况的，其计算机输出的完整的书面会计记录，可视同会计账簿。

（4）纳税人和扣缴义务人财务会计制度不健全，不能通过计算机正确、完整计算其收入和所得或代扣代收代缴税款情况的，应建立总账及与纳税或代扣、代收代缴税款有关的其他账簿。

（5）账簿、会计凭证和报表应使用中文，但民族自治地方可同时使用当地通用的一种民族文字，外商投资企业和外国企业可同时使用一种外国文字。

10.1.2.3　账证保管

从事生产经营的纳税人和扣缴义务人，必须按照国务院财政、税务主管部门规定的保管期限保管账簿、记账凭证、完税凭证和其他有关资料，其保管期限除另有规定者外，应保存10年。账簿、记账凭证、报表、完税凭证、发票、出口凭证和其他有关涉税资料，不得伪造、变造或擅自损毁。

10.1.2.4　税控管理

税控管理是指税务机关利用税控装置，对纳税人的生产经营情况进行监督和管理，以保障国家税收收入、防止税款流失、提高税收征管工作效率、降低征收成本的各项活动的总称。它是税收征收管理的一个重要组成部分。

《税收征管法》规定，国家根据税收征收管理的需要，积极推广使用税控装置；纳税人应按照规定安装、使用税控装置，不得损毁或擅自改变税控装置；不能按照规定安装、使用税控装置或损毁或擅自改动税控装置的，由税务机关责令限期改正，可处2 000元以下罚款，情节严重的，处2 000元以上1万元以下罚款。

【小思考10-1】推广税控装置有何现实意义？

答：税控装置是指能正确反映纳税人的收入情况，保证计税依据和有关数据的正确生成、安全传递、可靠存储，并能实现税收的控制、管理的器具和支持该器具的管理系统。其应用对象主要是以流转额为课税对象的纳税人。税控装置从技术装置入手，是为降低税收成本、加大税收征管力度、保护消费者权益、打击偷逃税行为而采取的有效措施，世界上许多国家已普遍采用。近年来，我国在加油站、出租车行业等推广税控装置收到了较好的效果。税务机关应根据税收征管的需要积极推广使用税控装置；纳税人应按规定安装、使用税控装置，不得损毁或擅自改动税控装置。

10.1.3　发票管理

1993年12月，经国务院批准，财政部根据《税收征管法》的规定制定了《中华人民共和国发票管理办法》，同年同月国家税务总局制定了《中华人民共和国发票管理办法实施细则》。为加强发票管理和财务监督，保障国家税收收入，维护经济秩序，2010年12月国务院修改通过了《中华人民共和国发票管理办法》（简称《发票管理办法》），于2011年2月起施行；2014年12月国家税务总局重新公布了《中华人民共和国发票管理办法实施细则》（简称《发票管理办法实施细则》），于2015年3月起施行。

10.1.3.1　发票的概念

发票是指在购销商品、提供或接受劳务和其他经营活动中开具、收取的收付款凭证。它是确定经济收支行为发生的证明文件，是财务收支的法定凭证和会计核算的原始凭证，也是税务稽查的重要依据。

在全国范围内统一式样的发票，由国家税务总局确定。在省、自治区和直辖市范围内统一式样的发票，由省、自治区、直辖市国家税务局和地方税务局（以下简称省税务机关）确定。省以上税务机关可根据发票管理情况及纳税人经营业务需要，增减除发票联以外的其他联次，并确定其用途。

10.1.3.2　发票的种类

发票按其使用对象及重要性来划分，可分为普通发票、专用发票和其他发票3种。

（1）普通发票。普通发票是指只开具交易数量、金额等内容，不需开具税金的商业凭证。普通发票基本联次为存根联、发票联和记账联；基本内容包括发票的名称、字轨号码、联次和用途，客户名称，开户银行和账号，商品名称或经营项目，计量单位、数量、单价、金额，开票人、日期及单位名称等。按行业划分，普通发票可分为制造业发票、商品流通业发票和交通运输业发票等。

（2）专用发票。全称为增值税专用发票，是指实行价款和税金分栏进行填写，由销货方开具给购货方并据此收取货款和增值税税款的专用票据。它是增值税一般纳税人重要的商业凭证，也是销货方纳税义务和购货方进项税额的合法证明。专用发票的基本联次为三联和四联。三联专用发票第一联记账联（销货方记账）、第二联抵扣联（购货方扣税）、第三联发票联（购货方记账）；四联专用发票第一联存根联（销货方备查）、第二联发票联（购货方记账）、第三联税款抵扣联（购货方扣税）、第四联记账联（销货方记账）。专用发票只限于增值税一般纳税人依法使用及税务机关为小规模纳税人代开时使用。

（3）其他发票。其他发票主要包括定额发票、非营业性收据和特殊发票。定额发票是指在票面上直接标有一定数额的发票，如目前使用的饮食业、旅店业发票等；非营业性收据是指由财政机关监制的供非营业性单位收取费用或款项时使用的发票；特殊发票是指具有发票性质又作为专门用途的票据，如车票和机票等。

10.1.3.3　发票的管理

税务机关是发票的主管机关，负责发票印制、领购、开具、取得、保管、缴销的管理和监督。单位、个人在购销商品、提供或接受经营服务及从事其他经营活动中，应按照规定开具、使用、取得发票。发票管理的环节和内容主要包括：

（1）发票的印制。增值税专用发票由国家税务总局指定的企业印制，其他发票由省税务机关确定的企业印制，禁止私自印制、伪造、变造发票；有固定经营场所、财务和发票管理制度健全的纳税人，发票使用量较大或统一发票式样不能满足经营活动需要的，可向省以上税务机关申请印有本单位名称的发票。

印制发票应使用国家税务总局确定的全国统一发票防伪专用品，发票套印由国家税务总局确定式样的全国统一发票监制章，由省税务机关制作。发票使用中文印制，民族自治地方的发票可加印当地一种通用的民族文字。有实际需要的，也可同时使用中外两种文字印制。

发票实行不定期换版制度，全国范围内的发票换版由国家税务总局确定，省、自治区、直辖市范围内的发票换版由省税务机关确定。

（2）发票的领购。依法办理了税务登记的单位和个人申请领购发票时，应持税务登记证件、经办人身份证明、按照国家税务总局规定式样制作的发票专用章印模，向主管税务机关办理发票领购手续。主管税务机关根据领购单位和个人的经营范围和规模，确认领购发票的种类、数量及领购方式（批量供应、交旧购新或验旧购新等），在5个工作日内发给发票领购簿。单位和个人领购发票时，应按照税务机关的规定报告发票使用情况，税务机关应当按照规定进行查验。

需要临时使用发票的单位和个人，可凭购销商品、提供或接受服务，以及从事其他经营活动的书面证明、经办人身份证明，填写“代开发票申请表”，直接向经营地税务机关申请代开发票。按税收法律法规规定应缴纳税款的，税务机关应先征收税款，再开具发票。税务机关根据发票管理需要，可按国家税务总局的规定委托其他单位代开发票，禁止非法代开发票。

（3）发票的开具。销售商品、提供服务及从事其他经营活动的单位和个人对外发生经营业务收取款项，收款方应向付款方开具发票；特殊情况下，由付款方向收款方开具发票，即指收购单位和扣缴义务人支付个人款项时，以及国家税务总局认为其他需要由付款方向收款方开具发票的。所有单位和从事生产经营活动的个人在购买商品、接受服务及从事其他经营活动支付款项时，应向收款方取得发票；取得发票时不得要求变更品名和金额；不符合规定的发票，不得作为财务报销凭证，任何单位和个人有权拒收。

开具发票应当按照规定的时限、顺序、栏目，全部联次一次性如实开具，并加盖发票专用章，任何单位和个人不得有虚开发票行为。安装税控装置的单位和个人应按规定使用税控装置开具发票，并按期向主管税务机关报送开具发票的数据；使用非税控电子器具开具发票，应将非税控电子器具使用的软件程序说明资料报主管税务机关备案，并按照规定保存、报送开具发票的数据。

除国家税务总局规定的特殊情形以外，发票限于领购单位和个人在本省、自治区、直辖市内开具。任何单位和个人不得跨规定使用区域携带、邮寄、运输空白发票和出入境。省级税务机关可规定跨市、县开具发票的办法。

（4）发票的保管。开具发票的单位和个人应当建立发票使用登记制度，设置发票登记簿，并定期向主管税务机关报告发票使用情况；开具发票的单位和个人应在办理变更或注销税务登记的同时，办理发票和发票领购簿的变更、缴销手续；开具发票的单位和个人应按照税务机关的规定存放和保管发票，不得擅自损毁。已经开具的发票存根联和发票登记簿，应保存5年。保存期满，报经税务机关查验后销毁。

【小案例10-2】 “珍藏”增值税专用发票属违法行为

河南省驻马店地区国税局直属分局在对增值税一般纳税人进行重新认定检查中，查出了一起“珍藏”增值税专用发票的税务违章案件。驻马店地区金属公司经理刘某，素有收藏各类票证的嗜好。公司购回新版增值税专用发票后，他竟视为珍品，不顾税法规定擅自撕掉两份，藏于自家“箱底”。分局检查发现后，责成该公司将两份专用发票收回，令刘某写出书面检查，对该企业发票违章行为处1万元罚款，并决定对其停供专用发票，责令限期整改。

（5）发票的检查。税务机关发票检查权主要包括：检查印制、领购、开具、取得、保管和缴销发票情况；调出发票查验；查阅、复制与发票有关的凭证及资料；向当事各方询问与发票有关的问题和情况；在查处发票案件时，对与案件有关的情况和资料可记录、录音、录像、照相和复制。印制、使用发票的单位和个人应接受税务机关的检查，如实反映情况，提供有关资料，不得拒绝、隐瞒。税务人员进行检查时，应当出示税务检查证。

税务机关需要将已开具的发票调出查验时，应向被查验的单位和个人开具发票换票证。发票换票证与所调出查验的发票有同等的效力。被调出查验发票的单位和个人不得拒绝接受。税务机关需要将空白发票调出查验时，应当开具收据；经查无问题的，应当及时返还。

（6）发票的处罚。内容主要包括：

①有下列情形之一的，由税务机关责令改正，可处1万元以下罚款，有违法所得的予以没收：应开具而未开具发票或未按规定的时限、顺序和栏目全部联次一次性开具发票或未加盖发票专用章的；使用税控装置开具发票，未按规定报送开具发票数据的；使用非税控电子器具开具发票，未将非税控电子器具使用软件程序说明报送备案，或未按规定保存、报送开具发票数据的；拆本使用发票的；扩大发票使用范围的；以其他凭证代替发票使用的；跨规定区域开具发票的；未按规定缴销发票的；未按规定存放和保管发票的。

②跨规定使用区域携带、邮寄、运输空白发票及携带、邮寄或运输空白发票出入境的，由税务机关责令改正，可处1万元以下罚款；情节严重的，可处1万~3万元罚款；有违法所得的予以没收。丢失发票或擅自损毁发票的，比照办理。

③违反规定虚开发票的，由税务机关没收违法所得；虚开金额1万元以下的，并处5万元以下罚款；虚开金额超过1万元的，并处5万~50万元罚款；构成犯罪的，依法追究刑事责任。非法代开发票的，比照办理。

④私自印制、伪造、变造发票，非法制造发票防伪专用品，以及伪造发票监制章的，由税务机关没收违法所得，没收、销毁作案工具和非法物品，并处1万~5万元罚款；情节严重的，并处5万~50万元罚款；

对印制发票的企业，并处吊销发票准印证；构成犯罪的，依法追究刑事责任。《税收征管法》有规定的，依照其规定执行。

⑤有下列情形之一的，由税务机关处1万~5万元罚款；情节严重的，处5万~50万元罚款；有违法所得的予以没收：一是转借、转让、介绍他人转让发票、发票监制章和发票防伪专用品的；二是知道或应当知道是私自印制、伪造、变造、非法取得或废止的发票而受让、开具、存放、携带、邮寄、运输的。

⑥违反发票管理规定2次以上或情节严重的单位和个人，税务机关可向社会进行公告。公告是指税务机关在办税场所或广播、电视、报纸、期刊、网络等新闻媒体上公告纳税人发票违法的情况。公告内容包括纳税人名称、识别号、经营地点及违反发票管理法规的具体情况。

⑦对违反发票管理法规，导致其他单位或个人未缴、少缴或骗取税款的，由税务机关没收违法所得，可并处未缴、少缴或骗取的税款1倍以下罚款。

⑧税务人员利用职权之便，故意刁难印制、使用发票的单位和个人或有违反发票管理法规行为的，依照国家有关规定给予处分；构成犯罪的，依法追究刑事责任。

10.1.4 纳税申报

10.1.4.1 纳税申报的概念

纳税申报是指纳税人在发生法定纳税义务后按照税法或税务机关的有关规定，向主管税务机关提交有关纳税事项书面报告的一项法定制度。它既是纳税人履行纳税义务的法定程序，又是税务机关核定应征税款和填写纳税凭证的主要依据。

实施纳税申报，有利于纳税人正确计算应纳税款，防止错缴、漏缴，便于税务机关掌握税源变化和纳税人的纳税情况，对强化以法治税、监控经济税源、加强征收管理、保证税款及时足额征收入库等都具有十分重要的作用。

【小资料10-2】　　新加坡纳税申报的评税制度

评税制度是税务局对纳税人申报内容的真实性进行评估和纠正的一项制度。新加坡的评税管理主要依托计算机系统进行，主要为财务分析法和核对法。财务分析法是指评税师根据已掌握的各行业财务指标的标准值，即平均值，经财务分析后，利用计算机系统找出偏离标准值的纳税人，通过函调和面谈的方式来核定其应纳税额。

核对法是指评税师通过掌握的各种情报、信息，通过函调或面谈形式对纳税人申报表中的内容进行核对的方法。在每年的申报期，税务局通过信函向社会各界调取纳税人的相关资料，如向银行调取纳税人存款和利息的资料，向证券公司调取纳税人股票及股息的资料等，以作为被采集的重要数据输入计算机系统，并构成评税工作的情报库；同时将纳税申报表中的信息输入计算机系统，并形成申报信息库。然后对两者进行核对，如有不符，则通过函调方式请纳税人作出解释，如果纳税人无法自圆其说，即可判定存在涉税问题。

10.1.4.2　纳税申报的期限

《税收征管法》规定，纳税人和扣缴义务人必须依照法律规定或税务机关依法确定申报的期限、内容，如实办理纳税申报；纳税人在纳税期内没有应纳税款的，也应按照规定办理纳税申报。纳税人享受减免税待遇的，在减免税期间应按照规定办理纳税申报。

纳税人和扣缴义务人都必须按照法定的期限办理纳税申报手续，主要包括：一是法律法规明确规定的；二是税务机关按照法律法规的原则规定，结合纳税人生产经营的实际情况及应缴纳的税种所确定的。两种期限具有同等法律效力。

需要注意：纳税人办理纳税申报的期限最后一日，如遇公休日、节假日（指元旦、春节、国际劳动节、国庆节和星期六、星期日等），可以顺延。

10.1.4.3　纳税申报的内容

按照《税收征管法实施细则》的规定，纳税申报的内容包括纳税申报表、代扣代收税款报告表、财务会计报表和其他有关纳税资料。

（1）纳税申报表。纳税申报表是指由税务机关统一印制的，纳税人进行纳税申报的书面报告。纳税申报表内容主要包括纳税人名称、税种、税款所属期限、应税项目、计税金额、适用税率、进项税额、应纳税额、缴库日期和其他应申报的项目。

（2）代扣代收税款报告表。代扣代收税款报告表是指由税务机关统一规定的，扣缴义务人进行纳税申报的书面报告。其主要内容有：扣缴义务人名称、被代扣代收税款的纳税人名称、税种、税目、税率、计税依据、代扣代收税额及税务机关规定应当申报的其他项目。

（3）财务会计报告。财务会计报告是指单位会计部门根据经过审核的会计账簿记录和有关资料，编制并对外提供的反映单位某一特定日期财务状况和某一会计期间经营成果、现金流量及所有者权益等会计信息的总结性书面文件，包括会计报表、会计报表附注和财务情况说明书。会计报表按其反映的内容不同，分为资产负债表、利润表、现金流量表、所有者权益（股东权益）变动表。会计报表附注是为便于会计报表使用者理解会计报表的内容而对会计报表的编制基础、编制依据、编制原则和方法及主要项目等所做的解释。

（4）其他有关纳税资料。这主要包括：税务机关认为有必要申报的关于纳税申报表、财务会计报表的说明资料；与纳税有关的合同及协议书及凭证；税控装置的电子报税资料；外出经营活动税收管理证明和异地完税凭证；境内、境外公证机构出具的有关证明文件；税务机关规定应当报送的其他有关证件和资料。

10.1.4.4　纳税申报的方式

《税收征管法》规定，纳税人和扣缴义务人可直接办理纳税申报或报送代扣代缴、代收代缴税款报告表，也可按照规定采取邮寄、数据电文或其他方式办理纳税申报。一般分为直接申报和特殊申报两大类：

（1）直接申报。直接申报是指纳税人和扣缴义务人直接到主管税务机关办理纳税申报，主要包括以表申报、IC卡申报、微机录入卡申报和数据电文申报等。

①以表申报。以表申报是指纳税人和扣缴义务人发生纳税义务后向所在地主管税务机关以纳税申报表为主办理的纳税申报。

②IC卡申报。IC卡申报是指纳税人和扣缴义务人将应税收入和应纳税额等数据资料输入IC卡报税器，税务微机员将IC卡中数据输入微机并与税票数据核对无误盖章后的纳税申报。

③微机录入卡申报。微机录入卡申报是指纳税人和扣缴义务人将应税收入、应纳税额等数据资料输入微机录入卡，缴纳税款后向税务机关提交纳税申报表、微机录入卡和完税凭证等资料，税务微机员将其数据

输入微机审核无误后的纳税申报。

④数据电文申报。数据电文申报是指纳税人和扣缴义务人采用电子数据交换、电子邮件、电报、电传或传真等方法向税务机关办理的纳税申报。数据电文是指经电子、光学手段或类似手段生成、储存或传递的信息，包括电子数据交换（EDI）、电子邮件、电报、电传或传真等。

【小案例10-3】 一体化平台：铜陵人纳税申报不出门

2010年1月安徽省铜陵市国税局在全市范围内启动网上办税一体化平台试点，使全市纳税人享受到便捷、高效的纳税服务。据了解，铜陵市国税局开通运行的网上办税一体化平台，依托安徽省国税系统的信息化建设平台，业务范围包括各类纳税人的身份认证（CA证书），各税种网上申报、税款缴纳和入库，各类涉税资料报送，增值税一般纳税人的网上认证、专用发票开具信息的远程报税、"一窗式"比对、IC卡清零解锁等全部涉税事项。纳税人可以通过网上办税一体化平台，办理相关涉税业务，真正实现足不出户办税。

按照工作安排，铜陵市国税局分为宣传准备、试点运行和调研总结三个阶段推广网上办税一体化平台。试点初期，该局先按不同税种、不同纳税人和各区县国税局税收管理员人数，选取了146户纳税人，以便对试点过程中出现的问题及时进行整理与完善。网上办税一体化平台运行后，原来企业必须上门办理的增值税专用发票及公路内河运输发票抵扣联认证，专用发票开具信息抄报税，纳税申报中的票表比对和报税IC卡的解锁、税款缴纳等工作全部被纳入网上办理。由此在数字安全认证的安全保障下，纳税人借助网上办税一体化平台能方便、快捷、安全地通过互联网办理各类涉税业务，实现了24小时全天候办税。网上办税一体化平台运行后，也有效地解决了纳税人因税收政策调整需要对税务采集软件不断升级的烦恼，优化了纳税服务，降低了纳税成本，同时也减轻了办税服务厅人员的工作压力。铜陵市国税局由此已构建起全新的网上办税服务体系，深受纳税人的好评。

（2）特殊申报。纳税人和扣缴义务人除直接办理申报以外，情况特殊或经批准，可采取下列特殊方式进行申报：

①邮寄申报。这是指纳税人和扣缴义务人通过邮局寄送的方法向税务机关办理纳税申报。以寄出地的邮戳日期为实际申报日期。凡实行查

账征收的纳税人，经主管税务机关批准，可采取邮寄纳税申报的办法。

②延期申报。这是指纳税人和扣缴义务人不能按规定的期限办理的纳税申报。纳税人和扣缴义务人因不可抗力或财务处理上的特殊原因，不能按期办理纳税或扣缴税款申报的，经省级国家税务局或地方税务局批准可延期申报，但最长不得超过3个月。其税款应按上期或税务机关核定的税额预缴，并在核准的延期内办理税款结算。但不可抗力情形消除后，应立即向主管国家税务机关报告。

③其他申报。这是指实行简易申报、简并征期等方式的纳税申报。主要适用于定期定额缴纳税款的纳税人。简易申报是指实行定期定额的纳税人在法律规定的期限内或税务机关依法确定的期限内缴纳税款，税务机关可视同申报；简并征期是指纳税人经税务机关批准，将纳税期限合并为按季、半年或按年进行的税款缴纳。

【小资料10-3】　澳大利亚的税务服务

澳大利亚税务机关的工作之一就是为广大纳税人提供全方位、多选择、优质高效的税务服务。其税务服务主要采取以下形式：

（1）电话服务。四通八达的电话通信网络使澳大利亚税务机关为纳税人提供税务电话服务创造了便利条件。为方便纳税人，国税局投入大量资金，设置中央电话查询专线和双向声音处理系统，用于解答纳税人提出的咨询，为纳税人提供一切帮助。

（2）信函服务。个人所得税是澳大利亚的主体税种，纳税人占全国总人口90%左右。个人所得税实行月预缴、年申报的征收制度。每年由税务机关向所有个人所得税的纳税人寄出一份纳税辅导资料，同时还附上一个空白信封并付足邮资，以方便纳税人回信。税务机关接到纳税人的回函后必须按承诺的时间给予答复，如果没有回复，纳税人有权向税务机关提出指证和批评。

（3）走访服务。为最大限度地缩短税务机关与纳税人的距离，融洽征纳关系，各州、市税务局工作人员定期走访纳税人，调查如何改进服务手段和完善服务措施。每年出版各种纳税辅导小册子，由专门人员及时送到车站、码头和商店等公共场所，免费提供给社会各界，既极大地方便了纳税人，也有效降低了纳税成本。

（4）窗口服务。澳大利亚的税务窗口服务非常完备，如在悉尼市的一个税务分局征收大厅可看到这样的情景：宽敞、整洁、功能齐全的服务大厅里，摆放着鲜花、沙发，纳税人可在此小憩，浏览、翻阅各种印刷精美的纳税资料，悠然舒适地等候接受服务。大厅中央的电子告示板不断闪烁着各种提示，各个窗口的服务指南一目了然。

10.1.4.5 纳税申报的要求

纳税人和扣缴义务人办理纳税申报时，应如实填写纳税申报表或代扣代收税款报告表，并根据不同情况相应报送有关证件、资料。纳税人和扣缴义务人要按照其规定的内容填写，并加盖单位公章，做到表内整洁、指标齐全、数字准确。税务机关收到纳税申报表或代扣代收税款报告表后，要及时审核、正确计算税款，并督促其办理税款缴库手续。

此外，国家税务总局还规定，纳税人对申报内容的真实性、税款计算的准确性和申报资料的完整性，应负法律责任。

10.2 税款征收

10.2.1 税款征收的概念

税款征收是指国家税务机关依照税收法律、行政法规的规定将纳税人应缴纳的税款组织征收入库的一系列活动的总称。它是税收征收管理工作的中心环节，是纳税人依法履行纳税义务的重要体现，也是税收征管工作的目的和归宿。其含义：一是税务机关是税款征收的主体，在税款征收过程中必须依据法律行使自己的执法权并承担相应的义务和责任；二是纳税人、扣缴义务人是纳税主体或税款扣缴主体，应严格按照税收相关法律法规中有关纳税期限的规定，按期缴纳税款。

税款征收入库的过程一般由纳税人直接向国库经收处（设在银行）缴纳。国库经收处将入库的税款随同缴款书划转支金库后，即为办完税款征收入库手续。税务机关征收税款时必须开具完税凭证，包括各种完税证、缴款书和其他完税证明（式样由国家税务总局统一制定），以作为税务机关收取税款时的专用凭证和纳税人履行纳税义务的合法证明。

10.2.2 税款征收方式

税款征收方式是指税务机关依照税法规定、纳税人生产经营和财务管理情况，以及便于征收和保证国家税款及时足额入库的要求，而采取的具体组织税款入库的方法。主要有以下5类：

10.2.2.1 查账征收

查账征收是指税务机关按照纳税人提供的账表所反映的经营情况按照适用税率计算缴纳税款的征收方法。查账征收方式适用于账簿、凭证、会计等核算制度比较健全，能够据以如实核算生产经营情况，正确计算应纳税款的纳税人。

10.2.2.2 核定征收

核定征收是指税务机关对不能完整、准确提供纳税资料的纳税人采用特定方法确定其应纳税收入或应纳税额，纳税人据以缴纳税款的一种征收方法。具体包括：

（1）查定征收。查定征收是指税务机关根据纳税人从业人员、生产设备和采用原材料等因素，在正常生产经营条件下对产制的应税产品查实核定产量、销售额并据以征收税款的一种征收方法。它适用于生产规模较小、账册不健全、产品零星、税源分散的小型厂矿和作坊。

（2）查验征收。查验征收是指税务机关对纳税人的应税货物通过查验数量，按市场一般销售单价计算其销售收入并据以征税的一种征收方法。它适用于城乡集贸市场的临时经营和机场、码头等场外经销货物的课税。实行查验征收由征收人员依照完税证，按日编制报查验征收税款日报表。

（3）定期定额。定期定额是指对一些营业额、所得额不能准确计算的小型工商户，经过自报评议，由税务机关核定一定时期的营业额和所得税附征率，实行多税种合并征收的一种征收方法。核定期内的应纳税额一般不作变动，但纳税人实际营业额高于原定定额的20%时，纳税人应及时申报，税务机关应及时核实调整税款的定额。

10.2.2.3 代理征收

代理征收即代扣代缴、代收代缴征收。代扣代缴是指单位和个人从持有的纳税人收入中扣缴其应纳税款并向税务机关解缴的行为；代收代缴是指与纳税人有经济往来关系的单位和个人借助经济往来关系向纳税人收取其应纳税款并向税务机关解缴的行为。代理征收方式适用于税源零星分散、不易控管纳税人的税款征收。

10.2.2.4　委托代征

委托代征是指税务机关根据有利于税收控管和方便纳税的原则，按照国家有关规定委托有关单位及人员代征零星分散和异地缴纳的税款的征收方法。受托单位和人员按照代征证书的要求，以税务机关的名义依法征收税款，纳税人不得拒绝；纳税人拒绝的，受托代征单位和人员应当及时报告税务机关。

10.2.2.5　汇算清缴

汇算清缴是指税务机关对纳税期限较长的纳税人实行分期预缴、到期结算、多退少补应纳税额的征收方法。汇算清缴方式适用于基本建设项目期限较长的增值税和企业所得税等税的应纳税额的计算征收。如我国企业所得税法规定，纳税人缴纳企业所得税实行按年计算、分期（月或季）预缴、年终汇算清缴、多退少补的办法计算征收。

10.2.3　税款征收的措施

强化税务行政执法是税务机关依法征税和纳税人依法纳税的重要保证手段，对维护税收法纪和保障税款及时足额入库等具有重要的现实意义。《税收征管法》等规定的税款征收措施主要包括：

10.2.3.1　加收滞纳金

纳税人和扣缴义务人未按法律和行政法规或税务机关的规定期限缴纳或解缴税款的，税务机关除责令限期缴纳外，从滞纳税款之日起按日加收滞纳税款5‱的滞纳金。加收滞纳金起止时间的计算，从应缴税款期限届满之日的次日起到实际缴纳或解缴税款的当天。纳税人和扣缴义务人偷税或抗税的，也属未按规定期限纳税，应依法加收滞纳金。

10.2.3.2　核定税额

纳税人有下列情形之一的，税务机关有权核定其应纳税额：依照法律和行政法规的规定可以不设置账簿的；依照法律和行政法规的规定应当设置但未设置账簿的；擅自销毁账簿或拒不提供纳税资料的；虽设置账簿，但账目混乱或成本资料、收入凭证、费用凭证残缺不全，难以查账的；发生纳税义务，未按照规定的期限办理纳税申报，经税务机关责令限期申报，逾期仍不申报的；纳税人申报的计税依据明显偏低，又无正当理由的；未按照规定办理税务登记从事生产、经营的；使用的财务会计软件不能准确核算或者无法按照税务机关要求提供相关数据的。税务机关核定应纳税额的具体程序和方法由国务院税务主管部门规定。

【例题10-2】单选题：下列情形中，税务机关无权核定纳税人应纳税额的是（　　）。

A.擅自销毁账簿、凭证或者拒不提供纳税资料的

B.依照法律、行政法规的规定可不办理税务登记的

C.依照法律、行政法规的规定可以不设置账簿的

D.依照法律、行政法规的规定应设但未设账簿的

【答案】B

10.2.3.3　纳税调整

纳税调整主要是对关联企业而言的。关联企业的界定、原则和方法可参见第6章“企业所得税法”中“6.3.6.1关联企业的纳税调整”的相关内容。此外，纳税调整的内容规定如下：

（1）关联往来的原则。纳税人与其关联企业之间的业务往来应遵循的原则主要包括：一是提供资料原则，即纳税人应向当地税务机关提供有关的价格、费用标准等资料；二是正常交易原则，即纳税人应按独立企业之间的业务往来收取或支付价款、费用；三是预约定价原则，即纳税人可向主管税务机关提出与其关联企业之间业务往来的定价原则和计算方法，主管税务机关审批后与纳税人预先约定有关定价事项。

（2）纳税调整的情形。纳税人与其关联企业之间的业务往来有下列情形之一的，税务机关可以调整其应纳税额：一是购销业务未按照独立企业之间业务往来作价；二是融通资金所支付或收取的利息超过或低于没有关联关系的企业之间所能同意的数额，或利率超过或低于同类业务的正常利率；三是提供劳务未按照独立企业之间业务往来收取或支付劳务费用；四是转让财产、提供财产使用权等业务往来，未按照独立企业之间业务往来作价或收取、支付费用；五是未按照独立企业之间业务往来作价的其他情形。

（3）纳税调整的方法。纳税人有上述所列情形之一的，税务机关可

按下列方法调整计税收入额或所得额：一是按照独立企业之间进行相同或类似业务活动的价格；二是按照再销售给无关联关系的第三者的价格所应取得的收入和利润水平；三是按照成本加合理的费用和利润；四是按照其他合理的方法。

（4）纳税调整的时间。纳税人与其关联企业未按照独立企业之间的业务往来支付价款、费用的，税务机关自该业务往来发生的纳税年度起3年内进行调整；有特殊情况的，可自该业务往来发生的纳税年度起10年内进行调整。

10.2.3.4　纳税担保

纳税担保是指经税务机关同意或确认，纳税人或其他自然人、法人和经济组织以保证、抵押和质押的方式，为纳税人应纳的税款及滞纳金提供担保的行为。2005年5月国家税务总局根据《税收征管法》等法律法规，制定了《纳税担保试行办法》。其内容规定为：

（1）纳税担保的适用。税务机关有根据认为从事生产经营的纳税人有逃避纳税义务行为，在规定纳税期之前责令限期缴纳应纳税款，在限期内发现纳税人有明显的转移、隐匿其应纳税的商品、货物和其他财产或应纳税收入迹象的；欠缴税款、滞纳金的纳税人或其法定代表人需要出境的；纳税人同税务机关发生纳税争议而未缴清税款，需要申请行政复议的；税收法律法规规定可提供纳税担保的其他情形。

纳税担保的范围包括税款和滞纳金，以及抵押、质押登记费用，质押保管费用，保管、拍卖和变卖担保财产等费用支出。

（2）纳税担保的方式。

①纳税保证。纳税保证是指纳税保证人向税务机关保证，当纳税人未按税收法律规定或税务机关确定的期限缴清税款、滞纳金时，由纳税保证人按照约定履行缴纳税款及滞纳金的行为。

纳税保证人是指在中国境内具有纳税担保能力的自然人、法人或其他经济组织。但国家机关、学校、医院等事业单位和社会团体，企业法人的职能部门和有欠税行为等情况的单位，不得作为纳税保证人。纳税保证人为纳税人提供纳税担保的应填写纳税担保书，并经纳税人、纳税保证人和税务机关三方签字盖章后有效。

②纳税抵押。纳税抵押是指纳税人或纳税担保人不转移对规定所列

财产的占有，将该财产作为税款及滞纳金的担保。纳税人或纳税担保人为抵押人，税务机关为抵押权人，提供担保的财产为抵押物。

纳税人逾期未缴清税款及滞纳金的，税务机关有权依法处置该财产以抵缴税款及滞纳金。纳税人提供抵押担保的，应填写纳税担保书和纳税担保财产清单，同时须经纳税人签字盖章并经税务机关确认。

③纳税质押。纳税质押是指经税务机关同意，纳税人或纳税担保人将其动产或权利凭证移交税务机关占有，将该动产或权利凭证作为税款及滞纳金的担保。主要分为动产质押和权利质押：前者包括现金和其他除不动产以外的财产提供的质押；后者包括汇票、支票、本票、债券和存款单等权利凭证。纳税人提供质押担保的，应填写纳税担保书和纳税担保财产清单，并签字盖章。

10.2.3.5　税收保全

税收保全是指税务机关为防范税款流失而对纳税人采取冻结存款和扣押财产等行政行为的一种控制管理措施。它是国家为防止对税法执行的干扰、保证税法的顺利实施而采取的特殊处理办法，属于体现税收强制性的一种特别规定。

（1）税收保全的程序。税务机关有根据认为纳税人有逃避纳税义务行为的，应按规定的顺序采取措施：一是责令限期缴纳，即税务机关可在规定的纳税期限之前，责令纳税人在限期内缴纳应纳税款；二是提供纳税担保，即在限期内发现纳税人有明显的转移、隐匿其应纳税的商品、货物和其他财产或应税收入迹象的，税务机关可责成纳税人提供纳税担保；三是采取税收保全，即纳税人不能提供纳税担保的，经县以上税务局（分局）局长批准，税务机关可采取税收保全措施。

（2）税收保全的方式。一是冻结存款，即书面通知纳税人开户银行或其他金融机构，冻结纳税人的金额相当于应纳税款的存款，但在冻结存款期间不停止支付其应缴纳的税款、滞纳金和罚款；二是扣押财产，即扣押、查封纳税人的商品、货物或其他财产，其价值以相当于纳税人应纳税款、滞纳金和扣押、查封、保管、拍卖、变卖所发生的费用为原则。

（3）税收保全的范围。其范围为除下列以外的财产：一是个人及其所抚养家属维持生活必需的住房和用品，但机动车辆、金银饰品、古玩字画和豪华住宅或一处以外的住房除外；二是单价在5 000元以下的其他生活用品。

（4）税收保全的执行。税务机关执行扣押、查封商品、货物或其他财产时，应由2名以上税务人员执行，并通知被执行人；被执行人是自然人的，应通知被执行人本人或其成年家属到场，被执行人是法人或其他组织的，应通知其法定代表人或主要负责人到场；被执行人拒不到场的，不影响其执行。税务机关扣押商品、货物或其他财产时必须开付收据，查封商品、货物或其他财产时必须开付清单。

（5）税收保全的解除。纳税人在税务机关采取税收保全后，按照税务机关规定的期限缴纳税款的，税务机关应自收到税款或银行转回的完税凭证之日起1日内解除税收保全措施；纳税人在限期内已缴纳税款，税务机关未立即解除税收保全措施，因税务机关的责任，使纳税人、扣缴义务人或纳税担保人的合法利益遭受的直接损失，税务机关应承担赔偿责任。

10.2.3.6　强制执行

强制执行是指纳税人、扣缴义务人和纳税担保人在规定的期限内未履行法定义务，税务机关采取法定的强制手段强迫其履行的行为。

（1）强制执行的程序。从事生产经营的纳税人、扣缴义务人未按规定的期限缴纳或解缴税款，纳税担保人未按规定的期限缴纳所担保的税款，税务机关可按规定的顺序采取措施：一是责令限期缴纳，即由税务机关责令限期缴纳或解缴税款，最长期限不得超过15日；二是强制执行措施，即逾期仍未缴纳的，经县以上税务局（分局）局长批准，税务机关可采取强制执行措施。

（2）强制执行的方式。主要有两种方式：一是扣缴税款，即书面通知其开户银行或其他金融机构从其存款中扣缴税款和滞纳金；二是拍卖抵税，即扣押、查封、依法拍卖或变卖其价值相当于应纳税款的商品、货物或其他财产，以拍卖或变卖所得抵缴税款和滞纳金，以及扣押、查封、保管、拍卖、变卖所发生的费用。

（3）强制执行的范围。其范围为除下列以外的财产：一是个人及其所抚养家属维持生活必需的住房和用品，但机动车辆、金银饰品、古玩字画和豪华住宅或一处以外的住房除外；二是单价在5 000元以下的其他生活用品。

【小思考10-2】税收保全与强制执行有何区别？

答：为保证国家税款及时、足额入库，严厉打击各种偷逃和骗税行为，《税收征管法》赋予税收机关在必要时可采取税收保全和强制执行的权力，这两项权力的实施既有相同点，又有不同之处。其相同之处主要表现在审批权限、行使主体、限制范围和过错赔偿。其不同之处主要表现在以下3个方面：

（1）对象范围不同。税收保全仅适用于从事生产经营的纳税人，而强制执行适用于从事生产经营的纳税人、扣缴义务人和纳税担保人。

（2）前提条件不同。税收保全是税务机关有根据认为纳税人有逃避纳税义务的行为，并在限定的纳税期限内税务机关发现纳税人有明显的转移、隐匿其应纳税的商品、货物和其他财产或应税收入迹象的；强制执行是从事生产经营的纳税人、扣缴义务人未按规定期限缴纳或解缴税款，纳税担保人未按规定期限缴纳所担保的税款，经税务机关责令限期缴纳逾期仍未缴纳的。

（3）实施内容不同。税收保全的重点是“冻结、扣押、查封”6个字；强制执行的重点是“扣缴、拍卖、变卖”6个字。

（4）强制执行的要求。实施强制执行措施，不得由法定的税务机关以外的单位和个人行使；税务机关滥用职权违法采取强制执行措施或采取强制执行措施不当，使纳税人、扣缴义务人或纳税担保人的合法权益遭受损失的，应当依法承担赔偿责任。

【例题10-3】多选题：下列各项中，符合《税收征管法》有关规定的有（　　）。

A.采取税收保全措施时冻结的存款以纳税人应纳税款的数额为限

B.采取强制执行措施时被执行人未缴纳滞纳金的，必须同时执行

C.税收保全的适用范围包括从事生产经营的纳税人和扣缴义务人

D.强制执行的适用范围包括从事生产经营的纳税人和扣缴义务人

【答案】ABD

10.2.3.7 出境清税

欠缴税款的纳税人或其他法定代表人需要出境的，应在出境前向主管税务机关结清应纳税款、滞纳金或提供纳税担保；未结清税款、滞纳金又不提供纳税担保的，税务机关可通知出境管理机关阻止其出境。

为保证离境清税办法的实施，税务机关必须加强与公安、边防、海关等出境管理机关的联系配合，通过制定必要的阻止出境具体办法（包括联系、操作手段和规模等）予以保证。阻止出境的具体办法，由国家税务总局会同公安部制定。

10.2.3.8 变更缴清

纳税人有合并、分立情形的，应向税务机关报告，并依法缴清税款。纳税人合并时未缴清税款的，应由合并后的纳税人继续履行未履行的纳税义务；纳税人分立时未缴清税款的，分立后的纳税人对未履行的纳税义务应承担连带责任。

纳税人有解散、撤销、破产情形的，在清算前应向其主管税务机关报告，未结清税款的由其主管税务机关参加清算。

10.2.3.9 税收优先

在税款征收过程中，税务机关有优先征税的权利，具体规定为：税务机关征收税款，税收优先于无担保债权，法律另有规定的除外；纳税人欠缴的税款发生在纳税人以其财产设定抵押、质押或纳税人的财产被留置之前的，税收应先于抵押权、质押权、留置权执行；纳税人欠缴税款同时又被行政机关决定处以罚款、没收违法所得的，税收优先于罚款和没收违法所得执行。

10.2.3.10 欠税管理

税务机关对纳税人欠缴税款行为，应按照以下规定进行处理：

（1）欠税的定期公告。县级以上各级税务机关应将纳税人的欠税情况，在办税场所或广播、电视、报纸、期刊、网络等新闻媒体上定期公告。定期公告的办法，由国家税务总局制定。

（2）设定抵押与质押。纳税人有欠税情形而以其财产设定抵押和质押的，应向抵押权人和质押权人说明其欠税情况，抵押权人和质押权人可请求税务机关提供有关的欠税情况。

（3）大额欠税的报告。纳税人所欠缴税款在5万元以上的，在处分其不动产或大额资产之前，应向税务机关报告。

（4）实施税收执行权。欠缴税款的纳税人因怠于行使到期债权或放弃到期债权，或无偿转让财产，或以明显不合理的低价转让财产而受让人知道该情形，对国家税收造成损害的，税务机关可依照合同法的规定行使代位权、撤销权，且不免除欠缴税款的纳税人尚未履行的纳税义务和应承担的法律责任。

10.2.3.11　税款追征

（1）征收方责任的税款追征。因税务机关适用税收法律法规不当或执法行为违法等责任，致使纳税人和扣缴义务人未缴或少缴税款的，税务机关在3年内可要求其补缴税款，但不加收滞纳金。

（2）纳税方责任的税款追征。因纳税人和扣缴义务人非主观故意未缴或少缴税款的，税务机关在3年内可追征税款、滞纳金；纳税人和扣缴义务人因计算错误而未缴或少缴、未扣或少扣、未收或少收税款累计数额在10万元以上的，追征期可延长到5年。

（3）税款追征的其他规定。对偷税、抗税、骗税的，税务机关追征其未缴或少缴的税款、滞纳金或所骗取的税款，不受规定期限的限制。补缴和追征税款、滞纳金的期限，自纳税人和扣缴义务人应缴未缴或少缴税款之日起计算。

10.2.3.12　税款入库

各级税务机关应将各种税收的税款、滞纳金和罚款，按国家规定的预算科目和预算级次及时缴入国库，不得占压、挪用、截留，不得缴入国库以外或规定的税款账户以外的任何账户。已缴入国库的税款、滞纳金和罚款，任何单位和个人不得擅自变更预算科目和预算级次。

对审计机关、财政机关依法查出的税收违法行为，税务机关应根据有关机关的决定、意见书，依法将应收的税款、滞纳金按照税款入库预算级次缴入国库，并将结果及时回复有关机关。有关机关不得将其履行职责过程中发现的税款、滞纳金自行征收入库或以其他款项的名义自行处理、占压。

10.2.3.13　税款退还

（1）退税的时间限定。纳税人超过应纳税额缴纳的税款，税务机关应自发现之日起10日内办理退还手续；纳税人发现多缴税款要求退还的，税务机关应自接到纳税人退还申请之日起30日内查实，并办理退还手续。

（2）存款利息的计算。纳税人自结算缴纳税款之日起3年内发现的，可向税务机关要求退还多缴的税款并加算银行同期存款利息，税务机关及时查实后退还。加算多缴税款退税的银行同期存款利息，按照税务机关办理退税手续当天中国人民银行规定的活期存款利率计算，但不包括依法预缴税款形成的结算退税、出口退税和各种减免退税。

【例题10-4】判断题：因纳税人、扣缴义务人计算等失误，未缴或少缴税款的，税务机关在3年内可以追征税款、滞纳金；有特殊情况的可将追征期延长到10年。（　　）

【答案】×

（3）税款退还的要求。涉及从国库中退还税款的，按国库管理规定退还。如果纳税人既有应退税款又有欠缴税款的，税务机关可将应退税款和利息先抵扣欠缴税款；抵扣欠缴税款后有余额的，退还纳税人。

10.2.3.14　减免税款

纳税人申请减免税须经法定的审查批准机关审批，地方各级人民政府及其主管部门、单位和个人违反规定擅自作出的减免税决定无效。

税收法律法规规定或经法定审批机关批准减免税的纳税人，应持有关文件到主管税务机关办理减免税手续，减免税期满应自期满次日起恢复纳税；纳税人减免税条件发生变化时，应在其变化之日起15日内向税务机关报告，不再符合减免税条件的应依法纳税，未依法纳税的，税务机关应予以追缴。

10.3　税务检查

10.3.1　税务检查的概念

税务检查是指税务机关根据税收法律法规的规定对纳税人和扣缴义务人履行纳税义务和扣缴义务的情况进行监督、审查和处理的总称。

通过税务检查可检验、考核税收征收管理质量，查明和惩治各种税务违法行为，强化征管控制。对纳税人而言，可通过税务检查来检验其纳税的错漏或问题，避免税务违法尤其犯罪行为的发生；对税务机关而言，可通过税务检查为依法处理税收违法行为提供可靠的事实依据。没有税务检查，税收征收管理就难以实现有效控制。

10.3.2 税务检查的方式

10.3.2.1 税务检查的种类

按税务检查的目的、对象、来源和检查内容的范围，税务检查可分为以下5种：

（1）重点检查。重点检查是指对公民举报、上级机关交办或有关部门转来的有偷税行为或偷税嫌疑的，纳税申报与实际生产经营情况有明显不符的，以及有普遍逃税行为的纳税人的税务检查。

（2）专项检查。专项检查是指税务机关根据税收工作实际，对某一税种或税收征收管理某一环节进行的税务检查，如增值税一般纳税人、漏征漏管户的专项检查等。

（3）分类检查。分类检查是指根据纳税人历来的纳税情况、纳税人的纳税规模及税务检查间隔时间的长短等综合因素，按事先确定的纳税人分类、计划检查时间及检查频率而进行的税务检查。

（4）集中检查。集中检查是指税务机关在一定时间、一定范围内统一安排、统一组织的税务检查。检查规模一般比较大，如全国范围内的税收、财务大检查就属于该类检查形式。

（5）临时检查。临时检查是指由各级税务机关根据不同的经济形势、偷逃税趋势和税收任务完成情况等综合因素，在正常检查计划之外安排的税务检查，如行业解剖、典型调查性的税务检查等。

10.3.2.2 税务检查的形式

有效的税务检查必须采取适当的组织形式。目前我国税务检查的形式包括纳税人自查、税务机关专业检查和有关部门联合检查等，其中最重要、最经常的税务检查是专业检查，并以日常检查、专项检查和专案检查为主。

日常检查是指税务机关对纳税人申报纳税和扣缴义务人扣缴税款等情况进行的常规检查；专项检查是指税务机关针对特定行业或某类纳税

人进行的重点检查，如对高收入行业从业人员、演艺界、体育明星进行的检查；专案检查是指税务机关根据举报或前两种检查中发现的重大涉嫌税收违法问题进行的个案检查。

10.3.3 税务检查的内容

税务检查的内容主要包括两个方面：一是检查纳税人履行纳税义务情况，这是税务检查的核心内容，具体包括检查纳税人和扣缴义务人执行国家税收政策法令的情况，以及纳税人和扣缴义务人与纳税有关的生产经营和经济核算的情况等；二是检查税务机关和税务人员执行税收征管法律制度的情况。

【小资料10-4】 税务检查的一般方法

税务检查的方法是指税务人员在实施税务检查工作中搜集证据、判定问题所采用的手段。根据税务检查的时间、顺序和范围，税务检查的一般方法主要包括：

1.全查法。全查法是指对被查纳税人一定时期内所有的账簿、凭证、报表及各种存货进行全面、系统检查的一种检查方法。

2.抽查法。抽查法是指对被查纳税人一定时期内的账簿、凭证、报表及各种存货抽取一部分进行检查的一种检查方法。

3.顺查法。顺查法是指对被查纳税人按其会计核算的顺序依次检查会计凭证、账簿和会计报表，并将其相互核对的一种检查方法。

4.逆查法。逆查法是指对被查纳税人按其会计核算相反的顺序依次检查会计报表、账簿和会计凭证，并将其相互核对的一种检查方法。

5.比较分析法。比较分析法是指将被查纳税人检查期有关财务指标的实际完成数进行纵向或横向比较，分析其异常变化情况，从中发现纳税问题线索的一种检查方法。

6.控制计算法。控制计算法又称逻辑推算法，是指根据被查纳税人财务数据的相互关系，用可靠或科学测定的数据验证其检查期账面记录或申报的资料是否正确的一种检查方法。

7.审阅法。审阅法是指对被查纳税人的账簿、会计凭证、报表等账务资料，通过阅览查看纳税方面是否存在问题的一种检查方法。

8.核对法。核对法是指通过对被查纳税人的各种相关联的凭证、账簿、报表及实物进行核对，以验证其纳税有无问题的一种检查方法。

9.观察法。观察法是指通过对被查纳税人的生产经营场所、仓库和工地等现场，实地查看其生产经营及存货等情况，以发现纳税问题或验证账中可疑问题的一种检查方法。

10.外调法。外调法是指对被查纳税人有怀疑或已掌握一定线索的经济事项，通过向与其有关联单位或个人进行查证核实的一种方法。

11.盘存法。盘存法是指通过对被查纳税人的货币资金、存货及固定资产等实物进行盘点清查，核实其账实是否相符，进而发现纳税问题的一种检查方法。

12.交叉稽核法。交叉稽核法是指应用计算机将开出的增值税专用发票抵扣联与存根联进行交叉稽核，以检查虚开及假开发票行为的一种检查方法。

10.3.4 税务检查的权责

10.3.4.1 税务机关的权责

（1）税务机关在税务检查中的权力。在税务检查中，税务机关以行使权力为主。其税务检查权力主要包括以下几个方面：

①账证检查权。税务机关有权检查纳税人的账簿、会计凭证、报表和有关资料，以及扣缴义务人代扣代收税款账簿、凭证和有关资料。税务机关行使该项职权必要时经县以上税务局（分局）局长批准，可将纳税人和扣缴义务人以前会计年度的账簿、记账凭证、报表和其他有关资料调回税务机关检查。

②场地检查权。税务机关有权到纳税人的生产经营场所和货物存放地检查纳税人应纳税的商品、货物或其他财产，检查扣缴义务人与代扣、代收税款有关的经营情况。检查未登记为生产经营的场所，却用于生产经营的场所。

③责成提供资料权。税务机关有权责成纳税人、扣缴义务人提供与纳税或代扣、代收税款有关的文件、证明材料和有关资料。

④询问权。税务机关有权查询、访问纳税人、扣缴义务人与纳税或代扣、代收税款有关的问题和情况。

⑤交通邮政检查权。税务机关有权到车站、码头、机场、邮政企业

及其分支机构，检查纳税人托运、邮寄应纳税商品、货物或其他财产的有关单据、凭证和有关资料。

⑥存款账户检查权。经县以上税务局（分局）局长批准，凭全国统一格式的检查存款账户许可证明，税务人员有权查询从事生产经营的纳税人、扣缴义务人在银行或其他金融机构的存款账户。税务机关在调查税收违法案件时，经过设区的市、自治州以上税务局（分局）局长批准，可查询案件涉嫌人员的储蓄存款。

⑦网络交易检查权。税务机关有权到网络交易平台提供机构检查网络交易情况，到网络交易支付服务机构检查网络交易支付情况。

⑧财务委托检查权。税务机关有权到纳税人、扣缴义务人和纳税担保人的财物受托人处检查财物委托情况。

⑨虚假发票检查权。税务机关有权检查涉嫌取得虚假发票的非纳税单位和个人的发票使用情况。

⑩信息查询权。税务机关有权到相关部门查询、复制纳税人财产登记情况及身份信息。

（2）税务机关在税务检查中的义务。这主要包括：税务机关派出的人员进行税务检查时，应当出示税务检查证和税务检查通知书，并有责任为被检查人保守秘密；未出示税务检查证和税务检查通知书的，被检查人有权拒绝检查等。

此外，税务机关及税务人员在检查中还有一些相关性的要求，如税务机关派出税务人员进行检查时，应在2人以上；税务检查人员与被检查人有亲属、利害关系情形时，应当回避；税务机关查询所获得的资料，不得用于税收以外的用途等。

10.3.4.2　税务检查相对人的权责

（1）税务检查相对人在税务检查中的义务。税务检查相对人是纳税人和扣缴义务人，在税务检查中以履行义务为主。

①接受税务机关依法进行的检查。这是与税务机关的检查权相对应的。对税务机关依法进行的检查，纳税人、扣缴义务人不得以各种借口加以拒绝、阻挠。

②如实反映情况。这是与税务机关在检查中的询问权相对应的。检查人员在税务检查中询问的与纳税或代扣代缴、代收代缴税款有关的问

题和情况，纳税人、扣缴义务人必须如实反映。

③提供有关资料。这是与税务机关的责成提供资料权相对应的。当税务机关在税务检查中要求提供有关资料时，纳税人、扣缴义务人按要求应尽其所能地提供有关资料给税务机关。

（2）税务检查相对人在税务检查中的权利。这是与税务机关的义务相对应的。纳税人、扣缴义务人在接受税务人员的检查时，有权要求税务人员出示税务检查证和税务检查通知书，不能提供的，纳税人、扣缴义务人有权拒绝检查；纳税人、扣缴义务人有权要求检查人员为其保守秘密。

【小案例10-4】　　税务稽查局是否有权检查？

资料：某市税务稽查局对本市的某公司进行税务检查时，发现该公司有可能将产品运往外地销售而不走账、不做销售处理。经查该公司的其他应收款账，有一外地客户的应收账款内容不明，怀疑是货款。为查明事实，稽查局到该市码头查询该公司的货运情况，码头以难以查找为理由，拒绝了税务机关的检查。

分析：依据《税收征管法》的规定，税务机关有权到车站、码头、机场、邮政企业及其分支机构检查纳税人托运、邮寄应纳税商品、货物或其他财产的有关单据、凭证和有关资料。

结论：税务机关可以在该市的码头查询该公司的有关情况，并在查询时出示税务检查证和税务检查通知书，码头必须对市税务稽查局的检查工作予以支持和配合。

10.3.5　税务检查的措施

10.3.5.1　税务检查中的特殊措施

税务机关对从事生产经营的纳税人以前纳税情况依法进行税务检查时发现纳税人有逃避纳税义务行为，并有明显的转移、隐匿其应纳税的商品、货物和其他财产或应纳税收入的迹象的，可以按照《税收征管法》规定的批准权限采取税收保全措施或强制执行措施。

10.3.5.2　税务检查中的取证手段

《税收征管法》规定，税务机关检查税务违法案件时，对与案件有关的情况和资料，可以记录、录音、录像、照相和复制。记录是通过书写手段把听到或看到的有关情况写下来；录音是通过机械、光学或电磁等方法把听到的情况录下来；录像、照相是借助于摄像器材把有关情况摄下来；复制是依照原件或通过复印、翻印、拷贝、拷盘等取得有关情况和资料。

需要注意的是：上述5种取证手段只能在检查税务违法案件时使用，不是对所有的税务检查对象都适用。

10.3.5.3　电算化会计的税务检查

对采用电算化会计系统的纳税人，税务机关有权对其会计电算化系统进行检查，并可复制与纳税有关的电子数据作为证据。

税务机关进入纳税人电算化系统进行检查时，有责任保证纳税人会计电算化系统的安全性，并保守纳税人的商业秘密。

【小资料10-5】　2013年全国税务稽查成效显著

税务稽查是打击税收违法犯罪活动的利器。2013年全国税务机关检查纳税人17.7万户，查补收入1 234亿元；立案查处重大税收违法案件17.6万起，入库查补收入481亿元，查处百万元以上重大案件6 498起。打击骗取出口退（免）税专项整治行动共破案172起，涉案金额92亿元。

发票仍然是税务检查的重点。2013年全国共查处制售假发票和非法代开发票案件9.1万起，缴获假发票1.36亿份，查处各类非法发票605万余份，查补收入138亿元。

10.4　法律责任

《税收征管法》所称的法律责任是指国家及其有关部门，对税收征纳双方违反税法等法律制度时给予的惩处。它是维护国家税法尊严的重要手段，是税收强制性的具体体现，包括税务违法行政责任和税务违法司法责任两个方面。

10.4.1　税务违法的行政责任

税务违法行政责任是指税务机关对纳税人、扣缴义务人和税务人员违反税收法律法规而又达不到司法机关立案标准的行为所给予的行政处罚。根据《税收征管法》等法律法规，税务违法行政责任主要包括：

10.4.1.1　违反税务管理的法律责任

（1）违反税务登记规定的处置，主要包括：

①纳税人未按照规定办理税务登记，由税务机关责令限期改正；逾期不改正的，经税务机关提请，工商行政管理机关吊销其营业执照。

②纳税人未按照规定使用税务登记证件或转借、涂改、损毁、买卖、伪造税务登记证件的，处2 000~10 000元罚款；情节严重的，处1万~5万元罚款。

（2）违反其他税务管理的处置。纳税人和扣缴义务人有下列行为之一的，由税务机关责令限期改正，可处2 000元以下罚款；情节严重的，处2 000~10 000元罚款：

①纳税人未按规定的期限申报办理税务登记、变更或注销登记的。

②纳税人未按规定将财务、会计制度或财务、会计处理办法和会计核算软件报送税务机关备查的。

③纳税人未按规定将其全部银行账号向税务机关报告的。

④纳税人未按规定安装、使用税控装置，或损毁或擅自改动税控装置的。

⑤纳税人未按规定办理税务登记证件验证或换证手续的。

⑥未按照规定将会计核算软件、使用说明书及有关资料报送税务机关备查的。

⑦未按照规定向税务机关报送涉税信息的。

⑧纳税人未按规定设置、保管账簿或保管凭证和有关资料的，或扣缴义务人未按规定设置、保管代扣代缴、代收代缴税款账簿或保管代扣代缴、代收代缴税款记账凭证及有关资料的。

⑨纳税人未按规定期限办理纳税申报和报送纳税资料的，或扣缴义务人未按规定的期限向税务机关报送代扣代缴、代收代缴税款报告表和有关资料的。

10.4.1.2　违反税款征收的法律责任

（1）偷税的认定及责任。偷税是指纳税人伪造、变造、隐匿、擅自销毁账簿、记账凭证，或者在账簿上多列支出或不列、少列收入，或者经税务机关通知申报而拒不申报或进行虚假纳税申报，不缴或少缴应纳税款的行为。《税收征管法》规定，对纳税人偷税、扣缴义务人采取偷税手段不缴或少缴已扣、已收税款的，由税务机关追缴其不缴或少缴的税款，并处不缴或少缴税款50%~3倍罚款，构成犯罪的，依法追究刑事责任。纳税人和扣缴义务人编造虚假计税依据的，由税务机关责令限期改正，并处5万元以下罚款。

【小资料10-6】　　利用发票偷税的几种现象

（1）大头小尾。一份发票分开填写，大额的给予客户报销、抵税，小额的留给自己申报。

（2）张冠李戴。发票内容与实际经营业务内容不符，原本不能报销的物品也堂而皇之地以各种办公用品等管理费的名义解决了。

（3）拒开发票。每个消费者可能有过购物被拒开发票的经历，多发生在与私营企业和个体户打交道时。你不主动索要，对方是不会给你的；就算索要，对方还会以“今天发票刚好用完，明天来拿”，或“会计不在，发票拿不出来”为由不给开发票，甚至开发票还要另外加税。

（4）地下交易。在车站、码头和地铁等公共场所，常有票贩子兜售空白发票，有交通、零售、饮食业、旅店业等种类齐全的发票。

【小案例10-5】　　税务机关该如何处理？

资料：某美容院（系有证个体户）经税务机关核定实行定期定额税收征收方式，核定月均应纳税额1 000元。6月8日因店面装修向税务机关提出申请：6月10日—30日停业。税务机关审核后，6月9日作出同意核准停业的批复，下达了核准停业通知书，并在办税服务大厅予以公示。6月24日税务机关实地检查发现该美容院仍在营业，确属虚假停业，遂于6月25日送达复业通知书，并告知需按月定额纳税。7月10日税务机关下达限期改正通知书，责令限期申报并缴纳税款，但该美容院没有改正。税务机关对该美容院该如何处理？

分析：该美容院的行为属于偷税。符合偷税的表现形式之一“通知申报而拒不申报，不缴或少缴应纳税款”，可按《税收征管法》的规定进行行政处罚：追缴纳税人不缴或少缴的税款，并处以所偷税款50%~3倍罚款。

结论：本案中税务机关对该美容院应作出除补缴6月税款1 000元

外，并处所偷税款50%以上3倍以下罚款。

（2）欠税的法律责任。欠税是指纳税人超过税法规定的纳税期限未缴或少缴税款的行为。纳税人欠缴税款采取转移或隐匿财产的手段妨碍税务机关追缴欠缴税款的，税务机关追缴欠缴的税款和滞纳金，并处欠缴税款50%~3倍罚款；构成犯罪的，依法追究刑事责任。

（3）骗税的法律责任。骗税是指纳税人以假报出口或其他欺骗手段骗取国家出口退税款的行为。纳税人骗取出口退税款的，由税务机关追缴其骗取的退税款，并处骗取税款1~5倍罚款；构成犯罪的，依法追究刑事责任。对骗取国家出口退税款的，税务机关可在规定期间内停止为其办理出口退税。

（4）抗税的法律责任。抗税是指纳税人故意违反税收法律法规以暴力、威胁方法拒不缴纳税款的行为。对纳税人抗税的，除由税务机关追缴其拒缴的税款外，并处20万元以下的罚款；涉嫌犯罪的，移送司法机关依法处理。

（5）不缴或少缴税款的法律责任。纳税人和扣缴义务人在规定期限内不缴或少缴应纳或应解缴的税款，经税务机关责令限期缴纳，逾期仍未缴纳的，除采取强制执行措施追缴其不缴或少缴的税款外，可处不缴或少缴税款50%~3倍罚款；扣缴义务人应扣未扣、应收未收税款的，由税务机关向纳税人追缴税款，对扣缴义务人处应扣未扣、应收未收税款50%~1倍罚款。

纳税人有特殊困难，不能及时完全履行纳税义务的，税务机关可以与纳税人达成执行协议，约定分阶段履行；纳税人采取补救措施的，可以减免加处的罚款或滞纳金。

（6）拒绝代扣、代收税款的法律责任。纳税人拒绝代扣、代收税款的，扣缴义务人应当向税务机关报告，由税务机关直接向纳税人追缴税款、滞纳金；纳税人拒不缴纳的，由税务机关责令限期改正，可处2 000元以下罚款；情节严重的，处2 000~10 000元罚款。

【例题10-5】判断题：根据《税收征管法》的规定，扣缴义务人应扣未扣、应收未收税款的，由税务机关向纳税人追缴税款，对扣缴义务人处一定数额的罚款。其罚款限额是应扣未扣、应收未收税款50%以上5倍以下。（　　）

【答案】×

（7）非法使用完税凭证的法律责任。伪造、变造发票的，由税务机关没收违法所得和作案工具，处50万元以下罚款；非法买卖、非法代开发票的，由税务机关没收违法所得，处50万元以下罚款；涉嫌犯罪的，移送司法机关依法处理。违反《税收征管法》的规定非法印制发票的，处50万元以下罚款；涉嫌犯罪的，移送司法机关依法处理。

虚构、虚增交易，开具或接受与经营交易事实不符的发票或抵扣列支凭证的，构成虚开发票。虚开发票的，处虚开税额2倍以下罚款；涉嫌犯罪的，移送司法机关依法处理。

（8）未经批准代征税款的法律责任。未经税务机关依法委托征收税款的，责令退还收取的财物，依法给予行政处分或行政处罚；致使他人合法权益受到损失的，依法承担赔偿责任；构成犯罪的，依法追究刑事责任。

（9）拒不接受税务机关处理的法律责任。从事生产经营的纳税人和扣缴义务人有《税收征管法》规定的税务违法行为，拒不接受税务机关处理的，税务机关可收缴其发票或停止向其发售发票。

（10）税务代理人违法的法律责任。税务代理人违反税收法律法规造成纳税人未缴或少缴税款的，除由纳税人缴纳或补缴应纳的税款、滞纳金外，对税务代理人处纳税人未缴或少缴税款50%~3倍罚款。

（11）负有提供涉税信息协助义务和其他协助义务的纳税人、扣缴义务人，以及其他有关单位和个人未按照规定履行提供涉税信息和其他协助义务的，经税务机关责令限期改正逾期仍不改正的，由税务机关对其处2 000~10 000元罚款；造成国家税款重大损失的，处10万元以下罚款。

（12）纳税人、扣缴义务人因过失违反税收法律、行政法规，造成未缴或少缴税款的，税务机关除追缴其未缴或少缴的税款外，并处未缴或少缴税款50%罚款。

纳税人、扣缴义务人自法律、行政法规规定或税务机关依照法律、行政法规的规定确定的申报缴纳税款期限届满之日起至税务检查前办理修正申报并缴纳税款的，处补缴税款20%以下罚款。

10.4.1.3　违反税务检查的法律责任

（1）阻挠税务机关检查的法律责任。对纳税人和扣缴义务人逃避、拒绝或以其他方式阻挠税务机关检查有下列情形之一的，由税务机关责令改正，可处10 000元以下罚款；情节严重的，处1万~5万元罚款：提供虚假资料，不如实反映情况，或拒绝提供有关资料的；拒绝或阻止税务机关记录、录音、录像、照相和复制与案件有关的情况和资料的；在检查期间纳税人和扣缴义务人转移、隐匿、销毁有关资料的；有不依法接受税务检查的其他情形的。

（2）金融机构拒绝接受检查的法律责任。纳税人和扣缴义务人的开户银行或其他金融机构，拒绝接受税务机关依法检查纳税人和扣缴义务人存款账户，或者拒绝执行税务机关作出的冻结存款或扣缴税款的决定，或者在接到税务机关的书面通知后帮助纳税人和扣缴义务人转移存款造成税款流失的，可由税务机关处10万~50万元罚款，对直接负责的主管人员和其他直接责任人员处1 000~10 000元罚款。

（3）相关单位拒绝接受检查的法律责任。税务机关行使场地检查权时，有关单位拒绝的，由税务机关责令改正，可处10 000元以下罚款；情节严重的，处1万~5万元罚款。

10.4.1.4　税务机关与人员违法的法律责任

税务机关对税务人员行政执法违法行为的处理原则为：尚不构成犯罪的，依法给予行政处分；构成犯罪的，依法追究刑事责任。其税务行政处理的规定主要包括：

（1）税务机关违反规定擅自改变税收征收管理范围和税款入库预算级次的，责令限期改正，对直接负责的主管人员和其他直接责任人员依法给予降级或撤职的行政处分。

（2）税务人员查封、扣押纳税人个人及其所抚养家属维持生活必需的住房和用品的，税务机关应责令退还，并依法给予其行政处分；构成犯罪的，依法追究刑事责任。

（3）税务人员徇私舞弊，对依法应移交司法机关追究刑事责任不移交、不构成犯罪的，依法给予行政处分。

（4）税务人员与纳税人、扣缴义务人勾结，唆使或协助纳税人和扣缴义务人有偷税、欠税和骗税不构成犯罪的，依法给予行政处分。

（5）税务人员利用职务上的便利，收受或索取纳税人和扣缴义务人财物或谋取其他不正当利益不构成犯罪的，依法给予行政处分。

（6）税务人员徇私舞弊或玩忽职守不征或少征应征税款，致使国家税收遭受损失不构成犯罪的，依法给予行政处分。

（7）税务人员滥用职权故意刁难纳税人和扣缴义务人的，调离税收工作岗位，并依法给予行政处分。

（8）税务人员对控告、检举税收违法违纪行为的纳税人、扣缴义务人和其他检举人进行打击报复的，依法给予行政处分。

（9）税务人员在征税或查处税收违法案件时未按规定回避的，对直接负责的主管人员和其他直接责任人员，依法给予行政处分。

（10）税务人员私分所扣押、查封的商品、货物或其他财产不构成犯罪的，依法给予行政处分。

（11）未按照规定为纳税人、扣缴义务人和检举人保密的，对直接负责的主管人员和其他直接责任人员，由所在单位或有关单位依法给予行政处分。

（12）违反税收法律法规擅自作出税收的开征、停征或减免税、退税、补税和其他同法律法规相抵触决定的，除依法撤销其擅自作出的决定外，应补征应征未征、退还不应征收而征收的税款，并由上级机关追究直接负责的主管人员和其他直接责任人员的行政责任。

10.4.2 税务违法的司法责任

税务违法司法责任是指司法机关对纳税人、扣缴义务人和税务人员违反税收法律及有关法律达到立案标准的行为所给予的刑事制裁。我国一般由各级人民法院经济法庭代为受理。根据《刑法》（修正九）等法律规定，税务违法司法责任主要有以下几个方面：

10.4.2.1 危害税款征收罪

（1）逃税罪。本罪是指纳税人采取欺骗、隐瞒手段进行虚假纳税申报或不申报，逃避缴纳税款数额较大且占应纳税额一定比例，或5年内被税务机关给予2次以上行政处罚又逃税的行为。

依据《刑法》第201条的规定，纳税人采取欺骗、隐瞒手段进行虚假纳税申报或不申报，逃避缴纳税款数额较大并且占应纳税额10%以上的，处3年以下有期徒刑或拘役，并处罚金；数额巨大且占应纳税额30%以上的，处3年以上7年以下有期徒刑，并处罚金。扣缴义务人采取上述手段不缴或少缴已扣、已收税款数额较大的，依照逃税罪处理。

对多次实施上述行为，未经处理的，按照累计数额计算。纳税人逃避缴纳税款经税务机关依法下达追缴通知后，补缴应纳税款，缴纳滞纳金，已受行政处罚的，不予追究刑事责任；但5年内因逃避缴纳税款受过刑事处罚或被税务机关给予2次以上行政处罚的除外。

单位犯逃税罪的，对单位判处罚金，并对其直接负责的主管人员和其他直接责任人员依照自然人犯逃税罪处罚。

（2）抗税罪。本罪是指以暴力、威胁方法拒不缴纳税款的行为。所谓暴力、威胁方法，是指对税务工作人员的人身进行打击、强暴或对税务工作人员施以精神压力，如殴打、围攻、捆绑、恐吓、要挟等行为。

依据《刑法》的规定，犯抗税罪的，处3年以下有期徒刑或拘役，并处拒缴税款1~5倍罚金；情节严重的（一般指抗税数额较大、多次抗税、抗税造成税务人员伤亡的，以及造成较为恶劣的影响等），处3~7年有期徒刑，并处拒缴税款1~5倍罚金。

（3）欠税罪。本罪是指纳税人欠缴应纳税款采取转移或隐匿财产的手段，致使税务机关无法追缴欠缴税款数额较大的行为。

依据《刑法》的规定，犯逃税罪的，其税款数额在1万~10万元的，处3年以下有期徒刑或拘役，并处或单处欠缴税款1~5倍罚金；逃税数额在10万元以上的，处3~7年有期徒刑，并处欠缴税款1~5倍罚金。

单位犯欠税罪的，对单位判处罚金，并对其直接负责的主管人员和其他直接责任人员依照欠税罪处罚。

（4）骗税罪。本罪是指采取假报出口或其他欺骗手段，骗取国家出口退税数额较大的行为。

依据《刑法》的规定，犯骗税罪数额较大的，处5年以下有期徒刑或拘役，并处骗取税款1~5倍罚金；骗取国家出口退税数额巨大或有其他严重情节的，处5~10年有期徒刑，并处骗取税款1~5倍罚金；数额特别巨大或有其他特别严重情节的，处10年以上有期徒刑或无期徒刑，并处骗取税款1~5倍罚金或没收财产。

纳税人缴纳税款后，采取欺骗方法骗取所缴纳的税款的，依照逃税罪处罚；骗取税款超过所缴纳的税款部分，依照骗税罪处罚。

10.4.2.2 妨害发票管理罪

（1）虚开专用发票罪。本罪是指违反税收法律法规，虚开增值税专用发票或用于骗取出口退税、抵扣税款的其他专用发票的行为。所谓虚开，是指有为他人虚开、为自己虚开、让他人为自己虚开、介绍他人虚开行为之一，既包括在没有任何货物交易的情况下凭空填写，也包括在有一定货物交易的情况下填写不实。

依据《刑法》的规定，犯虚开专用发票罪的，处3年以下有期徒刑或拘役，并处2万~20万元罚金；虚开的税款数额较大或有其他严重情节的，处3~10年有期徒刑，并处5万~50万元罚金；虚开的税款数额巨大或有其他特别严重情节的，处10年以上有期或无期徒刑，并处5万~50万元罚金或没收财产。

单位犯虚开专用发票罪的，对单位判处罚金，并对其直接负责的主管人员和其他直接责任人员处3年以下有期徒刑或拘役；虚开的税款数额较大或有其他严重情节的，处3~10年有期徒刑；虚开的税款数额巨大或有其他特别严重情节的，处10年以上有期徒刑或无期徒刑。

虚开上述规定以外其他发票情节严重的，处2年以下有期徒刑、拘役或管制并处罚金；情节特别严重的，处2~7年有期徒刑并处罚金。单位犯罪的，对单位判处罚金，并对其直接负责的主管人员和其他直接责任人员，依照本规定处罚。

【小案例10-6】 虚开增值税专用发票罪

资料：8月中旬，张某去山东省某市探亲，得知虚开增值税发票可以获利，便与钱某联系，利用增值税专用发票做生意。钱某以某食品厂的名义从安徽省某市税务局购买了增值税专用发票一本（50份），携带此发票连同其单位的营业执照副本、财务专用章匆忙赶到山东省某市找张某，两人商量后，由张某寻找需要开具增值税专用发票的客户，找到了某服装加工厂赵某（另案处理）。按赵某的要求，由周某执笔，采用大头小尾、二次填写的方法，为某服装加工厂虚开增值税专用发票5份，累计虚开金额为1 046.6万元，抵扣税额为177.9万元。钱某按发票金额的2‰提成非法牟利26 000元，用此款为本单位垫付了货款，单位账上欠钱某26 000元。案发时，两被告虚开的增值税专用发票尚未抵扣税款。

分析：被告人张某、钱某虚开增值税专用发票5份，累计虚开金额1 046.6万元，抵扣税额177.9万元，已构成虚开增值税专用发票罪。

结论：本案中两被告人为他人虚开增值税专用发票抵扣税款，符合虚开增值税专用发票的犯罪构成，应追究其虚开增值税专用发票罪的刑事责任。

（2）伪造、出售伪造专用发票罪。本罪是指非法印制或出售非法印制的专用发票的行为。除由国家税务总局统一印制的专用发票外，其他单位或个人私自印制的，即构成伪造，也包括变造专用发票行为。

依据《刑法》的规定，犯伪造、出售伪造专用发票罪的，处3年以下有期徒刑、拘役或管制，并处2万~20万元罚金；数量较大或有其他严重情节的，处3~10年有期徒刑，并处5万~50万元罚金；数量巨大或有其他特别严重情节的，处10年以上有期或无期徒刑，并处5万~50万元罚金或没收财产。

单位犯伪造、出售伪造专用发票罪的，对单位判处罚金，并对其直接负责的主管人员和其他直接责任人员处3年以下有期徒刑、拘役或管制；数量较大或有其他严重情节的，处3~10年有期徒刑；数量巨大或有其他特别严重情节的，处10年以上有期徒刑或无期徒刑。

（3）非法出售专用发票罪。本罪是指无权发售专用发票的单位或个人违反国家发票管理法规，将专用发票出售的行为。

依据《刑法》的规定，犯非法出售专用发票罪的，处3年以下有期徒刑、拘役或管制，并处2万~20万元罚金；数量较大的，处3~10年有期徒刑，并处5万~50万元罚金；数量巨大的，处10年以上有期徒刑或无期徒刑，并处5万~50万元罚金或没收财产。

单位犯非法出售专用发票罪的，对单位判处罚金，并对其直接负责的主管人员和其他直接责任人员，可依照非法出售专用发票罪处罚。

（4）非法购买伪造专用发票罪。本罪是指通过非法方式购买的专用发票或明知是伪造的专用发票而购买的行为。

依据《刑法》的规定，犯非法购买专用发票、购买伪造的专用发票罪的，处5年以下有期徒刑或拘役，并处或单处2万~20万元罚金。非法购买专用发票或购买伪造专用发票又虚开或出售的，依照《刑法》的规定处罚。

单位犯非法购买专用发票、购买伪造专用发票罪的，对单位判处罚金，并对其直接负责的主管人员和其他直接责任人员，可依照犯非法购买专用发票、购买伪造的专用发票罪处罚。

（5）非法制造、出售非法制造的其他专用发票罪。本罪是指伪造、擅自制造或出售伪造、擅自制造的，除专用发票以外可用于骗取出口退税、抵扣税款的其他专用发票行为。

依据《刑法》的规定，犯非法制造、出售非法制造的其他专用发票罪的，处3年以下有期徒刑、拘役或管制，并处2万~20万元罚金；数量巨大的，处3~7年有期徒刑，并处5万~50万元罚金；数量特别巨大的，处7年以上有期徒刑，并处5万~50万元罚金或没收财产。非法出售可用于骗取出口退税、抵扣税款的其他发票的，依照上述规定处罚。

伪造、擅自制造或出售伪造、擅自制造的上述规定以外的其他发票的，处2年以下有期徒刑、拘役或管制，并处或单处1万~5万元以下罚金；情节严重的，处2~7年有期徒刑，并处5万~50万元罚金。非法出售可用于骗取出口退税、抵扣税款的其他发票规定以外的其他发票的，依照上述规定处罚。

单位犯非法制造、出售非法制造的其他专用发票罪的，对单位判处罚金，并对其直接负责的主管人员和其他直接责任人员，可依照犯非法制造、出售非法制造其他专用发票罪处罚。

（6）盗窃专用发票罪。本罪是指盗窃增值税专用发票或可用于骗取出口退税、抵扣税款的其他发票的行为。

依据《刑法》的规定，犯盗窃专用发票罪的，处3年以下有期徒刑、拘役或管制，并处或单处罚金；数额巨大或有其他严重情节的，处3~10年有期徒刑，并处罚金；数额特别巨大或有其他特别严重情节的，处10年以上有期徒刑或无期徒刑，并处罚金或没收财产。

使用欺骗手段骗取专用发票或可用于骗取出口退税、抵扣税款的其他发票，数额较大的，处3年以下有期徒刑、拘役或管制，并处或单处罚金；数额巨大或有其他严重情节的，处3~10年有期徒刑，并处罚金；数额特别巨大或有其他特别严重情节的，处10年以上有期徒刑或无期徒刑，并处罚金或没收财产。

明知是伪造的发票而持有，数量较大的，处2年以下有期徒刑、拘役或管制，并处罚金；数量巨大的，处3~10年有期徒刑，并处罚金。

需要说明的是：税务违法追究司法责任，应遵循“税务机关征缴优先”原则，即犯《刑法》规定之罪被判处罚金、没收财产的，在执行前应先由税务机关追缴税款和所骗取的出口退税款。

上述各类税务违法司法处理的基本内容见表10-1。

表10-1 **税务违法司法处理比较表**

类别	罪名	犯罪主体	量刑依据	刑期处罚	经济处罚
直接妨害税款征收犯罪	逃税罪	纳税人和扣缴人	逃避缴纳税款数额较大且占应纳税额10%以上的	处3年以下有期徒刑或拘役	并处罚金
			数额巨大并且占应纳税额30%以上的	处3~7年有期徒刑或拘役	并处罚金
			5年内因逃避缴纳税款受过刑事处罚或被税务机关给予2次以上行政处罚的	追究刑事责任	
	抗税罪	纳税人和扣缴人（不包括单位）	一般犯罪行为	处3年以下有期徒刑或拘役	并处拒缴税款1~5倍罚金
			抗税情节严重	处3~7年有期徒刑	并处拒缴税款1~5倍罚金
	欠税罪	企事业单位和个人	数额在1万~10万元的	处3年以下有期徒刑或拘役	并处或单处欠缴税款1~5倍罚金
			数额在10万元以上的	处3~7年有期徒刑	并处欠缴税款1~5倍罚金
	骗税罪	企事业单位和个人	一般犯罪行为	处5年以下有期徒刑或拘役	并处骗取税款1~5倍罚金
			数额巨大或有其他严重情节的	处5~10年有期徒刑	并处骗取税款1~5倍罚金
			数额特别巨大或有其他特别严重情节的	处10年以上有期徒刑或无期徒刑	并处骗取税款1~5倍罚金或没收财产

续表

类别	罪名	犯罪主体	量刑依据	刑期处罚	经济处罚
妨害发票管理犯罪	虚开专用发票罪	企事业单位和个人	一般犯罪行为	处3年以下有期徒刑或拘役	并处2万~20万元罚金
			数额较大或有其他严重情节的	处3~10年有期徒刑	并处5万~50万元罚金
			数额巨大或有其他特别严重情节的	处10年以上有期徒刑或无期徒刑	并处5~50万元罚金或没收财产
	伪造、出售伪造专用发票罪	企事业单位和个人	一般犯罪行为	处3年以下有期徒刑、拘役或管制	并处2万~20万元罚金
			数量较大或有其他严重情节的	处3~10年有期徒刑	并处5万~50万元罚金
			数量巨大或有其他特别严重情节的	处10年以上有期徒刑或无期徒刑	并处5万~50万元罚金或没收财产
	非法出售专用发票罪	拥有专用发票的单位和个人	一般犯罪行为	处3年以下有期徒刑、拘役或管制	并处2万~20万元罚金
			数量较大的	处3~10年有期徒刑	并处5万~50万元罚金
			数量巨大的	处10年以上有期徒刑或无期徒刑	并处5万~50万元罚金或没收财产
	非法购买伪造专用发票罪	企事业单位和个人	有犯罪行为的	处5年以下有期徒刑或拘役	并处或单处2万~20万元罚金
	非法制造、出售非法制造其他专用发票罪	企事业单位和个人	一般犯罪行为	处3年以下有期徒刑、拘役或管制	并处2万~20万元罚金
			数量巨大的	处3~7年有期徒刑	并处5万~50万元罚金
			数量特别巨大的	处7年以上有期徒刑	并处5万~50万元罚金或没收财产
	盗窃专用发票罪	企事业单位和个人	一般犯罪行为	处3年以下有期徒刑、拘役或管制	并处或单处罚金
			数额巨大或有其他严重情节	处3~10年有期徒刑	并处罚金
			数额特别巨大或有其他特别严重情节的	处10年以上有期徒刑或无期徒刑	并处罚金或没收财产

10.4.2.3 纳税人等其他税务违法犯罪

（1）伪造或倒卖伪造完税凭证的，处2年以下有期徒刑、拘役或管制，并处或单处凭证金额1~5倍罚金；数额巨大的，处2~7年有期徒刑，并处凭证金额1~5倍罚金。

（2）以暴力、威胁方法阻碍税务人员依法执行公务的，处3年以下有期徒刑、拘役、管制或处罚金。

（3）冒充税务工作人员招摇行骗的，处3年以下有期徒刑、拘役、管制或剥夺政治权利；情节严重的，处3~10年有期徒刑。

10.4.2.4 税务人员其他税务违法犯罪

（1）税务人员与纳税人、扣缴义务人勾结、唆使或协助其偷逃税和骗税的，按共同犯罪论处。

（2）税务人员利用职务上的便利，索取或非法收受纳税人和扣缴义务人财物的，按受贿罪论处；索贿的，从重予以处罚。

（3）税务人员徇私舞弊，不征或少征税款，致使国家税收遭受重大损失的，处5年以下有期徒刑或拘役；造成特别重大损失的，处5年以上有期徒刑。

（4）税务人员违反法律法规的规定，在办理发票、抵扣税款和出口退税工作中，徇私舞弊，致使国家利益遭受重大损失的，处5年以下有期徒刑或拘役；致使国家利益遭受特别重大损失的，处5年以上有期徒刑。

10.5 税务文书

10.5.1 税务文书的种类

税务文书是指用于税务机关与纳税人缴纳税款及相关活动的各种文书的总称。它既是国家税收政策法令的具体意见，也是纳税人和扣缴义务人等当事人了解有关纳税事宜及税收管理事项的有效途径。

税务文书主要包括用于税款征收、税务检查、税收行政等方面的文书，涉及的种类较多。《税收征管法实施细则》中规定的税务文书有9

种，即税务事项通知书、责令期限改正通知书、税收保全措施决定书、税收强制执行决定书、税务检查通知书、税务处理决定书、税务行政处罚决定书、行政复议决定书和其他税务文书等。税务文书的格式由国家税务总局制定，税务检查通知书的格式见表10-2。

表10-2　　　　**税务局（稽查局）税务检查通知书**

税稽检通——〔　　〕号
________：
根据《中华人民共和国税收征收管理法》第五十四条规定，决定派　等人，从____年____月____日起对你（单位）____年____月____日至____年　月　日期间（如检查发现此期间以外明显的税收违法嫌疑或线索不受此限）涉税情况进行检查。届时请依法接受检查，如实反映情况，提供有关资料。
税务机关（章）　　年　月　日
告知：税务机关派出的人员进行税务检查时，应当出示税务检查证和税务检查通知书，并有责任为被检查人保守秘密；未出示税务检查证和税务检查通知书的，被检查人有权拒绝检查。

10.5.2　税务文书的送达

10.5.2.1　税务文书送达的含义

税务文书送达是指税收执法机关将税务文书采取一定的方式送给有关的纳税人、扣缴义务人和其他当事人的一种管理行为。它是税收征收管理工作的重要组成部分。

通过税务文书送达，既可以明确征收机关的责任、规范文书传送的程序和提高文书的法律效力，也有利于保证税务文书的安全和效果；既方便纳税人、扣缴义务人和其他当事人及时、准确地理解征收机关的意见，也有利于维护其合法权益。

10.5.2.2　税务文书送达的范围

按《税收征管法》等规定，税务文书送达的范围仅限于《税收征管法实施细则》规定的9种文书。这些文书还可细分，如税务行政复议方面的文书，可再细分为税务行政复议申请书、税务行政复议受理复议通知书、税务行政复议不予受理裁决书、税务行政复议停止复议通知书、税务行政复议限期补正通知书、税务行政复议答辩书、税务行政复议决定书和税务行政复议送达回证等。

10.5.3 税务文书送达的方式

税务文书送达的方式，原则上是直接送达。但由于税务文书送达过程较为复杂，因此在直接送达有困难的情况下，还可采取委托、邮寄和公告等方式送达。

（1）税务文书的直接送达。税务文书的直接送达是指由税务机关将税务文书直接送达给纳税人、扣缴义务人和其他当事人的一种送达方式。这是税务文书送达的最基本方式。受送达人是公民的，应由本人直接签收，本人不在时，交其同住成年家属签收；受送达人是法人的，应由法人单位的法定代表人签收，或由法人单位负责收发件人签收；受送达人是其他经济组织的，应由组织的主要负责人签收，或由组织的负责收发件人签收；受送达人有代理人的，由其代理人签收。

（2）税务文书的委托送达。税务文书的委托送达是指税务机关委托有关机关或其他单位，将税务文书以代理方式送达给受送达人的一种送达方式。在税务文书送达时如果遇到距离过远或交通不便等情况，直接送达确有困难时可采用委托送达方式。

（3）税务文书的邮寄送达。税务文书的邮寄送达是指税务机关通过邮政等部门利用邮件、电报等形式将税务文书邮寄给受送达人的一种送达方式。其具体形式包括平信、挂号信、航空信、邮政快件、特快专递和电报等，但必须有函件回执。

（4）税务文书的公告送达。税务文书的公告送达是指征收机关采取向社会公告税务文书，以向受送达人传递征收机关决定的一种送达方式。采用该方式送达税务文书必须具备两个条件：一是税务文书中同一送达事项的受送达人众多又无法一一送达的；二是采用直接送达、委托送达和邮寄送达方式，无法送达给受送达人的。

10.5.4 税务文书送达的确认

送达税务文书必须有送达回证，即由受送达人或规定的其他签收人在送达回证上记录收到日期、签名或盖章。只有完成这些手续，才能确认税务文书送达。确认税务文书送达的标准主要包括即为送达和视为送达两类。

（1）税务文书的即为送达。主要情形包括：

第一，由受送达人或《税收征管法实施细则》中规定的其他签收人，在税务文书送达回证上写明收到日期，签署收件人姓名或盖章后即为送达。

第二，受送达人或其他签收人拒绝签收税务文书的，送达人应在税务文书送达回证上写明受送达人拒绝的理由和日期，并由送达人、见证人签名或盖章，将送达的税务文书留在受送达人处即为送达。

（2）税务文书的视为送达。主要情形包括：

第一，采取直接送达或委托送达方式送达的税务文书，以签收人或见证人在送达回证上的签收日期或见证日期为送达日期，可视为送达。

第二，采取邮寄送达的，以邮寄函件回执上注明的收件日期为送达日期，可视为送达。

第三，采取公告方式送达的税务文书，应自征税机关公告税务文书之日起满30日，可视为送达。

本章小结

●税收征收管理是国家征税机关依据国家税收法律、行政法规的规定，按照统一的标准，通过一定的程序，对纳税人应纳税额组织入库的一种行政行为。它是税务工作的重要组成部分，其核心是管理、征收、检查与责任四位一体。

●税务管理是整个税收征管工作的基础环节，是做好税款征收和税务检查的前提工作。税务管理主要包括税务登记、账证管理、发票管理和纳税申报等。

●税款征收是税收征收管理工作的中心环节，主要有查账征收、查定征收、查验征收、定期定额、代理征收、委托代征和汇算清缴等方式。《税收征管法》中对税款征收措施的规定，对维护税收法纪和保障税款及时足额入库具有重要作用。

●税务检查可分为重点检查、专项检查、分类检查、集中检查和临时检查。税务机关和纳税人、扣缴义务人在税务检查中都具有各自的权利与义务。

●税务法律责任是指国家及其有关部门，对税收征纳双方违反税法等法律制度时给予的惩处。未达到司法机关的立法标准，应给予违法的税务机关或纳税人以行政处理；达到司法机关的立法标准，则应追究刑事责任。

●税务文书送达是指税收执法机关将税务文书采取一定的方式送给有关的纳税人、扣缴义务人和其他当事人的一种管理行为。它是税收征收管理工作的重要组成部分。

主要观念和概念

★ 主要观念

管理观念　责任观念　法制观念

★ 主要概念

税务管理　税务登记　纳税申报　税款征收　税务检查　欠税　逃税　抗税　骗税　税务文书

基本训练

★ 知识题

一、简答题

1.什么是税务管理？如何加强税务管理工作？

2.税务登记种类有哪些？如何办理税务登记？

3.什么是发票？发票的种类有哪些？普通发票与专用发票有何区别？

4.如何理解纳税申报？其方式有哪些？

5.税款征收方式有哪些？其适用范围是什么？

6.税务机关和纳税人、扣缴义务人在税务检查中有哪些权利与义务？

二、应用题

1.选择题（含单项选择题与多项选择题）

(1) 根据《税收征管法》和税务登记管理办法的有关规定，下列各项中不用税务登记的有（　　）。

A.不从事生产经营只缴纳车船税的社会团体

B.从事生产经营的中外合资和外商独资企业

C.企业在中国境内其他城市设立的分支机构

D.未在境内设立机构、场所但有来源于境内所得的企业

(2) 依据《税收征管法》的规定，税务管理的内容包括（　　）。

A.税务登记　　B.纳税申报

C.税款征收　　D.账证管理

(3) 纳税人在下列情形下须办理注销税务登记（　　）。

A.纳税人发生解散、破产、撤销的

B.纳税人因住所变更不涉及改变其税务机关的

C.纳税人被工商行政管理机关吊销营业执照的

D.纳税人发生其他应办理注销税务登记情况的

(4) 下列各项中不符合《税收征管法》有关规定的是（　　）。

A.采取税收保全措施时冻结的存款以纳税人应纳税款的数额为限

B.采取税收强制执行措施时被执行人未缴纳的滞纳金应同时执行

C.税收强制执行适用范围包括从事生产经营纳税人和扣缴义务人

D.税收保全的适用范围包括从事生产经营的纳税人和扣缴义务人

(5) 下列关于纳税申报的表述错误的是（　　）。

A.纳税申报的对象包括纳税人和扣缴义务人

B.邮寄申报以寄出邮戳日期为实际申报日期

C.纳税人在减免税期间可以不办理纳税申报

D.纳税人因有特殊情况可申请延期纳税申报

(6) 根据《税收征管法》的规定，纳税人采取（　　）行为是偷税。

A.伪造、销毁账簿等　　B.假报出口骗取出口退税

C.拒不缴纳应缴税款　　D.超过期限未能缴纳税款

(7)《税收征管法》规定税务机关可采取的强制执行措施主要包括（　　）。

A.书面通知纳税人开户银行冻结其相当于应纳税款的存款

B.书面通知纳税人开户银行从其存款中扣缴税款

C.扣押、查封纳税人的价值相当于应纳税款的商品、货物

D.拍卖纳税人的价值相当于应纳税款的货物并拍卖所得抵缴税款

(8) 下列关于税务机关行使税务检查权的表述中，符合税法规定的有（　　）。

A. 到纳税人的住所检查应纳税的商品、货物和其他财产

B. 责成纳税人提供与纳税有关的文件、证明和有关资料

C. 到车站检查纳税人托运货物或者其他财产的有关资料

D. 经县级税务局局长批准查询案件涉嫌人员的储蓄存款

2. 判断题

(1) 纳税人所属跨地区的非独立核算的分支机构，其税务登记由总机构统一办理，但该分支机构应当向其所在地税务机关办理注册税务登记。 ( )

(2) 对个体工商户确实不能设置账簿的，经税务机关批准，可以不设置账簿。 ( )

(3) 纳税人在纳税申报期内若有收入应按规定办理纳税申报，若申报期内无收入或在减免税期间可以不办理纳税申报。 ( )

(4) 税务机关对可不设或应设而未设账簿的，或虽设账簿但难以查账的纳税人，可以采取查定征收方式。 ( )

(5) 对有逃避纳税义务从事生产经营的纳税人适用税收保全措施的程序为：纳税担保在先，税收保全居中，责令缴纳在后。 ( )

(6) 依据《税收征管法》的规定，税务机关依法采取税收保全和强制执行措施时，对个人及其所抚养家属维持生活必需的住房和用品不在实施范围之内。 ( )

(7) 税务机关可依法到纳税人的生产、生活、经营场所和货物存放地检查纳税人应纳税的商品、货物或其他财产。 ( )

(8) 单位犯出售伪造的专用发票罪的，在任何情况下，不对其直接负责的主管人员和其他直接责任人适用死刑。 ( )

★ 技能题

一、规则复习

1. 办理变更和注销税务登记的情形。

2. 账簿设置和纳税申报的要求。

3. 税收保全和强制执行的行政措施。

4. 违反税务管理的行为及行政处罚。

二、操作练习

1. 税务机关对税收保全措施和强制执行措施的实施。

2. 甄别税务违法行为的性质，依法进行税务行政处理和司法处理。

★ 能力题

一、分析题

某市轿车生产企业为增值税一般纳税人，某纳税年度年实收资本比上一年增加1 000万元。该纳税年度相关经营情况如下：

（1）外购原材料，取得防伪税控系统开具的增值税专用发票，注明金额5 000万元，增值税进项税额850万元，另支付购货运输费用200万元、装卸费用20万元、保险费用30万元。

（2）对外销售A型小轿车1 000辆，每辆含税销售额17.55万元，共计取得含税金额17 550万元，支付销售小轿车的运输费用300万元，保险费用和装卸费用160万元。

（3）销售A型小轿车40辆给本公司职工，以成本价核算取得销售金额400万元；该公司新设计生产B型小轿车5辆，每辆成本价12万元，为检测其性能将其转为自用。市场上无B型小轿车销售价格。

（4）从废旧物资回收经营单位购入报废汽车部件，取得废旧物资回收经营单位开具的由税务机关监制的普通发票，注明金额为500万元，另支付运输费用30万元。

（5）当年共计拥有土地65 000平方米，其中幼儿园占地1 200平方米、企业内部绿化占地2 000平方米。

（6）上半年企业共有房产原值4 000万元，7月1日起企业将原值200万元、占地面积400平方米的一栋仓库出租给某商场存放货物，租期1年，每月租金收入1.5万元；8月10日职工宿舍完工，由在建工程转入固定资产原值500万元。

（7）转让一块土地使用权，取得收入560万元。年初取得该土地使用权时支付金额420万元，转让时发生相关费用6万元。

（8）当年共取得收入20 000万元，其中出租固定资产取得租金收入120万元。当年各项费用支出5 000万元（含应纳的印花税、房产税、土地使用税及土地增值税），支付工资总额1 000万元，按工资总额和规定比例分别提取职工工会经费20万元、职工福利费140万元和职工教育经费15万元（该公司有职工800人，当地人均月计税工资标准为3 500元），支付财产保险费和运输保险费共计15万元，用于职工宿舍建造支出500万元。该企业申报缴纳全年企业所得税是：

应纳税所得额=20 000+120-5 000-1 000-20-140-15-15-500
=13 430（万元）

应纳所得税税额=13 430×25%=33 575（万元）

要求：

（1）分析并正确计算该企业应缴纳的各项税收（适用消费税税率10%，B型小轿车成本利润率8%，土地使用税4元/平方米，房产税计算余值的扣除比例为20%）。

（2）请根据企业所得税法及有关规定，指出该企业计算缴纳企业所得税的错误之处，并依据《税收征管法》具体分析该企业少缴税款属于什么行为，应如何进行处理？

二、网上调研

1.利用电子图书馆和因特网资源收集有关国家税收征收管理法律制度，掌握最新税收征管制度以及有关省、市、县税务部门的征管信息动态和先进的征管手段。

2.网上查询有关的偷骗税案件，并分析偷骗税的趋势。

三、单元实践

以小组为单位，对有关税务部门税收征管工作进行实地考察，形成简要的调查报告。针对其存在的问题，以提高征管质量为目标，研究和编制具有地方特点的税收征收管理办法。

第11章

税务行政管理法

学习目标

☆**知识目标**

——了解税收管理体制的概念及管理权限的划分。

——掌握我国税务机构的设置及征管范围。

——理解和掌握税务行政处罚的设定、管辖、程序和执行内容。

——掌握税务行政复议与诉讼的特点、管辖和程序等内容。

——了解税务行政应诉的机关、准备和程序。

——掌握税务行政赔偿的相关要素、程序、方式与标准。

☆**技能目标**

——熟悉和掌握税收管理体制的主要内容。

——熟悉和掌握税务行政处罚、复议、诉讼和赔偿的主要规定，并能熟练运用。

☆**能力目标**

——根据相关规定，能综合、灵活地分析税务违法行为以及税务机关应承担的责任。

国家税务总局的内设机构及其职责

国家税务总局为国务院主管税收工作的直属机构（正部级）。税务总局设有办公厅、政策法规司、货物和劳务税司、所得税司、财产和行为税司、国际税务司、收入规划核算司、纳税服务司、征管和科技发展司、大企业税收管理司、稽查局、财务管理司、督察内审司、人事司、机关党委、离退休干部办公室等16个内设机构。此外，还设有9个直属事业单位，包括教育中心、机关服务中心、电子税务管理中心、集中采购中心、税收科学研究所、税务干部进修学院、中国税务杂志社、中国税务报社、中国税务出版社。其职责包括以下12个方面：

（1）起草税收法律法规草案及实施细则并提出税收政策建议，与财政部共同上报和下发，制定贯彻落实的措施。负责对税收法律法规执行过程中的征管和一般性税政问题解释，事后向财政部备案。

（2）承担组织实施中央税、共享税及法律法规规定的基金（费）的征收管理责任，力争税款应收尽收。

（3）参与研究宏观经济政策、中央与地方的税权划分并提出完善分税制建议，研究税负总水平并提出运用税收手段进行宏观调控建议。

（4）负责组织实施税收征管体制改革，起草税收征管法律法规草案并制定实施细则，制定和监督执行税收业务、征收管理规章制度，监督检查税收法律法规、政策的贯彻执行，指导和监督地方税务工作。

（5）负责规划和组织实施纳税服务体系建设，制定纳税服务管理制度，规范纳税服务行为，制定和监督执行纳税人权益保障制度，保护纳税人合法权益，履行提供便捷、优质、高效纳税服务的义务，组织实施税收宣传，拟订注册税务师管理政策并监督实施。

（6）组织实施对纳税人进行分类管理和专业化服务，组织实施对大型企业的纳税服务和税源管理。

（7）编报税收收入中长期规划和年度计划，开展税源调查，加强税收收入的分析预测，组织办理税收减免等具体事项。

（8）制定税收管理信息化制度，拟订税收管理信息化建设中长期规划，组织实施金税工程建设。

（9）开展税收领域的国际交流与合作，参加国家（地区）间税收关系谈判，草签和执行有关的协议、协定。

（10）办理进出口商品的税收及出口退税业务。

（11）对全国国税系统实行垂直管理，协同省级人民政府对省级地方税务局实行双重领导，对省级地方税务局局长任免提出意见。

（12）承办国务院交办的其他事项。

税务行政是国家行政的重要组成部分，是以国家强制力保证实施的税收执法行为。税务行政管理是税务机关为提高行政效率，依据税收法律制度行使职权，对内部事务进行有效管理的活动。它与税收征管相对应并构成税收管理的全部内容。税务行政管理法主要包括税收管理体制及税务行政的争讼、应诉和赔偿。一方面保护纳税人、扣缴义务人、税收担保人和相关人的合法权益；另一方面保障税务行政机关和税务人员的执法活动，从而为税收活动创造了一个良好的社会法律环境。

11.1 税收管理体制

11.1.1 税收管理体制的概念

税收管理体制是指在中央和地方之间划分税收管理权限，确立各自税权范围的一种税收制度。它既是财政管理体制的重要组成部分，属于上层建筑的范畴，也是税务行政管理法的一项重要内容。其实质体现了中央和地方在行使征税权及管理全过程中的一种权利分配关系。

【小资料11-1】 对税权概念的不同认识

在我国法律上，“税权”一词最早出现在第七届全国人民代表大会第四次会议通过的《国民经济和社会发展十年规划和第八个五年计划纲要》中。法律和学术界缺乏对税权的权威解释和论述，人们往往按照各自的理解来使用，其内容差异颇大。主要有两种认识：

1.现实的概念。主要以国家为主体的税收立法权和税收征管权作为税权的核心。又有以下3种不同的认识：

（1）税权是国家所享有的课征和使用税的权力。我国的税权是全国人民代表大会以制定法律的形式代表人民行使税权，包括通过国家预算。税收收入和支出都统一在以人民主权为中心的税权之中。

（2）税权是国家为实现职能、取得财政收入，在税收立法、税款征收、税务管理方面的权力或权利，是取得财产所有权之权。这种认识直接或主要强调税权是以取得财政收入为目的的。

（3）税权在不同的层面和坐标下具有不同的含义，它包括国际与国内、国家与国民、立法与执法。如国际法上的税权就是税收管辖权，为国家主权的重要组成部分，并将税权扩展到更为广阔的范围，使国际税收管辖权、纳税人权利等纳入税权的体系。

2.抽象的概念。人们在税法的研究中，对各种税权的界定已经形成比较定型的模式，每一种税权都由于其主体、内容、所处领域和阶段不同而具有不同的特质。或者说，税权可从不同的层次进行总结，如宪法意义上的税权与税收征管法意义上的税权是具有不同的理论含义的。

如果能通过抽象思维为税收的管辖权、立法权、执法权、监督权及纳税人的各种权利创设一个上位概念，统摄其下的各项权利，且使税法的权利体系更具有逻辑性和系统性，这将是税法和税法学的一件幸事，但从目前税权的研究水平来看，暂时还无法完成。

11.1.2　税收管理权限的划分

税收管理权限的划分有纵向和横向之别，前者指在中央和地方的国家机构之间划分税收管理权限，后者指在同级立法、司法、行政等国家机构之间划分税收管理权限。税收管理权限主要有税收的立法权和执法权两类，具体包括税收立法权、税收法律解释权、税种开征停征权、税目与税率调整权、税收加征和减免权、税收征管查处权等。

11.1.2.1　税收立法权的划分

税收立法权是指制定、修改、解释或废止税收法律、法规、规章和规范性文件的权力。它可按税种类型、税法构成要素、税收执法级次等方面来划分。我国税收立法权是按照税收执法级次来划分的，但至今我国尚无一部法律对其加以完整规定，只散见于若干税收法律法规中。归纳起来，大体包括以下几个方面：

（1）全国最高立法机关的税收立法权。全国人民代表大会及其常务委员会是我国最高的立法机关，其他任何机关都没有制定税收法律的权力。在国家税收中凡属于基本的、全局性的问题，如规定国家税收的性质、征纳双方的权利与义务，以及税种设置、税目税率确定等，都必须最高立法机关以税收法律的形式制定与实施，如我国企业所得税法、个人所得税法、车船税法和税收征管法等是税收法律。除《宪法》外，税收法律在税收法律制度体系中具有最高的法律效力，其他机关制定税收法规、规章，都不得与《宪法》和税收法律相抵触。

（2）最高立法机关的税收授权立法权。税收授权立法是全国人民代表大会及其常委会根据需要授权国务院制定某些具有法律效力的暂行条例或规定。授权立法与制定行政法规不同，国务院经授权立法所制定的规定或条例等，具有国家法律的性质和地位，其法律效力高于行政法规，但在程序上须报全国人民代表大会常委会备案。如1984年全国人民代表大会常委会授权国务院改革工商税制和发布有关税收条例，1985年全国人民代表大会授权国务院在经济体制改革和对外开放方面可制定暂行规定或条例，都属于税收授权立法。

（3）全国最高行政机关的税收立法权。国务院是全国最高的行政机关，拥有广泛的行政立法权。《宪法》规定，国务院可以“根据宪法和法律，规定行政措施，制定行政法规，发布决定和命令”。行政法规作为一种法律形式，其效力虽然低于《宪法》和法律，但高于地方法规、部门规章、地方规章，若有抵触则为无效。因此，国务院有权解释税法并有制定税法实施细则、增减税目和调整税率等权力。国务院发布实施的《个人所得税法实施条例》和《税收征管法实施细则》等，都属于税收行政法规。

（4）国家税务主管部门的税收立法权。国家税务主管部门是财政部和国家税务总局，经国务院授权，财政部和国家税务总局有权制定税收规章，即具有税收条例的解释权、实施细则和单行法规的制定权。其范围包括对有关税收法律、法规的具体解释和税收征收管理的具体规定等，如财政部颁发的《增值税暂行条例实施细则》、国家税务总局颁发的《税务代理试行办法》和《税务稽查工作规程》等，都属于税收部门规章。税收部门规章在全国范围内具有普遍的适用效力，但不得与税收法律、行政法规相抵触。

（5）地方最高立法机关的税收立法权。省级人民代表大会及其常委会是地方最高立法机关，经有关法律授权，省级人民代表大会及其常委会可根据本地区经济发展的具体情况，在不违背国家统一税法、不影响中央财政收入、不妨碍社会主义统一市场的前提下，有权制定、公布、开征、停征全国性税种以外的地方税种，但税法在公布实施前须报全国人民代表大会常委会备案。除海南省、民族自治地区在遵循《宪法》、法律和行政法规的原则基础上，可制定有关税收的地方性法规以外，其他省、直辖市等无权自定税收地方性法规。

（6）地方最高行政机关的税收立法权。省、自治区、直辖市人民政府及其所在地的市和国务院批准的较大的市的人民政府，可根据法律和国务院的行政法规制定地方规章。经省级人民代表大会及其常务委员会授权，省级人民政府有本地区地方税法的解释权和制定地方税法实施细则、调整税目与税率的权力；在全国性地方税条例规定的幅度内，确立本地区使用的税率（或税额）。没有税收法律、行政法规的授权，地方政府无权自定税收规章，凡越权自定的税收规章没有法律效力。

需要说明的是：地区性地方税的立法权应只限于省级立法机关及其授权的同级政府，不能层层下放。所立税法可在全省（自治区、直辖市）范围内执行，也可在部分地区执行。

11.1.2.2　税收执法权的划分

税收执法权是贯彻执行各种税收法律、行政法规的权力。根据有关税收法律、行政法规的规定，我国税收执法权的划分主要包括以下几个方面：

（1）各税种的征收管理权。分税制财政管理体制下，中央税的管理权归属于国务院及其财政部和国家税务总局，由各级国家税务局负责征收管理；地方税的管理权归属于地方人民政府及其税务主管部门，由各级地方税务局负责征收管理；中央与地方共享税的管理权，按中央和地方政府各自的收入归属划分，由各级国家税务局负责征收管理。

（2）涉外税收政策调整权。涉外税收必须执行国家统一税法，涉外税收政策的调整权集中在全国人民代表大会及其常委会和国务院，各地一律不得自行制定涉外税收的优惠措施。

（3）减免税的审批管理权。根据国务院的有关规定，各地区、部门及单位和个人，在税收法律、行政法规规定之外一律不得减免税，也不得采取先征后返的形式变相减免税。

（4）地方性税种的管理权。属于地方税收的管理权限，在省级及其以下的地区划分，由省级人民代表大会或省级政府决定。地方自行立法的地区性税种，其税收管理权归属于省级政府及其税务主管部门。

（5）地方性税种的停征权。省级人民政府可根据本地区经济发展的实际情况，自行决定继续征收或停止征收屠宰税和筵席税，其具体征收办法要报国务院备案。除少数民族自治区和经济特区外，各地均不得擅自停征全国性地方税种。

（6）地方税的管理调整权。经全国人民代表大会及其常委会和国务院的批准，民族自治区和经济特区除拥有一般地方税收管理权外，还拥有某些特殊的税收管理权，如民族自治区有全国性地方税中某些税目税率的调整权及地方性税种的减免权等；经济特区有对涉外企业地方所得税和某些项目预提所得税的减免税权等。但行使税收管理权限时，必须以不影响国家宏观调控和中央财政收入为前提。

（7）税务具体征收管理权。税务工作实践中的税务管理、账证管理、发票管理、纳税申报、税款征收、税务检查、减免税管理和税务行政诉讼、处罚等征管执法权力，通常由税务机关拥有。

11.1.3 税务机构与权限划分

11.1.3.1 我国税务机关的总体设置要求

税务机关是国家为实现税收功能专门设立的，代表国家行使税收管理权的专职部门。它在法律上具有多重功能，是代表国家行使税务行政管理、执行税收法令、组织税收收入等的职能机关。

根据国民经济与社会发展，以及实行分税制财政体制的需要，我国税务机构的设置为：中央政府设立国家税务总局，省及省以下税务机构分设国家税务局（简称国税局）和地方税务局（简称地税局）两个系统。省级国税局受国家税务总局垂直领导，省以下各级国税局受上级税务局垂直领导；省级地税局受同级人民地方政府和国家税务总局双重领导，以地方人民政府领导为主，省以下各级地税局受上级税务局和同级人民政府双重领导，以上级地税局垂直领导为主。

11.1.3.2　国家税务局系统及其征管范围

国税局系统包括省（直辖市、自治区）、市（地区、地级市、自治州、盟）、县（县级市、旗）国税局、征收分局和税务所。省级国税局是国家税务总局直属的正厅（局）级行政机构，是本地区主管国家税收工作的职能部门，负责贯彻执行国家的有关税收法律、法规和规章，并结合本地区实际情况制定具体实施办法；征收分局和税务所是县级国税局的派出机构，前者一般按照行政区划、经济区划或行业设置，后者一般按照经济区划和行政区划设置。

国税局系统税收征收管理的范围主要包括：增值税；消费税；车辆购置税；各银行总行、保险总公司集中缴纳的所得税和城建税；中央企业缴纳的所得税；中央与地方所属企业、事业单位组成的联营企业和股份制企业缴纳的所得税；地方银行、非银行金融企业缴纳的所得税；海洋石油企业缴纳的所得税、资源税；外商投资企业和外国企业缴纳的企业所得税；证券交易税；个人所得税中对储蓄存款利息所得征收的部分；中央税的滞纳金、补税和罚款。

11.1.3.3　地方税务局系统及其征管范围

地税局系统包括省（直辖市、自治区）、市（地区、地级市、自治州、盟）、县（县级市、旗）地税局、征收分局和税务所。国家税务总局对省级地税局的领导主要体现在税收政策、业务的指导和协调，对国家统一的税收制度、政策的监督，组织经验交流等方面。省级地税局是省级人民政府所属的主管本地区地方税收工作的职能部门，一般为正厅（局）级行政机构，实行地方政府和国家税务总局双重领导，以地方政府领导为主的管理体制。

地税局系统税收征收管理的范围主要包括：城建税（不包括上述由国税局系统负责征收管理的部分）；地方国有企业、集体企业和私营企业缴纳的所得税；个人所得税（不包括对银行储蓄存款利息所得征收的部分）；资源税；土地使用税；耕地占用税；土地增值税；房产税；车船税；契税；屠宰税；筵席税；地方税的滞纳金、补税和罚款。

此外，为加强税收征管、降低税收成本、避免工作交叉、简化征收手续、方便纳税人，在某些情况下，国家税务局和地方税务局可相互委托对方代征某些税收；在大部分地区，耕地占用税和契税现由地方财政部门进行征管；海关系统负责征管的项目，有关税、行李和邮递物品进口税，以及负责代征进出口环节的增值税和消费税。

11.1.3.4　中央与地方政府税收收入的划分

根据分税制财政管理体制的规定，我国的税收收入分为中央政府固定收入、地方政府固定收入和中央与地方共享收入，以及印花税（从2016年1月起将证券交易印花税全部调整为中央收入）。

（1）中央政府固定收入。中央政府固定收入包括消费税（含进口环节海关代征的部分）、车辆购置税、关税和海关代征的进口环节增值税等。

（2）地方政府固定收入。地方政府固定收入包括土地使用税、耕地占用税、土地增值税、房产税、车船税、契税、屠宰税和筵席税。

（3）中央与地方共享收入。主要规定包括：

①国内增值税（不含进口环节由海关代征的部分）：中央政府分享50%，地方政府分享50%（基数部分）；营业税改征增值税收入部分归地方政府。

②企业所得税：铁道部、各银行总行及海洋石油企业缴纳的部分归中央政府，其余部分由中央与地方政府按60%与40%的比例分享。

③个人所得税：除储蓄存款利息所得的个人所得税外，其余部分的分享比例与企业所得税相同。

④资源税：海洋石油企业缴纳的部分归中央政府，其余部分归地方政府。

⑤城建税：铁道部、各银行总行、各保险总公司集中缴纳的部分归中央政府，其余部分归地方政府。

11.2　税务行政处罚

11.2.1　税务行政处罚的概念和原则

11.2.1.1　税务行政处罚的概念

税务行政处罚是指公民、法人或其他组织有违反税收法律、行政法规的违法行为，尚未构成犯罪，依法应当承担行政责任的，由税务机关给予的处罚。

税务行政处罚是行政处罚的重要组成部分，为贯彻实施《行政处罚法》（1996年3月党的八届全国人民代表大会第4次会议通过，同年10月实施，2009年8月第十一届全国人大常务委员会第10次会议修正），保护纳税人和其他税务当事人的合法权益，1996年9月国家税务总局发布了《税务案件调查取证与处罚决定分开制度实施办法（试行）》和《税务行政处罚听证程序实施办法（试行）》，并于1996年10月施行。

11.2.1.2　税务行政处罚的原则

（1）依法处罚的原则。依法处罚的内容包括：税务行政处罚时要有法定依据，法无明文规定不得处罚；由法定的国家机关，即全国人民代表大会及其常委会、国务院、国家税务总局在其职权范围内设定；由法定的税务机关在其职权范围内，按法定程序实施。

（2）公正公开的原则。公正就是要防止偏听偏信，给予当事人了解其违法行为的性质及进行陈述、申辩的机会；公开是指税务行政处罚的规定和程序要公开。

（3）事实依据的原则。对违反税收法律制度的所有行为，不论案件大小，税务机关在执行行政处罚时，都要以违法行为人的违法事实为依据，做到实事求是、证据确凿。

（4）过罚相当的原则。在税务行政处罚的设定和实施方面，都要根据税务违法行为的性质、情节及危害程度，依法定的标准给予恰当的处罚，防止畸轻畸重或一刀切。

（5）监督制约的原则。对税务机关实施行政处罚要进行内部和外部的监督制约。内部的监督制约，如对违法行为的调查与处罚决定的公开、决定罚款的机关与收缴机构的分离等；外部的监督制约，包括税务系统上下级之间的监督制约和司法的监督，主要是指税务行政复议和诉讼。

（6）处罚与教育相结合的原则。在处罚税务违法行为时，要坚持处罚与教育的有机结合，即“教育为主、处罚为辅”，以达到纠正违法行为，教育公民自觉履行纳税义务的目的。

11.2.2 税务行政处罚的设定和种类

11.2.2.1 税务行政处罚的设定

税务行政处罚的设定是指由国家机关通过一定形式规定公民、法人或其他组织的行为规范，以及违反该行为规范的行政制裁措施。其种类主要包括：警告；罚款；没收违法所得、没收非法财物；责令停产停业；暂扣或吊销许可证、暂扣或吊销执照；行政拘留；法律、行政法规规定的其他行政处罚。目前，我国税务行政处罚的设定规定为：

（1）立法机关设定的行政处罚。全国人民代表大会及其常委会可通过法律形式，设定各种税务行政处罚。

（2）行政机关设定的行政处罚。国务院可通过行政法规的形式设定除限制人身自由以外的税务行政处罚。

（3）税务机关设定的行政处罚。国家税务总局可通过规章的形式设定警告和罚款。税务行政规章对非经营活动中的违法行为设定的罚款不得超过1 000元；对非经营活动中的违法行为有违法乱纪所得的，设定罚款不得超过违法所得的3倍（最高不得超过3万元）；没有违法所得的，设定罚款不得超过1万元；超过限额的，应报国务院批准。

除上述规定外，地方性法规和地方性规章不得设定税务行政处罚。

11.2.2.2 税务行政处罚的种类

根据税务行政处罚的设定办法，税务行政处罚的种类是可变的，即随着税收法律、法规、规章设定的变化而变化。

税务行政处罚种类主要有财产罚和行为罚。财产罚包括罚款和没收非法所得2种；行为罚包括停止出口退税权、收缴发票或暂停供应发票和提请工商行政机关吊销其营业执照3种。

11.2.3 税务行政处罚的主体与管辖

11.2.3.1 税务行政处罚的主体

税务行政处罚的实施主体是县以上税务机关。各级税务机关的内设机构、派出机构不具备处罚主体资格，不能以自己的名义实施税务行政处罚。但税务所可实施罚款额在2 000元以下的税务行政处罚，这是

《税收征管法》的特别授权。

税务机关依照有关法律法规，可在法定权限内委托符合规定条件的组织实施行政处罚，但委托税务机关对受托组织实施行政处罚的行为进行监督，并对该行为的后果承担法律责任。受托组织在受托范围内，以委托税务机关名义实施行政处罚，不得再委托其他任何组织或个人实施行政处罚。

11.2.3.2　税务行政处罚的管辖

根据《行政处罚法》和《税收征管法》的规定，税务行政处罚由当事人税收违法行为发生地的县（市、旗）以上税务机关管辖。我国税务行政处罚的管辖种类主要包括以下4种情况：

（1）级别管辖。级别管辖是指各级税务机关之间在处罚税务违法行为上的分工和权限。一般由上级税务机关予以实施。

（2）地域管辖。地域管辖是指不同地区的同级税务机关间处理税务违法行为的职权划分。原则上由被处理对象所在地税务机关负责，但对税法特别规定或遇有特殊情况的税务违法处理，可由违法行为发生地的税务机关处理。

（3）指定管辖。指定管辖是指上级税务机关对税务违法案件管辖不清或发生争议时协调其中一个税务机关进行管辖。上级税务机关指定管辖后，有关税务机关必须执行。

（4）移送管辖。移送管辖是指已受理的税务违法行为的税务机关发现该行为不属于自己管辖或已构成犯罪时，应移送有管辖权的机关管辖。

11.2.4　税务行政处罚的程序与执行

11.2.4.1　税务行政处罚的程序

（1）税务行政处罚的简易程序。税务机关及其执法人员对于公民、法人或其他组织违反税收征收管理程序的行为，可当场作出税务行政处罚决定。简易程序的适用条件：一是案情简单、事实清楚、违法后果比较轻微，且有法定依据应给予处罚的违法行为；二是给予的处罚较轻，仅适用于对公民处50元以下和对法人或其他组织处1 000元以下罚款的违法案件。

符合上述条件，税务行政执法人员当场作出税务行政处罚决定应按照下列程序进行：一是向当事人出示税务行政执法身份证件；二是告知当事人受到税务行政处罚的违法事实、依据和陈述申辩权；三是听取当事人陈述申辩意见；四是填写具有预定格式、编有号码的税务行政处罚决定书，并当场交付当事人。

（2）税务行政处罚的一般程序。除了适用简易程序的税务违法案件外，对其他违法案件，税务机关在作出处罚决定前都要经过立案、调查取证（有的案件还要举行听证）、审查、决定和执行等程序。适用一般程序的案件一般是情节比较复杂、处罚比较重的案件。

第一，税务调查。由税务机关内部设立的调查机构（如管理、检查机构）负责对税务违法案件的调查；在调查取证后对依法应给予行政处罚的，应及时提出处罚建议，以税务机关的名义制作税务行政处罚事项告知书，并送达当事人；在调查终结后应制作调查报告，并及时将调查报告连同所有案卷材料移交审查机构（如法制机构）审查。

第二，税务审查。审查机构收到调查机构移交的案卷后，应对案卷材料进行登记，填写税务案件审查登记簿；审查机构应自收到调查机构移交案卷之日起10日内审查终结，制作审查报告，并连同案卷材料报送税务机关负责人审批。

第三，税务听证。听证范围是对公民作出2 000元以上或对法人或其他组织作出1万元以上罚款的案件；听证主持人由税务机关内设的非本案调查机构的人员担任，如法制机构工作人员；要求听证的当事人应在收到税务行政处罚事项告知书后3日内，向税务机关书面提出听证的要求，逾期不提出的，视为放弃听证权利；税务机关应在当事人提出听证要求后15日内举行听证，并在举行听证的7日前，将税务行政处罚听证通知书送达当事人；听证的全部活动由记录员制作笔录并交当事人阅核、签章；听证结束后，主持人应当制作听证报告并连同听证笔录附卷移交审查机构审查。

第四，税务决定。审查机构作出审查意见并报送税务机关负责人审批后，在收到审批意见之日起3日内，根据不同情况分别制作处理决定书后再报送税务机关负责人签发。其处理决定有4种：一是有应受行政处罚的违法行为的，根据情节轻重及具体情况予以行政处罚；

二是违法行为轻微，依法可不予行政处罚的不予行政处罚；三是违法事实不能成立不得予以行政处罚；四是违法行为已构成犯罪的，移送公安机关。

11.2.4.2　税务行政处罚的执行

（1）税务行政处罚决定履行。税务机关作出行政处罚决定后，应按照《税收征管法实施细则》的规定送达当事人执行。当事人在法定期限内不申请复议又不起诉，且在规定期限内又不履行的，税务机关可申请法院强制执行。

（2）税务人员当场收缴罚款。税务机关依法作出罚款行政处罚决定的，当事人应在收到行政处罚决定书之日起15日内缴纳罚款，到期不缴纳的，税务机关可对当事人每日按罚款数额的3%加处罚款。税务机关对当事人当场作出行政处罚决定，给予20元以下罚款或不当场收缴罚款事后难以执行情形的，税收执法人员可当场收缴罚款，但必须向当事人出具合法罚款收据。税务机关应在2日内将罚款交付指定的银行或其他金融机构。

（3）税务行政罚款的收缴。除依法可当场收缴罚款的情形外，税务机关作出罚款的行政处罚决定的执行，实行作出罚款决定的税务机关与收缴罚款机构相分离的办法。税务机关作出的罚款处罚决定，其代收罚款的银行或其他金融机构（代收机构）由国家税务总局与财政部、中国人民银行研究确定；各级地方税务机关的代收机构，也可由各地的地方税务局与当地财政部门、中国人民银行分支机构研究确定。

（4）代收罚款协议的签订。税务机关应同代收机构签订代收罚款协议。代收罚款协议应包括下列事项：税务机关、代收机构名称；具体代收网点；代收机构上缴罚款的预算科目、预算级次；代收机构告知税务机关代收罚款情况的方式、期限，以及需要明确的其他事项。自代收罚款协议签订之日起15日内，税务机关应将代收罚款协议报上一级税务机关和同级财政部门备案；代收机构应将代收罚款协议报中国人民银行或当地分支机构备案。代收机构代收罚款，应当向当事人出具财政部规定的罚款收据。

上述税务行政处罚流程，如图11-1所示。

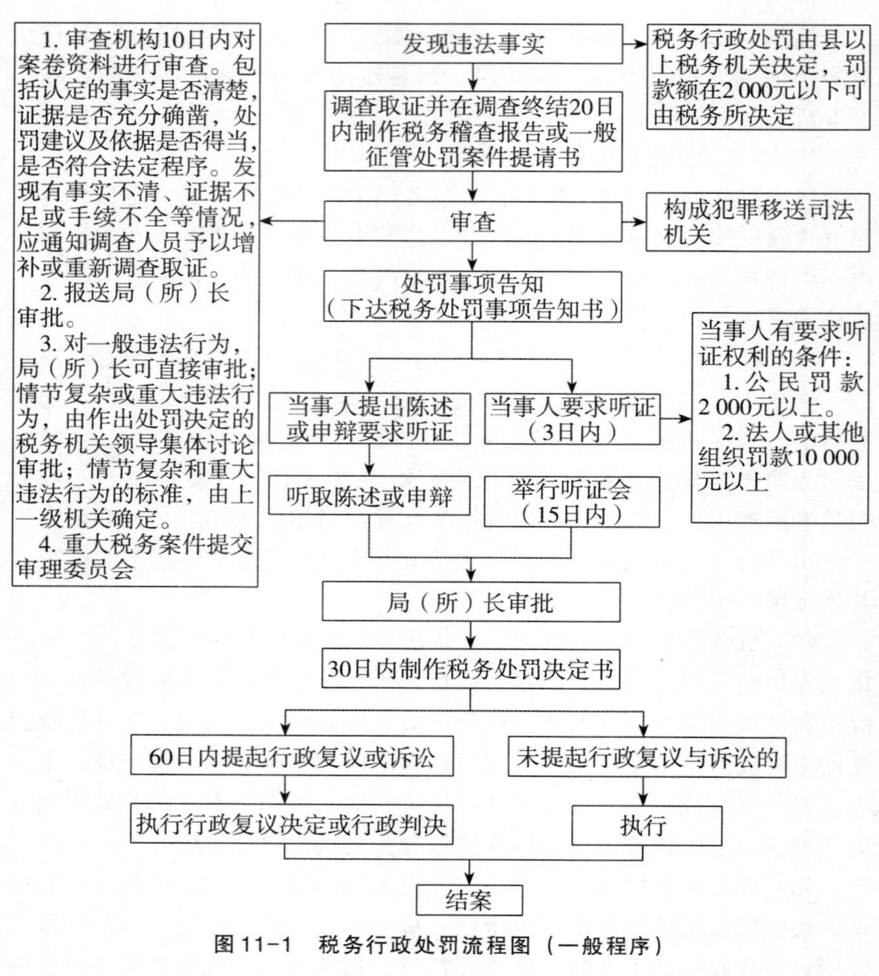

图11-1　税务行政处罚流程图（一般程序）

11.3　税务行政争讼

11.3.1　税务行政争讼的概念

11.3.1.1　税务行政争讼的基本含义

税务行政争讼是税务行政复议与税务行政诉讼的合称，是指在税务机关与纳税当事人（纳税人、扣缴义务人和纳税担保人等）之间发生纳税或处罚不服时所进行的税务行政或司法行为。

税务行政复议是指当事人（纳税人、扣缴义务人和纳税担保人）不服税务机关及其工作人员作出的具体行政行为，根据当事人申请，由上一级税务机关（复议机关）对复议申请内容进行复查并作出裁决的一种税务行政行为。

税务行政诉讼是指当事人认为税务机关及其工作人员的具体行政行为违法或不当，依法向人民法院提起行政诉讼，由人民法院按司法程序对具体税务行政行为的合法性和适当性进行审判的活动。

11.3.1.2　税务行政复议与诉讼的关系

（1）税务行政复议与诉讼的共性。税务行政复议与诉讼是国家行政管理法制监督的组成部分，它们之间既有联系又有区别。两者在法律关系上的共同性表现为：两者的目的都是解决税务行政争议，且争议的一方是税务机关；它们的法律关系表现为“三方性”，即争讼的税务机关、当事人和复议的上级税务机关或司法仲裁的人民法院；在税务行政争议的法律关系中，争议双方的法律地位是平等的，由复议税务机关或法院依法作出裁决。

（2）税务行政复议与诉讼的特性。税务行政复议与诉讼的区别主要表现在：

第一，受理机关不同。税务行政复议由税务机关受理；而税务行政诉讼由人民法院受理。

第二，行为性质不同。税务行政复议是税务机关内部的监督和制约机制，具有初审性质，不具有终局性（国务院终局裁决例外）；而税务行政诉讼是通过法院最终解决税务纠纷，具有终局审查的性质。

第三，审查原则不同。税务行政复议可同时对税务具体行政行为的合法性和合理性进行审查；而税务行政诉讼仅局限于对税务具体行政行为的合法性进行审查（以审查合理性例外）。

第四，适用顺序不同。对征收税款、加收滞纳金的争议，应在其履行的前提下先进行行政复议，对复议决定不服再依法提起诉讼；而对税务处罚、强制执行和税收保全等行为，当事人可申请行政复议或直接依法起诉，不必以复议为必经程序。

第五，管辖权限不同。税务行政复议管辖机关是作出具体行政行为的税务机关的上一级税务机关或其所属的地方政府；而税务行政诉讼中适用最普遍的是地域管辖，即遵循“原告就被告”原则。

第六，调节幅度不同。税务行政复议的裁决既可作出撤销或维持处理决定，还可依法作出变更的决定等；而法院受理的税务行政诉讼案一般只作出维持或撤销的判决。

第七，行政赔偿不同。税务行政复议行政赔偿既可依申请人的申请作出，也可是复议机关依职权作出；诉讼中法院作出行政赔偿判决或裁定，只能依原告（纳税人、扣缴义务人和纳税担保人）的申请作出。

11.3.2 税务行政复议制度

11.3.2.1 税务行政复议的特点

为保证税务行政复议工作的开展，1989年国家税务总局颁布并实施了《税务行政复议规则（试行）》；经过实施修改后，1991年10月国家税务总局正式颁发了《税务行政复议规则》；为提高税务行政复议的法律效力，1992年9月制定的《税收征管法》又明确重申了税务行政复议的有关问题；为进一步强化税务行政复议工作，根据《税收征管法》及《税收征管法实施细则》和《中华人民共和国行政复议法》（简称《行政复议法》）的有关规定，国家税务总局于1993年、1999年、2004年、2010年和2015年5次重新修订颁发了《税务行政复议规则》（简称《规则》）。这对进一步加强社会主义民主与法制建设，发挥行政复议解决税务行政争议的作用，保护公民、法人或其他组织合法权益，监督和保障税务机关依法行使职权及推进依法治税等都具有积极的现实意义。

税务行政复议应遵循合法、公正、公开、及时和便民的原则。一般而言，税务行政复议是解决税务行政争议案件的必经程序。其特点主要有：一是因税务管理对象当事人的申请而产生，以申请复议的具体行政行为为对象；二是复议以申请人依法自动履行原具体行政行为为前提条件；三是由作出税务具体行政行为的上一级税务机关负责裁决；四是因征税行为发生的争议，复议与诉讼相衔接并构成税务行政复议的前置程序。

【小思考11-1】 税企争端为什么要维权？

答：税企之间由于对有关法律、行政法规的理解不一致，出现争端在所难免。也许企业觉得在税企关系中，税务机关和人员是管理者、执法者，关系弄僵了最终吃亏的还是自己，所以尽量低调、委曲求全。须知税企之间的法律地位是平等的，纳税人要依法纳税，税务机关也要依法征税；纳税人要依法服从管理，税务机关也必须依法行政。

税企争端的解决最终要以事实为依据、以法律为准绳。按照《行政处罚法》的有关规定，纳税人在面对税务行政处罚时有陈述和申辩权，税务机关不能因此加重对企业的处罚。企业面对争端可从4个方面着手：一是是否有合法手续；二是证据是否充分、有效；三是程序是否到位；四是是否有越权行为。企业善于维权，不仅能维护自身的合法权益，而且能促进税务机关执法水平的提高。管理者与被管理者、执法者与执法对象共同维护法律的严肃性，就能把依法治税水平提高到一个新的层次。

11.3.2.2 税务行政复议的职责

依法受理税务行政复议申请、对具体行政行为进行审查并作出行政复议决定的税务机关，为税务行政复议机关（简称复议机关）。复议机关应树立依法行政观念，强化责任意识和服务意识，认真履行税务行政复议职责，坚持有错必纠，确保法律正确实施。各级税务行政复议机关负责法制工作的机构（简称复议机构）依法办理行政复议事项，履行下列职责：

（1）受理行政复议申请。

（2）向有关组织和人员调查取证，查阅文件和资料。

（3）审查申请行政复议的具体行政行为是否合法和适当，起草行政复议决定。

（4）处理或转送对《规则》有关规定的审查申请。

（5）对被申请人违反《行政复议法》及其实施条例和《规则》规定的行为，依照规定的权限和程序向相关部门提出处理建议。

（6）研究行政复议工作中发现的问题，及时向有关机关或部门提出改进建议，重大问题及时向行政复议机关报告。

（7）指导和监督下级税务机关的行政复议工作。

（8）办理或组织办理行政诉讼案件应诉事项。

（9）办理行政复议案件的赔偿事项。

（10）办理行政复议、诉讼、赔偿等案件的统计、报告、归档工作和重大行政复议决定备案事项。

（11）其他与行政复议工作有关的事项。

此外，各级税务复议机关可成立税务行政复议委员会（简称复委会），研究重大、疑难案件，提出处理建议；复委会可邀请本机关以外的具有相关专业知识的人员参加；行政复议工作人员应具备与履行行政复议职责相适应的品行、专业知识和业务能力，并取得行政复议法实施条例规定的资格。

11.3.2.3　税务行政复议的范围

按照《规则》的规定，复议机关受理申请人对税务机关下列具体行政行为不服提出的行政复议申请：

（1）征税行为，包括确认纳税主体、征税对象、征税范围、减免税、退税、抵扣税款、适用税率、计税依据、纳税环节、纳税期限、纳税地点和税款征收方式等具体行政行为，征收税款、加收滞纳金，以及扣缴义务人及受税务机关委托的单位和个人作出的代扣代缴、代收代缴及代征行为等。

（2）行政许可、行政审批行为。

（3）发票管理行为，包括发售、收缴和代开发票等。

（4）税收保全措施、强制执行措施。

（5）行政处罚行为，包括：罚款；没收财物和违法所得；停止出口退税权。

（6）不依法履行下列职责的行为：颁发税务登记；开具、出具完税凭证、外出经营活动税收管理证明；行政赔偿；行政奖励；其他不依法履行职责的行为。

（7）资格认定行为。

（8）不依法确认纳税担保行为。

（9）政府信息公开工作中的具体行政行为。

（10）纳税信用等级评定行为。

（11）通知出入境管理机关阻止出境行为。

（12）其他具体行政行为。

此外，申请人认为税务机关的具体行政行为所依据的下列规定不合法，包括：国家税务总局和国务院其他部门的规定；其他各级税务机关的规定；地方各级人民政府的规定；地方人民政府工作部门的规定。对具体行政行为申请行政复议时，可一并向复议机关提出对有关规定的审查申请。需要注意的是，上述规定不包括规章。申请人对具体行政行为提出行政复议申请时不知道该具体行政行为所依据的规定的，可在复议机关作出行政复议决定以前提出对该规定的审查申请。

11.3.2.4　税务行政复议的管辖

税务行政复议的管辖的基本制度原则上是实行由上一级税务机关管辖的一级复议制度。其主要内容包括以下几个方面：

（1）一般管辖。对各级国家税务局的具体行政行为不服的，向其上一级国家税务局申请行政复议；对各级地方税务局的具体行政行为不服的，可选择向其上一级地方税务局或该税务局的本级人民政府申请行政复议；省、自治区、直辖市人民代表大会及其常务委员会、人民政府对地方税务局的行政复议管辖另有规定的，从其规定。

（2）最高管辖。对国家税务总局的具体行政行为不服的，向国家税务总局申请行政复议；对行政复议决定不服，申请人可向人民法院提起行政诉讼，也可向国务院申请裁决；国务院的裁决为最终裁决。

（3）辖外管辖。对下列税务机关的具体行政行为不服的，按照下列规定申请行政复议：

①对计划单列市国家税务局的具体行政行为不服的，向国家税务总局申请行政复议；对计划单列市地方税务局的具体行政行为不服的，可以选择向省地方税务局或者本级人民政府申请行政复议。

②对税务所（分局）、各级税务局的稽查局的具体行政行为不服的，向其所属税务局申请行政复议。

③对两个以上税务机关共同作出的具体行政行为不服的，向共同上

一级税务机关申请行政复议；对税务机关与其他行政机关共同作出的具体行政行为不服的，向其共同上一级行政机关申请行政复议。

④对被撤销税务机关在撤销以前所作出的具体行政行为不服的，向继续行使其职权的税务机关的上一级税务机关申请行政复议。

⑤对税务机关作出逾期不缴纳罚款加处罚款的决定不服的，向作出行政处罚决定的税务机关申请行政复议。但是对已处罚款和加处罚款都不服的，一并向作出行政处罚决定的税务机关的上一级税务机关申请行政复议。

有前款②~⑤项所列情形之一的，申请人也可向具体行政行为发生地的县级地方人民政府提交行政复议申请，由接受申请的县级地方人民政府依法转送。对各级税务机关作出的具体行政行为不服的，向其上一级税务机关申请行政复议。对省、自治区、直辖市地方税务局作出的具体行政行为不服的，可向国家税务总局或省、自治区、直辖市人民政府申请行政复议。

11.3.2.5　税务行政复议的申请

(1) 行政复议参加人。税务行政复议的参加人是依法参加税务行政复议的申请人、被申请人、第三人和代理人。申请人是依法提起税务行政复议的税务当事人，具体包括纳税人、扣缴义务人、纳税担保人和其他税务当事人，同一行政复议案件申请人超过5人的，应推选1~5名代表参加行政复议；被申请人是指纳税人或其他税务当事人不服作出具体行政行为的税务机关；第三人是指与申请税务行政复议的具体行政行为有利害关系的公民、法人或其他组织；代理人是指受申请人或第三人的委托，在法律规定或当事人委托的权限范围内进行复议活动的人。

申请人、第三人可委托1~2名代理人参加行政复议。申请人、第三人委托代理人的，应向复议机构提交授权委托书，其委托书应载明委托事项、权限和期限；公民在特殊情况下无法书面委托可口头委托，复议机构应核实并记录在卷；申请人、第三人解除或变更委托的，应书面告知复议机构。被申请人不得委托本机关以外人员参加行政复议。

【小思考11-2】税务行政复议中纳税人有哪些权利？

答：纳税人在税务行政复议中，主要有10项权利：执法依据合法性的审查权、委托他人代为参加行政复议权、申请复议方式的选择权、行政复议机关的选择权、复议期间的查询权、申请赔偿权、申请行政行为的停止权、复议或诉讼的选择权、不同意提供证据权和不负担行政复议费用权。

（2）复议申请的时间。申请人可在知道税务机关作出具体行政行为之日起60日内，提出行政复议申请。因不可抗力或被申请人设置障碍等原因耽误法定申请期限的，申请期限的计算应扣除被耽误时间。

【小资料11-2】　　税务行政复议申请期限的计算

1.当场作出具体行政行为的，自具体行政行为作出之日起计算。

2.载明具体行政行为的法律文书直接送达的，自受送达人签收之日起计算。

3.载明具体行政行为的法律文书邮寄送达的，自受送达人在邮件签收单上签收之日起计算；没有邮件签收单的，自受送达人在送达回执上签名之日起计算。

4.具体行政行为依法通过公告形式告知受送达人的，自公告规定的期限届满之日起计算。

5.税务机关作出具体行政行为时未告知申请人而是事后补充告知的，自该申请人收到税务机关补充告知的通知之日起计算。

6.被申请人能证明申请人知道具体行政行为的，自证据材料证明其知道具体行政行为之日起计算。税务机关作出具体行政行为依法应向申请人送达法律文书而未送达的，视为该申请人不知道该具体行政行为。

7.申请人依照《行政复议法》第6条规定申请税务机关履行法定职责，税务机关未履行的，行政复议申请期限依照下列规定计算：一是有履行期限规定的，自履行期限届满之日起计算；二是没有履行期限规定的，自税务机关收到申请满60日起计算；三是税务机关作出的具体行政行为对申请人的权利、义务可能产生不利影响的，应告知其申请行政复议的权利、行政复议机关和行政复议申请期限。

上述《行政复议法》第6条规定包括：认为符合法定条件，申请行政机关颁发许可证、执照、资质证、资格证等证书，或者申请行政机关审批、登记有关事项行政机关没有依法办理的；申请行政机关履行保护人身权利、财产权利、受教育权利的法定职责，行政机关没有依法履行的；申请行政机关依法发放抚恤金、社会保险金或最低生活保障费，行政机关没有依法发放的。

（3）申请复议的程序。具体规定为：

①申请人对税务机关的征税行为不服的，应先向行政复议机关申请行政复议；对行政复议决定不服的，可向人民法院提起行政诉讼。

②申请人按照上述规定申请行政复议的，须依照税务机关根据法律法规确定的税额和期限，先行缴纳或解缴税款和滞纳金，或提供相应的担保（包括保证、抵押和质押），才可以在缴清税款和滞纳金后或所提供的担保得到作出具体行政行为的税务机关确认之日起60日内提出行政复议申请。作出具体行政行为的税务机关，应对保证人、抵押人、出质人的合法性进行审查，对不具备或不符合法律规定的资格、抵押及质押担保或没有能力保证的，有权拒绝或不予确认。

③申请人对税务机关征税行为以外其他具体行政行为不服的，可申请行政复议，也可直接向人民法院提起行政诉讼。

④申请人对税务机关作出逾期不缴纳罚款加处罚款决定不服的，应先缴纳罚款和加处罚款，再申请行政复议。

（4）复议申请的方式。申请人书面申请行政复议的，可采取当面递交、邮寄或传真等方式提出行政复议申请；有条件的复议机关可接受以电子邮件形式提出的复议申请；对以传真、电子邮件形式提出复议申请的，复议机关应审核确认申请人的身份、复议事项；申请人口头申请行政复议的，复议机构应依照书面复议规定的事项，当场制作行政复议申请笔录，交申请人核对或向申请人宣读，并由申请人确认。

（5）申请的注意事项。申请人提出复议申请时应注意下列事项：

第一，申请人提出行政复议申请时错列被申请人的，行政复议机关应告知申请人变更被申请人。申请人不变更被申请人的，行政复议机关不予受理，或驳回行政复议申请。

第二，申请人向复议机关申请行政复议，复议机关已经受理的，在法定行政复议期限内申请人不得向法院提起行政诉讼；申请人向法院提起行政诉讼，法院已经依法受理的，不得申请行政复议。

11.3.2.6 税务行政复议的受理

税务行政复议申请符合下列规定的，复议机关应当受理：

（1）属于《规则》规定的行政复议范围。

（2）在法定申请期限内提出。

（3）有明确的申请人和符合规定的被申请人。

（4）申请人与具体行政行为有利害关系。

（5）有具体的行政复议请求和理由。

（6）符合《规则》规定的条件。

（7）属于收到行政复议申请的行政复议机关的职责范围。

（8）其他行政复议机关尚未受理同一行政复议申请，人民法院尚未受理同一主体就同一事实提起的行政诉讼。

复议机关收到行政复议申请后应在5日内审查，决定是否受理。复议机关决定受理或不予受理，应书面告知申请人。上级税务机关认为复议机关不予受理复议申请的理由不成立的，可督促其受理，经督促仍不受理的，可责令其限期受理；认为有必要的，可直接受理或提审由下级税务机关管辖的行政复议案件。对应先向复议机关申请复议，对复议决定不服再向法院提起行政诉讼的具体行政行为，复议机关决定不予受理或受理后超过行政复议期限不作答复的，申请人可自收到不予受理决定书之日起或行政复议期满之日起15日内，依法向法院提起行政诉讼。

需要注意：行政复议期间具体行政行为不停止执行，但有下列情形之一的，可停止执行：被申请人认为需要停止执行的；行政复议机关认为需要停止执行的；申请人申请停止执行，行政复议机关认为其要求合理，决定停止执行的；法律规定停止执行的。

【小案例11-1】　　县税务局是否受理服装厂的复议申请？

资料：某基层税务所2015年7月15日接到群众举报，其辖区内某服装厂（系个体工商户）开业两个月没有纳税。7月16日税务所对该服装厂依法进行税务检查。经查该服装厂5月8日办理了营业执照，5月10日正式投产，没有办理税务登记，共生产销售服装400套，销售额8万元，没有申报纳税。根据检查情况，税务所于7月18日作出如下处理建议：（1）责令服装厂7月25日前办理税务登记，并处500元罚款；

(2) 按规定补缴税款、加收滞纳金，并对未缴税款在《税收征管法》规定的处罚范围内，处6 000元罚款。同月，税务所在法定期限内按照法定程序作出了税务处理决定书和税务行政处罚决定书，同时下发限期缴纳税款通知书，要求该服装厂限期缴纳税款和罚款。

服装厂认为本厂刚开业，资金十分紧张，要求税务所核减税款和罚款被税务所拒绝。无奈，该服装厂在规定期限内缴纳了部分税款。几天后税务所下达了催缴税款通知书，催缴欠缴的税款、滞纳金和罚款。在两次催缴无效的情况下，经县税务局局长批准，对服装厂采取强制执行措施。8月2日税务所扣押了服装厂20套服装，以变卖收入抵缴部分税款和罚款。服装厂在多次找税务所交涉没有结果的情况下，于8月15日书面向税务所的上级机关某县税务局提出行政复议申请：要求撤销税务所对其作出的处理决定，并要求税务所赔偿因扣押服装给其造成的经济损失。

请问：县税务局是否受理该服装厂的复议申请？

分析：根据《税收征管法》和《规则》的规定，纳税人、扣缴义务人和纳税担保人同税务机关在纳税上发生争议时，必须先依照税务机关的纳税决定缴纳或解缴税款及滞纳金或提供相应的担保，然后可依法申请行政复议；当事人对税务机关的处罚决定、强制执行措施或税收保全措施不服的，可依法申请行政复议，也可依法向人民法院起诉。

结论：该服装厂未缴清税款和滞纳金，县税务局不能受理复议申请。但对处罚的复议申请应予受理。

11.3.2.7 税务行政复议的证据

(1) 行政复议证据的形式。税务行政复议证据主要包括书证、物证、视听资料、电子数据、证人证言、当事人陈述、鉴定意见、勘验笔录及现场笔录等形式。

(2) 举证责任与证据审查。在税务行政复议中，被申请人对其作出的具体行政行为负有举证责任。复议机关依法全面审查相关证据，审查行政复议案件时应以证据证明的案件事实为依据，其定案证据应具有合法性、真实性和关联性。

(3) 复议证据的调查取证。在税务行政复议过程中，被申请人不得自行向申请人和其他有关组织或个人搜集证据。复议机构认为必要时可调查取证，工作人员向有关组织和人员调查取证时，可查阅、复制和调取有关文件和资料，向有关人员询问。工作人员调查取证时不得少于2人，并向当事人和有关人员出示证件。被调查单位和人员应配合复议工作人员的工作，不得拒绝、阻挠。申请人和第三人可查阅被申请人提出的书面答复、作出具体行政行为的证据、依据和其他有关材料，除涉及国家秘密、商业秘密或个人隐私外，复议机关不得拒绝。

11.3.2.8　税务行政复议的决定

（1）行政复议答复。复议机构应自受理行政复议申请之日起7日内，将行政复议申请书副本或申请笔录复印件发送被申请人；被申请人应自收到之日起10日内提出书面答复，并提交当初作出具体行政行为的证据、依据和其他有关材料。

（2）行政复议审查。复议机构审理行政复议案件，应由2名以上工作人员参加，原则上采用书面审查的办法；对重大、复杂的案件，申请人提出要求或复议机构认为必要时，可采取听证的方式审理；复议机构决定举行听证的，应将举行听证的时间、地点和要求等事项通知申请人、被申请人和第三人，第三人不参加听证的，不影响听证的举行。

（3）复议审查时间。复议机关审查被申请人的具体行政行为时认为其依据不合法有权处理的，应在30日内依法处理；无权处理的，应在7日内按照法定程序逐级转送有权处理的国家机关依法处理。处理期间，中止对具体行政行为的审查。

（4）行政复议决定。复议机关在申请人的复议请求范围内，不得作出对申请人更为不利的复议决定。复议机构应对被申请人的具体行政行为提出审查意见，经复议机关负责人批准，按下列规定作出行政复议决定：一是具体行政行为认定事实清楚，证据确凿，适用依据正确，程序合法，内容适当的，决定维持；二是被申请人不履行法定职责的，决定其在一定期限内履行。

（5）决定行为违法。具体行政行为有下列情形之一的，决定撤销、变更或确认该具体行政行为违法，可责令被申请人在一定期限内重新作出具体行政行为：一是主要事实不清、证据不足的；二是适用依据错误的；三是违反法定程序的；四是超越职权或滥用职权的；五是具体行政行为明显不当的。

11.3.2.9　税务行政复议的调解

（1）行政复议和解。对下列税务行政复议事项按照自愿、合法的原则，申请人和被申请人在复议机关作出复议决定前可达成和解，复议机关也可调解：行使自由裁量权作出的具体行政行为，如税务处罚、核定税额和确定应税所得率等；税务赔偿和行政奖励；存在其他合理性问题的具体行政行为。申请人和被申请人达成和解的，应向行政复议机构提交书面和解协议。经复议机构准许和解终止行政复议的，申请人不得以同一事实和理由再次申请行政复议。

（2）行政复议调解。调解应符合下列要求：尊重申请人和被申请人的意愿；在查明案件事实的基础上进行调解；遵循客观、公正和合理原则；不得损害社会公共利益和他人合法权益。

（3）复议调解程序。行政复议机关按照下列程序调解：一是征得申请人和被申请人同意；二是听取申请人和被申请人的意见；三是提出调解方案；四是达成调解协议；五是制作行政复议调解书，申请人不履行调解书的，由被申请人依法强制执行，或申请人民法院强制执行。

行政复议审理期限在和解、调解期间中止计算。

11.3.2.10　税务行政复议的监管

各级税务复议机关应加强对履行行政复议职责的监督管理，并建立健全行政复议工作责任制，通过定期组织检查、抽查等方式监督检查下级税务机关的行政复议工作。省以下各级税务机关应定期向上一级税务机关提交行政复议、应诉、赔偿统计表和分析报告，及时将重大行政复议决定报上一级行政复议机关备案。

各级税务机关应加大对复议工作的基础投入，推进复议工作信息化建设，配备调查取证所需的照相、录音、录像及办案所需要的电脑、扫描、投影、传真和复印等设备，保障办案交通工具和相应经费。

复议机构负责对复议工作进行系统督促、指导，按照规定将行政复议案件资料立卷归档。行政复议案卷应按照复议申请分别装订立卷，一案一卷，统一编号，做到目录清晰、资料齐全、分类规范、装订整齐。

【小资料 11-3】　我国税务行政复议制度存在的问题及改革建议

我国税务行政复议制度在保护税务管理相对人的合法权益、促使税务机关依法行政、减少税务行政诉讼、严肃税收法纪和增强公民纳税意识等方面发挥了积极作用，但也存在一些问题需要解决，主要包括申请审查抽象行政行为操作困难、对征税行为的复议附加了限制条件、对与税款相关非纳税争议的复议标准不一、条条管辖存在弊端、复议机构缺乏中立性和复议与诉讼衔接问题等。因此，改革建议如下：

（1）增强抽象行政行为申请审查。这主要包括：将税务行政规章纳入审查申请范围；允许税务管理相对人单独对抽象税务行政行为申请审查；建立抽象税务行政行为公开制度。

（2）废止先缴税或提供担保规定。对纳税争议在行政复议前先缴税或提供担保的规定，主要是为避免当事人拖欠税款。但由于行政救济不停止具体行政行为的执行，如果纳税人不缴税款，税务机关可通过强制执行权征收税款，因此以限制诉权方式保障国家税款入库有悖行政救济的初衷。

（3）增加选择性的异议审理程序。纳税人对纳税有异议，可向作出具体行政行为的税务机关提出。税务机关经过审理自认无误，须将答辩书连同有关文件移送复议机关进行复议。增加该程序的积极意义在于节约投诉的精力和财力，减轻相对人的诉累。异议审理可规定为选择性的非必经程序。

（4）改革税务行政复议机构。复议机构的理想模式是：以税务行政复议委员会为相对独立的复议机构，实行合议制；保证委员会委员中社会公正人士、专家、学者不少于1/2；完善税务行政复议委员会组织规则和案件审理规则，确保复议优质、高效与公正。

（5）重构复议与诉讼的衔接制度。对税务争议应有选择地实行复议前置，即除对征税争议实行复议前置以外，还应当包括税务行政处罚异议。因为征税决定与处罚决定通常是基于同一事实和理由作出的，对前者实行必经复议、对后者实行选择复议，给实践操作带来困难。

11.3.3 税务行政诉讼制度

11.3.3.1 税务行政诉讼的特点

为保证行政诉讼工作的顺利进行，第七届全国人民代表大会第2次会议于1989年4月通过了《行政诉讼法》，这是税务行政诉讼活动的主要法律依据。1992年9月颁发的《税收征管法》又进一步明确了税务行政诉讼的有关问题。

我国税务行政诉讼的主要特点：一是税务行政诉讼一般以税务行政争议为基本前提；二是税务行政诉讼是依法请求的活动，没有纳税当事人的起诉行为司法机关无权受理；三是税务行政诉讼法律关系是纳税当事人、税务机关和人民法院“三方”的法律关系；四是税务行政诉讼必须按照法定的诉讼程序和方式进行。

11.3.3.2 税务行政诉讼的原则

进行税务行政诉讼除遵循行政诉讼的共有原则（如法院独立行使审判权，实行合议、回避、公开、辩论、两审终审等）以外，还必须遵循以下几个特有原则：

（1）特定性主管的原则。我国人民法院对税务行政案件只有部分管辖权，但可以受理因具体税务行政行为引起的行政争议案件。

（2）合法性审查的原则。除审查税务机关是否滥用权力、税务行政处罚是否显失公正外，人民法院只对具体税务行政行为是否合法予以审查，原则上不直接判决变更。

（3）不适用调解的原则。税收行政管理权是国家权力的重要组成部分，税务机关无权依自己意愿进行处置，因此人民法院也不能对税务行政诉讼法律关系的双方当事人进行调解。

（4）不停止执行的原则。当事人不能以起诉为理由而停止执行税务机关所作出的具体行政行为，如作出的征税和罚款，以及采取的税收保全措施和税收强制执行措施等。

（5）负举证责任的原则。税务行政行为是税务机关单方依法和事实作出的，也最了解作出该行为的证据，故此负有举证责任。若税务机关不提供或不能提供证据就可能败诉而影响国家或纳税人的权益。

（6）负行政赔偿的原则。依据《国家赔偿法》和《税收征管法》的规定，税务机关及其工作人员因执行职务（如税收保全和强制执行等）不当，给税务当事人造成人身及财产损害，应负担赔偿责任。

11.3.3.3 税务行政诉讼的受案

税务行政诉讼的受案范围在内容上大体与税务行政复议的受案范围一致，主要包括以下几个方面：

（1）税务机关作出的征税行为。

（2）税务机关作出责令纳税人提交纳税保证金或纳税担保行为。

（3）税务机关作出的行政处罚行为。

（4）税务机关作出的通知出境管理机关阻止出境行为。

（5）税务机关作出的税收保全和强制执行措施。

（6）认为符合法定条件申请税务机关颁发税务登记证和发售发票而税务机关拒绝颁发、发售或不予答复的行为。

（7）税务机关的复议行为。这是指税务复议机关改变了原具体行政行为，以及期限届满税务机关不予答复的行为。

11.3.3.4　税务行政诉讼的管辖

税务行政诉讼的管辖是指人民法院之间受理第一审税务案件的职权分工。具体分为级别管辖、地域管辖和裁定管辖：

（1）级别管辖。级别管辖是指上下级人民法院之间受理第一审税务案件的分工和权限。根据《行政诉讼法》的规定，基层人民法院管辖一般的税务行政诉讼案件；中高级人民法院管辖本辖区内重大、复杂的税务行政诉讼案件；最高人民法院管辖全国范围内重大、复杂的税务行政诉讼案件。

（2）地域管辖。地域管辖是指同级人民法院之间受理第一审行政案件的分工和权限。分一般地域管辖和特殊地域管辖两种：前者指按照最初作出具体行政行为的机关所在地来确定管辖法院，即由最初作出具体行政行为的税务机关所在地人民法院管辖；后者指根据特殊行政法律关系或特殊行政法律关系所指的对象来确定管辖法院，即税务复议机关改变原具体行政行为的，由原告选择最初作出具体行政行为的税务机关所在地人民法院或复议机关所在地人民法院管辖。

（3）裁定管辖。裁定管辖是指人民法院依法自行裁定的管辖，包括移送管辖、指定管辖和管辖权的转移。移送管辖是指人民法院已经受理的案件，移送给有管辖权的人民法院审理；指定管辖是指上级人民法院以裁定的方式，指定某下一级人民法院管辖某一案件；管辖权的转移是指上、下级人民法院对其所管辖的案件，在认为必要等情况时可移交或报请审理。

11.3.3.5　税务行政诉讼的起诉

税务行政诉讼的起诉是指公民、法人或其他组织认为自己的合法权益受到税务机关具体行政行为的损害而向人民法院提出诉讼要求，请求人民法院依法予以保护的诉讼行为。

（1）税务行政诉讼的起诉条件。纳税人和其他当事人在提出税务行政诉讼时，必须具备的条件包括：一是原告认为具体税务行政行为侵犯其合法权益的公民、法人或其他组织；二是有明确的被告；三是有具体的诉讼请求和事实、法律依据；四是属于人民法院受案范围和受诉人民法院管辖。在税务行政诉讼中，起诉权是单向性的权利，税务机关只有应诉义务，且作为被告的税务机关也不能反诉。

（2）税务行政诉讼的起诉程序。根据《税收征管法》及其他有关规定，对税务机关的征税行为提起诉讼，必须先经过税务行政复议，对复议决定不服的，可在接到复议决定书之日起15日内向人民法院起诉；对其他具体行政行为不服的，当事人可在接到通知或知道之日起15日内直接向人民法院起诉。但特殊情形下（如税务机关未告知纳税当事人诉权和起诉期限等），起诉期限为2年。

11.3.3.6 税务行政诉讼的受理

对纳税当事人的起诉，人民法院一般可从以下方面进行审查并作出是否受理的决定：审查是否属于法定的诉讼受案范围；审查是否具备法定的起诉条件；审查是否已经受理或正在受理；审查是否有管辖权；审查是否符合法定的期限；审查是否经过必经的复议程序。人民法院接到诉状，应在7日内立案或作出裁定不予受理。原告对不予受理的裁定不服的，可提起上诉。

11.3.3.7 税务行政诉讼的审理

我国人民法院审理行政案件实行合议、回避、公开审判和两审终审的审判制度。审理的核心是审查被诉具体行政行为是否合法，即作出该行为的税务机关是否依法享有该税务行政管理权；该行为是否依据一定的事实和法律作出；税务机关作出该行为是否遵照必备的程序等。

11.3.3.8 税务行政诉讼的判决

人民法院对受理的税务行政案件，经过调查、搜集证据、开庭审理之后，分别作出如下判决：

（1）维持判决。它适用于具体行政行为证据确凿，适用法律、法规正确，符合法定程序的案件。

（2）撤销判决。被诉讼的具体行政行为主要证据不足，适用法律法规错误，违反法定程序或超越职权、滥用职权，应判决撤销或部分撤销，并判决税务机关重新作出具体行政行为。

（3）履行判决。税务机关不履行或拖延履行法定职责的，判决其在一定期限内履行。

（4）变更判决。税务行政处罚显失公正的，可以判决变更。

对一审人民法院判决不服，当事人可以上诉；当事人对发生法律效力的判决必须执行，否则法院有权依对方当事人的申请予以强制执行。

【小案例11-2】　　　　谁是被告？

资料：某个体饭店（定期定额纳税户）老板王某2015年1—6月一直没有向税务机关申报纳税，税务机关多次催缴无效。7月2日，县地税分局经主管税务局局长批准，采取税收强制执行措施，扣押了王某的小汽车1辆，并以拍卖该小汽车的所得抵顶税款、罚款、滞纳金等，剩余款项退还王某。王某不服，于7月25日向市地税局申请税务行政复议，市地税局复议后维持县地税分局的决定。

问题：复议后王某如果提起税务行政诉讼，被告税务机关是哪个？

分析：本案中因为市地税局作出了维持原税务处理决定的裁定，依照《行政诉讼法》的规定，复议机关维持原具体行政行为的，作出原具体行政行为的税务机关是被告。那么，如果王某提起税务行政诉讼，应以县地税分局为被告。

11.4　税务行政应诉

11.4.1　税务行政应诉的概念

税务行政应诉是指纳税人和其他税务当事人不服税务机关作出的具体行政行为，向人民法院提起诉讼，税务机关依法参加应诉的活动。

为保障税收法律的正确贯彻实施，保证税务机关依法行使职权，保护纳税人的合法权益，国家税务总局依据《行政诉讼法》和《税收征管法》的规定，制定了《税务行政应诉工作规程（试行）》（1995年1月起实施），以规范税务行政应诉工作。

各级国家税务机关、地方税务机关的应诉工作，应按照《税务行政应诉工作规程（试行）》执行。税务行政应诉工作遵循“以事实为依据，以法律为准绳”的原则。

11.4.2 税务行政应诉的机关

根据《行政诉讼法》的规定，公民、法人或其他组织直接向人民法院提起诉讼的，作出具体税务行政行为的税务机关是被告，是税务行政应诉机关。经税务行政复议的案件，复议机关决定维持原具体行政行为的，作出原具体行政行为的税务机关是被告；复议机关改变原具体行政行为的，复议机关是被告。

法律法规授权的组织所作的具体行政行为，该组织为被告；税务机关委托的组织所作的具体行政行为，委托的税务机关为被告；两个以上税务机关作出同一具体行政行为的，共同作出具体行政行为的税务机关为共同被告；税务机关被撤销的，继续行使其职权的税务机关为被告。

上述被告均为税务行政应诉机关（以下简称税务机关）。税务机关在收到人民法院送达的应诉通知书和原告起诉状副本后，应由其法定代表人指定本机关法制工作机构及时办理有关事宜，积极应诉。

11.4.3 税务行政应诉的准备

11.4.3.1 对原告起诉审查

税务机关在收到法院送达的应诉通知书和原告起诉状副本后，应对原告的起诉进行审查，主要包括以下几个方面：

（1）原告主体合法性的审查。提起诉讼的原告应是受到税务机关实施的具体行政行为侵害的公民、法人或其他组织。

有权提起诉讼的公民死亡，其近亲属可提起诉讼；有权提起诉讼的法人或组织终止，承受其权利的法人或组织可提起诉讼。除此以外的任何人，不得提起行政诉讼。

（2）原告诉讼时间性的审查。根据《行政诉讼法》的规定，公民和法人或其他组织直接向人民法院提起诉讼的，应在知道作出具体行政行为之日起3个月内提出。

公民、法人或其他组织向税务机关申请复议的，在复议机关作出复议决定后不服复议决定的，可在收到复议书之日起15日内向人民法院提起诉讼；复议机关逾期不作决定的，申请人可在复议期满之日起15日内向法院提起诉讼；因不可抗力或其他特殊情况耽误法定期限的，在障碍消除后的10日内可申请延长期限。

（3）原告诉讼程序等的审查。主要审查原告因与税务机关的纳税行为发生争议而提起的诉讼，是否经复议程序。根据《规则》的规定，申请人不服税务机关作出的征税行为，应先向税务机关申请复议，对复议决定不服才可向人民法院起诉。此外，还应审查本案是否属于人民法院受案范围和受诉法院管辖。

通过对上述内容和其他需要审查内容的审查，如果有异议，税务机关应及时书面提请人民法院处理。

11.4.3.2　委托诉讼代理人

税务机关应由其法定代表人，或由法定代表人委托1~2名代理人进行诉讼。诉讼代理人可以是税务人员，也可是律师或其他人员。

税务机关委托诉讼代理人，应向人民法院提交授权委托书。授权委托书应载明委托权限，并经人民法院审查同意。

11.4.3.3　提交应诉答辩状

税务机关应在收到原告起诉状副本之日起10日内，向人民法院提交答辩状，并提供作出具体行政行为的有关材料。

税务机关向人民法院提出答辩状的同时，还应提交本机关法定代表人证明书。

11.4.3.4　申请证据的管理

根据《行政诉讼法》的规定，税务机关对作出的具体行政行为负有举证责任，并应按照人民法院的要求提供或补充作出该具体行政行为的证据和所依据的规范性文件。

证据包括书证、物证、视听资料、证人证言、当事人陈述、鉴定结论、勘验与现场笔录。证据经法庭审查属实，即可作为定案的根据。在证据可能灭失或以后难以取得的情况下，税务机关可向法院申请证据保全措施。申请证据保全应向受理案件的人民法院提交申请书，包括需要保全的证据、证据的所有人、请示采取证据保全措施的事实和理由。

11.4.4 税务行政应诉的程序

11.4.4.1 税务机关出庭的应诉

（1）税务机关出庭应诉的要求。税务机关必须按照法院通知的开庭时间出庭应诉，无正当理由不得不到庭。因特殊情况不能按时出庭的，应向法院申请延期开庭。开庭审理中，应诉人员应讲究言辞，尊重审判人员和原告，遵守法庭纪律，未经法庭准许，不得中途退庭。

（2）税务机关在庭审中的权利。这主要包括陈述权、质证权、辩论权和其他法定权利。在法庭调查阶段，税务机关应充分陈述作出具体行政行为所认定的事实，出示证据及陈述适用的法律、法规、规章、规范性文件；对原告所出示证据有疑问可以质证，经法庭许可可向证人、鉴定人和勘验人发问，可以申请重新鉴定、调查或勘验，是否准许由法院决定；税务机关在法庭辩论中应围绕案件事实、适用法律、证据效力和程序规范等方面进行辩论，阐明作出具体行政行为的合法性，对原告在辩论中提出的问题逐一加以答复和辩驳；庭审结束后，税务机关的应诉人员应认真核对庭审笔录，发现问题及时向法庭提出。

（3）税务机关在庭审中的义务。税务机关对法院的协助执行通知不得无故推脱、拒绝或妨碍执行；不得伪造、隐藏、毁灭证据；不得指使、贿买、胁迫他人作伪证或威胁、阻止证人作证；不得以暴力、威胁或其他方法阻碍法院工作人员执行职务或扰乱法院工作秩序；不得隐藏、转移、变卖、毁损已被查封、扣押、冻结的财产；不得对法院工作人员、诉讼参与人、协助执行人进行侮辱、诽谤、诬陷、殴打或打击报复等。有上述行为之一的，法院可根据情节轻重，予以训诫、责令具结悔过或处1 000元以下罚款、15日以下的拘留；构成犯罪的，依法追究刑事责任。

11.4.4.2 税务行政诉讼的判决

经过诉讼审理，人民法院可根据不同情况，分别作出以下判决：

（1）税务机关的具体行政行为证据确凿，适用法律法规正确，符合法定程序的，判决维持。

（2）具体行政行为有下列情形之一的，判决撤销或部分撤销，并可判决税务机关重新作出具体行政行为：一是主要证据不足的；二是适用法律、法规错误的；三是违反法定程序的；四是超越职权的；五是滥用职权的。法院判决税务机关重新作出具体行政行为的，税务机关不得以同一的事实理由，作出与原具体行政行为基本相同的具体行政行为。

（3）被告不履行或拖延履行职责的，判决其在一定期限内履行。

（4）行政处罚显失公正的，可以判决变更。

需要注意：人民法院在审理行政案件中，如认为税务机关的主管人员、直接责任人员违反政纪的，应将有关材料移送该税务机关或其上一级税务机关或监察、人事机关；认为有犯罪行为的，应将有关材料移送公安、检察机关。

11.4.4.3　税务机关提起的诉讼

（1）税务机关提起上诉。税务机关不服人民法院第一审判决或裁定的，应于接到行政判决书之日起15日内或接到行政裁定书之日起10日内，向原审法院或其上一级法院提起上诉。税务机关和原告逾期不提起上诉的，法院的第一审判决或裁定发生法律效力。

（2）税务机关提起申诉。税务机关对已发生法律效力的判决或裁定认为确有错误的，可向原审法院或其上一级法院提出申诉，但判决或裁定不停止执行。

（3）税务机关提起抗诉。对人民法院违反法律、法规规定作出的已经发生法律效力的判决或裁定，税务机关可请求人民检察院，按照审判监督程序进行抗诉。

11.4.4.4　税务行政诉讼的执行

（1）税务机关对行政诉讼判决的执行。税务机关必须履行法院已经发生法律效力的判决或裁定。税务机关拒绝履行判决、裁定的，一审法院可采取以下措施：第一，对应归还的罚款或应给付的赔偿金，通知银行从该税务机关的账户内划拨。第二，在规定期限不履行的，从期满之日起，对该税务机关按日处50~100元罚款。第三，向该税务机关的上一级行政机关或监察机关、人事机关提出司法建议。按受司法建议的机关，根据有关规定进行处理，并将处理情况告知人民法院。第四，拒不履行判决、裁定，情节严重构成犯罪的，依法追究主管人员和直接责任人员的刑事责任。

（2）原告对行政诉讼判决、裁定的履行。原告必须履行法院已经发生法律效力的判决或裁定。原告对具体行政行为在法定期限内不提起诉讼又不履行的，或拒不执行已经发生法律效力的判决或裁定，税务机关可依法向一审法院申请强制执行或依法强制执行。

税务机关申请法院强制执行，必须提交申请执行书、据以执行的法律文书和其他必须提交的材料。申请执行时，应预交执行费。

11.5 税务行政赔偿

11.5.1 税务行政赔偿的概念

11.5.1.1 税务行政赔偿的含义

税务行政赔偿是国家赔偿的重要组成部分。所谓国家赔偿，是指国家机关及其工作人员违法行使职权，对公民、法人和其他组织的合法权益造成损害，由国家承担赔偿责任的制度。所谓税务行政赔偿，是指税务机关作为履行国家赔偿义务的机关，对本机关及其工作人员的职务违法行为给纳税人和其他税务当事人的合法权益造成的损害，代表国家予以赔偿的制度。

1994年5月12日第八届全国人大常委会第7次会议通过了《国家赔偿法》，2010年4月29日和2012年10月26日经全国人大常委会两次修正。《国家赔偿法》既是一部规范国家赔偿的实体法，又是一部具有较强操作性的程序法，同时也是税务行政赔偿的主要法律依据。此外，《税收征管法》还规定了税务行政赔偿的有关内容。

11.5.1.2 税务行政赔偿的要素

（1）税务行政赔偿构成要件。其构成要件主要包括3个方面：一是核心要件，即税务机关及其工作人员的职务违法行为；二是必备要件，即存在对纳税人和其他税务当事人合法权益造成损害的事实；三是因果要件，即税务机关及其工作人员的职务违法行为与现实发生的损害事实存在着因果关系。

（2）税务行政赔偿的请求人。请求人是指有权对税务机关及其工作人员的职务违法行为造成损害提出赔偿要求的人。税务行政赔偿的请求人主要包括3类：一是受害的纳税人和其他税务当事人；二是受害公民的继承人及其他有抚养关系的亲属；三是受害的法人或其他组织终止的，其权利承受人。

（3）税务行政赔偿义务机关。原则上赔偿义务机关是行使职权侵害公民、法人和其他组织合法权益的税务机关及其工作人员。两个以上税务机关共同行使职权侵害纳税人和其他税务当事人合法权益的，则共同行使职权的税务机关为赔偿义务机关；法律法规授权的组织在行使授予的征税权力时侵害纳税人和其他税务当事人合法权益的，被授权的组织为赔偿义务机关；受税务机关委托的组织或个人在行使受委托的税务权力时侵害纳税人和其他税务当事人合法权益的，委托的税务机关为赔偿义务机关；应当履行赔偿义务的税务机关被撤销的，则继续行使其职权的税务机关或撤销该税务机关的行政机关为赔偿义务机关。

（4）税务行政赔偿请求时效。依据《国家赔偿法》的规定，税务行政赔偿请求人请求赔偿的时效为2年，自税务机关及其工作人员行使职权时的行为被依法确认为违法之日起计算。如果税务行政赔偿请求人在赔偿请求时效的最后6个月内，因不可抗力或其他障碍不能行使请求权的，时效中止。从中止时效的原因消除之日起，赔偿请求时效期间继续计算。

（5）税务行政赔偿特别保障。依据《国家赔偿法》的规定，税务行政赔偿请求人要求赔偿的，赔偿义务机关、复议机关、人民法院不得向该赔偿请求人收取任何费用；对赔偿请求人取得的赔偿金不予征税。

11.5.2 税务行政赔偿的范围

税务行政赔偿的范围是指税务机关对本机关及其工作人员在行使职权时给受害人造成损害予以赔偿的范围。《国家赔偿法》中的损害赔偿是对直接损害的赔偿，不包括间接损害的赔偿。

11.5.2.1 侵犯人身权的赔偿

（1）非法拘禁纳税人和其他税务当事人或以其他方式剥夺纳税人和其他税务当事人人身自由的。

（2）以殴打等暴力行为或唆使他人以殴打等暴力行为造成公民身体伤害或死亡的。

（3）造成公民身体伤害或死亡的其他违法行为。

11.5.2.2　侵犯财产权的赔偿

（1）违法征收税款及滞纳金的。

（2）对当事人违法实施罚款、没收非法所得等行政处罚的。

（3）对当事人财产违法采取强制执行措施或税收保全措施的。

（4）违反国家规定向当事人征收财物、摊派费用的。

（5）造成当事人财产损害的其他违法行为。

11.5.2.3　不赔偿责任的情形

一般情况下，有损害必赔偿，但在特定情况下，虽有损害发生国家也不予赔偿。其内容主要包括以下几个方面：

（1）行政机关工作人员与行使职权无关的行为。

（2）因纳税人和其他税务当事人自己的行为致使损害发生的。

（3）法律规定的其他情形。

11.5.3　税务行政赔偿的程序

11.5.3.1　税务行政赔偿内部程序

税务行政赔偿内部程序是指在税务机关内部进行赔偿的程序，即非诉讼程序。主要步骤如下：

（1）赔偿请求的提出。税务赔偿请求人应先向负有履行赔偿义务的税务机关提出赔偿要求，其赔偿的项数可以是一项或数项。在共同税务职务行为侵害赔偿案件中，赔偿请求人有权向其中任何一个赔偿义务机关要求赔偿，该赔偿义务机关应依法给予全部赔偿。

（2）赔偿请求的形式。要求税务行政赔偿的，应递交申请书。如果税务行政赔偿请求人书写申请书确有困难，可委托他人代书，也可口头申请，由赔偿义务机关记入笔录。

（3）赔偿请求的处理。税务行政赔偿请求人在法定期限内提出赔偿请求后，负有赔偿义务的税务机关应自收到申请之日起2个月内依照法定的赔偿方式和计算标准给予赔偿；逾期不赔偿或赔偿请求人对赔偿数额有异议的，或税务机关作出不予赔偿决定的，赔偿请求人可在期间届满之日起30日内向赔偿义务税务机关的上一级税务机关申请复议。

复议机关应自收到申请之日起2个月内作出决定，赔偿请求人不服复议决定或复议机关逾期不作决定的，赔偿请求人可自期限届满之日起

30日内向复议机关所在地的人民法院赔偿委员会申请作出赔偿决定。

11.5.3.2　税务行政赔偿司法程序

税务行政赔偿司法程序是指在人民法院进行赔偿的程序。当赔偿请求人向人民法院提起诉讼时，进入税务行政赔偿诉讼程序。人民法院应自收到赔偿申请之日起3个月内作出决定；属于疑难、复杂、重大案件的，经本院院长批准，可以延长3个月。但需要注意的是：税务行政赔偿诉讼的提起，必须以税务机关先行处理和税务行政复议为条件。税务行政赔偿请求人的人身权、财产权受到的损害是否赔偿或赔偿多少可进行调解，且税务机关对损害事实部分不承担举证责任。

11.5.3.3　税务行政追究赔偿制度

税务行政追究赔偿制度是指违法行使职权给纳税人和其他税务当事人合法权益造成损害的税务工作人员，在主观有过错（如故意和重大过失等），税务机关赔偿其造成的损害后，再追究其责任的制度。其实质是对违法行使职权的税务人员的惩罚，主要包括：一是要求有故意或有重大过失的工作人员承担全部或部分赔偿费用；二是酌情对有故意或重大过失的工作人员依法给予行政处分或依法追究刑事责任。

此外，如果税务赔偿机关因故意或重大过失造成赔偿的，或超出《国家赔偿法》规定的范围和标准赔偿的，同级人民政府可责令该赔偿义务机关自行承担部分或全部赔偿费用。

11.5.4　税务行政赔偿的标准

依据《国家赔偿法》的规定，国家行政赔偿以支付赔偿金为主要方式。如果赔偿义务机关能够通过返还财产或恢复原状实施赔偿的，应当返还财产或恢复原状。其赔偿标准规定为：

11.5.4.1　侵害人身权的赔偿标准

（1）侵犯公民人身自由的，每日赔偿金按照国家上年度职工日平均工资计算。

（2）造成身体伤害的，应当支付医疗费，以及赔偿因误工减少的收入。减少的收入每日赔偿金按照国家上年度职工日平均工资计算，最高限额为国家上年度职工平均工资的5倍。

（3）造成部分或者全部丧失劳动能力的，应当支付医疗费、护理费、残疾生活辅助具费、康复费等因残疾而增加的必要支出和继续治疗所必需的费用，以及残疾赔偿金。残疾赔偿金根据丧失劳动能力的程度，按国家规定的伤残等级确定，最高不超过国家上年度职工年平均工资的20倍；造成全部丧失劳动能力的，对其扶养的无劳动能力的人还应支付生活费。

（4）造成死亡的，应当支付死亡赔偿金、丧葬费，总额为国家上年度职工平均工资的20倍；对死者生前抚养的无劳动能力的人，还应当支付生活费。

上述规定的生活费发放标准参照当地民政部门有关生活救济的规定办理。被抚养的人是未成年人的，生活费给付至18周岁为止；其他无劳动能力的人，生活费给付至死亡时为止。

11.5.4.2　侵害财产权的赔偿标准

（1）违法征收税款、加收滞纳金的，返还税款、税款银行同期存款利息及滞纳金。

（2）违法对应予出口退税而未退税的，应予退税。

（3）违法处以罚款、没收非法所得或违反国家规定征收财物、摊派费用的，返还财产。

（4）违法查封、扣押、冻结财产的，解除对财产的查封、扣押和冻结；造成财产损坏或灭失的，应当恢复原状或给付相应的赔偿金。

（5）应返还的财产损坏的，能恢复原状的恢复原状，不能恢复原状的按照损害程度给付赔偿金。

（6）应返还的财产灭失的，给付相应的赔偿金。

（7）财产已经拍卖的，给付拍卖所得的款项。

（8）对财产权造成其他损害的，按照直接损失给予赔偿。

按有关法律规定，税务行政赔偿费用列入各级财政预算，由各级财政按照财政管理体制分级负担。

【小资料11-4】　税收执法有误，只赔直接损失

2016年3月某市国税一分局，对该市红光机械厂2015年10—12月的增值税纳税情况进行了检查，查补税款8万元，在按规定加收滞纳金后，又对该厂处8万元罚款。4月2日和6日该分局向该厂分别送达了税务处理决定书、行政处罚事项告知书和税务处罚决定书，而该厂没有按规定的期限缴纳税款、滞纳金和罚款；4月22日分局向红光机械厂送达了催缴税款通知书，限期期满后，该厂仍未缴纳所欠税款；5月2日该分局对机械厂采取了强制执行措施，但因该厂的银行账户上只有5万元存款，分局在从其存款中扣缴了税款和滞纳金后又查封了该厂2台价值7.6万元的机械产品，准备拍卖后抵缴罚款。

由于查封了这台产品，红光机械厂无法向购货单位供货，致使购货单位解除了与该厂签订的购货合同，而该厂如果履行了合同将会取得4万元的利润。故此，该厂认为一分局的查封行为侵犯其合法权益，便向市国税局申请行政复议，请求复议机关解除对其产品的查封，并赔偿因解除合同而造成的4万元损失。

市国税局经审查后作出两项决定：一是解除一分局对这台产品的查封；二是由于被查封的产品没有损坏或灭失，对红光机械厂请求赔偿的4万元损失不予赔偿。该厂对市国税局不予赔偿的决定不服，依法向人民法院提起了行政赔偿诉讼。法院审理后，判决驳回了红光机械厂的赔偿请求。

本章小结

● 税收管理体制是指在中央和地方之间划分税收管理权限，确立各自税权范围的一种税收制度。税收管理权限主要是指税收的立法权和税收的执法权，具体包括税收立法权、税收法律解释权、税种开征停征权、税目与税率调整权、税收加征和减免权、税收征管查处权等。

● 税务机关是代表国家行使税务行政管理、执行税收法令、组织税收收入等的职能机关。我国税务机构的设置情况为：中央政府设立国家税务总局，省及省以下税务机构分设国家税务局和地方税务局两个系统。

● 税务行政处罚是行政处罚的重要组成部分。税务行政处罚是指公民、法人或其他组织有违反税收法律、行政法规的违法行为，尚未构成犯罪，依法应承担行政责任的，由税务机关给予的处罚，包括税务行政处罚的设定和种类、主体与管辖、程序与执行等规定。

● 税务行政争讼是税务行政复议与税务行政诉讼的合称。税务行政复议与税务行政诉讼是国家行政管理法制监督的组成部分，都是为了解决税务行政争议。两者在受理机关、行为性质、审查原则、适用顺序、管辖权限、调节幅度和行政赔偿上存在着不同。

● 税务行政复议是指当事人不服税务机关及其工作人员作出的具体行政行为，根据当事人的申请，由上一级税务机关（复议机关）对复议申请内容进行复查并作出裁决的一种税务行政行为，包括税务行政复议的管辖、申请、受理、决定等、和解、调解、指导和监督等规定。

● 税务行政诉讼是指当事人认为税务机关及其工作人员的具体行政行为违法或不当，依法向人民法院提起行政诉讼，由人民法院按司法程序对具体税务行政行为的合法性和适当性进行审判的活动，包括税务行政诉讼的受案、管辖、起诉、受理、审理、判决等规定。

● 税务行政应诉是指纳税人和其他税务当事人不服税务机关作出的具体行政行为，向人民法院提起诉讼，税务机关依法参加诉讼的活动，包括税务行政应诉的机关、准备和程序。

● 税务行政赔偿是国家赔偿的重要组成部分，是指税务机关作为履行国家赔偿义务的机关，对本机关及其工作人员的职务违法行为给纳税人和其他税务当事人的合法权益造成的损害，代表国家予以赔偿的制度，包括税务行政赔偿的范围、程序、方式与标准等规定。

主要观念和概念

★ 主要观念

体制观念　诉讼观念　赔偿观念

★ 主要概念

税收管理体制　税务行政处罚　税务行政争讼　税务行政复议　税务行政诉讼　税务行政赔偿

基本训练

★ 知识题

一、简答题

1. 如何理解税收管理体制的概念？

2. 我国税务机构是如何设置的？

3. 什么是税务行政处罚？其原则有哪些？

4. 税务行政复议与诉讼的概念和特征是什么？两者有何区别？

5.税务行政复议、诉讼与应诉的基本规定有哪些？重点是什么？

6.什么是税务行政赔偿？其范围与标准有哪些？

二、应用题

1.选择题（含单项选择题与多项选择题）

(1) 我国的税收立法权是按照（　　）来划分的。

A.税种类型　　B.税法构成要素

C.征税对象类型　　D.税收执法级次

(2) 全国人大及其常委会的税收立法权主要包括（　　）。

A.中央税税法制定　　B.税种开征停征权

C.税目税率调整权　　D.税收法律解释权

(3) 我国税务行政处罚的实施主体是（　　）。

A.税务机关的内设机关　　B.税务机关的派出机构

C.县以上的税务机关　　D.税务所

(4) 按照地域管辖权，我国税务行政处罚实行的是（　　）。

A.收入来源地原则　　B.行为发生地原则

C.居民所在地原则　　D.户籍所在地原则

(5) 税务行政复议受案范围中所指的税务机关作出的征税行为主要包括（　　）。

A.征收税款　　B.扣押、查封货物等财产

C.加收滞纳金　　D.依法代扣代收税款

(6) 下列属于税务行政复议受案范围的有（　　）。

A.税收保全措施　　B.不依法确认纳税担保行为

C.资格认定行为　　D.纳税信用等级的评定行为

(7) 税务行政诉讼的（　　）是指同级人民法院之间受理第一审税务行政案件的分工和权限。

A.级别管辖　　B.地域管辖

C.裁定管辖　　D.管辖权的转移

(8) 税务行政赔偿的核心和前提是指（　　）。

A.税务职务违法行为　　B.税务非职务违法行为

C.税务人员行政行为　　D.当事人权益损害事实

(9) 税务行政赔偿的范围主要有（　　）。

A.侵犯人身权　　　　　　　　　B.税务人员非职权行为侵害

C.侵犯财产权　　　　　　　　　D.纳税人自身行为发生损害

(10) 下列各项中属于我国税务行政处罚种类的有（　　）。

A.实施税务罚款　　　　　　　　B.注销一般纳税人资格

C.没收非法所得　　　　　　　　D.收缴和暂停供应发票

2.判断题

(1) 财政部和国家税务总局有税法解释权及制定税收条例、《税收征管法实施细则》的权力。（　　）

(2) 民族自治地区有全国性地方税中某些税目、税率的调整权和地方性税种的减免权。（　　）

(3) 全国人民代表大会及其常委会可通过法律形式设定各种税务行政处罚，包括经济处罚、限制人身自由等。（　　）

(4) 只有当事人税务违法行为发生地的税务机关才有权对当事人实施税务行政处罚，其他税务机关则无权实施。（　　）

(5) 对公民处50元以下、对法人或其他组织处1 000元以下罚款的违法案件进行税务行政处罚的，税务行政执法人员可当场作出处罚决定。（　　）

(6) 税务行政复议的申请人、第三人和被申请人可委托代理人代为参加税务行政复议。（　　）

(7) 税务行政赔偿的必备要件是税务机关及其工作人员的职务违法行为。（　　）

(8) 税务行政诉讼不适用调节原则，即指法院不能对争议的征纳双方当事人进行调节。（　　）

★ 技能题

一、规则复习

1.我国税收管理权限的划分内容。

2.国家税务局和地方税务局税收征收管理的范围。

3.税务行政处罚、复议、诉讼和赔偿的主要规定。

二、操作练习

根据有关税收法律制度规定，依法进行税务行政处罚、复议、诉讼和赔偿有关的业务处理。

★ 能力题

一、分析题

某市运输公司为客户运输散装水泥。2014年3月将散装水泥改为袋装水泥，在运输费之外以每条20元的价格向客户售出水泥袋40 000条，收取水泥袋款800 000元，计入与水泥袋厂的往来账户中。

2014年4月10日，该市地税局稽查局接到举报，在对运输公司的税务检查中发现，以上收入没有申报纳税，履行了告知程序之后，于4月15日作出税务处理决定书，责令运输公司于4月28日前，补缴营业税24 000元及滞纳金，同时处6倍罚款144 000元。

运输公司对税务机关的处罚不服，5月5日向人民法院提起税务行政诉讼，人民法院依法受理此案。5月15日，税务机关采取税收强制执行措施，从运输公司的银行账户中扣缴了税款、滞纳金和罚款。

要求：请根据上述资料，分析税务机关的行政行为是否有不当之处？运输公司是否可以提起行政诉讼？

二、网上调研

1.利用电子图书馆和因特网资源收集有关国家税务行政处罚、复议、诉讼、赔偿的资料与案例，通过整理与分析，准确把握知识点，巩固所学知识与技能。

2.网上查询有关税收管理体制的法律制度，并系统归纳各层次的税收立法权和执法权的内容。

三、单元实践

以小组为单位，对公开报道的税务行政复议、诉讼、赔偿案件进行分析与讨论，说明税务处理结果的法律依据和税务部门执法的重要性及相关的责任。

参考文献

［1］中国注册会计师协会．税法［M］．北京：中国财政经济出版社，2016．

［2］全国税务师职业资格考试教材编写组．税法（Ⅰ）、税法（Ⅱ）［M］．北京：中国税务出版社，2016．

［3］李刚．现代税法学要论［M］．厦门：厦门大学出版社，2016．

［4］荣国权．税法学入门讲义［M］．北京：法律出版社，2015．

［5］王曙光，李兰．税法学［M］．5版．大连：东北财经大学出版社，2014．

［6］王曙光．税法［M］．6版．大连：东北财经大学出版社，2014．

［7］王曙光．财政学［M］．2版．北京：科学出版社，2014．

［8］张守文．财税法学［M］．北京：中国人民大学出版社，2014．

［9］邓力平．税收发展与税制改革：我国加入WTO十年的思考［M］．北京：中国税务出版社，2012．

［10］张守文．税法学［M］．北京：法律出版社，2011．

［11］陈少英．税法学案例教程［M］．4版．北京：北京大学出版社，2011．

［12］杨萍，魏敬淼．税法学原理［M］．北京：中国政法大学出版社，2011．

［13］刘剑文．税法学［M］．4版．北京：北京大学出版社，2010．

［14］张怡．税法学［M］．北京：法律出版社，2010．